송대 관료계층의
현실인식과 경세관

강길중 지음

송대 관료계층의
현실인식과 경세관

초판 인쇄 2018년 4월 5일
초판 발행 2018년 4월 12일

지은이 강길중 | **펴낸이** 박찬익 | **편집장** 황인옥 | **책임편집** 강지영
펴낸곳 ㈜ **박이정** | **주소** 서울시 동대문구 천호대로 16가길 4
전화 02) 922-1192~3 | **팩스** 02) 928-4683
홈페이지 www.pjbook.com | **이메일** pijbook@naver.com
등록 2014년 8월 22일 제305-2014-000028호

ISBN 979-11-5848-362-3 (93910)

이 저서는 2015년 정부(교육부)의 재원으로 한국연구재단의 지원을 받아 수행된 연구임(NRF-2015S1A6A4A01013771)

* 책값은 뒤표지에 있습니다.

송대 관료계층의 현실인식과 경세관

강길중 지음

(주)박이정

출판 인사말에 대신하여

중국역사에 대해 관심을 갖고 책을 접한 지도 벌써 여러 해가 지났다. 가좌벌 연구실 서가에 관심 있는 분야의 책이라고 여기며 언젠가 꼭 읽어보리라는 생각에 한권 두 권 모아 두기 시작한 것이 이제 제법 서가를 가득 채우고 세로로 가로로 심지어 층층이 옆에 쌓아두기도 하고 있다. 가끔 이 책들을 보면서 지내온 세월에 대한 아쉬움과 잊혀져가는 추억을 되새겨봄과 동시에 자신의 게으름을 탓해본다.

막연한 기대감만을 가지고 무지하고 겁 없이 떠났던 대만유학생활에서 지도교수님으로 만난 은사(恩師) 송욱헌(宋旭軒) 교수님은 본인에게는 최고의 행운이었다. 5년 반이라는 길지도 짧지도 않은 유학생활 동안 학문하는 태도에서부터 사람의 도리에 이르기까지 모든 면에서 모범을 보여주신 교수님의 모습과 매일 같이 보고 지내온 연구실에 놓여 있는 귀국할 때 써 주신 격려 글귀가 오늘은 왠지 더욱 절실한 감동을 준다.

벌써 강산이 세 번 변해가는 시간을 가좌벌에서 보내면서 많은 원로선배교수님과 동료와 후배교수님들과 늦은 밤까지 수없이 함께 많은 얘기도 나누며 대포잔도 나눴다. 어떤 때는 그분들로부터 좋은 영감을 얻기도 했으며, 그런 과정에서 몇 차례 국제학술 심포지움을 개최하여 문화공보부 우수학술도서에 선정되는 영광을 얻기도 했었다.

이 책도 그런 맥락에서 진행된 학술 심포지움과 대만과 중국 각지의 국제학술대회에서 발표한 글들을 중심으로 수정보완하고 몇 문장은 새롭게 작성하여 완성하였다. 특히 이 책의 주제가 관료계층의 현실인식과 경세관으로 현실사회에서 흔히 볼 수 있고 느낄 수 있는 일에 대해 분석하고 평가하여 서술하는 것이기에 관심이 있었고 흥미를 가졌지만 더욱 조심스러웠고 어려운 점도 있었다.

왜냐하면 송대(960-1279)라는 시대적 배경에서 당시 관료계층들이 제창하고 추구했던 경세관에 대한 이해와 분석을 IOT와 AI 같은 4차 산업혁명의 산물들이 화두로 오르내리는 오늘날의 관점에서 규명하고자 했기 때문이었다. 그러나 당시의 각종 상황을 분석해 보면 오늘날 현실상황과 너무나 유사한 점이 많았으며 당시 실행하였던 여러 가지 방법들이 오늘날에 다시 재현되고 있음을 고찰할 수 있었다. 역사의 흐름을 시간의 흐름(The Flow of time)에서 본다면 이 점은 무척 의미 있고 주의해야 할 부분이라 여겨진다.

사실 전공 서적을 편찬한다는 것은 많은 시간을 투자해야 하는 힘들고 어려운 일이라는 것을 알고는 있었지만 이번 작업을 통해 절실히 느꼈다. 늦은 시간 연구실문을 나서면서 이제는 하고 싶은 얘기를 다 했다고 생각했다가 며칠 후 다시 보면 새롭게 고쳐야 할 부분이 무척 크게 눈에 들어온 곤 하는 일이 되풀이 되면서 연구재단 인문저술사업에 선정되어 억지로 라도 졸문을 다시 정리할 수 있는 기회를 갖게 된 것에 고마운 마음이 들었다.

본서의 주제인 송대 관료계층의 현실인식과 경세관에 대한 자료수집과 정리하면서 새삼 관리(官吏)는 어떤 사람이 되어야 하며 어떤 자세를 취해야 하는가라는 점을 생각하게 되었다. 『논어』에 수기치인(修己治人)이라는 말이 있다. 이 말은 관리(君子)가 되기 위해서 해야 하는 두 가지 기본 과업으로 반드시 먼저 자신을 닦고 다스리는 과정을 거친 후 다른 사람을 다스린다 것이다.[1] 실천하는 학인인 사(士)의 단계에서 수기를 하여 치인하는 대부(大夫)의 단계로 나아가고, 수기치인을 바탕으로 학자 관료인 사대부(士大夫)가 되는 것이 최종 목표였다. 이들 사대부관리들은 현실정치에 대해 학문적 역량을 기반으로 분석하고 비판하며 위민위국의 정책을 제창하였다.

송대 정치학문을 수학하여 과거고시를 통해 관리에 진출한 수많은 사대부 관료들이 있었지만 본서에서는 범중엄, 이구, 구양수, 사마광 소식, 왕안석, 포증, 진량 등을 앞서 지적한 위국위민의 경세관을 실천하고자 했던 대표적인 관료로 평가하고 서술하였다. 이들을 귀감으로 삼아 현실의 여러 분야와 다양한 관료들을 비교하여 살펴보면 위국위민의 정치를 실행하는 사람이 과연 몇 사람이나 있는지 그런 사람은 있는지 작금의 현실정치에서 다시 생각 해 보게 된다.

마지막으로 이 책을 마무리하는 과정에서 오랜 친구이며 학문 동료인 대만 불광대학 사학과 이기상(李紀祥) 교수와 뉴욕시립대학 이홍기(李弘祺)

---

1 사서 중의 하나인 대학에서 대학의 도로서 밝힌 팔조목에서 격물, 치지, 성의, 정심, 수신은 수기에 관련된 조목이라면 제가, 치국, 평천하는 치인에 관련된 조목이다. 수기에 일차적 관심을 두고 학문하는 것을 「위기지학(爲己之學)」이라고 하며 그것은 자신의 인격적 완성을 지향하는 공부를 의미한다.
반면에 치인에 일차적 관심을 두고 학문하는 것을 「위인지학(爲人之學)」이라고 하며 그것은 다른 사람들을 위하여, 즉 세상을 다스리는 일을 위하여 공부하는 것을 의미한다. 물론 공부하는 학자는 두 가지 일을 모두 추구하는 것이나 일차적으로 어느 것에 더 관심과 정열을 바치느냐에 따라서 수기의 학문과 치인의 학문으로 구별될 수 있다.

교수 그리고 경상대학교 대학원 박사과정 장예 학생의 도움에 큰 고마움을 표한다. 또한, 여러 가지 어려운 여건 속에서도 이 책의 편찬을 흔쾌히 허락해 주신 박이정 출판사 박찬익 대표님을 비롯한 관계자 여러분께 이 자리를 빌어 깊은 감사의 인사를 드립니다.

차 례

제1장

서론

1. 송대 정치경제문화의 기본적 배경

당말오대의 정치군사적 혼란을 극복하고 건국한 송조는 지방의 호강세력을 억제하고 지방의 행정과 경제 및 군사와 문화 등 중앙집권화 정책을 실시하여 통일된 관리체제를 이루었다. 송대 중앙집권체제는 정치적으로 보면 중앙 관료기구의 확대와 내부조직의 견제와 균형 및 지방에 대한 통제 강화로 볼 수 있다.

송대 관료조직의 확대와 과거제도의 지속적인 실시로 새로운 기구조직과 관직이 크게 증가되었으며, 관제(官制)에 관(官), 직(職), 차견(差遣)의 분리가 시행되었다. 또한 최고 행정장관이었던 재상은 더 이상 옛날처럼 강한 권력을 가지지 못하고 최고 권력은 황제 일인에게 예속되었다. 이와 동시에 지방행정 조직과 기구의 정비가 이루어져 주, 현 위에 로(路)라는 지방 최고 행정기구를 설치하여 통판(通判), 제형사(提刑司) 등 4사(司)를 두었다. 이런 종종의 조치를 통해 중앙의 지방에 대한 관리와 통제가 강화되었다.

그러나 시간이 지나면서 과도하게 집중된 정치체제와 운용으로 여러 가지 문제점들이 생겼다. 특히 관료 수의 방대한 증가는 비합리적인 인사고과제의 실시와 관리체제의 운용으로 이치(吏治)에 문제점이 출현하였다. 앞서 언급한 용관(冗官)문제만이 아니라 관료조직 및 기구의 다양화로 인해 문신사대부 계층 안에 잠재하고 있던 폐단들이 인종 이후 폭발적으로 나타났다. 이 시기 문제점에 직면한 범중엄, 왕안석, 소식 등 문신사대부 관료들은 폐정개혁을 통한 부국강병, 민생안정, 이치개혁 등 제방면에 각성과 책임론을 제기하며 개혁을 제창하였다.

송 정부는 관원의 선발, 임명, 감찰, 고핵(考覈)을 합리적으로 운용하여 정권을 강화시키고 정책을 원활하게 실시하도록 하였다. 송대 관리진출의 방법은 주로 과거(科擧), 은보(恩補), 유외(流外), 군공(軍公), 연납(捐納) 등 5가지가 있었다.[1] 그 가운데서 과거 시험이 관리진출에서 가장 중요한 방법이었다. 송대 과거고시는 경의(經義)를 중시하고 법칙을 강조하며 부정적 행위를 철저히 금지하고 자유평등경쟁원칙을 기반으로 전 사회에 개방하였다. 그리하여 국가가 실제 유용한 재주를 가진 인재를 선발하여 관료조직의 개혁에 적극적인 효과가 있었다.

송대 관리 임용과 운용제도에서 가장 특징적인 제도는 차견(差遣)제도로 이를 통해 황제는 관리들의 인사권에 대한 통제를 강화하였다. 송대 관리임용 방법은 대체로 황제 특별(拔擢) 임용, 중서당제법(中書堂除法) 그리고 이부전선법(吏部銓選法) 등 3가지가 있었다. 또한 송대는 각 급 관원을 임명할 때 연좌법과 휘피법을 실시하여 관리에 대한 감독을 강화하여 부패감소와 이치개혁의 목적을 가지고 있었다.

송대는 백관에 대한 감찰과 관리를 강화하기 위해 어사대(御史臺)를 설치하였다. 송대 어사대는 백관들의 업무활동과 생활 그리고 개인적 품행 등 여러 방면을 감찰하였다. 예를 들면 관원의 탐오에 대한 탄핵, 뇌물과 청탁에 대한 탄핵, 당파 결합에 대한 탄핵, 불충 및 불효, 실제직무활동과 효율성 문제, 토지 및 재산의 불법 구입, 세금 문제에 대한 탄핵, 그리고 삼사와

---

1 方寶璋『宋代管理思想』, 經濟管理出版社(北京) 2011.8, p.303.

개봉부 및 어사대의 사적인 문제에 대해서도 탄핵을 실시하였다. 이처럼 어사대는 천자의 눈과 귀와 같아서 어사대 관원을 임명할 때 그들에게 권귀(權貴)를 두려워하지 말고 공정성을 견지하여 과감하게 집행하는 품행을 가지고 있고, 지방에서도 임직해 본 적이 있어야 하는 등 까다로운 조건이 요구되었다.

송대는 각 급 지방관리들인 감사(監司)(轉運司, 提刑司 및 常平司)에 대해서는 통판(通判)이 감독하고 관리하였다. 감사는 지방 로(路)급 장관들의 권력을 분리시켜 상호간에 견제와 균형 그리고 공동참여를 통해 유기적인 감독 효과를 강화하고자 하였다.

통판은 주, 군의 부장관이며 동시에 주, 군 감찰관으로 송대 형성된 독특한 관직이다. 조정은 통판에게 특수한 지위와 권력을 부여한 이유는 그들이 주군의 장관과 예속관리들을 잘 이해하고 감독을 할 수 있다는 것이다. 예를 들면 그들은 주 장관 및 예하 관리와 전곡(錢穀)의 재정지출에 대한 감찰권을 가지고 있었으며 창고 순찰과 관물의 점검 권한도 가지고 있었다.

송대는 경제활동영역의 확대와 생산력의 증가로 농업이외에 상업과 수공업이 크게 발전하였다. 이러한 사회경제적 배경으로 상품유통이 활발하게 진행된 상품시장경제가 형성되면서 새로운 도시가 출현하는 등 사회유동성이 활발한 시대였다. 수공업 방면에서 조선, 광산, 방직, 제지, 인쇄, 자기 등 분야에서 생산기술이 크게 발전되고 생산량도 전대보다 크게 증가하였다. 특히, 송대는 조선업의 발달로 선박이 국내의 강과 하천 간에 화물을 운반할 뿐만 아니라 고려와 일본 및 남양제국 등 해외 여러 나라와 교류가 빈번하게 진행되었다.

강철과 제련분야의 경우는 석탄 사용이 보편화되면서 철의 생산량이 증가하여 연간 824만 근이었고, 동(銅)의 연간 생산량은 1,460만 근이었다.[2] 방직

2 方寶璋『宋代管理思想』, 經濟管理出版社(北京) 2011.8, p.40.

생산도 면포를 위주로 생산하여 제품의 품질과 수량이 이전에 비해 크게 증가하고 고급화되었다. 또한 인쇄술이 개선됨에 따라 서적의 출판량이 크게 증가되면서 서적의 보급이 확대되어 학문의 보편화와 학술문화의 번영을 이뤄 서민문화의 발전과 성숙을 이루었다.

송대 상업의 번영과 발전은 새로운 대형 도시를 출현시켰으며, 교역활동도 이전의 방(坊)과 시(市) 또는 낮과 저녁의 한계를 넘어서 폭발적으로 성장하였다. 송대 화폐의 발전은 상업 발전의 중요한 표식이다. 송대 금, 은, 동전, 철전은 시장에서 유통되는 중요한 화폐였다. 금, 은의 유통량은 수, 당보다 많이 증가되었으나 동전이 가장 중요한 교환화폐였다. 송 신종 원풍년간에 동전 주조 량은 500만 관 이상으로 당대의 거의 20배 수준이었다. 연간 동전 유통량은 1억 관 이상이었다.[3] 송대 동전이 고려와 일본 등 해외에서 사용한 흔적도 발견되었다.

송대 상업의 발전에 따라 화폐의 사용량이 증가하면서 중국 최초의 지폐인 교자(交子)가 태종 지도순화년간에 사천지역 차상(茶商)들 중 부호16호를 중심으로 상호연대 보증하여 발행 사용하였다. 그 후 송정부가 교자무(交子務)를 두고 발행하였다.

송대는 국내상업의 발달과 함께 해외무역도 상당히 활발하였다. 송 정부는 해외무역을 전문적으로 담당하는 기관인 시박사(市舶司)를 당대 존재하였던 광주(廣州)와 양주(揚州) 이외에 명주(明州), 복주(福州), 천주(泉州), 조주(潮州) 등지에 확대 설치하여 해외교역 업무를 담당하도록 하였다. 또한 시박사의 운영을 중시하여 담당 관리의 임명에 크게 주의하였다.

상공업의 번영하고 상품경제가 발달한 상황에서 지식인들은 자유경쟁의 장점을 인식하고 정부의 독점 경영을 반대하며 시장경제 원칙에 따라 시장의 개방 및 합리적인 관리를 주장하였다. 송대 국가가 독점하여 경영하였던

---

3 方寶璋『宋代管理思想』, 經濟管理出版社(北京) 2011.8, p.41.

전매물품은 주로 차(茶),염(鹽) 주(酒), 초(醋) 반(礬), 향(香) 등이었다. 그 경영의 방식은 전대와는 많이 달랐지만 주로 다음과 같다.

첫째, 정부가 물품의 생산, 운반, 판매 등 전 과정을 관장한다.

둘째, 정부가 생산에 직접 참여하지 않고 생산자에게 비용을 주고 제품을 구입하여 판매하였다.

셋째, 정부가 제품의 운반을 통제하여 세금을 징수한다.

넷째, 정부가 상인에게 상세(商稅)을 징수한다.

다섯째, 정부가 제품의 유통량과 시기에 대해 조절하며 통제하는 것이다.[4]

여섯째, 정부가 경매의 방식으로 상인에게 제품의 경영권을 주고 상인에게 세금을 요구하였다.

송대는 독점 경영뿐만 아니라 어느 정도 상인들에게 이익을 나누어 주고 국가 재정문제를 해결하였다. 예를 들어 인종 시대에 요 그리고 서하와 분쟁과 전쟁이 발발하면 변계 지역의 군비가 국가재정의 큰 문제가 되었다. 특히 변계지역으로 식량과 군수품을 운반하는 일은 매우 곤란한 일이었다. 이를 해결하기 위해 정부는 "입중(入中)[5]"정책을 실시하여 상인들에게 일정한 판매우대권을 주고 그들로 하여금 변계 지역으로 군수품을 운반하도록 유도하였다.

송대 재정지출의 규모가 크게 증가하여 시간이 지나면서 재정의 적자폭도 더욱 커져 재정확보가 심각한 문제점이 되었다. 게다가 남송 시대에는 영토의 규모가 50%에 불과한데 북송과 거의 비슷한 규모의 군대와 2배 이상 많은 관리들에 대한 비용을 지출해야 할 뿐만 아니라 북방의 금, 몽골과도 끊임없는 충돌과 전쟁으로 많은 군비의 투입이 요구되는 등 다양한 지출로

---

4 漆俠『中國經濟通史. 宋代經濟卷』하권, 經濟日報出版社, 1999, pp.1051-1052.

5 상인들이 곡식을 변방에 실어 나르면(입중 入中) 정부는 상인들에게 소금 판매 허가증인 염인(鹽引)을 주었다(절중 折中). 상인들은 이 염인을 가지고 지정된 장소에서 소금을 받은 후 다시 지정된 장소에 가서 판매를 했다.

남송의 재정 상황이 북송보다 더 이상 좋아질 이유가 없었다.[6]

송대 정치경제사회의 근본적 문제요인은 용관(冗官), 용병(冗兵), 용비(冗費)의 소위 3용(冗)문제이다. 이 3용문제의 근본적 요인은 건국 이래 실시하고 있었던 전면적인 중앙집권화 정책과 지속적인 과거제도의 실시로 관리의 증가와 당말(唐末) 이래 동아시아치제의 붕괴로 인해 송조가 이지역의 주도적인 위치를 상실하면서 서북방 유목민족들의 경제약탈과 남침위협이 존재하였기 때문이다. 송 정부는 재정의 부족을 해결하기 위해 개원절류(開源節流)의 방식을 취하였다. 개원은 주로 세금을 증가하는 방식으로 세금의 비중과 종류가 남송까지 계속 높은 수준을 유지하고 있었다.

당시 3용문제를 중심으로 한 누적된 폐단이 노출되면서 많은 관료들이 문제 해결에 대해서 자신의 주장들을 제시하였다. 예를 들면 왕우칭(王禹偁, 945-1001), 왕제(王濟, 952-1010)는 과도한 군대를 해산하여 병합하자고 건의하였다. 송기(宋祁, 998-1061)도 과도한 군대와 관원을 줄이자고 제창하였다. 장방평(張方平)은 겸병, 불교, 도교 또는 과도한 군대 수를 해산하자고 주장하였다. 소철(蘇轍, 1039-1112)은 과도한 관원과 장병에 대한 지출을 감축시키자고 요청하였다. 주희(朱熹, 1130-1200)는 재정지출을 절약하고 노약 장병을 해산, 둔전을 실시하고, 종실을 감축, 관원 연봉을 감축, 과도한 지출을 감축하자고 제창하였다. 또한 섭적(葉適, 1150-1223)은 군대를 개혁하고 병사를 양성하고 농민에게 땅을 반환하여 토지와 실질노동력을 결합하여 농업생산량을 제고하자고 주장하였다.

신종시기 왕안석은 건국이래 누적된 정치, 경제, 사회문화에 대한 전면적인 개혁을 추진하였다. 그 주요한 내용은 다음과 같다.

첫째, 생산력 발전을 추진시켜 전 사회 재부의 총량을 증가시킨다.

둘째, 세금 및 여러 가지 방법으로 정부 재정 수입을 증가하고자 하였다.

---

6 方寶璋『宋代管理思想』, 經濟管理出版社(北京) 2011.8, pp.42-44.

그 하나로 이의이재(以義理財)의 원칙을 바탕으로 개혁 방법을 제창하였다.

송대 중앙집권의 치국사상은 그의 재정관리 면에서도 3가지 특징을 볼 수 있다. 첫째, 재상은 국가의 재정의 관장하는 사람이다. 둘째, 내고(內庫)의 관리는 국가 재정 관리 속에 속한다. 셋째, 원풍 개혁이후 호부(戶部)의 재정권은 이전 삼사(三司)의 권력과 똑같다. 이처럼 송은 재정문제를 해결하기 위해 중앙집권화를 바탕으로 행정 체제 내부의 조절을 통해서 재정 문제를 처리하고자 하였다.

송대는 농업이 여전히 재정의 기반으로 사대부들은 상업의 발전을 지지하면서도 중농주의(重農主義)에 기반을 두었다. 건국 이후 전제(田制)를 새로이 하지 않고 토지겸병도 적극적으로 억제하지 않았으며, 오히려 소농체제에 대해서 무거운 세금을 부과하였다. 이로 인해 많은 자경농(自耕農)이 파산하여 유민화되었고 중소지주와 호족들은 토지 매매와 강점을 통해 대토지 소유자로 성장하였다. 이를 개혁하기 위해 왕안석은 모든 토지에 대해 세금을 부과하는 방전균세법을 실시하였다. 이 방법은 농업 생산, 특히 토지에 대해 세금을 부과하는 효과가 있었지만 개혁이 실패함에 따라 신법도 폐지되었다. 전부불균(田賦不均)의 현상은 남송까지 계속 존재한 문제로 이로 인해 빈부의 격차가 심해졌다.

송대는 전대(前代)의 학술사상을 합리적인 취사선택을 통해 다양한 내용과 완벽한 체계를 갖춘 사상이론체계를 완성하였다. 송대 학술문화는 중국문화의 정화(精華)이며, 중국 봉건왕조의 전개과정에서 명청대 서학(西學)이 동점(東漸)하던 시기에 이르는 가운데서 문화발전이 최고봉에 달한 시기라고 할 수 있다.[7]

북송시기는 당송변혁기를 거치면서 정치경제와 사회문화 등 전 분야에 걸친 대변혁의 시기였다. 당중엽부터 시작된 정치사회 전반에 걸친 변화는

---

7 鄧廣銘「宋代文化的高度發展與宋朝的文化政策」『鄧廣銘治史叢稿』北京大出版社1995年2, p.66.

송대에 이르러 새로운 국면을 조성하여 토지제도, 부세제도, 정치조직, 사상문화, 풍속관념 등이 전대에 비해 현저하게 변화되었다. 학술문화도 그러한 영향으로 관료계층의 전유물이 아닌 학문의 보편화와 대중화가 이루어져 사람중심의 인문학이 형성되는 배경이 되었다. 특히 송대에 이루어진 정치경제중심의 남천과 문화구조의 변화는 후기 중국 봉건왕조의 특색이며 역사발전의 새로운 단계와 방향을 열었다.

송대는 지역간 사회경제발전의 차이가 크게 나타나면서 선진지역과 낙후지역간 경제문화의 불균형이 대단히 컸다. 특히 상호 대치하며 병존하였던 각 민족정권은 사회구조와 발전단계 그리고 발달정도가 각기 달랐으며, 상호간의 모순과 갈등이 사회발전의 차이를 가속하였다.

송은 건국 이후 중문경무정책을 기본정책으로 시행하여 학술문화의 번영과 과거취사의 정형화는 학술문화의 특징적인 표현이다. 태종은 즉위 3개월 후 공거(貢擧)를 실시하여 진사 507명을 뽑았다. 신하들이 태종에게 이만큼 진사를 많이 등용한 적이 없다고 말했지만 이 정책을 그대로 실시하였다.

송대 과거고시제도에 대한 개혁은 학술문화의 발전에 커다란 영향을 미쳤다. 과거시험에서 자유평등경쟁원칙을 견지하면서 응시자의 출신 제한이 없어져 한문(寒門) 출신의 자제들도 과거를 통해서 관료진출을 할 수 있었다. 그리하여 송대 학술사상이 관리진출의 학문으로 사회결집요인으로 작용하면서 문화가 크게 발전하였다. 북송시기 대표적인 관료사대부이며 정치핵심에 있었던 범중엄(989-1053), 왕안석(1019-1086), 소식(1037-1101), 포증(包拯, 999-1062), 사마광(1019-1086), 구양수(1007-1072) 등과 같은 문신관료들은 대부분 과거시험을 통해서 중앙에 진출한 사람들이다.

송 인종과 신종년간에 실행된 경력신정과 희령변법에서 문화정책에 대한 주장도 그들이 제창하였던 중요한 내용이다. 특히 범중엄은 경력신정을 추진하면서 수도에 최고교육기관인 태학(太學)을 설치하였고, 전국의 주, 현에도 학교를 설치하여 교육체제를 정비하고자 하였다. 이러한 교육체제에 대한 개혁은 송대 학술문화의 번영과 발전에 큰 영향을 미쳤다. 그 후 왕안석은 학교체제와 교육내용에 대해 더욱 중시하며 태학삼사법(三舍法)을 실시하여 학교교육으로 과거를 대신하여 관리를 등용하고자 하였다.

송조가 문유(文儒)를 중시한 정책은 학술문화의 번영을 가져와 이학(理學), 문학, 사학 등 다방면에서 크게 발달하게 하였다. 이런 과정에서 등장한 문신사대부계층은 각 방면에 적극적으로 참여하였다. 그들 중 대부분은 조정에 있던지 민간에 있던 지를 막론하고 천하에 대한 책임감을 가지고 현실을 중시하고 개혁을 논의하였다. 그들은 현실정치사회에 대한 정확한 인식을 통해 인재관리사상 및 정치실천에 자신의 정치경험과 학술사상을 근간으로 경세관을 제창하였다.

이상과 같이 송대는 관용적이고 개방적인 학술문화의 전개와 발전의 영향으로 범중엄과 왕안석 등 개혁파, 주희의 이학, 진량과 섭적의 사공학파 등 모두가 현실문제에 대해 크게 관심을 가진 적극적인 경세관을 제기하였다. 특히 국가의 정치, 경제, 문화, 군사 등 여러 방면에 대한 체제와 관리에 대한 조절과 개혁이 제기되었다. 이 과정에서 각 학파와 인물들 간에 서로 다른 관점과 의견의 차이로 인한 분쟁이 발생하여 북송시대부터 당쟁(黨爭)이 끊임없이 진행되었다. 반대로 보면 이런 활발한 문화적 분위기가 없었으면 정치, 경제, 군사 등 에 대한 다양하고 현실적이며 실용적인 개혁 및 경세관이 나타날 수 없었다고 여겨진다.

2. 송대 관료계층의 현실인식

중국 봉건사회의 지식인들이 추구하였던 학술사상은 주로 관리진출과 관련된 정치학문이 중심이었으며 사회변동의 중요한 요인이었다. 이와 함께 시험을 통한 관리등용방법이 문신관료 정치체제의 유지와 발전에 중요한 근간이 되었다. 이런 점이 중국사연구에 있어서 관리등용법을 중심으로 한 정치제도사 연구가 학자들의 주된 관심분야의 하나가 되었다. 그 중 황권강화와 밀접한 관계를 가지고 진행되었던 과거제도의 개혁과 정형화에 대한 연구가 많은 부분을 차지하였다.[8]

송대는 서민문화의 발전과 함께 이학(理學, 性理學)의 전개와 발전을 가져왔고, 정치와 학문이 일치를 이루며 학문이 사회의 결집요인으로 작용하는 새로운 단계를 형성하였다. 또한 송대 신진관료계층은 황권 강화와 연계하여 교육제도와 과거제도에 대한 개혁논의를 제기하였다. 그들은 당시 정치 · 경제 · 사회 · 문화에 대한 정확한 현실인식을 통해 사대부계층의 각성론과 책임론을 제기하며 송초 이래 누적되어 온 폐단을 적극적으로 개혁하고자 하였다.

이처럼 사대부계층이 신흥 지배계층으로 등장하여 황권을 중심으로 전개된 일련의 정치개혁과정에서 핵심 정치세력으로 정확한 현실인식을 바탕으로 다양한 개혁논의를 전개하였다. 예를 들면, 교육(育之, 養之)제도 · 선발(選拔)방법 · 관리임용(任之, 用之) 그리고 승진과 퇴출 등 상벌제도와 마감제도(磨勘制度)를 포함한 관료제도 운용 등 현실정치에 대한 경세방법이 이치법(吏治法) 운용과 개혁이 그것이다.

경세사상이란 『사해(辭海)』에 의하면 "명청시대 학자들은 말하기를 학문은 반드시 국사(國事)에 대해서 유용한 것이 돼야 할 것이다."[9], 『중국국사대사전(中國歷史大辭典)』에 의하면 "세무(世務)를 다스리는 방법이다."[10]라고 정

8 기존연구 성과는 주로 과거제도의 실시와 변천 그리고 제도의 변화 등 제도사 연구에 치중되어 있으며, 일부는 관학(官學)과 사학(私學) 등 교육제도에 집중하여 과거제도의 기원과 고시내용과 방법 그리고 정형화 등에 대한 연구는 비교적 폭넓게 이루어졌다. 그리하여 과거고시제도가 수당대를 거쳐 송(宋)대에 이르러 정형화되고 시험을 통해 관계에 진출한 사대부 계층을 중심으로 한 문신관료제도가 형성되었으며, 이를 기초로 황권이 전대에 비해 강화되었다고 지적하고 있다.

9 「辭海」, 辭海編輯委員會, 上海辭書出版社, 1989, p.3047.

의하고 있다.

또한 중국 고대학자들도 경세사상에 대해 자세한 해석과 정의를 내린바 있다. 명청시대 사상가인 고염무(顧炎武)는 "옛 것을 인용하여 오늘날을 헤아려 살피는 것으로 우리 유자들이 말하는 세상을 다스리는 데 사용하는 것이다. 모든 글(文)이 6경(經)의 종지에 관계되어 있지 않으며 현세에 힘써야 하는 것은 모두 그렇지는 않다."[11]고 하였다. 안원(顏元, 1635-1704)은 말하기를 "실문(實文), 실행(實行), 실체(實體), 실용(實用)이다."(「四存篇」)[12]고 하였고, 주지유(朱之瑜, 1600-1682)는 "나라를 다스리고 세상의 어려움을 구제한다."[13]는 의미라고 하였다.

경세사상의 핵심 내용은 현실과 변혁 그리고 현실정치에 효과적으로 실제 이용되는 사상을 지칭한다. 현실은 나라를 다스릴 기반이고, 변혁은 경세사상을 실현할 방법이라 할 수 있다. 즉 경세치용과 실사구시(實事求是)의 정치사상이다. 일반적으로 경세사상에 대해 이야기 할 때 명말 청초 그리고 청말 민국초기의 교체시기에 대해 설명하는 사람들이 많다. 이시기는 정권교체로 인해 정치경제와 사회문화의 불안정이 크게 발생하여 국가의 안정과 민생의 행복이 더욱 중요하였기 때문이다.

특히 명청시대는 경세사상에 대한 관심이 크게 요구되면서 사회결집요인이 되었다. 그 이유는 중앙집권정책 및 전제주의가 어느 시대와 비교해도 강하게 진행되었기 때문이다. 그 결과 이 시기의 경세사상가들은 송명시기 이학(理學)사상에 대해 강한 반대의견을 제기하기도 하였다.

송대 이학은 유학의 발전과정에서 하나의 중요한 단계였다. 다시 말하면,

---

10 「中國歷史大辭典」中國歷史大辭典編輯委員會, 上海辭書出版社, 2000, p.2037.

11 「亭林文集」, 卷4, 引古籌今, 亦吾儒經世之用.", "凡文之不關於六經之旨,當世之務者, 一切不爲.", p.21.

12 顏元, 「四存篇」"實文,實行,實體, 實用", p.121.

13 朱之瑜「朱舜水集」, "經邦弘化, 康濟艱難, 指拯救人, 世治理国家.", p.383.

송대 이학의 발생과 전개는 당중기이래 쇠퇴하고 있었던 유학에 대한 일종의 부흥이며 개혁이었다. 특히 당말송초기의 정치경제와 사회문화의 변화는 새로운 지배계층의 성장과 등장을 가져왔으며, 학술문화의 보편화와 함께 인간 중심의 인문학이 발전하였다.

그러나 인간 중심의 성명론(性命論)과 존천리, 거인욕(存天理, 去人欲)을 추구한 이학은 남송 사회의 현실적인 수요와 발전에 일치하지 않으면서 위학으로 내몰리는 등 주도적인 위치를 차지하지 못했다. 이러한 송학의 발전 과정에서 진량(陳亮)과 여조겸을 중심으로 한 영가학파는 현실 실용학문을 위주로 하는 사공(事功)학을 중심으로 한 경세사상을 주장하며 변혁을 제창하였다.

송대는 당대(唐代)에 정치권력을 장악한 정치주체세력이었던 세습문벌귀족계층이 해체되고 과거시험을 통과한 문신관료 사대부계층이 새로운 정치주체세력으로 등장하였다. 토지 국유제 원칙이었던 균전제도의 붕괴는 대토지소유자의 등장과 함께 농업생산력의 발전은 상품경제의 출현을 가져왔다. 또한, 상업과 수공업 등 경제활동 영역의 확대는 사회생산력을 크게 증가하였고, 서민들의 정치경제적 수준과 사회적 지위향상은 활발한 계층이동을 가져왔다.

북송시기 특히 태종(太宗)과 진종(眞宗) 그리고 인종(仁宗)·영종(英宗)·신종(神宗)에 이르는 동안 황권강화와 함께 시행되었던 교육제도와 과거제도에 대한 개혁 논의가 관료계층을 중심으로 진행되었다. 과거제도는 교육제도를 기반으로 실시된 관리등용방법으로 통치계급 내부 구성원을 원활하게 교체할 수 있어 상하계층이 서로 경쟁하였으며, 계급모순을 완화하여 봉건사회를 유지하는데 활력을 가져다 준 제도이다.

그 결과 송대는 학술사상의 전개발전을 통한 사대부계층의 정치의식이 고취되어 현실정치의 참여와 누적된 사회폐단에 대한 개혁논의가 활발하게 전개되었다. 당시 관료계층들이 제기하였던 현실정치에 대한 문제점과 폐단에 대한 개혁논의를 중심으로 한 경세관을 고찰하는 것이 당시 사회를 규명하는 가장 중요한 부분이라고 여겨진다. 당(唐)대 세습귀족계층이 주류를 이루던 현실정치 상황은 송대 이후 과거제도를 통해 등장한 문신관료들이 신흥지배계층으로 등장하였다. 이처럼 송대는 사회계층의 신분이동과 질서체제가 완화되어 서민의 사회경제적 지위 향상과 문화수준이 크게 제고된 사회였다. 이러한 정치사회적 배경은 새로운 학문의 전개와 발전을 가져왔으며, 북방 유목민족을 비롯하여 고려와 일본을 중심으로 한 남양제국 등 동아시아 체제에도 새로운 지배질서체계가 형성되었다.

본고는 당송변혁기를 거치면서 새로운 질서체제가 형성되는 과정에서 송대 관료계층이 현실정치에 대한 정확한 인식을 바탕으로 전개하였던 개혁논의와 경세사상을 살펴봄으로써 중국사회의 정치체제의 성격과 특징을 규명하고자 한다.

중국 역대 왕조 가운데서 합리적인 관료조직을 형성하고 운용하였던 송대에 대한 고찰을 통해 오늘날 다양화되고 전문화된 관료조직체제의 형성과 운용을 살펴보고자 한다. 또한 송대 관료계층의 현실인식과 경세사상을 중심으로 한 관리행정의 운용과 개혁 등 실행 방법을 규명하고자 한다.

마지막으로 본서에서 서술하고자 하는 송대 관료계층의 현실정치인식과 경세관에 대한 일부 내용은 본인이 그간에 한국과 중국과 대만 등 국제학술대회와 전문학술지 등에 발표한 몇 편의 졸문(拙文)을 기초로 하고 최근에 새롭게 관심을 가지고 공부한 인물들의 『문집』을 중심으로 그들이 가졌던 현실정치에 대한 인식과 경세관을 고찰하여 오늘날 공무원의 현실인식과 위국위민(爲國爲民)의 경세관 형성과 실행에 귀감이 되었으면 한다.

제2장

송대 문화정책과 학술문화의 발전

1. 송대 문화정책

송은 중국 학술사상과 문화의 발전과정에서 선진(先秦)시대의 백가쟁명(百家爭鳴)의 사상과 문화를 계승발전한 제2 발전시기이며 황금시기이라 할 수 있다. 송학(宋學)은 전대 학술사상을 계승하고 합리적인 취사선택을 통해 다양한 내용과 완전한 체계를 갖춘 사상이론체계를 완성하여 중국문화의 정화(精華)라 칭한다.[1]

당말오대 사회의 혼란기를 거치고 건국한 송조는 단순한 왕조의 교체 이외에 제분야에 대한 대변혁을 가져온 전환의 시기였다. 당말 안사의 난 이후 토지 국유제원칙의 균전제도가 붕괴되고 대토지사유제의 장원제도가 형성되고, 병농일치제의 부병제가 모병제로, 현물납 위주의 조용조세법이 당 덕종 건중(建中) 원년(780) 양염(楊炎)의 건의로 현금납을 허용하는 양세법(兩稅法)으로 변화되었다. 이것은 중국 전통사회 질서체계에 커다란 변화를 가져와 문벌귀족세력의 몰락과 한사(寒士)계층을 중심으로 한 신흥지배

1 鄧廣銘 「宋代文化的高度發展與宋朝的文化政策」『鄧廣銘治史叢稿』 北京大出版社1995年2, p.66.

계층의 등장을 가져왔다.[2]

북송은 지주계층의 폭넓은 지지를 얻기 위해서 당말이래 진행되어 오던 토지겸병을 억제하지 않고 오히려 장려하였다. 그 결과 토지의 자유로운 매매가 허용되고 중소지주들 뿐만 아니라 관부(官府)까지도 토지매매와 강점을 통해 대토지를 점유하여 크게 치부하기도 하였다. 그리하여 신흥지주계층들은 사회경제적 지위를 크게 제고하고 정치무대에 진출하려는 시도가 보편화되기도 하였다.

당대 과거제도는 추천제의 폐단이 존재하여 취사의 권한이 유사(有司)에게 있었으며, 대관료와 대지주들은 여전히 정치경제의 우세함와 전통적인 사회지위에 의지하여 세세대대로 관리에 진출하며 세습문벌귀족의 특권을 가지고 있었다. 그리하여 고시는 형식적인 방법일 뿐으로 한사(寒士)들은 초인적인 재능을 가졌어도 번번이 낙방하여 종신도록 뜻을 얻지 못하고 한탄만 하는 경우가 빈번하였다.

그리하여 당말기에 이르러 현실정권에 대한 불만이 여러 가지로 표현되어 황소와 같이 반란을 일으키기도 하였으며, 어떤 사람은 분열할거 국면에 협조자가 되기도 하였다. 예를 들면, 주온(朱溫, 852-912)의 중요한 모사(謀士)였던 이진(李振)은 진사과에 급제하지 못한 사람이다. 이로 보아 당대 과거제도는 많은 폐단이 자행되어 능력 위주로 선발한 것이 아니고, 출신가문과 같은 배경을 보고 선발하여 무능하고 무덕(無德)하거나 교활한 무리배 등이 선발되는 경우가 많았다.[3]

한편, 송대는 학교의 건립을 통한 관학교육을 강화하고, 과거고시를 한사계층과 중소지주계급 등에게도 확대 개방하여 통치계급의 원활한 교체와 광범위한 지지기반을 획득하고자 하였다. 그리하여 송대는 사회발전의 요구

---

2 熊偉「唐宋變革體系的演化」『電子科技大學學報』社會版. 2008. 第10卷 第5期, p.92.

3 石靜「略論北宋的科擧改革」『南通師專學報』第14卷 第3期, 1998.9, p.40.

와 환경에 적응하고 공평경쟁의 원칙을 강화하여 사사로이 과거제를 농단하는 폐단을 방지하기 위해 다양한 개선책을 실행하였다.

송조는 비교적 개방된 문화정책을 실시하여 학술문화의 발전과 흥성에 관대하고 화해(和諧)한 사회환경을 제공하였다. 당시 송조의 문화정책의 특징에 대해 요도여(姚兆余)는 「宋代文化的生成背景及其特點」에서 다음과 같이 몇 가지를 들고 있다.[4]

첫째, 송은 당말오대이래 정치질서체제의 혼란과 문화상실의 상황을 중시하고, 행정, 군사, 재정에 이르는 개혁정책을 통해 황권을 강화하였다.[5]

특히 무장들의 전권을 해제하여 번진할거 등 사회혼란의 근원을 제거하는 동시에 '흥문교(興文教), 억무사(抑武事)'의 치국방략을 확립하여 문신관료정치를 추구하였다.[6]

송 태조는 개봉에 문선왕(文宣王) 묘사우(廟祠宇)를 증즙(增葺)하고, 선성(先聖), 선현(先賢), 선사(先師)의 상(像)을 그리도록 명하였으며, 친히 공자와 안연을 칭송하는 문장을 찬하였다. 태조 즉위2년에는 공자후예인 공선(孔宣)을 불러서 공씨 후사들의 안부를 묻고 벼슬을 내리고 부세를 면제해주었다. 태평흥국(太平興國) 8년(983) 다시 곡부의 공자묘를 중수하였다.[7]

진종은 함평4년(1001) 형병(邢昺, 932-1011)과 손석(孫奭, 962-1033) 등에게 『주례』『공양전』 등 7경(經) 소의(疏義)를 교정하라고 명하였다. 이러한 조처는 유가문화 중심의 전통문화를 부흥하고, 공자를 존중하는 동시에 유사(儒士)들의 선발과 임용도 크게 중시하였음을 보여준다.

송대 과거 취사제도는 고시내용을 고정화하였을 뿐만 아니라 그 규정도

---

4 姚兆余「宋代文化的生成背景及其特點」『甘肅社會科學』2001. 第1期, 歷史研究, pp.74-76.

5 송 초기 행정권을 황제에게 복속시키기 위해 '削奪其權', 병권을 거둬들이기 위해 '收其精兵', 재정권을 중앙으로 집중시키는 '制其錢穀' 등의 정책을 통해 중앙집권적 황권강화를 추진하였다.

6 『長編』, 卷18, 太平興國2年正月. 世界書局, 1983.2, p.213.

7 『長編』, 卷19, 太平興國3年10月. 世界書局, 1983.2, p.230.

정비하였다. 또한 응시대상도 완화하고 신분제한을 철폐하여 공상업 종사자와 승도(僧道)들도 원칙적으로는 과거에 참가할 수 있었으며 합격자 수도 크게 증가하였다. 이 같은 조처는 독서인들에게 관리진출에 대한 관심을 불러일으켜서 학술문화의 보급을 확대하였으며 시부경의(詩賦經義)학이 크게 발전하였다.

둘째, 사상과 언론의 표현에 비교적 개방적이었다.

송은 정치상에서 문명적이며 이성적인 방법을 채택하였다.[8] 이런 경향은 송대 정치가 관용적이며 개방적인 방향으로 나아가는데 영향을 주었으며, 사대부계층과 더불어 천하를 다스리는 정치국면을 형성하였다.[9] 그리하여 송대는 전통문장의 학문뿐 만아니라 과학기술의 연구와 발명 등에도 커다란 성과를 가져와 학술문화와 과학기술이 고도로 발전한 시기였다.

셋째, 송조는 중앙에 태학, 국자감 등 관학이 건립하였으며, 많은 전과(專科)학교와 지방의 부(府) 주(州) 현(縣)에도 학교를 건립하여 일련의 완성된 교육체계를 완성하였다. 중앙관학에는 많은 과목이 설치되었고 생원의 출신배경도 대단히 광범위했다. 또한 지방관학의 건립도 많았고 관리체제도 더욱 완비되었으며, 민간이 운영하는 사학도 크게 흥기하였다.

송은 민간교육에 대해 개방적인 태도를 취해 사서(賜書), 사전(賜田), 사전(賜錢) 등 방식으로 민간교육을 지지해주었다. 또한 덕이 높고 학문이 뛰어난 지명도가 높은 명사에게는 관직을 제수하고 표창하여 관학교육의 부족한 점을 보충하고자 하였다.

넷째, 문화전적(典籍)의 수집과 정리 출판을 중시하였다.

---

8 陸游, 『避暑漫鈔』, '不以文字罪人', '不得殺士大夫及上書言事人', 中華書局, 北京, 叢書集成初編, 1985, p.6. 이는 중문(重文)의 풍조를 반영한 송조의 정치특징의 하나로 언로를 크게 개방하여 상서(上書)를 통한 문신 사대부계층의 정치참여도를 높였으며, 과거에서 자유로운 학문능력을 펼 수 있도록 하는 등 사대부계층에 대한 처벌을 최대한 관대하게 처리하였다.

9 『長編』, 卷221, 熙寧4年3月. pp.2336-2337.

문화사업 발전에는 반드시 전적의 수집과 출판을 중시하는 작업이 필요하다. 송 초기에는 장서가 소문관(昭文館), 사관(史館), 집현원(集賢院) 등 3관에 극히 제한적으로 소장하여 1만2천 여 권의 서적이 있었다.[10] 그 후 여러 나라를 평정한 후 서적을 구매하는 등 수집하여 점차 3관의 서적이 증가하였다. 태평흥국3년(978) 숭문원(崇文院)을 건립하여 3관의 서적을 옮겨놓았다.[11] 휘종시기 『秘書總目』을 편찬할 때는 총권수가 55,923권으로 증가하였으나 1125년 정강지변을 겪으면서 거의 전부 산실되었다.

그 후 남송정부는 적극적으로 전적도서(典籍圖書)의 수집을 추진하여 장서량이 점차 북송시기의 수준으로 회복하였다. 효종 순희(淳熙) 4년(1177) 『中興館閣書目』을 편찬할 때 총권수가 44,486권에 달했다. 영종 가정(嘉定) 13년(1220) 『中興館閣續書目』을 편찬할 때 14,943권이 또 증가하였다. 이외에 출판인쇄술의 발달로 민간서원과 개인도 대량의 도서를 소장하였다. 그리하여 오늘날 송대 학술문화 전적을 정리하고 연구하는데 좋은 조건을 만들었다. 송대 4대 유서(類書)의 편찬과 관사(官私)찬 사서(史書), 방지(方志)의 편수(編修)는 풍부한 장서를 소장하는데 도움이 되었다.[12]

송조는 학교를 인재 양성의 요람으로 삼고 많은 지지를 하는 등 교육제도를 비교적 완비하였다. 동시에 독서인들을 격려하며 문화발전의 양호한 사회환경을 제공하였다. 송 초기 시행했던 문화발전에 양호한 조처 몇 가지를 살펴보면, 태종 태평흥국2년(977)에서 인종 보원(寶元)원년(1038)년간 사전(賜田), 사편액(賜匾額), 사서(賜書) 등 장려를 통해 서원을 지원해 주었다. 그리하여 송대 서원은 지방 교육기관의 중요한 기관으로 자리 잡고 많은 인재를 양성하였다. 예를 들면, 응천서원(應天書院)출신들이 20여 년간 계속해서 과거에 많은 인재가 합격하였다.[13]

---

10 程俱, 『麟臺故事』, 拾遺卷上, 「書籍」, 中華書局, 北京, 叢書集成初編, 1991, p.15.

11 『宋史』, 卷202, 「藝文1」, pp.5031-5034.

12 姚兆余 「宋代文化的生成背景及其特點」 『甘肅社會科學』 2001. 第1期, 歷史硏究, p.75.

2. 송대 학술문화의 발전과 그 특징

송대 학술문화의 번영은 기본적으로 전대문화를 계승하여 통치이념과 연관하여 추진되었다. 교육제도의 완성과 과거제도의 정형화 그리고 경제발전은 문화번영에 양호한 조건을 제공하였다. 또한 중외(中外)문화 교류도 이러한 국면 형성에 커다란 자극제가 되었다.

일반적으로 문화는 발전성과 연속성을 가지고 있다. 그러므로 송대 문화도 역사진행 과정과 연계하여 고찰해야지 단독으로 그 번영원인을 고찰할 수는 없다. 특히 송대 문화는 철학, 사학, 문학, 예술, 교육 그리고 과학기술 영역 등 모든 방면에서 상호연관성을 가지고 이루어졌다.

송대는 농경문화와 유목문화라는 두 문화가 장기간 충돌과 융합과정을 거치면서 상호 영향을 주면서 새로운 문화를 흥기하였다. 그리하여 송대 문화는 혼합 또는 융합의 색채가 분명하게 나타난다. 이러한 문화융합은 문화발전의 중요한 원천의 하나가 되었다. 예를 들면, 민속 문화상 북방유목민족의 여러 가지 풍속과 습관이 한문화계통에 크게 영향을 주었다. 그 중에서 복식(服飾)의 영향이 가장 눈에 띄었다.[14]

한편, 송은 외래문화의 수용에 개방적인 태도를 취하여 학술문화의 내용을 풍부하게 하였다. 정신문화와 물질문명을 막론하고 중화문화의 발달과 완성에 도움이 되면 배척하지 않고 받아들여 적지 않은 외역(外域)문화의 요소들이 학술문화계통 속에 유입되었다. 예를 들면, 송대는 아라비아와 인도 등지의 선진과학기술을 받아들여 과학기술이 최고봉에 달했던 시기였다. 수학방면을 보면, 아라비아의 대수(代數), 기하(幾何), 삼각(三角), 역산(曆算) 등 성과가 광범위하게 전래되어 사용되었다. 이외에 서역의 음식, 약품 등

---

13 『范文正公集』, 卷7. 「南京書院題名記」 "二十年間, 相繼登科, 而魁甲英雄, 儀羽台閣, 蓋翩翩焉未見其止.", p.56.

14 『宋會要』 「輿服」, 43之6. 世界書局, 1977.5, p.1744.

다양한 문물이 전래되어 외래문화의 흡수와 융합을 기초로 더욱 발전하고 풍부해졌다.[15]

송대 문화형성과 발전의 배경은 다음과 같이 몇 가지로 살펴 볼 수 있다.[16] 송대 문화발전은 전통사회 조직의 변천요인에 내재하였던 변동요인을 들 수 있다. 송대 정치경제발전과 사회문화변천이라는 두 가지 요소의 구축 아래 한당이래 여러 가지 특징이 점차 쇠퇴하고 사회발전에 다양한 요소가 작용하여 전기봉건사회의 성숙기를 거쳐 서민문화가 형성 발전하였다.

먼저 정치상에서 보면, 한(漢) 당(唐)이래 수백 년간 중국 정치에 영향을 주었던 문벌정치가 종결되었다. 즉 세가대족에 의해 농단되었던 정치국면에 커다란 변화가 이루어졌으며, 정치권력의 개방이 크게 제고되었다. 이와 동시에 한당시기 유행하였던 문제등급(門弟等級)개념이 부분적으로 해체 또는 사라졌다. 그리하여 관리등용에 있어서 출신가문과 빈부를 불문하였고 혼인에도 벌족관계를 묻지 않는 새로운 사회풍조가 형성되었다.[17]

경제적인 면으로는 경제활동 영역의 확대가 가져온 사회생산력 발전은 상품경제발전을 가져왔다. 그리고 봉건왕조 유지의 근간이었던 토지국유제 원칙이었던 토지제도인 균전제가 붕괴되면서 부세제도인 조용조 세법이 현금납인 양세법으로 변천되고, 토지의 자유매매가 이루어지면서 사유제가 진일보하게 진행되어 대토지소유제의 장원제도가 형성되었다. 이러한 사회생산관계의 변화에 따라 송조는 기본적으로 토지겸병을 억제하지 않았다. 그 결과 지주계층은 자유롭게 전산(田産)을 매매하여 대토지를 소유하고 가산(家産)을 증가시키는 등 대토지소유형태가 보편화되었다.

또한 사회의 인신예속관계를 보면, 당 중기이래 현금납부를 허용하는 부

---

15 楊昆「宋代文化繁榮探源」,『遼寧大學學報』, 2002.1(第30卷第1期), p.39.

16 鄧廣銘「宋史研究的幾個問題」『社會科學戰線』1986年第2期, pp.145-152.『陳寅恪先生文集』第2卷, 上海古籍出版社, 1980.p.245.

17 姚兆余「宋代文化的生成背景及其特點」『甘肅社會科學』2001. 第1期, 歷史研究, p.74.

역제도가 시행되면서 노동생산자들의 국가와 지주에 대한 인신예속관계가 크게 완화되었다. 그리하여 한당이래 존속해 오던 인신속박적인 요역과 병역제도, 조세징세 그리고 반농노(半農奴)성의 부곡(部曲)과 전객(佃客)제도가 기본적으로 폐지되고, 정역(征役)제도와 모병제도가 실행되어 개인의 기본의식이 중요한 요인으로 작용하게 되었다. 이는 송대 인간중심의 학문, 성리학이 발전하였던 학풍과도 상당한 연관관계를 가졌다고 볼 수 있다.

이상과 같은 여러 가지 현상의 변화는 송대 사회를 중국 봉건사회 성숙기의 정점에서 점차 하락하기 시작하였으며 새로운 시대로 전환되는 시작의 시기였다.[18]

송대 사회경제조직의 변천은 사회심리와 가치관념에 새로운 변화를 가져와 사회문화발전에 직접 작용하여 인간의 정신면모와 심리상태에 전례 없는 변화를 가져왔다. 학술문화상에서는 한당이래 음운주소(音韻注疏)의 학을 강하게 준수하지 않고 사전구경(舍傳求經)과 의경개경(擬經改經)의 학술사조를 추구하여 송원시대를 거쳐 명청시기에 이르기 까지 관방의식에서 주요 형식으로 작용하였던 이학의 탄생을 가져왔다.[19]

한편, 송대 과거고시제도의 정형화가 이루어짐에 따라 출신가문과 혈연에 의지하여 통치집단에 진입하였던 문벌귀족정치가 해체되고, 개인의 학문적 재능이 중시되어 모든 것이 과거시험(程文)에 의해 거유(去留)가 결정되는 문신사대부 사회가 형성되었다.[20]

또한, 한당시대에는 의(義)를 중시하고 이(利)를 경시하는 풍조가 주류를 이루고 공소사변(空疏思辨)의 학에 열중하였다. 이에 반해, 송대는 유가전통사상의 속박으로부터 벗어나 실제를 추구하고 실용과 공리(功利)를 강구하는 경세치용의 공리주의사상이 크게 대두되었다. 이러한 경향은 송대 사회

---

18 王育濟, 『理學, 實學, 博學』, 山東 友誼出版社, 1994, p.7.

19 姚兆余, 「簡評宋代文化的歷史地位」 『理論學刊』 2001.3月. 第2期, 總第12期.p.127.

20 陸游, 『老學庵筆記』, 卷5. 中華書局, 1979.11, p.64.

발전과정에서 사회풍조와 사상관념과 가치형성에 모두 깊은 영향을 주었다.

이러한 사회관념의 변화는 한당이래 문벌정치의 전개로 인해 집권관리들이 지나치게 자신의 정치경제적 이익을 중시하였으며 국가와 사회의 명운은 비교적 소홀히 하였다. 그러나 송대 과거고시를 통해 관리에 진출한 신진사대부들은 정치사회에 대한 관심과 책임감이 크게 증가하였다. 그 결과 인종시기에 범중엄, 구양수, 한기 그리고 신종시기 왕안석 등에 의해 현실정치경제의 폐단에 대해 관료사대부계층의 책임론과 각성론을 제기하며 개혁 경세사상을 제창하였다.

송대는 정치경제와 사회문화의 발전에 따라 학문과 정치가 일치를 이루는 정치학문인 과거지학이 사회결집요인으로 작용하면서 유학의 수학여부가 관리진출의 중요한 조건이 되고 학문의 보편화가 이루어져 인문학이 형성되고 발전하였다.

이상에서 본바와 같이 송대 문화는 다양하고 풍부한 내용과 현실성 그리고 인문학 사고를 중심으로 발전되었다. 이러한 학문 특징의 배경에는 사회생산력 발전과 전환기적인 정치사회의 배경 그리고 송조가 실행하였던 학교교육의 강화 등 문교정책도 문화발전에 양호한 기회를 제공하였다. 이른바 당송변혁시기의 제변화는 사회문화발전에 강력한 활력을 주었으며, 국내외 민족융합과 문화교류는 새로운 문화발전에 충분한 분위기를 제공하였다. 이러한 정치경제와 사회적 배경아래 형성된 송 문화는 과도기성, 의리(義理)성, 무실(務實)성, 보급성, 겸용(兼用)성 그리고 정합(整合)성 등 다양한 특징을 가지고 있다.[21]

21 拙稿「宋代文化形成과 人文學의 發展」『歷史文化研究』第35輯. 2010.12. pp.127-162. 참조.

3. 송대 인문학의 형성과 발전

당중기이래 사회구조에 변화가 발생하자 사회변동요인의 변화가 이루어졌다. 당 덕종(德宗) 건중(建中)원년(780) 양염(楊炎, 727-781)이 조용조세법(租庸調)을 대신하여 현금납(現金納)을 허용하는 양세법을 건의 시행하면서 토지소유관계 등 경제요인이 중요해지고, 정치특권요인이 점차 약화되기 시작하였다. 이러한 사회변화는 명문귀족계층에게 커다란 충격을 주어 호강지주도 아침에는 부호였으나 저녁에 궁민(窮民)이 될 수 있었다.[22]

송대에 이르러 사회결합구조의 변화는 학술사상과 의식방면에 변화를 가져왔으며, 관리취사(取士)에 있어 가세(家世)를 불문하고 재능과 실력에 의하여 선발하는 과거고시제도가 정형화 되었다.[23] 그리하여 학술문화가 광범위한 사회계층에 확대되고, 학교교육도 서민계층에 까지 개방되면서 학술문화의 보편화와 번영에 양호한 분위기를 제공하였다.

송대 문화의 핵심은 학술사상에 있다. 송대 학술사상은 양한(兩漢) 경학(經學)과 위진(魏晉)시기 현학(玄學) 그리고 수당(隋唐)의 불학(佛學)을 거치면서 소위 3교합일(三教合一)지학이라 할 수 있는 이학(理學)이 형성되었다.

유학은 한대(漢代)를 기점으로 발전하여 당 태종시기 공영달(孔穎達)이 『五經定義』를 편찬한 후 발전의 가능성을 보이기도 하였다. 당말 현종(玄宗)시기 안사의 난 이후 담조(啖助, 724-770)와 그 제자 조광(趙匡), 육순(陸淳, 724-806) 등이 『춘추』학을 3전(傳)으로 분리하면서 새로운 학술사상의 단초를 제공하였다. 그 후 한유(韓愈, 768-824)와 이고(李翺, 772-844)가 『論語筆解』를 저술하고, 한유는 또 『原道』, 『原性』, 『原人』 등 3편을 저술하였으며, 이고도 『復性論』을 저술하고 도통(道統)과 성명(性命)학설을 제창하여 송학

22 樓鑰, 『攻愧集』, 卷88, pp.807-818.

23 鄭樵 『通志』, 卷25, 氏族序, pp.196-198.

발생의 단초를 열었다.

한편, 수당을 거치면서 불교가 크게 성하여 유학이 차지하던 정치적 지위를 불교가 차지하였다. 당말기 많은 지식인들에 의해 불교에 대한 배척논의가 형성되면서 점차 학술문화에 대해 새로운 명제를 제시하며 유학 부흥의 계기가 마련되었다. 당시 상황을 살펴보면, 『대학』과 『중용』에서 선택하여 치학(治學)과 치국의 정서(程序)를 천명하였다. 또한 추상적인 의리(義理)의 개념으로 유가학설을 옹호하며 정통지위에 두고 이를 기반으로 불교와 도교를 배척하기도 하였다. 즉 유, 불, 도 3교(敎)간 장기간에 걸친 상호 배척과 논쟁을 통해 융합을 이루어 3교합일적인 새로운 유가학자들이 북송초기에 출현하기 시작하였다. 이 학술사상은 한당이래 장구(章句)에 얽매인 훈고학적인 경향과는 크게 달랐다. 그들은 공자의 도통을 계승하였다고 자칭하고, 공자의 경서에 의거하여 자연계와 사회기원의 원리를 연구하고, 인간의 본성을 추구하는 이른바 송학이라 칭하였다.[24]

한편, 송대 사학(史學) 연구도 중국 고대사학연구와 발전 과정에서 가장 번영했던 시기이다. 당(唐)대 사학 연구의 기초 위에 과거의 사학연구를 집대성하여 후대 사학도 미치지 못할 정도로 사학이 크게 발전하였다. 그리하여 기전체(紀傳體), 통감체(通鑑體), 기사본말체(紀事本末體) 등 다양한 역사 서술체의 등장과 함께 연구 분야도 다양하였다.[25]

송대 문학과 예술 방면은 당말 고문부흥운동의 기초위에서 명백효창(明白曉暢)하고 평이근인(平易近人)하여 사람의 의지를 비교적 편하게 표현하는 산문(散文)이 발달하였다. 문학사상 당송8대가라 칭하는 사람 가운데 당대에는 한유(韓愈)와 유종원(柳宗元, 773-819) 두 사람이고, 나머지는 북송

24 魯堯賢「宋代文化的繁榮及其原因」『安慶師範學院學報』, 1994年第2期, p.9.

25 송대 사학연구는 관찬(官撰)과 사찬(私撰)이 점차 하나가 되었으며, 구체적인 표현에서는 두 가지의 장점을 모두 사용하여 비교적 완성된 방법을 사용하였다. 그리하여 송대는 사서(史書)의 편찬의 범위와 발행의 종류 그리고 수량이 대단히 많았다.

중기에 출현한 왕안석, 3소씨(蘇氏), 증공(曾鞏, 1019-1083), 구양수(歐陽修, 1007-1072) 등으로 이후 중국 문학 발전에 큰 영향을 미쳤다.

송시(宋詩)는 그 내용이 현실적이고 서정적으로 인문학적인 경향이 짙었으며, 독특한 풍격을 지녔다. 특히 송대는 사(詞)라는 일종의 음악이 배합된 독특한 문학 형식이 유행하였다. 사는 당말기 흥기하여 오대를 거쳐 송대에 크게 성하였는데, 그 형식과 내용이 대단히 다양하고 풍부하였다. 그 외 화본소설(話本小說)과 희곡(戱曲) 그리고 회화(繪畵)도 크게 발전하여 많은 화가가 출현하였다.[26]

송 초기는 문치주의를 기본국책으로 표방하여 후대 통치자들이 조종지법(朝宗之法)으로 삼아 객관적으로 사인(士人)들의 지위를 제고하였다. 송 태조는 심지어 사대부 및 상서(上書)하는 독서인을 함부로 죽이지 말도록 규정하였다.[27] 이는 문신 사대부들에게 상대적으로 관용정책을 펼친 것으로 언론의 개방과 함께 자유로운 학문연구와 문화번영에 중요한 환경을 제공하였다. 그리하여 송대 사대부계층들이 정치사회문제에 대해 적극성과 창조성을 가진 의견을 개진하여 소위 사대부계층의 사회라 칭하였다.

송대 문화의 특징 가운데 또 하나는 정신문화의 발전이다. 특히 학술사상에서 송학이 흥기하여 발전한 것을 특징으로 들 수 있다. 송대 이학은 이후 중국 사회통치사상의 주류가 되었다. 송대 문화의 번영은 문화정책과 학술적인 요인 이외에 서원 등 교육기관 설립과 자유로운 강학활동의 풍조가 바탕이 되고 학술논쟁과 변론을 거쳐 새로운 학술사상과 문화를 발전하게 하였다.[28]

---

26 楊昆「宋代文化繁榮探源」『遼寧大學學報』, 2002.1(第30卷第1期), pp.36-39. 송 휘종시기 편찬한 『宣化畵譜』에 의하면 송 조정에서 편찬한 『宣化書譜』가 있다. 이 책에는 서법가(書法家)198인, 서법 1252 건이 수록되었다. 이는 송대에 서민문화가 주류였으며 보편화가 이루어다는 것을 잘 반영해 준다.

27 陸游, 『避暑漫抄』, p.7.

28 葉坦, 「宋代社會發展的文化特徵」, 『社會學研究』, 1996年第4期, pp.91-92.

한 시기의 문화번영과 그 특징은 사회경제발전과 뗄 수없는 밀접한 관계를 가지고 진행되어 진다. 송대는 농업, 수공업, 상업 등 사회생산력이 전대에 비해 괄목할 만한 발전을 이룩하여 문화번영에 물질적인 기초를 제공하였다. 특히 농업은 안정된 정치사회국면을 바탕으로 다양한 농업기술발전과 농지개간으로 가경농지의 확대와 단위면적 당 생산량이 크게 증가하였다.

한편, 활발한 대외(對外) 교류도 학술문화 발전을 촉진하였다. 송대 학술문화의 발전은 내재하였던 다양한 요인 이외에 외래문화와 교류를 통한 상호 영향도 중요한 요인 중 하나이다. 송대는 당대에 비해 대외교류가 지역적으로나 교류 국가 수에 있어 크게 증가하고 빈번하였다. 특히 대외무역을 진행하는 과정에서 문화교류도 활발하게 전개되었는데, 당시 고려(高麗), 일본 그리고 남양제국 등이 그 좋은 예이다.[29]

송과 고려는 정치외교관계를 비롯하여 경제무역관계 그리고 학술문화교류 등 제 분야에서 밀접한 관계를 가지고 진행되었다. 그 가운데 고려는 송의 우수한 학술문화를 받아들여 크게 발전시켰으며, 특히 출판인쇄술을 받아들여 서적출판과 교류가 활발하게 진행되어 송 철종시기에는 고려 사신에게 송이 출판하였던 서적의 목록을 건네주며 전해 줄 것을 요구하기도 하였다.[30] 또한 송은 고려의 고려지(高麗紙)와 송연묵(松烟墨)의 제조기술을 받아들였다.[31]

양송(兩宋)시기는 농경문화와 유목문화라는 서로 다른 두 가지 문화가 장기간의 충돌과정 중에서 상호 영향을 주고 융합되어 새로운 문화가 흥기하였다. 이러한 문화융합은 송대 문화발전의 중요한 원천(源泉)의 하나가 되었다.[32]

---

29 拙著『高麗與宋金經濟關係史論』, 臺北, 文津出版社, 2004.6. 共著,『韓中關係史研究論叢』北京大學韓國學研究中心韓國學叢書, 香港, 社會科學有限公司, 2003.1.

30 拙著『高麗與宋金經濟關係史論』, 臺北, 文津出版社, 2004.6.

31 楊昆「宋代文化繁榮探源」『遼寧大學學報』, 2002.1(第30卷第1期), p.39.

한편, 송조는 외래문화에 대해 기본적으로 크게 배척하지 않고 받아들여 정신문화와 물질문명을 막론하고 적지 않은 외래문화의 요소들이 각종 문화 계통 속에 유입되어 송대 문화의 내용과 범위를 풍부하게 하였다.[33]

송대는 중국 사회문화변천에 있어서 중요한 관건의 시기로 정치체제와 경제체제, 학술사상, 문화의식 등 여러 방면에서 전대(前代) 사회와 다른 특징이 나타나기 시작하였다. 전통의 중농억상관념에 변화가 나타났으며, 의리지학(義理之學)이 한(漢)당(唐)의 장구훈고(章句訓詁)지학을 대신하였으며, 문신관료체제를 근간으로 한 황제지배체제가 출현하였다.

송은 중국 봉건사회의 특징이 이미 성숙되었으며, 근대 중국이전의 신요소가 이미 출현하였다. 그리하여 중국 봉건사회에 대한 각종 문제를 연구하는데, 송대가 결정적인 시기이며 큰 의의를 가지고 있다.[34]

등광명(鄧廣銘)선생은 송대 문화의 특징에 대해 "양송(兩宋)시기는 물질문명과 정신문명이 모두 최고조에 달했으며, 전 중국 봉건사회역사 속에서 전례 없이 발달하였다"고 지적하였다.[35] 이것은 송대 문화가 중국 문화사상 차지하는 위치와 그 영향을 한마디로 지적한 것이다.

송대는 한당이래 유지되어 오던 문벌정치가 종말을 고하여 과거에 상품(上品)의 관직에 한문(寒門)출신이 없고, 하품(下品)직에 세족(世族)출신이 없는 관직의 편중현상이 사라지면서 세가대족들이 정권을 농단하던 국면이 사라졌다. 또한 봉건정권의 개방이 대대적으로 제고되어 일반 평민자제들도 과거제도를 통해 관리진출이 가능해져 합법적인 신분이동의 기회가 보장되었다.

---

32 『宋會要』「輿服」, 43之6. 世界書局, 1977.5, p.1744.

33 楊昆「宋代文化繁榮探源」,『遼寧大學學報』, 2002.1(第30卷第1期), p.39.

34 郭爭鳴, 郭學信,「試論宋代文化的歷史地位」『聯城師範學院學報』(哲學社會科學報), 2001, 第5期, p.46.

35 鄧廣銘「談談有關宋史研究的幾個問題」『社會科學戰線』, 1986年第2期. pp.145-152.

송대 학술문화의 발달 과정에서 이학(理學)의 출현은 가장 찬란한 성과라 할 수 있다. 이학은 유학부흥운동으로 대표되며 사회결집요인의 기본사상이다. 그 연원은 당 중기의 고문부흥과 유학부흥운동에서 찾을 수 있으며, 기본적인 면은 인문학적인 경향이 그 근간이라고 할 수 있다.[36]

역사학자인 진인락(陳寅烙)선생은 '화하(華夏) 민족의 문화는 수천년을 지나면서 변화 발전하여 송(宋)에 이르러 그 성함이 극에 달했다.'라고 하였다.[37] 한편 등광명(鄧廣銘)선생은 송대 문화의 발전은 중국 봉건사회 역사시기 내에서 최고봉에 달했는데, 전대를 초월했을 뿐 만 아니라 그 후 원명시대가 미치지 못했다. 이를 강조해도 이론(異論)이 없다고 하였다.[38]

송대 문화의 가장 중요한 특색은 문화의 보급과 서민들의 소양 제고이다. 문화예술이 미신적이며 종교적인 색채와 귀족계층의 전유물로부터 벗어나 평민화와 세속화 그리고 보급화의 추세로 발전하여 중국문화사상 독특한 특징을 가지고 있었으며 인류문화 발전에 걸출한 공헌을 하였다.

송조는 중문(重文)정책을 기반으로 교육의 보급과 대중화에 적극적이었다. '존사중교(尊師重教)'의 풍조가 만연하였고 문화와 교육이 호문귀족들이 농단하는 전유물이 더 이상 아니었으며, 학교설치가 전국적으로 보편화되었다.[39] 송조는 흥학을 강조하였을 뿐 만 아니라 사전(賜田)과 서적을 보급하여 전국적으로 문치가 크게 성하였다.[40] 송대 교육기구는 중앙과 지방관학 그

---

36 姚兆余「簡評宋代文化的歷史地位」『理論學刊』 2001.3月. 第2期, 總第12期. p.128. 당초기 『오경정본』(『五經定本』) 등이 과거고시의 내용과 표준이 되면서 어느 정도 사인(士人)들의 사유(思惟)의 자유와 유학 자체의 발전을 속박하였다. 그리하여 적지 않은 지식인들이 반대와 항의를 하였으며, 학문경향도 한당이래 장구(章句)지학에서 의리(義理)지학으로 전환하는데 명확한 사상과 방법을 제공하였다. 송대 이학가들은 당말기 유학부흥운동을 계승 발전하였으며 진일보한 전통유학을 기초로 불교와 도교사상을 받아들인 박대정치(博大精致)하고 원융심수(圓融深邃)한 학술체계를 형성하였다. 이후 이학은 가장 완정되고 가장 박대한 정통철학체계를 이루었다.

37 陳寅烙『宋史職官志考證序』 金明館叢稿二編, 上海古籍出版社, 1980.p.245.

38 鄧廣銘「序列」見陳植鍔『北宋文化史述論』, 中國社會科學出版社, 1992.p1.p.7p.8.

39 蘇東坡全集』, 後集 卷15. "朝廷自慶曆, 熙寧, 紹聖以來, 三致意于學矣. 雖荒服郡縣, 必有學."

리고 각종 형식의 사학(私學)이 있었는데 그중 서원이 유명하였다. 교육 내용도 유학경전의 경의(經義) 등 전통교과목 이외에 산학(算學), 율학(律學), 서학(書學), 의학(醫學), 역학(曆學), 천문학 그리고 민간의 몽학(蒙學), 교화(教化), 훈속(訓俗), 여칙(女則) 등이 있었다. 그 결과 『三字經』, 『百家姓』 등 어린아이 계몽 도서와 『淳熙三山志』와 『嘉定赤城志』 등 방지(方志)와 권학(勸學)과 유속(諭俗)을 위해 관에서 편찬한 책도 문화의 보급과 풍속교화를 통하여 시민의 소양을 크게 향상시키는 기초를 마련하였다.[41]

또한 송대 학술문화 발전의 중요한 특징은 학술문화의 집대성의식과 현실생활과 밀접한 실용주의적 공리(功利)사상의 체현에 있다. 송대 역사문화는 3가지 방면의 정신문화와 의식을 반영하여 집대성하였다. 첫째, 과거의 문물과 전장제도를 하나로 총결집하였다. 둘째, 본조(本朝) 역사사실을 문헌편찬을 통해 체계적으로 정리하였다. 셋째, 여러 가지 규범을 수집하여 법식(法式)을 편찬하였다. 이러한 것은 모두 집대성를 통해 새롭게 창조한 시대의식과 풍격을 체현하였다.[42]

송대 문관정치 특징은 사대부계층의 우환의식과 공리사상이 사회생활의 각 방면에 크게 반영되었다. 송조가 문신사대부들을 우대한 결과 정치에 대한 관심과 천하의 어려움에 대한 책임론과 각성론을 갖게 되었다. 사회발전상에서 보면, 변혁을 주장하는 개혁파들이 주류를 이루었던 시기인 인종 경력, 가우년간에는 문신사대부계층이 우환의식을 가지고 있었으나 현실은 크게 변화되지 않았다.[43]

---

40 『宋會要輯稿』, 卷第54冊, 崇儒1, p.2163.

41 葉坦, 「宋代社會發展的文化特徵」, 『社會學硏究,』, 1996年第4期, pp.82-92.

42 葉坦, 「宋代社會發展的文化特徵」, 『社會學硏究,』, 1996年第4期, pp.89-90. 이런 전형적인 사례는 송초기 편찬한 몇 권의 대유서(大類書), 즉 『太平御覽』 『文苑英華』 『册府元龜』 등을 들 수 있다. 이 책들은 여러 종류의 서적들을 총망라하여 수집 집대성한 것으로 송대 전대의 문물제도를 중시하였던 정책을 엿볼 수 있으며, 사회변혁이 송대에 이르러 기본정형으로 발전되어 체현되었다.

심지어 수구파 대표자로 구별되는 사마광도 구습에 젖어 빠지면 더욱 큰 폐단을 가져온다. 그러므로 관리의 기강(紀綱)을 크게 진작시켜 치도(治道)를 일신하여 누적된 폐단을 혁신제거하자고 하였다. 인종시기 범중엄개혁이나 신종시기 왕안석 변법은 모두 이런 맥락에서 추진되었다. 이처럼 송대는 정치경제와 학술문화에 이르기까지 모두 인간중심의 인문학적 경향이 기반으로 전개되고 발전되었다고 볼 수 있다.[44]

또한 사대부계층 사이에는 비교적 의고(擬古)정신이 보편적으로 내재하고 있었다. 그러나 당중엽이후 사회혼란과 변천 그리고 도가와 불교의 충격을 받아서 전통 유학체계는 유가경전의 신성성과 선현들의 경전해석의 권위가 심각하게 동요되었다.[45]

한편, 공리정신이 정치와 학술영역 이외에 경제사상에도 커다란 영향을 미친 시대적 특색을 갖추었다. 중국 전통경제사상인 중본억말(重本抑末)정책이 송대에 이르러 심각한 비판을 받았다.[46] 범중엄은 상인들의 이익을 옹호하였으며, 구양수도 상인들에게 유리하게 경제활동을 할 수 있도록 하자고 하였고[47], 이구(李覯, 1009-1059)는 모든 화물의 통상은 관에서 직접 매매할 수 없게 하자는 전매(專賣)제도의 개혁을 제창하였다.[48] 또한 여도(呂陶, 1028-1104)는 각리(榷利)를 폐지하고 민간의 통상을 허용하자고 건의하였다.[49]

소식도 국가가 상인과 이(利)를 다투는 것을 반대하고 농업과 상업에 모두

43 陳亮『龍川先生文集』, 卷11. 策,「銓選資格」河洛圖書出版社, 1976.3, '方慶曆・嘉祐, 世之名士常患, 法之不變也.' p.128.

44 司馬光『溫國文正司馬公文集』, 卷37「衙前箚子」, p.308, 卷38「封書箚子」p.303.

45 葉國良「宋人擬經改經考」『文史叢刊』55, 臺灣大學文學院, 1980.6.

46 葉坦「宋代社會發展的文化特徵」,『社會學硏究』, 1996年第4期, p.90.

47 歐陽修『歐陽修全集, 居士集』, 卷45.「通遜司上書」, pp.329-333.

48 李覯『李覯集』卷16, 富國策10, "一切通商, 官勿買賣, 明其自爲", p.115.

49 呂陶『淨德集』, 卷3. 奏狀, 中華書局, 叢書集成初編, 1991, p.29.

이롭게 하자고 주장하였다.[50] 왕안석은 차(茶)의 전매법을 폐지할 것을 건의하였으며,[51] 남송 시기 사공학파인 섭적(葉適, 1150-1223)은 상업을 억제하고 농업을 후하게 하는 것은 정론이 아니라고 하였다.[52] 진부량(陳傅良, 1137-1203)은 상인들이 비록 시장에서 물건을 팔지만 역시 유술(儒術)을 존경하였다고 기록하고 있다. 이는 전대에 비해 학술문화의 학습기회와 접촉의 용이함 등 당시 변화된 사회현상을 지적하고 있다.

또한, 공상업자의 사회적 지위 제고도 그들의 자제들이 관료진출에 관심을 갖고 추구하게 된 시대적 변화와 관련이 깊다고 하겠다.[53] 이러한 사회문화적 발전과 변화는 사회생산력 향상과 상품경제가 발전한 사회현실을 반영한 실용사상이 기반인 서민문화가 크게 발전하였음을 말해준다.

송대 서민문화는 오랜 생명력을 가진 민간 통속 문화와 같이 넓은 사회시장을 가지고 있었다. 문화는 전파하는 과정에서 새롭게 만들어 지고 창조되어지는 과정에서 포용하고 흡수한다. 특히 송대는 사회생산력의 증가와 서민의 사회지위향상으로 광활한 지역과 민족 간의 상품시장과 활동 무대를 가지고 있었다. 이러한 사회경제의 특징은 서민들의 이성(理性)과 정신문화활동에 영향을 주었으며, 사회질서를 결합하여 서민생활을 조율하는 문화적 특징을 가지고 있다.[54]

한편 송대 서민문화는 사대부계층과 서민계층이 생산과 소비 등 생활과정에서 이루어진 행위와 사실 그리고 형상의 상호 결합과 전화(轉化)를 통해 형성된 것이다. 그러므로 송 문화는 창작활동과 전달 방식에서 본질적으로 대중화 특징을 가지고 있었다.

---

50 蘇軾『蘇東坡全集』, 續集, 卷11,『奏議集』, 卷12.

51 王安石『王臨川集』 卷70.「論茶法」, p.446.

52 葉適,『習學記言書目』, 卷9,「漢陽軍新修學記」‘抑末厚本,非正論也.’ pp.109-110.

53 陳傅良『止齋文集』 卷3.「送王南强赴紹興簽莫四首」, 法仁出版社, 1989.5, p.33.

54 姚思陟「宋代市民文化本體特徵的分析」『求索』2006.2. pp.205-209.

송대는 대량의 관찬(官撰) 사료와 민간사료가 있다. 이들 사료를 통해 보면, 보편적으로 모두 서민문화가 대중의 창작활동과 대중간의 전파가 기록되어 있어서 서민들이 대중적으로 참여하여 즐겼다는 것을 생각해 볼 수 있다. 이 점이 송대 서민문화가 지식중심의 문화성향인 사대부계층 문화와 서로 다르다.

송대 학술문화는 전개과정에서 사승(師承)관계를 중시하였던 배경에 그 특징이 있으며 전통성이 짙은 문화이다. 즉 송대 문화는 전대문화를 계승한 기반위에 새롭게 발전시켜 이후 중국 문화에 커다란 영향을 미쳤다.[55]

이상에서 송대는 문화보급의 정도가 광범위하였으며 제고되었다는 것을 알 수 있다. 이런 상황은 당시 사회에 서적보급이 크게 확산되고 학문이 대중화를 이루면서 사람 중심의 인문학이 발전하였음을 말해준다.

한편, 송대 역사와 문화는 중국 문화의 발전과정에서 그 지위와 인식이 크게 향상되었다. 송대는 사회생산력의 향상과 출판인쇄술의 발전으로 공사(公私)를 막론하고 모두 문헌의 출판량과 그 질적 수준이 크게 제고되었다. 또한 학문의 수학여부가 관료진출과 직결되어 학문과 정치의 일치라는 사회현상은 학문의 대중화를 가속화 하였다. 서적보급의 확대와 학문의 보편화는 서민의식의 향상을 가져왔으며, 봉건사회의 특징이 성숙되어 근대 중국의 새로운 요인이 송대에 뚜렷하게 나타났다.

중국 봉건사회 흐름에서 상하연계에 대한 각종 제도와 요인들에 대한 변화와 발전 등 문제의 연구는 송대를 중심으로 한 시대 구분이라는 중대한 문제를 해결하는데 결정적인 의의를 가진 중국 봉건사회의 상하를 연결해 주는 가교적인 시기라고 하겠다.

한편, 최근의 연구 성과를 살펴보면, 송조는 정치 경제체제와 사회질서체제 그리고 학술사상 등 여러 방면의 변화를 가져왔으며, 후대 왕조에도 영향

---

55 虞云國「略論宋代文化的時代特點與歷史地位」『浙江社會科學』2006年第3期, 2006.5. p.87.

을 미치는 등 중국역사의 새로운 발전단계를 열었다. 특히 송조는 주지하는 바와 같이 강대한 주변국과 관계를 겪으면서 강렬한 민족의식을 형성하였으며 강한 자립심과 자주성을 형성하였다.

그 결과 송대 사회는 개방적이고 이성적인 문화가 출현하여 인간중심의 학술사상인 성리학(性理學)이 발전하였다. 이는 중국 역사와 문화의 발전과정에서 혁신적 쾌거이며, 주변국에 미친 영향도 대단히 컸다. 오늘날에도 송 이학에 대한 연구가 계속되고 있으며, 동양의 학술사상과 문화의 핵심이라고 할 만하다.

송대 문화는 당말 오대를 거치면서 기존 질서체제에 충격을 주고 각종 정치 사회조직이 새롭게 조정되었다. 그 제도의 개선방향이 현실화와 평민화 그리고 인문화를 추진하였던 기조(基調)가 여러 방면에서 출현하였다.

송대는 과거제도의 정형화로 말미암아 기존의 신분질서체제에 변화를 가져와 사회신분의 유동성이 활발하게 진행되었으며, 지방사회의 응집력이 강화되었다. 또한 사대부계층의 현실정치에 대한 각성과 인식을 바탕으로 한 학술사상의 발달, 지식인계층의 도덕과 이성방면의 부단한 추구, 예술과 과학기술방면의 광범위한 응용과 전파 그리고 서민문화의 성장과 발전 등 다양하고 광범위하게 전개되었다.

이상을 통해서 보면, 역사 연구는 반드시 통관(通貫)적인 사고와 지식을 기반으로 접근해야 할 필요가 있다. 송조는 단순하게 교체 형성된 한 왕조로써가 아니라 중국 역사 흐름과 발전 단계에서 중요한 전환기에 해당된다. 그러나 송조는 물질문명과 정신문화 방면에서 큰 성과를 낳았으며, 제도방면에서도 독특한 체제를 형성하였고 인류문명의 발전에 크게 공헌한 시기이다.

이상과 같은 다양한 요소들은 송대 문화의 다양성과 현실성 그리고 인성(人性)을 강조한 학문이 크게 대두되었음을 알 수 있다. 송대 문화는 중국 인문학의 시작이며 정형화 시기라 할 수 있다. 그러므로 중국 인문학을 연구하는데 송대 사회와 문화에 대한 이해와 평가가 먼저 이루어져야 한다.

제3장

송대 과거제도의 발전과 그 특징

송은 건국 후 당말송초기 혼란과 사회경제의 붕괴국면을 극복하기 위해 농업생산력을 회복하고, 상공업발전 등 경제활동 영역의 확대를 추구하였다. 또한 사회생산력 제고는 상품생산과 교환이 이루어져 상공업이 발전하였다. 그 결과 신흥지주계층은 사회경제적 지위의 향상에 따라 학문에 대한 관심과 정치에 진출하려는 풍조가 보편화되었다.[1]

그러나 송대 중문경무(重文輕武)와 수내허외(守內虛外)의 내정과 외교정책은 진종(眞宗)이래 북방유목민족(遼, 西夏)과의 관계를 비롯하여 국내외적으로 여러 가지 폐단과 위기상황을 노출하였는데, 가장 심각한 문제는 용관(冗官), 용병(冗兵), 용비(冗費) 등 소위 3용(冗)의 문제였다. 그 중 용관의 문제가 가장 시급하게 개혁되어야 할 사항으로 관료계층들에 의해 지적되었다. 호부부사(戶部副使)였던 포증(包拯, 999-1062)은 진종 경덕(景德)과 대중상부(大中祥符)년간에서 인종 황우(皇祐)년간까지 증가한 관리의 수에 대해 통계 조사를 통해 3배 이상이 증가하였다고 지적하였다.[2]

---

1 拙文「宋代文化形成과人文學의 發展」,『역사문화연구』 제35집, 2010.2, pp.127-159.

2 包拯,『包孝肅奏議集』卷1,「論冗官財用事」"今天下州郡三百二十, 縣一千二百五十, 而一州一縣所任之職, 素有定額, 大率用吏不過五・六千員則有餘矣. 今乃三倍其多, 而又三歲一開貢擧, 每放僅千人, 復有台寺之小吏, 府監之雜工, 蔭敍之官, 進納之輩, 總而計之, 不止于三倍."

그 결과 재정지출이 크게 증가하는 용비(冗費)문제가 출현하여 진종과 인종시기에는 재정의 부족 현상이 심각해져서 국초이래 축적해 온 국고가 텅 비게 되었다.[3]

이상과 같은 3용 폐단의 원인은 위로는 조정에서부터 아래로는 지방관부에 이르기 까지 대소 관료들과 탐관오리들이 갖은 약탈과 부패를 일삼으며 부를 축적하여 국초이래 적빈적약의 현상이 만연되었기 때문이었다.[4]

한편, 통치계급의 정치력 부재와 용병제도의 실시 결과 전투력이 날로 약화되고 군대의 기강이 크게 타락되었다. 그 결과 진종 경덕원년(1004)에는 요(遼)와 굴욕적인 전연의 맹약을 맺고 매년 요에게 은 10만량과 견 20만필의 세폐를 받치게 되었다. 그러나 40년이 채 되지 않아 섬서지역 당항족이 건국한 서하가 이원호를 중심으로 흥기하여 군사적위협을 하였다. 송은 다시 은 10만량과 견10만필을 요에 증가해 주고 표면적인 정치군사적 안정을 찾았다.[5] 인종시기 송은 서하와 삼천구(三川口), 호수천(好水川) 그리고 정천채(定川砦) 등 전투에서 연전연패하였다. 그리하여 송은 서하에게도 은 5만량, 견13만필, 차잎 2만근의 세폐를 주고 화의하였다.[6]

이처럼 북송 초기 관료계층의 가렴주구와 부패, 외족의 침략위협, 각종 부가세의 부과 그리고 심각한 자연재해는 백성들을 더욱 곤경에 빠뜨렸다.

---

pp.427-92-93.

3 『宋史』 卷131, 食貨下1, 인종 황우원년(1049) "入一億二千六百二十五萬一千九百六十四, 而所出無餘"이었다. 영종 치평2년(1065) "內外入一億一千六百一十三萬八千四百五, 出一億二千三十四萬一千二百七十四, 非常出者又一千一百五十二萬一千二百七十八".이었다. p.4353. 또한 용병(用兵)문제로 태조는 무(武)를 경시하였으나 양병(養兵)은 경시하지 않았다. 태조 초기에 금군과 상군(廂軍)이 총 22만이었고, 태종 지도(至道)년간(995-997)에는 이미 66만을 초과하였으며, 인종 경력(慶曆)년간(1017-1021)크게 증가하여 126만이 되었다. 그리하여 용비(冗費)문제가 출현하여 진종과 인종시기는 재정의 부족이 더욱 심각해져서 국초이래 축적해 온 국고가 텅 비게 되었다.

4 『宋史』 卷131, 食貨下1 '勢官富姓占田無限, 兼竝僞冒習以成俗, 重禁莫能止.' p.4353.

5 拙文 「宋遼間澶淵의 盟約에 관한 一研究」 『慶尙史學』 第6輯, pp.89-106.

6 湯岳輝 「蘇軾在變法運動中의 역할」 惠州學院學報(社會科學報) 第24卷第2期(2004.4), p.49.

태종 순화년간 이래 농민 폭동, 사병들의 폭동 그리고 도적과 비적의 난이 끊이지 않는 등 계급모순과 민족모순이 서로 교차하면서 계속되었다.

송대 과거고시의 정형화를 실행한 목적은 자유경쟁과 공평의 원칙을 유지하는데 있었다. 과거제도는 약 6세기말의 수(隋)왕조에서 시작되었으며, 당조를 거치면서 일종의 사회문화와 정치적 의의를 가진 제도가 되었으며, 송대에 이르러 비로소 변화와 개혁을 거치면서 정형화되었다.[7]

고시제도는 정부가 관리를 공개적으로 선발하는 여러 가지 방법 중의 하나였다. 수·당 시기의 중앙관학은 직간접으로 국자감이 관할하던 학교에 귀속되었으며, 관원을 교육하고 양성하여 선발하는 중요한 장소였다. 그러나 당시는 극소수 만이 과거고시를 통해 관직에 제수되어 크게 주목을 받지 못하였다. 초보적인 통계에 의하면, 당시 대략 15%의 정부관원이 과거를 통해 입사한 사람들이었다. 이러한 국면은 송대에 이르러 커다란 변화가 발생하였다.[8]

당대 과거고시 과목은 수재(秀才)·명경(明經)·진사(進士)·명법(明法)·명서(明書)·명산(明算) 등이 있었다.[9] 그 중에서 가장 유행하고 중시되었던 것은 진사과와 명경과였다. 진사과의 고시내용은 당시 실행하고 있던 정책에 대한 책문(策問) 토론을 포함하여 경문(經文)에 맞는 첩경(帖經)[10]과

---

7 사회 상층과 평민 중에 현능(賢能)한 선비를 선발하는 각종 방법은 한대까지 소급할 수 있다. 그 실제방법을 통상 선거(選擧)라 칭해졌으며, 과거고시 속에 이 용어는 진정한 의미에서 선거라는 함의를 부여하였다. 문자고시가 기초를 이루면서 전문고시 과목의 체계가 성립되고 고시가 가장 먼저 출현한 것은 수왕조였다. 이러한 용어에 대한 설명은 曾我部精雄의 「中國의 選擧·貢擧와 科擧」 『史林』卷55, 第4期(1970), pp.42-66.을 참조. 또 瞿同祖, *Han Social Structure*(Jack Dull 編), Seattle : University of Washington Press, 1972), pp.342-343을 참조. 李弘祺, 「科擧 : 隋唐至明淸的考試制度」 『中國文化新論』第4卷,(立國的宏規) 鄭欽仁主編,(臺北 : 聯經, 1982), pp.259-315.을 참조.

8 Denis Twithett, *Cambridge History of China*(劍橋中國史) 第4卷.

9 당대 과거제도에 대한 연구는 侯紹文, 『唐宋考試制度史』(臺北 : 商務, 1973), pp.31-81; 양수번(楊樹藩), 『中國文官制度史』(臺北 : 三民, 1976), pp.191-229 ; 鄧嗣禹 『中國考試制度史』(臺北 : 學生, 1967), pp.77-84.

시부(詩賦)를 보충하였으며, 어떤 때는 『노자』와 『효경』 그리고 기타 경전을 시험하였다.[11] 이처럼 진사과가 가장 명망이 있었으며 중시되었다. 진사과 출신자는 기타 과목 합격자에 비해 더욱 영예로웠으며, 관원의 선발과 임명의 주체를 이루었다. 비록 진사과 출신자의 인원수가 명경과 출신자 보다 많지 않았지만 전자는 그 때문에 더욱 권위가 있었으며 관계에 진출한 후에도 존경을 받았다. 이것도 정부가 엄격하게 진사과 응시 자격을 제한하여 이를 통해 관계에 진출하는 것을 통제하였던 원인이기도 하였다.[12]

9세기 중엽에 이르러 진사과는 신분의 상승의 중요한 방법으로 정착하였다. 그러나 고시가 합당한 교육을 받거나 그와 비슷한 자격을 가지고 고시에 참가하는 학생들은 그리 많지 않았다. 고시 준비과정에서 어려움은 합격 후의 더 큰 영광과 기쁨을 가져왔으며, 이러한 이야기는 많은 기록에서 볼 수 있다. 과거고시가 평민에게 개방된 실제 기회는 대단히 제한적이었으나, 그것이 사회계층의 유동적 가능성을 제공하였다는 데 그 의의가 크다. 그리고 과거합격은 정신적 물질적 보답을 주었는데, 합격자들은 그 모든 것을 향유할 수 있었다.[13]

---

10 대부분 소위 『大經』에서 나왔다. 당대에 『대경』에는 『예기』·『좌전』을 포함하였고, 『中經』에는 『시경』·『주례』·『의례』를 포함하였고, 『小經』에는 『역경』·『서경』·『춘추』·『공양전』·『곡량전』을 포함하였다. 송대에 이르러 대경(大經)과 소경(小經)의 두 가지로 분리하였다.

11 예를 들면, 무측천(684-704년 재위) 때 편찬한 『臣軌』·『爾雅』·『論語』 등이며, 비록 당대 사회에서 시부문체(詩賦文體)가 유행했지만, 754년 이전에 진사과는 시부를 치지 않았음에 주의해야 한다. 진청(陳靑)은 『中國教育史』(이하 교육사라 일컬음), pp.176-179를 보라.

12 어떤 사람은 이것 때문에 오해하여 진사과가 다른 과에 비해 어렵다고 하였으며, 실제는 진사과가 반드시 시부를 시험치렀다는 사실에 근원한다. 그러나 각주6)에서 언급한 바와 같이 이것은 진사과 급제자가 더 많은 은총을 향유하였다는 것은 어떻게 해석할 것인지는 대단히 어려운 문제이다.

13 孟郊 「登科後」, 『孟東野集』(四部備要), 卷3, p.20.
昔日齷齪不足誇, [옛날엔 쓸데없이 자랑할 가치조차 없더니,]
今朝放蕩思無涯. [오늘 아침엔 방탕한 생각이 끝이 없고,]
春風得意馬蹄疾, [봄바람에 의기양양하게 말발굽이 빨리 질주하여]

과거고시는 문벌사족의 권세와 명망을 제한하고 자 한 것이었지, 가난한 평민들을 관리에 임명하는 데 목적이 있었다는 것은 정확한 평가가 아니다. 당대 여러 황제들 중에 어떤 황제도 이런 정책을 시행하지는 않았다.[14]

그러나 전통적으로 보면, 지역에 기반을 둔 문벌사족들이 몰락하여 그들이 조정의 정책결정과 시행에 미치는 영향이 약화 되었을 때 고시를 통해 입사한 관리들이 그들을 대신하였다는 것은 의심할 바 없다. 중당(中唐) 이후에 진사출신 관리들은 어느 정도 정치역량을 가지고 이미 두각을 나타내기 시작하였다. 그들은 소속하는 부서에서 상당한 압력을 행사하는 등 정치조직과 사회에 미친 영향이 대단히 컸다.

송대 과거제도에 대해 언급할 때 고시에 참가하였던 인원수를 언급하는 것은 상당한 의의가 있다. 애탕원(愛宕元)의 연구[15]에 의하면, 당대 고시에 참가할 자격이 있는 거자의 수는 예부에 의해 통제되어 통상 1000명에서 3000명 사이였다. 이론적으로 보면, 이러한 수험생들은 이미 지방에서 일급으로 우선 통과한 사람이다. 다시 말하면 많은 사람들은 경성에 가서 예부고시에 참가하는 자격을 얻지 못하였다. 또한 주군(州郡)에서 왕왕 형식을 겨우 갖추어 부정기적으로 고시를 거행하였기 때문에 예부시험에 참가하는 사람을 선발하는 인원이 그리 많지 않았다.[16]

고시인원의 수가 적다는 것은 출판인쇄술이 발전되지 않아 서적보급이 시대의 수요에 맞게 공급되지 못하였으며 교육을 체계적으로 운용하지 못해 교육수준이 상당히 낙후하였다는 점을 지적할 수 있다. 그러나 송대에 이르러 사회경제의 발전과 학문의 보편화를 통해 이러한 요인들이 자연스럽게

一日看盡長安花. [하루 만에 장안의 꽃들을 다 보았네.]

14 Dennis Twitchett, "The Composition if T'ang Ruling Class."

15 愛宕元, 「唐代의 鄕貢進士與鄕貢明經」『東方學報』第45期(1973), pp.169-194.

16 이것은 嚴耕望先生의 주장을 근거로 하면, 621년에는 단지 218인이 예부고시에 참가하였다.(실제 상서성에서 관리하였다.) 王定保, 『唐摭言』卷15,(上海 : 古籍, 1978), p.159.

커다란 변화가 발생하였다.

1. 송대 과거제도의 정형화

송 태조 조광윤은 무장출신으로 무인정치의 폐단을 잘 인식하고 새로운 관리등용을 통해 당말 오대의 정치적 폐단을 제거하고 황권강화를 이룩하려 하였다. 그는 관리선발과 임용제도의 개혁에 주의하여 과거고시를 서족계층과 중소지주계급 그리고 지식분자들에게 까지 확대 개방하여 통치계급의 기반을 공고하였다.

당대 과거제도가 남겨주었던 추천제의 폐단은 공경대신이 거인을 공천(公薦)하는 권한을 가졌다. 또한 취사의 권한은 유사(有司)에게 있었으며, 대관료와 대지주들은 여전히 정치경제의 우세와 전통적인 사회지위에 의지하여 관리선발에 관여하였다. 그리하여 주고관(主考官)은 공원(貢院)에 들어가기 전에 과거에서 선발의 고하가 이미 마음속에 정해져 있었으며, 고시는 형식적인 방법일 뿐이었다.[17] 이러한 청탁 등 과거와 관련된 폐단에 별다른 방법이 없었던 한사(寒士)들은 훌륭한 재능이 있어도 번번이 낙방하여 종신도록 뜻을 얻지 못하고 한탄만 할 뿐이었다. 그 결과 현실정권에 대한 불만은 여러 가지 방법으로 표현되어 황소와 같은 사람은 반란을 일으키기도 하였다. 당말 군벌들의 분열과 할거 국면에서 주온(朱溫, 852-912)의 중요한 모사(謀士)였던 이진(李振)은 진사과에 급제하지 못한 사람이다.

이상에서 살펴 본 바와 같이 당말기 과거는 능력에 의해 선발되지 않고, 무능하고 무덕한 사람 심지어 교활한 무리배 등이 선발되는 경우가 많았다. 그리하여 송 통치자들은 사회발전의 수요에 적응하기 위해서 공평경쟁의

---

17 黃庭堅『容齋四筆』, 卷5, 「韓文公薦士」, pp.85-702-703.

원칙을 강화하여 사사로이 농단하는 폐단을 방지하기 위해 과거제에 대해 다양한 개선을 진행하였다.

한편, 당대 과거에서 공천제의 존재는 과거를 권문귀족들이 농단할 수 있게 하였다. 시험생들로 하여금 고시 전에 권문귀족고관들과 문장을 투헌(投獻)하거나 예물을 증송(贈送)하여 친분관계를 맺어야 하였다. 이러한 사사로운 개인적인 관계형성인 은출사문(恩出私門)의 결과 좌주와 문생, 문생과 문생, 공천자와 피천자간에 끊을 수 없는 관계의 인연이 결성되어 붕당을 형성하였다. 붕당은 당후기 정치에 출현한 특징의 하나이며 멸망의 중요한 원인의 하나였다.

송 태조는 962년 9월, 진사급제자와 지공거관 사이에 사사로이 형성되는 관계를 금지하였다. 송대도 비록 은사, 사문과 같은 칭호가 있었으나 함축된 의미는 당대와 달리 단지 예의상 칭하는 정도에 불과하였다.[18]

송은 968년 9월 예부의 공거인들은 조정대신들로부터 공천을 다시 받을 필요가 없다. 위반자는 중죄로 다스리겠다고 하였다.[19] 또한 973년과 1004년에 두 차례 조서를 내려 다시 이 금령을 강조하였다. 이 조서가 사회에서 실질적인 금령으로 작용은 하지는 못했으나 법률로 공천제의 필요성을 부정하였다는데 큰 의의가 있다.

송대는 상술한 공천제도의 폐지와 함께 과거고시에서 공평성을 보장하여 권신들이 관리선발에 관여하는 것을 제한하고 황제가 관리를 직접 선발하는 전시(殿試)과 체제를 확립하였다. 전시는 당대 무측천 시기에 이미 그 선례가 있었으나 제도로 정착되지는 않았다. 송 태조 973년 과거에서 낙방한

---

18 『宋會要輯稿』, 選擧3之2 "國家懸科取士, 爲官擇人, 旣擢第于公朝, 寧謝恩于私室! 將懲薄俗, 宜擧明文. 今後及第擧人不得輒拜知擧官---如違, 御史臺彈奏.---兼不得呼春官爲恩門・師門, 亦不得自稱門生." p.4261.

19 『續資治通鑑長編』, 卷4, "禮部貢擧人, 自今朝臣不得更發公薦, 違者重置其罪." p.36.
石靜「論北宋的科擧改革」, 『南通師專學報』, 第14卷第3期, 1998.9, p.41.

진사 서사렴(徐士廉) 등이 당시 지공거였던 이방(李昉, 925-996)이 사사로운 정을 이용하여 취사를 부당하게 하였다고 억울함을 상서하였다.

태조는 이를 받아들여 강무전(講武殿)에서 복시(覆試)하여 진사과와 제과(制科) 의 새로운 합격자를 선발하였다. 복시를 실시한 결과 이방과 동향이었던 무제천(武濟川) 등은 합격하지 못해 축출하였다. 이방이 본래 합격시켰던 사람 중에서 10인이 낙선하였으며, 서사렴은 복시에서 합격하여 그가 지적한 것이 사실이라는 것을 증명하였다. 그 결과 이방은 태상소경(太常小卿)으로 강등되고 이로부터 전시제가 정례화되었다.[20]

이후 전시는 황제가 취사를 결정하게 되어 과거에서 최고시험이 되었으며, 모든 급제자들은 천자문생(天子門生)이 되었다. 975년 전시와 성시가 완전히 분리되었으며, 합격자의 등수와 승강(昇降)의 구별이 시작되었다.[21]

전시 시기는 일반적으로 3월이며, 처음에는 강무전(후에 숭정전으로 개칭)에서 실시하다가 1017년 집영전(集英殿)에서 실시하였다. 전시의 기율은 대단히 엄격하여 시험생은 책을 가지고 들어갈 수 없었고 몸수색을 한 후 들어가도록 했다. 전시는 황제가 시험을 주도한 것으로 세부적인 시험방법인 시제(試題)의 선정, 창명(唱名), 장원 등 10등까지 순서에 대한 심사와 결정도 황제가 정하였다.

전시가 처음 시행되었을 때 성시를 거친 거인들도 탈락자가 적지 않았다. 989년 예부에서 주명(奏名)한 합격자가 368인이었는데, 전시 후에는 단지 168명이 합격되었다. 1038년 예부에서 주명한 진사합격자는 499인, 전시에서는 단 310인이었다. 인종은 1057년 특별히 조서를 내려 모든 전시에서 출락(黜落)을 면하여 탈락자가 없어졌다.[22]

---

20 『續資治通鑑長編』, 卷4, p.36

21 『續資治通鑑長編』, 卷4, "向者登科名級, 多爲勢家所取, 致寒孤寒之路. 今朕親臨試, 以可否進退, 盡革前弊矣." p.37.

22 『宋史』 選擧志1. p.3662.

한편 과거에서 자유평등경쟁원칙을 견지하여 능력 있는 인재를 선발하기 위해 호명(糊名)과 등록(謄錄)제도를 실시하였다. 호명은 또한 미봉(彌封)이라 칭하기도 하는데, 당대 제과(制科)에서 이미 채택한 적이 있었다. 오대 후주(後周)시기 조상교(趙上交)가 지공거가 되면서 시험에서 고교(考校)을 다시 시작하였다. 이 방법은 관리선발에서 실력보다 관계를 중시하여 폄관 당하는 사례가 발생하자 응시자를 알 수 없도록 하는 호명법을 실시하였다. 북송시기 권신들의 반대에도 불구하고 호명법을 각 급 과거고시에 모두 실시하였는데, 전시과는 962년 시작되었다.[23]

성시(省試)에서 호명은 1007년 12월, 예부시랑 주기(周起)가 공거(貢擧)가 불공평 한 것을 제기하며 호명법을 성시에서 사용하자고 주청하여 1008년 진종은 재상 왕단(王旦)에게 명하여 채택하였다.[24]

사서(史書)의 기록에 의하면, 주시(州試)에서 호명법은 1033년에 시작되었다.[25] 개봉부와 국자감 그리고 별두시에서 호명법은 인종 천성(天聖)원년(1023)에 시작되었다.[26]

북송 과거에서 시권(試卷) 위에 시험생의 성명, 년갑(年甲), 삼대(三代), 향관(鄕貫) 등을 밀봉하여 호명하거나 없애고 대신 자호(字號)를 사용하였는데, 대부분은 옥편(玉篇)에서 글자를 취해 호(號)로 삼았다. 예를 들면, 1059

---

23 『續資治通鑑長編』, 卷4, "淳化3年三月戊戌, 上御崇政殿覆試合格進士.先是, 胡旦---皆以所試先成, 擢上第, 由試士爭習浮華, 尙敏速---. 將作監丞蒲田陳靖上疏, 請糊名考校, 以革其弊, 上嘉納之." p.37.

24 『宋會要輯稿』, 選擧3之9 '今歲擧人, 頗以糊名考校爲懼,然有藝者皆喜于盡公.' p.4266.

25 『續資治通鑑長編』, 卷4, "(明道2年7月乙亥)詔, 諸州自今考試擧人, 并封彌卷首, 乃委轉運司所部選詞學并公謹者委考試・監門・封彌官." p.38.

26 『宋會要輯稿』, 選擧19之7, 인종 청성(天聖)원년 윤9월12일, 시어사(侍御使) 고변(高弁)과 직방원외랑판삼사개탁사(職方員外郎判三司開拆司) 오제(吳濟)와 직집현원서언고시개봉부거인(直集賢院胥偃考試開封府擧人)에게 명하여 감찰어사 왕진(王珍)의 시험지를 미봉하라 하였다. 전중시어사 왕석(王碩),직사관 장관(張觀)는 국자감 거자들을 시험치뤘고, 직사관 장즉상태상사는 친척거인들을 시험치뤘고, 감찰어사 장인은 시험지 머리 부분을 봉인(封印)했다. p.4357.88.

년 전시에서 6글자를 취해 자호로 사용하였다. 호명을 실시한 후 시험관은 문권(文卷)의 글자체를 통하여 시험생이 누구인지 알게 되었다. 그러자 등록제도를 창시하였다. 등록법과 호명법은 마찬가지로 중앙에서 지방으로 추진 시행된 제도로 전시 등록은 1005년 시작하였고, 1015년 등록원을 별도로 설치하면서 시작되었다.[27]

등록인이 고의든 실수든 문자를 틀리게 써서 거자들의 당락에 영향을 미치는 것을 방지하기 위해서 대독관(對讀官)을 설치하여 등록한 시험지의 대조작업을 담당하도록 하였다. 등록관은 반드시 시권 원문을 기준으로 등록해야 하며, 마음대로 문장을 바꿔 뜻을 달리하거나 글자 수를 증감하지 못하도록 하였다. 교감관(校勘官)은 등록한 시험지와 시권(試卷)원본을 교감하여 틀린 점이 없을 때 미봉(彌封)하여 시험관에게 다시 보내 결정하도록 하였다. 친필시권은 진권(眞卷)이라 칭하고 봉미관이 보관하며, 등록한 시권은 초권(草卷)이라 하며 고교관(考校官)이 열람하도록 하여 글자를 인식하여 생기는 폐단을 근절하였다.[28]

봉미등록제도를 실행하여 모든 것이 정문(程文)을 중심으로 거류(去留)하여 과거가 형식상 공평하고 객관적이었으며, 주고관이 폐단을 저지르는 것이 어렵게 되었다.[29] 구양수(歐陽修, 1007-1072)는 가우년간 지공거가 되어 유궤(劉几) 축출하고 이천균(李荐均)을 취하려고 하였으나 뜻을 이루지 못하였다. 그리하여 그는 사마광(司馬光, 1019-1086)과 어떻게 사람을 취할 것인가를 논하였다.[30]

소식은 원우(元祐) 3년(1088) 지공거가 되자, 총애하던 제자 이방숙(李方

---

27 『宋會要輯稿』, 選擧7之4, p.4357.

28 『宋史』, 選擧志1, p.3662.

29 陸游『老學庵筆記』 卷5, p.865-42.

30 『歐陽修文集』 奏議集17, 「逐路取人劄子」 "竊以國家取士之制, 比于前世, 最號至公. ---又糊名謄錄而考之, 使主司莫知爲何方之人, 誰氏之子, 不得有所憎愛薄厚于期間. ---其無情如造化, 至公如權衡, 祖宗以來不可易之制也." p.1103-155.

叔)을 선발하고자 쇄원하기 전에 논제(論題)에 대해 힌트를 주었으나 소식의 정적(政敵)이자 왕안석의 장인으로 당시 변방에 폄직되어 있던 장돈(章惇, 1035-1105)의 아들 장지(章持)와 장원(章援)형제가 때마침 이방숙의 집에 방문했다가 소식의 편지를 몰래 가져갔다. 후에 알았으나 왕법에 연루되어 원망하지 못했다. 이 과정에서 소식은 이미 쇄원하여 이 사정을 알지 못해 장원이 장원으로 장지가 10등으로가 선발되었다. 이처럼 호명고교(考校)를 실시한 이후 예부성시에 공정성이 견지되어 합격자 발표 후 문제제기가 크게 감소하였으며, 한사출신 사대부들이 대대적으로 정계에 진출하게 되었다.[31]

또한 별두시(別頭試)와 쇄원(鎖院)제도 실시이다. 별두시는 일종의 피친(避親)방법으로 당대에 시작되었다. 당시에는 예부시랑과 고공원오랑(考功員外郎)의 친척이나 연고가 있는 사람은 반드시 상호 바꿔서 시험을 치루도록 하였으나 대관료의 반대 때문에 지속적으로 실행되지 못했으며 규정으로 채택되지 않았다. 그러나 북송은 이 시험 대상을 더욱 확대하여 모든 고시관련 시험관과 주고관 그리고 지방장관의 자제, 친속과 문객(門客)에 까지 확대 적용하였다. 발해시와 성시에도 모두 주시관(主試官)을 별도로 파견하여 다른 장소에서 시험을 치루도록 하였다. 송대 예부에서 별시(別試)는 985년 정월 성시(省試) 전야에 조서를 내려 시작되었다.[32]

998년 국자감과 개봉부 거인 가운데 발해관과 친척인 사람이 있었는데, 구제도에 의해 양사(兩司)가 서로 바꿔서 시험을 치루었다.[33] 같은 해 개봉부와 국자감에 조령을 내려 예부조례에 의해 별시를 시행하도록 하였다. 1053

31 陸游『老學庵筆記』卷10. p.865-82, 姜吉仲譯(金諍著)『중국문화와 과거제도』,(중문출판사), 1994, p.159.

32 『文獻通考』選擧3 考284, p.286.

33 『宋史選擧志1』, "有親戚仕本州, 或爲發解官及仕親遠宦, 距以本州二千里, 今轉運使類試, 以十率之取三人, 于是諸路始有別頭試."

년 재차 규정하기를 개봉부와 국자감진사는 1백인 중 15명을 선발하고 그 시험관과 친속관계에 있는 자가 있으면, 상호 교환해서 별도의 시험을 치루도록 하였다. 별시의 취인(取人)비율이 기타 다른 시험(考場)에 비해 높았는데, 관원 자제를 사칭하여 별시에 참가하는 자도 있었다.

쇄원제도는 992년 정월 6일, 한림학사 승지 소이간(蘇夷簡, 958-997)이 지공거에 임명되자 공원(貢院)에 들어가 만남의 요구를 피하였다.[34] 그 후 지공거에 임명되면, 즉시 공원에 들어가서 외부와 격리 기숙하여 청탁과 문제유출 등 폐단을 피하도록 하였다. 진종시기에 두 차례 조서를 내려 개정하여 주시관(主試官)에 대한 감독을 강화하는 규정을 두고 각종 발해시의 시험관도 지공거와 마찬가지로 쇄원하였다.[35]

과거시험 기간 동안 시험관은 숙소에 들어가서 외부와 격리되어 가족도 만나지 못했다. 쇄원의 기간은 일반적으로 1개월로 한정되었다. 만약 사정이 아직 끝나지 않으면 재연장할 수 있었다.[36]

그 결과 한사계층의 관리진출이 크게 증가되어 관계에서 세족과 서족의 구별이 사라졌다. 사회생산력의 향상과 서민문화의 발전은 대량의 서적출판과 유통이 이루어져 교육문화수준이 크게 향상되어 독서인 층의 확대를 가져왔다. 이점에 대해 소식은 "요즘 사람들은 서로서로 돌려가며 제자백가의 서적을 베낀다. 이런 경향이 나날이 많아져서 학자들이 책을 접하기가 쉬워졌다."[37]고 당시 학술문화의 번성에 대해 서술하고 있다.[38]

---

34 『續資治通鑑長編』, 卷4, '旣受詔, 徑赴貢院, 以避請求'. p.37.

35 『續資治通鑑長編』, 卷4, '自今差發解・知擧等, 受, 敕訖, 卽令閤門祇候一人引送鎖宿, 無得與僚友交言, 違者閤門彈奏. 如所乘馬未至, 卽以廐馬給之. p.38.

36 石靜 「論北宋的科擧改革」, 『南通師專學報』, 第14卷第3期, 1998.9, p.43.에 의하면, 그 예로, 黃庭堅이 1088년 책원참상관(責院參詳官)에 임명되었는데, 그는 일부 書帖에서 말하기를 『容齋四筆』, 卷8 '正月乙丑鎖 太學, 試禮部進士四千三十二人. 三月戊申具奏進士五百人.' 이러한 쇄원기간은 모두 44일이었다. 어떤 때에는 심지어 50일인 경우도 있었다. 구양수의 『歸田錄』 卷2에 의하면, '嘉祐2년(1057), 余與端明韓子華.---同知禮部貢擧, 辟梅聖俞爲小試官. 凡鎖院50日.'이라 하였다.

그러나 송대 고시제도의 지속적인 실시는 관료계층의 확대를 가져왔다. 즉 당은 290년간 진사과에 6천명을 선발하였는데 송 태종은 재위22년 동안에 진사과에서만 근 만명을 선발하여 매년 평균 450명을 선발하였다. 이것은 이른바 관료기구의 확대와 용관(冗官)의 현상을 낳게 되었다.[39] 그리하여 인종시기에 진사과 합격 자 수를 제한하여 매과 4백 명을 초과하지 못하도록 하였다.[40] 이처럼 관료계층의 수적 증가는 대북방민족과의 관계악화로 인한 세폐부담과 함께 재정에 큰 부담으로 작용하는 이른바 용비(冗費)의 폐단을 가져왔다.

2. 송대 과거제도 개혁논의

당대 과거에서 시부(詩賦)취사를 중시하여 시부문학이 크게 발흥하였다. 또한 당대는 과거제도가 추천제의 폐단 등 통방(通榜)의 폐단이 존재하며 정형화되지 않았다. 그 가운데서 공경대부가 거인을 공개적으로 추천할 수 있는 권한을 들 수 있으며, 사인을 선발하는 권한도 유사(有司)에 있었다. 그리하여 사족(士族)들은 여전히 정치・경제적 특권과 전통적 사회지위를 기반으로 취사의 대권을 장악하여 과거장에서 성적의 우열은 합격의 중요한 기준이 되지 못했다.

한편 아무리 시로써 명성이 높고 문학적 재능과 실력이 있어도 추천을

---

37 蘇軾『東坡文集』卷32,「李氏山房藏書記」, p.389.

38 姜吉仲譯(金諍著)『중국문화와 과거제도』,(중문출판사), 1994, p.161.

39 『宋史』卷293, 列傳52, 王禹稱傳, p.2615. 북송은 대대적으로 과거인원을 확대하여 송 태종 재위22년동안 진사과만 근 만 여명을 선발하였는데, 이는 매년 평균 약 450여명을 선발한 것으로 당대에 6000여명을 선발한 것에 비해 크게 증가하였다.

40 『宋史』卷157, 選擧3, p.3662. 송대 3년에 한번 과거를 실시하였다고 전제하고 한과를 계산하면, 매년 평균 130명이 된다. 당 중말기에는 매년 진사과에 30여명을 선발하는 데 불과하였다. 그러므로 송대 선발한 진사의 수는 당대에 비해 거의 10배 이상이었다.

받지 못하면 희망이 없었다. 그 결과 당대에는 극소수의 독서인만이 과거에 응시하였고, 일반 사인계층은 과거를 통한 관리 진출의 희망을 갖지 못했다. 그러므로 당대 과거제도가 문화에 미친 영향은 명백하게 한계가 있었다고 하겠다.

송대는 정치주체와 사회경제 등 여러 방면에 새로운 변화가 발생하여 당대 이래 과거를 독점 조종하였던 대관료와 대지주의 전권에 대한 개혁의 필요성이 제기되었다. 이것은 황권의 성장과 문관 사대부계층의 현실정치에 대한 각성에 기초하였다고 보여진다.

북송시기 과거제도에 대한 개혁은 크게 두 단계로 진행되었다.[41] 첫 단계는 태조에서 진종시기까지로 고시방법의 개혁을 통해 공평한 경쟁을 제창하여 과거의 폐단을 두절하고 취사권을 황제가 장악하였다. 이것은 당대 통방을 통한 권문세가들의 농단을 제거하고 황권강화를 이룩하고자 한 것이다.

둘째 단계는 인종에서 휘종에 이르는 시기로 과거고시내용과 취사과목의 개혁이 중점이었다. 현실정치에 쓸모없는 내용이 취사의 기준이 되는 폐단을 개혁하여 실용적인 능력을 가진 인재의 양성과 선발을 통해 현실정치에 유용한 사람을 선발하고자 하였다. 이러한 경향은 송 초기 이래 누적된 현실문제와 결부되어 개혁론이 등장하게 된 배경이 되었다.

송 초기에는 여전히 시부로 취사하여 사인들로 하여금 음율과 수사기교의 부염(浮艶)한 문장풍조를 조장하여 현실문제에는 크게 관심을 갖지 않았다. 그러나 인종시기 내우외란이 날로 심각해지면서 범중엄에 의해 경력혁신운동이 전개되었다. 날로 심각해져가는 정치, 경제위기에 직면하여 개혁파는 사풍의 혁신과 책임론을 제기하며 개혁을 제창하였으며, 전대 주소(注疏)에 의해 경전자구를 해석하고 장구지학을 강조하는 풍조에서 벗어날 것을 제창하였다.

41 何忠禮『科擧制度與宋代文化』,『歷史研究』第5期, 1990, p.120.

일찍이 범중엄(范仲淹, 989-1052)은 송 인종 천성(天聖) 5년(1027) 상서하여 진사과에서 '선책론후시부'[42]를 주장하며 책론으로 사대부에 대해 정치실무능력을 측정하자고 하였다. 천성8년(1030) 안수(晏殊, 991-1055)도 경학을 중시하며 책론 위주의 시험을 주장하였다. 당시 대다수 대신들은 여전히 이것은 평소 소양학문을 시험하는 것이 아니라고 반대하여 폐지되었다.[43]

그러나 경력이후 학교의 경술(經術)과정에서 장구지학에서 실용학문으로 전환하였다. 경력에서 가우에 이르면서 진사과시험에서 책론을 중시하고 시부도 경시하지 않았다. 가우초기 구양수 등이 계속해서 과거장 폐단을 혁파할 것을 제창하여 책론이 잠시 과거에서 중시되기도 하였다.

이상의 서술을 고려해 보면, 송대 과거제도는 당대에 비해 몇 가지 차이가 있다.

첫째, 문벌의 한계를 철저히 제거하였다. 사농공상(士·農·工·商)을 불문하고 문묵(文墨)에 우수한 인재는 모두 과거시험에 응시할 수 있도록 취사범위를 대대적으로 확대하였다. 『宋會要輯稿』에 의하면, 공거의 문호를 개방하여 공상에 종사하는 사람을 비롯하여 기타 직업에 종사하는 사람들도여 특이한 재주를 가진 자는 모두 응시할 수 있도록 규정하였다.[44]

모한광(毛漢光)은 『당대통치계층사회변동』이라는 글에서 당대 과거응시자의 분석을 통해 진사출신자 가운데 사족 자제가 71%에 달하며, 소성(小姓) 출신은 13.1%, 한사(寒士)출신 진사는 단지 15.9%에 달한다고 하였다.[45]

둘째, 추천제도의 잔재를 폐지하였다. 당대 형성되었던 과거에서 통방의 폐단을 최대한으로 방지하여 과거시험 성적에 의해 당락을 결정하고자 하였

42 范仲淹『文集』奏議, 卷上,「答手詔條陳十事」, p.280.

43 『續資治通鑑長編』卷109, 天聖8年8月癸巳. p.1038.

44 『宋會要輯稿』, 選擧14之15, 16, 太宗淳化3年3月21日條, p.4490.

45 毛漢光『唐代統治階層社會變動』, 臺灣政治大學博士學位論文, 1968,『新舊唐書』를 분석하였다.

다. 이것은 권문세가들이 과거를 장악함으로서 생겼던 폐단을 방지하고자 한 것으로 과거시험에서 호명법과 등록법을 시행하여 채점과 선발에 공정을 기하였다.[46]

셋째, 고시 내용의 다양화를 이룩하였다. 즉 전시과에서 시부위주였던 방법을 바꿔서 경의와 시부・책・론을 모두 중시하였고, 경의는 묵의의 방식을 바꿔서 대의를 시험치뤘다.

송 초기 과거는 당의 제도를 계승하여 9경・5경・계원례・삼사・3례・학구 등 과목을 개설하였는데 통칭해서 제과(諸科)라 한다. 인종 가우2년(1057) 명경과를 증설하였다. 제과와 다른 점은 대의(大義) 위주이며, 제과는 첩경과 묵의를 시험치뤘다. 신종 희령년간에 왕안석은 과거제도에서 명경제과를 폐지하고 진사과만 유지시켰으며, 시부논책을 폐지하고 사무책 한가지로 취사하자고 하였다.[47]

또한 과거합격자에 대한 관직제수방법도 크게 달랐다. 당대에는 예부 시험 합격은 단지 관리 자격만을 얻는 것이지 직접 관료에 나아가지 못했다. 관직에 나아가려면 이부의 신・언・서・판의 시험을 통과해야 했다. 이점은 한문서족 출신 사인에게 어려운 관문이 하나 더 증설된 것이었다.

송대는 시험을 통해 황제가 당락을 최종 결정하였기 때문에 합격되면 즉시 관리가 될 뿐만 아니라 이부시험을 치루지 않았다. 특히 진사과는 승진도 다른과 출신자에 비해 빨랐다. 이것은 송대 황권이 강화되었고, 관리 등용방법의 개혁이 황권강화와 밀접한 관계가 있음을 말한다.[48] 이런 배경은 송대 황권강화의 기반이 되었으며 북방 유목민족과의 전쟁과 화의의 혼란

---

46 金諍(姜吉仲譯) 『중국문화와과거제도』, pp.154-159.

47 金諍(姜吉仲譯) 『중국문화와과거제도』, p.177.

48 중국봉건사회가 성숙된 송대는 군주전제와 중앙집권체제가 전례 없이 각각 소장의 시기가 존재하고 있음을 알 수 있다. 이점은 황권과 재상권의 관계연구를 통해 깊이 연구해 볼 점이다.

속에서 왕위 찬탈의 음모가 일어나지 않았던 원인의 하나였다.

3. 송대 과거개혁의 특징

북송시기 과거고시의 방법과 형식에 대한 개혁은 형식상 최대한 공평경쟁을 실현하여 권문세가들이 폐단을 저지르는 것을 방지하였다. 또한 이들 권신들이 과거장에서 특권을 이용하여 당대와 같이 권문세가에게 청탁하거나 내통하는 폐단을 제한하여 한사계층 지식인들이 공평한 고시를 통해 관리에 진출하게 되면서 시험관과 거자들 사이에 생겨났던 좌주문생과 같은 많은 폐단이 기본적으로 사라지게 되었다.

그 결과 송 진종 대중상부(大中祥符) 8년(1015년) 예부시험 진사합격자 방에는 단 1명도 권문세가의 자제가 없었다. 인종시기 13차례 과거를 실시하여 진사과 합격자를 선발하였다. 그 진사과 장원 가운데 12명이 평민출신이었다. 과거규칙의 개혁과 변화가 한사출신 지식인에게 크게 확대개방 되었다. 이것은 송 통치자들이 광범위하게 인재를 선발하는데 유리하였으며, 이를 기반으로 통치를 공고히 하여 강력한 중앙집권정치를 확립하였다.

북송과 당대는 과거합격자에 대한 관직 제수(除授)방법이 서로 달랐다. 당대 사인은 과거급제 후 단지 관료자격만을 얻었으며 관직진출은 이부시험인 신언서판의 복시를 거쳐야 하였는데, 석갈시(釋褐試)라 칭했다. 이 방법은 당시 권문귀족관료들이 한사계층의 관리진출에 걸림돌을 한 단계를 더 만들어 둔 것이었다. 복시 합격자도 단지 9품의 작은 관직에 제수되었다.

반면, 송대는 이부선시(吏部選試)를 면제하여 합격자 명단이 발표됨과 동시에 평민에서 벗어났으며, 처음 제수받은 관직의 품계가 상당히 높았으며 승진도 빨랐다. 특히 진사 고과(高科) 출신자는 몇 년 되지 않아도 높은 관직에 오르는 경우도 있었다. 통계에 의하면, 인종 40년간 모두 13차례 과거가

실시되었는데 그 중 공경(公卿)에 이르지 못한 사람이 5명뿐이었다.[49]

북송 71명의 재상 가운데 64명이 진사과 혹은 제과출신이었다. 과거입사는 무엇과 비교할 수 없을 정도로 영광스러운 것으로 독서인들로 하여금 사회에 대한 관심을 크게 제고시켰으며, 전적(典籍)과 각종 서적출판을 자극하여 문화의 보급과 학술의 발전과 번영 그리고 중앙과 지방의 관학발전을 촉진하여 학교의 건설과 교육수준을 크게 제고하였다.

북송의 과거는 수당의 전통경험을 계승하고 정치사회의 형세변화와 수요에 적응하여 발전하였다. 그리고 고시내용과 취사과목에 대해서도 개혁을 진행하여 과거제도가 정형화되고 완비되었다. 이러한 취사방법은 출신 가문(家世)을 불문하고 공평경쟁을 통하여 고시성적의 우열로 선발을 결정하는 당시 중국봉건사회에서는 비교적 합리적인 인재선발제도라 할 만하다. 과거제도개혁을 진행하는 과정에서 실시했던 봉미제, 등록제, 별두시, 쇄원제는 공정성을 보장하기 위해 실행한 방법으로 후세의 귀감이 되고 있다. 오늘날 고시에서 사용하는 밀봉제도가 바로 봉미제도에서 나온 것이다.

과거제도는 황제와 지식분자들 사이의 특수한 관계에서 발생된 것으로 볼 수 있다. 즉 지식인들은 관료사회에서 중요한 계층으로 이들의 행동이나 추구하는 바가 사회의 변동요인이며 결집요인으로 작용하여 여러 가지 폐단이 발생하는 것을 면할 수 없다. 북송 통치자들은 과거에서 발생하는 여러 가지 폐단을 방지하기 위해서 다양한 조처를 취하였고 어느 정도 효과도 얻었다. 그러나 그 제도적 효과는 과거제도 자체가 가지고 있던 문제점, 즉 과장에서의 폐단과 방지조처 그리고 정치의 청명도와 집행제도에 따라 결정된다. 그러므로 과거장에서 폐단을 완전히 두절하는 것은 불가능하였다.

송대 관료정치체제의 정비는 앞서 서술한 바와 같이 황권의 성장과 함께

49 『宋史選擧志1』, 卷108, "其甲第之三人, 凡 三十九, 其後不至公卿者, 五人而已.", p.3616.

재상권의 성장을 가져왔음은 분명하다. 그러므로 황권의 소장(消長)과 북방 유목민족과의 관계변화에 따라서 정치·경제·사회의 변화를 초래하였다. 그로 인해 관료사대부계층은 북송시기 누적된 여러 가지 폐단에 직면하자 이에 대한 각성과 책임론을 제기하면서 개혁론을 주장하였다.

송대는 중국 역사상 과거고시제고가 정형화 된 시기이며, 과거고시를 통해 관리에 진출한 문신 관료제사회가 근간을 이룬 황제지배체제를 이룩한 사회이다. 송 태조는 「作相須用讀書人」이라 하여 문신을 우대하여 문신들이 가장 영향력 있는 정치역량을 가지고 있었다. 이들 집단을 사대부 또는 문신사대부라 부르며 과거를 통해 관직에 진입한 집단이었다. 과거고시는 관학교육과 밀접한 관계를 가지고 발전되었다.

송은 당송변혁기를 거치면서 사회생산력의 발전과 출판인쇄술의 발전은 서적보급의 확대와 함께 교육문화의 보편화가 이루어졌다. 그 결과 송대 교육은 관학교육 뿐만 아니라 사학교육도 크게 흥성하게 되어 일반 서민들에게 교육의 기회를 제공하였다.

송대는 중문경무(重文輕武)의 정책을 실시하고 과거취사를 확대하여 지식인들은 경(經)·사(史)를 두루 섭렵하였고, 언어에는 반드시 육경(六經), 공(孔), 맹(孟)을 지칭하였다. 그들은 기본적으로 당대 사인들처럼 여러 제후들과 공경대부들의 인정과 추천을 구할 필요가 없었다. 따라서 그들은 많은 시간을 서재(書齋)에서 경전공부에 몰두하여 전대의 사인에 비해 박학하였으며 그들이 남긴 저서(著書)의 량도 방대하였다.

송대 과거는 개방되고 공평함을 추구하였으나 여전히 부유층과 귀족계층이 독점하였다. 왜냐하면 과거를 준비하는 과정에 소요되는 경제부담은 일반농가에서는 부담하기 어려웠기 때문이다.

북송시대 과거에 응시하는 인원수 확대와 공평한 경쟁 실시는 전 사회 독서인(讀書人)들을 거의 흡수하게 되어 과거장에서 경쟁이 치열하였다. 당대에는 과거가 선비들의 유일한 관리 진출의 방법이 아니었으므로 송대는 과거와 유관한 학문인 과거학이 지식인들에게 정치사회의 결집요인으로 크게 작용하여 정치학문이 번성하였다.

송대는 과거시험을 통과하지 않은 명인(名人)들을 찾아보기 어렵다. 이런 상황은 명(明)・청(淸)대에 이르러 더욱 심각해졌으며, 실제 중국 고대 지식인 사회의 커다란 비극이었다.

송대 과거에는 추천이 근절되고 순수하게 시험 성적에 의해 합격과 불합격이 결정되었으므로 대단히 공정하였다고 할 수 있다. 그러나 시험내용의 불합리 여부가 제기되었다. 시부와 경의를 폐지하여 모두 문사(文辭)의 연구에 치중하였다. 이것은 인재를 선발하는 과학적인 척도는 아니었다. 왕안석・소식형제・범중엄 등은 문학과 정치적 재능을 겸한 인물로 그 당시 매우 드물고 귀중한 인재였다.

당대 통방[50]방법은 시험관에게 비교적 많은 자주권을 허락하여 생긴 폐단이다. 그들은 문사에는 능하지 않았지만 덕과 재를 겸비한 선비를 선출할 가능성이 있었으나 송대에 비해 탁월한 공경대신이 많았다. 송대 과거는 시험에 의해 결정되어 문장능력이 없는 사람은 두각을 나타내기 어려웠다. 그래서 단지 문체에 대한 지식은 있지만 국가와 백성을 다스리는 현실적인 원리를 알지 못하는 사람이 장원(壯元)에 선출될 가능성이 있었다.

또한 송대 미봉과 등록법 같은 방법은 과거를 엄격하고 공정하게 한 제도였으나 남송에 이르러서 정치적 부패가 날로 심해지면서 결국은 폐지되었다. 남송대의 재상 진회(秦檜, 1090-1155)는 자신의 권력을 이용하여 과거에 많은 폐단을 저질렀다. 이것으로 보아 송대 과거취사가 관리남용의 폐단을 조성했음을 알 수 있다.

송대 통치자들은 과거제도를 이용하여 지식인들을 농단하고 매수하는

---

50 당(唐)대 과거제도에서 시험성적에 의하지 않고 이력(履歷)이나 경력(經歷) 그리고 응시자의 평소 학문 정도를 평한 당시 저명학자와 관료들의 추천과 함께 시험성적을 합산평가하여 급제자를 결정하는 것.

것을 유일한 수단으로 삼았다. 또한 모든 지식인들을 이 과거제도 안으로 몰아넣고 부귀영화와 공명 가능성을 미끼로 이 길을 걷도록 하였다.

제4장

송대 관료계층의 현실인식과 경세관

1. 소식의 현실인식과 경세관

1) 북송 초기 정치사회의 특징

북조(北朝)사회의 연장선상에서 발전해 온 당조(唐朝)는 학술사상에 있어서 불교의 발전단계에 해당하는 번역경전을 중심으로 한 종파불교가 크게 흥기한 시기였다. 이러한 학술사상과 문화적 배경은 지식인계층으로 하여금 경학연구와 정치에 대한 무관심의 풍조를 형성하였다. 그 결과 과거시험을 통한 관리진출의 기회가 적었으며, 음보(蔭補)제도를 통해 직접 관직에 진출하는 특혜가 존재하였고 관직 진출 후 승진에 있어서 오히려 우대받았다.

그러나 당중말기를 거치면서 세습귀족계층의 전횡과 정치사회적 제 방면의 누적된 폐단이 출현하면서 농민반란을 야기시키고 당조의 멸망을 가속화시켰다. 왕조의 유지와 왕권강화에 있어서 근간이 되는 정치주체 세력의 변화는 중요한 원인이며 변수이다. 특히 중말기 이후 과거를 통해 서족출신 사인들이 지속적으로 관계에 진출하면서 세습귀족과 서족계층간의 이해충돌과 대립관계를 형성하였다. 이는 곧 당조의 정체(政體) 변화를 가져왔으며 사회주류를 이루는 학술사상과 문화의 형성발전 그리고 결집 요인에 중요한 요인이 되었다.

또한 당조 재정유지의 근간이었던 균전제의 붕괴는 조세제도의 변화를 가져왔고, 경제구조의 변화와 세습귀족세력의 몰락을 가져왔다. 이는 대량의 유민발생으로 인한 사회혼란과 군사제도의 변화 등 정치체제의 해체를 가속화하였다.

당말기 정치사회의 제변화는 중국사회에 있어서 세습귀족세력의 몰락과 함께 가거를 통해 관계 진출한 서족계층의 대두라는 새로운 지배계층을 출현시켰다. 이 신진지배계층은 과거라는 공인된 방법을 통해 등장된 것으로 과거제도의 형식과 깊은 관계를 가지고 있었다. 당대 과거는 시부(詩賦)능력을 가지고 취사(取士)하였다. 이는 학문능력이 곧 정치진출과 연결되므로 문학활동이 사회의 결집요인으로 작용되었다. 그리하여 당 말기는 문학운동인 고문부흥운동이 진행되었고, 학술사상계에는 유학부흥운동이 새로운 사회 문화와 학술사상의 결집요인이 되었다.

유학부흥운동은 송대 과거제도의 정형화와 함께 가속화 되어 이학(理學)의 전개와 성립에 깊은 영향을 미쳤다. 그리하여 송대는 정치와 학술사상면에서 유학이 주도적인 위치를 점하였으며, 과거제도의 변화에 따라 학술사상과 문화도 새롭게 전개되고 발전하였다. 이러한 경향은 송대 황권강화라는 명제와 신흥지배계층인 사대부 관료계층의 등장과 밀접한 관계를 가지고 전개되었다.

송조는 건국한 후 중앙집권정책을 채택하여 농업생산을 회복하고 상공업 발전 등 경제활동 영역의 확대를 추구하였다. 그러나 송대 중문경무(重文輕武)와 수내허외(守內虛外)의 내정과 외교정책은 진종(眞宗)이래 요(遼)와 관계를 비롯하여 국내외적으로 폐단과 위기상황을 노출하였다. 그 중 가장 큰 위기는 용관(冗官), 용병(冗兵), 용비(冗費) 등 소위 3용(冗)의 문제였다. 이에 대해 호부부사(戶部副使)였던 포증(包拯, 999-1062)은 진종 경덕(景德), 대중상부(大中祥符)년간에서 인종 황우(皇祐)년간까지 증가한 관리의 수에 대해 통계 조사를 통해 3배 이상이 증가하였다고 지적하였다.[1]

다음으로 용병(冗兵)문제로 태조 초기에 금군과 상군(廂軍)이 총 22만이었고, 태종 지도(至道)년간(995-997)에는 이미 66만, 인종 경력(慶曆)년간(1017-1021)크게 증가하여 126만이 되었다. 그리하여 양병에 드는 비용이 많게는 국가 재정지출의 80-90%에 달하여 재정의 소모가 증가하는 용비(冗費)문제가 출현하여 진종과 인종시기 재정의 부족현상이 더욱 심각해져서 국초이래 축적해 온 국고가 텅 비게 되었다.[2]

이상과 같은 3용 폐단의 직접적인 원인은 적빈적약과 통치계급의 정치력 부재와 용병제도 실시 결과 전투력이 날로 약화되었고 군기강이 크게 타락되었다. 그 결과 진종시기에는 요 군대와 충돌하여 초기에는 승리하였으나 오히려 굴욕적인 전연의 맹약(1004)을 맺게 되었다. 그 결과 매년 요에게 은 10만량과 견 20만필을 세폐로 받치기로 하였다. 그러나 40년이 채 되지 않아 서하의 흥기로 말미암아 송은 다시 은 10만량과 견10만필을 각각 요에 증가해 주고 표면적인 안정을 찾았다. 인종시기 송과 서하는 계속해서 삼천구(三川口), 호수천(好水川)그리고 정천채(定川砦)에서 연전연패하였다. 그리하여 송은 또 서하에게 은 5만량, 견13만필, 차잎 2만근의 세폐를 주고 화의하였다.[3]

이처럼 북송 초기 관료계층의 가렴주구와 부패, 외족의 침략과 위협, 각종 부가세의 부과 그리고 심각한 자연재해는 백성들을 더욱 곤경에 빠뜨렸다. 태종 순화년간 이래 농민 폭동, 사병(士兵)의 폭동 그리고 도적과 비적의

---

1 包拯,『包孝肅奏議集』卷1,「論冗官財用事」“今天下州郡三百二十, 縣一千二百五十, 而一州一縣所任之職, 素有定額, 大率用吏不過五・六千員則有餘矣. 今乃三倍其多, 而又三歲一開貢擧, 每放僅千人, 復有台寺之小吏, 府監之雜工, 蔭敍之官, 進納之輩, 總而計之, 不止于三倍.” pp.427-92-93.

2 『宋史』卷131, 食貨下1, 인종 황우원년(1049) “入一億二千六百二十五萬一千九百六十四, 而所出無餘”.이었다. 영종 치평2년(1065) “內外入一億一千六百一十三萬八千四百五, 出一億二千三十四萬一千二百七十四, 非常出者又一千一百五十二萬一千二百七十八.”이었다. p.4353.

3 湯岳輝「蘇軾在變法運動中의 역할」惠州學院學報(社會科學報) 第24卷第2期(2004.4), p.49.

난동이 끊이지 않았다. 송조는 계급모순과 민족모순이 서로 교차하면서 계속되었다.

본문에서는 송대 문학가이며 사상가인 동시에 정치가인 소식(蘇軾, 1036-1101)이 당시 정치경제와 사회문화 등 현실에 대한 인식과 제기하였던 경세관을 살펴보고자 한다.

2) 소식의 현실인식과 경세사상

(1) 소식의 과거제도 개혁과 경세관

소식은 바로 북송 정치경제와 군사외교 상황이 나로 나빠지고 위기와 곤경이 더욱 짙어가는 시기에 관계에 진출하였다. 그는 사대부 관료계층의 일원이 되면서 지주계층의 입장과 정치적 태도를 견지하였다. 그러나 소식의 정치적 입장 표명 가운데 적지 않은 부분은 진보적인 경향을 띠고 있음을 엿볼 수 있다. 특히 천하의 안위(安危)에 대한 정치적 입장은 황제가 고대 성인들과 같이 천하의 마음을 하나로 단결시킬 힘이 있느냐가 중요하다는 민본주의 사상에 기초한 왕도정치의 실현을 제창하였다.

특히 인종에서 신종에 이르는 시기에 내우외란(內憂外亂)과 국폐민궁(國弊民窮)의 사회현상에 주의하고 천하를 걱정하는 인사들, 즉 송기(宋祁), 포증(包拯, 999년-1062년), 부필(富弼, 1004-1083), 범중엄, 문언박(文彦博, 1006-1097), 여이간(呂夷簡, 979-1044), 소식, 왕안석, 사마광(司馬光, 1019-1086) 등은 모두 적극적인 태도를 가지고 여러 가지 개혁방안과 이에 상응한 실질적인 방법을 제창하였다. 소식도 그 중 한 사람으로 개혁의 조류 가운데서 실권을 장악하였던 대표인물중 하나이다. 그는 경력신정 실패 후 계속 상소하여 개혁을 주장하였다. 그의 제책(制策)은 온건적이며 점진적인 개혁을 주장하였지만 개혁이론과 방향은 분명하고 강한 의지를 나타냈으며 그 행동은 실천적이고 효과적이었다.[4]

왕안석을 비롯한 변법파들은 희령년간에 학교를 흥기할 것을 주장하였다. 당시 변법파의 흥학운동은 서민문화의 소양을 제고하는 것이 아니라 변법추진 인물을 양성하는 것이었다. 이러한 상황에서 소식이 상소한 『議學校貢擧狀』은 송 초기 이래 유명무실한 학교교육을 개선하자는 내용으로 선거제도를 비롯한 이치법 모순에 대해 정확하게 이해하고 있었다고 생각된다.

또한 왕안석은 과거에서 시부위주의 시험을 폐지하고 경의 논책의 시험방법으로 개혁하자고 제창하였다. 이에 대해 소식은 신종 희령4년 『의학교공거장』에서 오늘날 과거를 개혁하려 바는 불과 몇 가지 때문입니다. 지방에서는 덕행이 있는 자만 추천하고 문장은 생략하고, 오로지 책론으로 취하고 시부는 폐지하며, 당대의 고사를 들어 명망만으로 취하며 미봉책은 폐지하고자 합니다. 또한 오로지 경전을 공부하는 학생이나 소박한 학문을 하는 자를 선발하던 것을 폐지하고, 첩경이나 묵의를 사용하지 않고 경전의 대의를 고찰하고자 하는 것으로 이 몇 가지 방법은 하나는 알고 둘은 모르는 것이라고 지적하였다.[5]

한편, 소식은 학교교육 강화를 통해 공거방법을 개선하자는 논의에 대해 학교교육으로 사인을 선발하게 되면, 당대 통방(通榜)과 뇌물수수 그리고 권력을 이용한 청탁, 또한 개인의 은원(恩怨)관계가 작용되는 등 과거에 발생하였던 폐단이 발생하게 되고, 권력이 다시 몇몇 권신들에게 귀속된다. 그러므로 사람을 얻는 도리는 지인(知人)과 책실(責實)에 있으므로 군상(君相)은 지인하는 재주가 있고, 조정은 책실정치를 실시하면 실질인재를 선발할 수 있다. 즉 인재를 선발하느냐 그렇지 못하느냐는 군상이 지인하느냐와 조정에서 책실정치를 실행하느냐에 달려있다고 하였다.[6]

---

4 湯岳輝「蘇軾在變法運動中役割」惠州學院學報(社會科學報) 第24卷第2期, p.52.

5 『東坡文集』奏議, 卷1,『議學校貢擧狀』, “今議者所欲變改, 不過數端. 或曰鄕擧德行而略文章, 或曰專取策論而罷詩賦, 或欲 擧唐室故事, 兼採譽望而罷彌封. 或欲罷經生朴學, 不用貼墨而巧大義. 此數者, 皆知其一不知其二者也.”, p.398.

소식은 정치능력의 유무(有無)는 반드시 학교에서 독서함으로써 이루어지는 것은 아니다. 또한 구제도가 완전하지 못해서 인재를 전면적으로 선발할 수 없었다는 지적도 학교를 개혁한다고 해서 능히 해결할 수 있는 것이 아니다. 인재는 어디엔들 없겠느냐? 서리와 하인노예(胥吏皂隸)들 가운데에도 있을 수 있다. 그러므로 조정에서 어떤 기준과 생각을 가지고 선발하느냐에 달려있다. 이것은 당대 이래 관리 선발방법의 종류와 기회가 점점 더 좁아졌다는 문제를 지적한 것이다.[7]

한편, 왕안석과 사마광 등이 주장한 삼대(三代) 상서(庠序)의 가르침은 학교 부흥을 통해 인재의 배양을 주장한 것이었다. 이에 대해 소식은 학교제도를 회복하여 정치능력을 배양하자는 주장은 복고적인 논조라고 전제하고, 모든 것은 시대에 따라 가부(可否)가 있고, 사물에도 흥폐(興廢)가 있다. 그러므로 사회의 변화에 따라 풍속과 법제의 변화가 따른다. 성인이라도 그것을 거스리지 못한다. 그런데 인재양성과 선거를 고대와 같이 학교에서 해야 한다고 주장하느냐고 반대의견을 제시하였다.[8]

송 신종 희령년간 왕안석은 태학삼사법 실시를 비롯한 흥학운동이 제기하였다. 소식은 인순(因循)을 강조하며, 제도를 바꾸는 것을 반대하며, 더욱 현실문제를 고려하여 반대하였다. 만약 흥학을 하려면 많은 인력과 경비가 필요하고, 교화를 명의로 많은 소송이 끊이지 않을 것이다. 게다가 도덕의 명분으로 많은 민간들을 상해(傷害)할 것이고, 소송에 빠지게 할 것이라고 하였다.[9]

한편, 공거(貢擧)에 대해서 소식은 공거의 방법은 시행한지 백년이 되었는

---

6 『東坡文集』奏議, 卷1, 『議學校貢擧狀』, p.398.

7 李山「蘇軾熙寧科擧制改革時的議論」, 『山西大學學報(哲學社會科學報)』, 第27卷第 2期, 2004年 3月, p.84.

8 『東坡文集』 奏議, 卷1, 『議學校貢擧狀』, p.398.

9 『東坡文集』 奏議, 卷1, 『議學校貢擧狀』, p.398.

데, 치란과 성쇠가 처음부터 이것에 달려있지 않았다. 그런데 오늘날은 정치 성쇠와 깊은 관계가 있는 것으로 마치 모든 것을 부정하는 것 같다고 지적하였다. 소식이 주장하는 것은 공거의 방법이지 공거 자체는 아니었다. 예를 들면, 시부를 폐지하고 봉미법을 폐지하는 것 등에 대한 논의문제에 대해 지적하였다.[10]

당시 조정에서는 사마광 등이 도덕으로 취사하자는 주장이 제기되었다. 이에 소식은 덕행취사는 분명히 삼대와 양한(兩漢)을 본보기로 삼으려는 마음을 가지고 있다. 그러나 사마광과 같이 탁월한 사학가가 전대의 많은 폐단을 몰랐겠느냐고 반문하였다. 그리고 소식은 취사의 표준을 근본적으로 시부를 폐지하고 논책으로 대신하면 지식인의 덕행문제를 해결한 다는 것을 믿지 않았다.[11]

또한 소식은 유용(有用)과 무용(無用)에 대해 언급하였다. 국가가 과(科)를 설치하여 재주있는 사람을 선발해야 한다. 이 점에서 보면 시부는 정말 무용하다. 그러나 책론은 정말 유용한가? 소식은 진사들이 경전에서 자사(子史)에 이르기 까지 모두 통달하고 대단히 박학합니다. 그러나 실제 정치에 임해서 그 가운데 1-2개정도 사용합니까?라고 반문하였다.[12]

사인을 취하는데 무엇을 기준으로 하던지 편리한 방법에 불과하며 선발에는 일정한 표준이 있기 마련으로 결국은 마음을 움직이면 되는 경우에는 오히려 본래 과거가 뜻하는 바를 이루지 못하게 된다. 이 유용과 무용의 논의는 사람들이 정사(政事)와 취사(取士)를 분리하여 생각하는 것으로 교화(教化)와 정치를 함께 생각해야 정치가 민중도덕을 완전하게 할 수 있다.

소식은 당시 시부취사를 폐지하고 경전의 대의를 밝히고 논책위주의 과거취사 방법개혁을 반대하였다. 오히려 당대에서 북송대에 이르기까지 시부취

---

10 『東坡文集』 奏議, 卷1, 『議學校貢擧狀』, pp.398-399.

11 蘇徹 『欒城後集』 卷22 「亡兄子瞻端明墓志銘」, pp.646-653.

12 『東坡文集』 奏議, 卷1, 『議學校貢擧狀』, p.399.

사를 통해 수많은 명신(名臣)들이 등용되었고, 그들이 천하를 책임지고 유지시켜 왔는데 반드시 폐지해야 되겠느냐?[13]라고 반대하였다.

이상과 같이 소식은 당시 책론취사를 주장하는 여론에 대해 양억(楊億, 974-1020) · 유균(劉筠), 석개(石介, 1005-1045)를 비교 설명하면서 당. 송시기에 시부로 관리에 진출한 명신(名臣)들은 모두 문장과 의리에 뛰어났으며 실제 정치업무와는 직접 관계는 없었다고 하였다. 석개는 그의 인격과 학문이 고소(高悚)하여 도덕에 대한 논의에 중심을 두었으며, 경력신정에 큰 작용을 하였다고 하였다. 이는 결국 책론과 시부는 개인의 정치적 능력과 직접적인 관계가 있는 것이 아니라고 하였다.

인종 가우에서 신종 희령년간에 이르는 10여 년 동안 과거에서 책론취사가 실행되었는데 이미 많은 폐단이 생겨났다. 그리하여 소식은 상소문에서 공거에 대해 언급하면서 신종에게 그 뜻한 바를 멀리 크게 가지라고 건의하였다. 그러나 실제 북송시기 과거제도 개혁을 진행하는 가운데서 희령개혁에 대해서 많은 긍정적인 찬사를 하는 경우가 있다.

소식은 당시 학교에 무명폐실(務名廢實)의 풍조가 존재하여 단지 큰 도리(道理)만 말하지 실질을 중시하지 않는 풍조가 만연하다. 그리하여 학자들이 모두 옛것을 좋아하고 아는 것은 교화이며 명실의 존재를 몰랐다고 지적하였다. 이것은 오늘날에서 보면, 큰 도리는 실천에 근원하며 실천이 없는 이론은 허명뿐인 이론이고, 이론이 없는 실천은 맹목적인 실천이라는 선실천후명분을 주장하였다.[14]

13 『東坡文集』 奏議, 卷1, 『議學校貢擧狀』, p.399.

14 許哈雪, 許孟靑 「試論蘇軾的名實思想」, 『西南民族學院哲學社會科學報』, 總22卷 第7期, 2001.7. pp.185-189.

(2) 소식(蘇軾)의 정치행정에 대한 경세관

소식은 가우2년(1057) 진사과에 합격하여 당시 고문부흥운동이 전개되자 학술사상의 형성과 전개에 큰 영향을 받았고 경력신정기의 정치에 참여하게 되었다. 그리하여 소식은 송 초기의 누적된 정치사회의 폐단을 깊히 인식하게 되었고 이를 극복해야 된다고 생각하였다.

소식은 관리진출 이후 과거개혁에 깊은 관심을 가지고 과거의 문풍(文風)과 고시내용 등에도 자신의 의견을 폈는데, 진사과 개혁에 대해 많은 풍자와 비평을 하였다. 신종 희령년간 진사과 과거고시에 변혁이 있었다. 희령2년(1069) 왕안석은 참지정사에 임명되어 변법의 계획을 담당하고 과거개혁에 대한 의견을 제출하여 일시에 많은 대신들의 찬동을 얻었다.

인종 가우(嘉祐) 6년(1061) 소식이 상주하였던 「진책(進策)」은 그의 정치개혁 사상이 잘 나타난 것으로 기본적인 개혁방향은 전통사상과 문화에 기초를 둔 개혁이었다.[15] 희령초기 왕안석이 과거제도 개혁을 제창할 때 많은 구법당의 인사들도 기본적으로 찬성하였다. 그러나 과거개혁 추진에 대해 전적으로 반대한 사람이 바로 소식이었다. 그러므로 소식이 기존의 과거제도에 대해 어떤 생각을 가지고 있었고, 또한 자신의 과거개혁의 방향은 어떤 것인지 그의 상소문 「진책」을 중심으로 살펴보고자 한다.

「御試制科策」에 의하면, "천(天)은 날마다 회전하기 때문에 건강하고, 해와 달은 날마다 나아가기 때문에 밝다. 물(水)는 날마다 흐르기 때문에 마르지 않고, 인간의 사지(四肢)는 날마다 움직이기 때문에 병이 없다. 기(器)는 매일 사용하면, 썩지 않는다(不蠹). 천하는 대물(大物)로 오랫동안 방치하여 사용하지 않으면, 위미(萎靡)하게 되어 폐방(廢放)하게 되어 날로 폐(弊)하는 바에 이를 뿐이다."[16]라고 하여 개혁에 대한 자신의 생각을 나타내고 있다.

---

15 嘉祐 「進策」은 모두 25(篇)으로 그 중 「策略」 5篇, 「策別」 17篇 「策斷」 3篇으로 모두 3만6천 여자이다.

그는 「形勢不如德論」에서 유가의 인의(仁義)학설에 근간을 두고 덕치를 백성을 통치하는 근본사상으로 전개하고 있다.[17] 이로보아 유가경전이 그의 정치사상의 기본이었다는 것을 알 수 있다. 그는 특히 중용(中庸)사상을 중시하고 '소위 중용이라는 것은 만물의 이치를 다하는 것'에 불과함으로 일관되게 중용의 도를 사상과 행동의 준칙으로 간주하였다.[18]

한편, 그는 중용을 모르면 그 도는 부족하다고 하였으며, 사람들은 일을 행하는 데 있어 '과(過)'와 '불급(不及)'을 행하지 합치하지는 못한다. 이것은 바로 그 절반(偏)을 얻고 그 중(中)을 잃어버려서 그 결과는 중도에서 포기하지 않는 것이 없다. 그러므로 중용의 도로써 모든 것을 저울질하고 일을 처리하자고 하였다.[19] 이렇게 그는 중용의 도에서 출발하여 당시 구차안일만을 추구하던 용인(庸人)들을 비판하였다. 또한 왕안석의 「上仁宗皇帝萬言書」와 변법에 대해 반대하고, 중용의 도에 기반을 둔 현실정치에 대한 개혁방안을 제창하였다.[20]

상술한 몇 가지 상주문을 통해 보면, 소식은 전인들의 사상을 두루 섭렵하고 당시 정치개혁과 정론(政論)의 성과를 참고하여 현실정치에 대한 자신의 생각을 피력하는 일종의 경험론적인 정치관을 지니고 있었다. 특히 소식은 범중엄의 경력신정이 비록 실패하였지만 범중엄의 개혁사상과에 대해 많은

16 蘇軾『東坡文集』, 卷10「御試制科一道」, '天以日運, 故健. 日月以日行, 故明. 水以日流, 故不竭. 人之四肢以日動, 故無疾. 器以日用, 故不蠹. 天下者大器也. 久置而不用, 萎靡則廢放, 日趨于弊而已矣.' p.569.

17 蘇軾『東坡文集』, 卷10「形勢不如德論」, '是則德衰以人之形勢不足以救也.(中略) 此亦德衰地之形勢不能救也. p.567.

18 蘇軾『東坡文集』, 應詔集, 卷1, 策略4, p.731.

19 蘇軾『東坡文集』, 應詔集, 卷1, 策略4, p.731.

20 陳啓漢「論蘇軾的嘉祐『進策』」, 『中國史研究』(1985年第2期), p.32. 진계한은 중용의 도는 비록 '執兩用中'이라는 평형의 합리적인 일면을 요구하고 있지만 상대적 평형을 가지고 절대적인 것으로 강조하는 착오를 범하고 있다. 이러한 근본적인 결함으로 말미암아 중용의 도는 소극적인 면이 적극적인 면 보다 많으며, 진취보다 보수적인 면에 많이 타협한다. 그러므로 소식의 중용의 도에 의한 개혁사상은 근본적으로 결함이 있다고 지적하였다.

영향을 받았다.[21]

또한 소식은 「進策3」에서 밝히기를 '경력년간에 천자께서 급히 다스리는 방법을 구하여 원로들을 발탁하고 천하가 날마다 그 성공을 기다렸다. 그리하여 깊은 생각과 멀리 내다보는 생각은 시행하려 하지 않았다. 비록 천자라도 더디다고 생각하여 하루아침에 발분하여 천하의 이해관계를 조목조목 따져보니 백가지 중에서 하나 둘도 미치지 못했다. 조정에서는 그것을 들어 시끄럽게 떠들썩하며 축출하고자 하나 따르는 사람이 없게 되었다. 이에 천하의 선비들은 서로 경계하여 감히 깊은 이야기를 하지 못했다.'[22]고 하였다. 소식은 이 경력신정의 진행과정에서 풍부한 역사적 경험과 교훈을 얻었다고 볼 수 있다.[23]

소식의 개혁 강령은 '3용(冗)과 3적(積)을 다스리는 것이었다. 그는 이것은 백세(百世)의 걱정거리로 유래가 이미 오래되어 얼음 언 것이 3척인 것은 하루의 추위로 그렇게 된 것은 아니다. 즉 천하가 흥하는 것은 반드시 그 원천이 있고, 천하가 장차 망하게 되는 것에는 반드시 원인이 있다. 이렇게 필연적으로 나라와 민족을 멸망시키는 3가지 걱정거리(無財, 無兵, 無吏)는 가슴속에 있는 질환 같아 반드시 절개해야 된다고 하였다.[24]

당시 소식이 추구하였던 개혁은 크게 임인(任人), 입법(立法), 안민(安民), 훈병(訓兵) 등 4가지방향으로 지적할 수 있다. 그 가운데 가장 중요한 것은 사람을 임명하는 것으로 천하가 크게 다스려지지 않는 것은 임인을 잘못한

---

21 蘇軾 『東坡文集』, 卷24, 敍15首, 「范文正公集敍」, pp.313-314.

22 蘇軾 『東坡文集』, 應詔集, 卷1, 策略3, '慶曆中, 天子急於求治, 擢用賢者, 天下日夜望其成功. 方其深思遠慮而未有所廢也. 雖天子亦遲之. 至其一旦發憤, 條天下之利害, 百未及一二, 而擧朝喧嘩, 以至于逐去. 曾不旋踵. 此天下之士, 所以相戒而不敢深言也.' p.730.

23 陳啓漢 「論蘇軾的嘉祐『進策』」, 『中國史硏究』(1985年第2期), p.33. 특히 경력년간 범중엄의 개혁방향이 이치개혁에 중점을 두고 진행하였다. 소식도 이치(吏治) 개혁을 가장 중요한 사항으로 생각하였으며, 많은 개혁방안의 구체적인 내용이 서로 비슷하였다. 이것은 소식이 범중엄의 영향을 크게 받았다고 할 수 있다.

24 蘇軾 『東坡文集』 應詔集卷1 策略2, pp.727-728

까닭이다.[25]고 지적하였다.

당시 관료기구가 중첩적으로 존재하고 관료가 층층이 있는데, 관리를 선택하는데 신중을 기하지 않으면 환간을 판단하지 못하고, 난신적자가 두려움을 모르고 날뛰는 심각한 현상을 가져온다고 지적하고, 과백관(課百官) 등을 제창하였다. 즉 이치법과 관련된 구체적인 조처로 여금법(勵禁法), 억요행, 결옹폐(決壅蔽), 무책난(無責難), 무저선(無沮善)을 제창하였다.[26]

이 개혁 내용은 첫째, 지인(知人)해야 적재적소에 임명할 수 있고, 현자를 선거하면 의심하지 말며 엄격한 평가를 통해 상벌이 공정해야 하며 언로를 개방하여 사람들로 하여금 업무에 능력을 다하도록 하는 합리적인 배치를 하자는 것이 중요한 내용이었다.

둘째, 과백관(課百官)은 용인개혁과 관련 있는 것으로 입법이다. 입법은 공문(空文)이 아니고 사직과 천하 사람들에게 이로운 것이어야 한다.[27]

셋째, 안민(安民)이다. 소식은 인심을 모아서 만민을 안정시키고, 풍속을 후하게 하며, 재화를 풍부하게 하고, 교화를 돈독히 하고 친목을 권장하며 호구의 자산에 따라 부세를 균등하게 부과하며, 비용을 절약하자는 주장을 폈다. 즉 백성들의 경제적 부담을 경감시키기 위해 절용과 염취(廉取)를 통해 인심을 회복하는 것이 국가를 안정시키는 근본이 된다고 하였다.[28]

넷째, 병사를 훈련시키는 것으로 요와 서하의 침략에 대해 단순히 화의만을 추구하는 것을 반대하고 적극적인 항전을 주장하였다.[29] 소식은 백성들에게 전쟁능력을 가르치고 군제를 정비하여 비용을 절약하자고 하였다. 또한 군대의 소양과 전투력을 제고하기 위해서 군비를 엄격하게 갖추며, 특히

---

25 『東坡文集』 應詔集卷1 策略3, p.729.

26 『東坡文集』 應詔集卷2 策別6-11, pp.734-741.

27 『東坡文集』 應詔集卷2 策別7, "夫法者以存其大綱, 而其出入變化, 固將付之於人" p.736.

28 『東坡文集』 應詔集卷3 策別12, 「安萬民」, pp.741-742.

29 『東坡文集』 應詔集卷4 策別略16, 「教戰守」 pp.746-747.

재물을 저축하여 군사력을 배양하여 용감성을 갖추게 하는 등 군대훈련을 강화하자고 하였다.[30]

그러나 본문에서는 여러 가지 개혁논의 가운데서 관리들에 대한 이치법(吏治法) 개혁론을 중심으로 고찰하고자 한다.

소식은 상서문인 「책략」에서 당시 정치, 경제, 사회 등 여러 방면의 형세를 분석하고 개혁의 중심문제와 방향을 천명하였다. 특히 그는 북송의 누적된 폐단은 입법의 폐단이 아니라 관리임명의 잘못에 있다고 하였다. 그는 '오늘날의 걱정은 비록 법령이 있어도 안정되지 않고, 천하가 크게 다스려지지 않는 바이다. 이것은 관리등용의 실책에 있으며 법제가 잘못된 것은 아니다.'[31]고 하여 법제는 크게 잘못된 것이 없고, 관리행정의 문제점을 지적하며 이치법 개혁이 이들 폐단을 극복할 수 있는 중요한 문제라고 인식하였다.

소위 임인지실(任人之失)이란 군주가 집정대신을 신용하지 않는다는 것이다. 앞서 설명한 경력신정의 실패가 교훈으로 보여 주었다. 그리하여 군주는 반드시 집정대신을 신임해야 천하의 대치(大治)를 이룰 수 있다고 여겼다. 소식은 가우년간에 관리의 임명과 승진 그리고 과거취사에 대해 두 차례 개혁을 시도한 사례를 들고 변법시행으로도 이 문제를 바로 잡지 못했다고 지적하였다. 소식은 천하를 잘 다스리는 관건은 변법이나 법령에 있는 것이 아니라 용인(用人)에 있다고 보았다. 이러한 생각은 당시 보수파 세력이 정권을 장악하고 있어서 개혁파가 군주의 신임과 지지를 얻지 못하면 개혁을 시행할 수 없었던 현실 정치상황을 정확히 파악한 것이라 할 수 있다.[32]

---

30 湯岳輝「蘇軾在變法運動中의 역할」 惠州學院學報(社會科學報) 第24卷第2期, p.52.

31 蘇軾『東坡文集』, 應詔集, 卷1, 策略第3, '臣竊以爲當今之患, 雖法令有所未安, 而天下之所以不大治者, 失在於任人, 而非法制之罪也.' p.729.

32 陳啓漢「論蘇軾的嘉祐『進策』」, 『中國史硏究』(1985年第2期), p34. 소식은 아무리 법이 좋아도 사람을 잘못 임용하여 문제가 생긴다고 지적하며 천하를 잘 다스리려면 합당한 사람을 사용하느냐에 있지 변법에 있는 것이 아니다고 하였다. 이는 소식 한 사람의 의견이라기보다 당시 개혁파의 공통된 의견을 반영한 것이라 할 수 있다.

소식은 「策別」 17편에서 개혁방법을 구체적으로 제시하고 있다.[33] 그 중에서 「課百官」의 6편은 관리의 선발과 임용 그리고 승진 등에 대한 내용으로 관리에 대한 이치 방법을 특별히 중시하고 있음을 알 수 있다. 이 내용 중에는 범중엄이 제창하였던 이치개혁 내용과 일치되는 내용도 있다.[34] 소식은 여법금(勵法禁) 즉 이치정돈을 위해 대신들부터 형벌을 엄격하게 적용하자고 하였다. 당시 북송은 권문세가들에 대해서는 법의 집행이 관대하여 관직이 높으면 높을수록 그 폐해가 더욱 컸다. 그러므로 금법(禁法)의 실행은 대신들로부터 시작하여 엄격하고 분명하게 집행하여 권문세가라도 피할 수 없도록 하여 백관들도 감히 법을 어기지 못하게 하자.[35]고 하였다.

한편 억요행(抑僥倖)은 당시 근무기간 년수에 의해 승진하는 관직제도를 반대하고, 관리의 승진은 근무성적을 포함하여 엄격한 인사고과에 의해 시행하자고 하였다. 특히 그는 관리가 많고 탐관오리의 폐단이 횡행하는 것은 관료제도의 모순에서 생겼다고 지적하고, 관리의 선발을 엄격하게 해야 한다고 제창하였다.

소식은 관직에 임용된 관리는 매년 한차례 시험을 치러서 그 성적의 우열에 따라 출척(陟黜)을 정하자고 하였다. 천하의 관리임명은 매년 증감의 수를 헤아려 그 수만큼만 보충한다. 이렇게 하면 관직을 쉽게 얻을 수 없고, 권문세가의 권귀에 쉽게 이르지 못하게 된다. 그리하여 사람들로 하여금 요행으로 관직을 얻고 세월만 지나면 고위직에 오를 수 있다는 생각을 없앨

33 「策別」17編은 4개 部分으로 이루어졌다. 즉 「課百官」6編으로 勵法禁, 抑僥倖, 決壅蔽, 專任使, 無責難이며, 「安勵民」6編은 崇敎化, 勸親睦, 均戶口, 較賦稅, 敎戰守, 去奸民이고, 「厚貨財」2編으로 省費用, 定軍制이고, 「訓軍旅」3編으로 蓄財用, 練軍實, 倡勇敢 등이다.

34 蘇軾『東坡文集』, 應詔集, 卷1, 策別, 「課百官」6編, p.732.가운데 억요행, 무책란, 전임사 등은 범중엄의 개혁방안과 일치하고 있다. 이는 당시 구귀족관료들이 정치경제적으로 전권을 장악하여 신진관료의 진출과 정치개혁에 커다란 장애물이었던 사실을 잘 말해주고 있다.

35 蘇軾『東坡文集』, 應詔集, 卷1, 策別第6, 「課百官」, p.734.

수 있다. 그러면 용관과 탐관오리가 출현하는 폐단을 해결 할 수 있다고 제창하였다.[36]

또한 그는 지방관리의 임직(任職)제도에 대한 개혁을 제창하였다. 경력신정시기에 범중엄은 지방관 임명이 지방행정을 좌우하며 서민생활과 직결되므로 신중을 기해 선발해야 한다고 하였다. 소식은 전임사(專任使)를 주장하며 지방관은 현행의 3년에 한번 옮기는 제도는 시간이 너무 짧아서 장기계획을 세울 수 없으므로 일정기간 임직되어야 한다고 하였다.

그렇지 않으면, 천하의 관리들이 장기적 계획은 세우지 않고, 눈앞의 일만 도모하여 폐단을 제거하거나 이(利)를 추구하는 정책실시는 더 말할 수 없었다. 그리하여 뛰어난 재주를 가진 사람들이 조석으로 관직을 이동하여 능력이 좀 부족한 사람이 오랫동안 담당하는 것보다도 좋지 않은 결과를 가져온다며 범중엄이 지적한 것과 같은 문제를 폐단으로 지적하였다.[37]

한편, 소식은 무책난(無責難)을 제창하여 당시 관리선발에 시행되던 연좌법에 의한 처벌을 개선하자고 하였다. 연좌법 실시는 관리에 임명된 사람이 후일에 범죄를 저지르면, 추천한 사람도 같은 죄를 받는 동피연좌(同被連坐)의 실행이었다. 이런 처벌은 관리에 임명된 사람이 후일 어떤 일을 할 것인가는 예측하기 어려운데 추천한 사람에게 책임을 묻는 것은 너무 심한 일이었다. 또한 지방의 현(縣)이나 군(郡)의 장관이 그에 소속된 관리를 관찰하고, 직사(職司)가 그 속군(屬郡)을 살핀다면 늦어도 정확성을 기할 수 있다. 그런데 속리가 죄를 범하였으나 장관이 신속하게 검거하지 못하고 다른 사람에

---

36 蘇軾『東坡文集』, 應詔集, 卷1, 策別第7, 「抑僥倖」, '自近世以來, 吏多而官少, 率一官而三人共之. 居者一人, 去者一人, 而伺者一人. 是而官而有二人者無事而食也.(中略) 是以貪吏常多而不可禁. 此用人之大弊也.' p.735. 이와 함께 「決壅蔽」에서는 관료조직에서 횡행하고 있는 뇌물수수와 같은 부패현상을 없애자고 요구하였다.

37 『東坡文集』, 應詔集, 卷1, 策別第9, 「專任使」, '是故雖有長材異能之士, 朝夕而去, 則不如庸人之久便也.(中略) 又其三歲一遷, 吏不爲長遠之計, 則所施設, 一切出於苟簡. 此天下之士爭以爲言, 而臣知其未可以卒行也. 夫天下之吏, 惟其病多而未有以處也.' p.738.

게 발각되더라도 장관은 단지 실찰의 처분만을 받는다. 이 처분은 지나치게 가볍고, 직사나 수령의 죄를 추천관이 지는 것으로 처벌의 주객이 전도되는 것이었다.[38]

한편 관리는 실제 능력이 있는 사람을 등용하자고 하였다. 역대 현자들 중에는 상인이나 천인 심지어는 도적들 가운데서 관리에 등용된 사람들도 있었다. 그러므로 지위가 낮고 봉록이 적은 부사천리(府史賤吏)도 높은 관직에 발탁하여 능력을 발휘할 수 있는 기회를 주자. 불행하게 자신을 포기하고 부사천리가 된 사람이라도 버리지 말고 외관(外官)에 임명하자. 그러나 승진에는 제한을 두고 뛰어난 사람이라도 사대부의 반열에는 들지 못하도록 하자고 하였다. 이처럼 출신 배경에 의해서 관리를 임용하던 것을 실제 능력에 의해 관리를 등용하여 능력위주의 관리등용을 하자고 건의하였다.[39]

(3) 사회경제에 대한 현실인식과 경세관

소식은 대문학가이며 정치가이며 사상가로서 관직은 한림학사지제고(翰林學士知制誥)에 이르렀다. 그는 유불도 3가(家)사상을 융합한 자신 만의 학술사상을 개척하여 많은 유학자들과 다른 의견을 견지하였다. 그는 스스로 문파를 개설하지는 않았으며 계통적인 유가학설과 이론을 가지고 있지 않았으나 전통 유가학설을 친히 절실하게 실천한 사람이다.

소식은 유가학설을 실천한 사람으로 가장 중요한 경세사상은 그의 사상의

38 『東坡文集』, 應詔集, 卷1, 策別第10, 「無責難」, '以職司守令之罪罪擧官, 以擧官之罪罪職司守令.' p739.

39 『東坡文集』, 應詔集, 卷1, 策別第11, 「無沮善」, '世之賢者, 何嘗之有, 或出於賈堅賤人. 甚者於盜賊.(中略) 苟非有大過而不可復用, 則其他犯法, 皆可使竭力爲善以自贖. 今世之法. 一陷於罪戾, 則終身不遷, 使之不自聊賴而疾親其民, 肆意妄行而無所顧惜. 此其初未必小人也. 不幸而陷於其中, 途竊而無所入, 則遂以自棄, 府史賤吏, 爲國者知其不可闕也. 是故歲久則補外官, 以其所後來之卑也. 而限其所至, 則其中雖有出群之才, 終亦不得齒於士大夫之列, 夫人出身而仕者, 將以求實也. 貴不可得也. 貴不可得而至矣, 則將惟富之求, 此其勢然也.' p.740.

기본이 된 민본사상에 잘 나타나고 있다. 그는 40여 년간 관직생활에서 민본사상을 몸소 역행하여 위국진충(爲國盡忠)과 위민청명(爲民淸命)을 실천하여 당시 백성들을 위해 좋은 일을 하였다. 그는 조정에 출사했을 때나 재야에 있을 때를 막론하고 백성들의 이익을 가장 최우선에 두는 구계민생(國計民生)을 추구하여 손해되는 일을 만나면 생선뼈가 목구멍에 걸린 것 같이 중요한 문제로 생각하고 해결하고자 하였다.

민본사상은 『尙書・夏書・五子之歌』 가운데서 백성을 가히 가까이 할지언정 가히 낮추지 말지니라. 백성은 오직 나라의 뿌리이니 뿌리가 단단하여야 나라가 편안하나니라. 내가 천하를 보건대, 어리석은 지아비와 어리석은 지어미 한 사람이 능히 나를 이길 것이라 하노니, 한 사람이 세 가지를 잃었으니, 원망함이 어찌 밝음에 있으리오. 나타나지 아니했을 때에 이에 도모해야 하니라. 내가 백성들에게 임하는데 두렵기가 마치 썩은 새끼줄로 여섯 말을 어거하는 것과 같으니, 사람들의 위가 된 자는 어찌 공경하지 아니하는고![40]라고 하였다.

또한 『孟子』 盡心下 편에 "민이 귀하고, 사직이 그 다음이고, 군이 경하다"고 하였으며, 『史記』 려생전(酈生傳)에 임금은 백성을 하늘로 여기며, 백성은 먹을 것을 하늘로 여긴다.[41] 그리고 왕숙(王肅) 등이 편찬한 『孔子家語・五儀』에 "군자는 배요, 서인은 물이다. 물은 배를 운반하기도 하지만 역시 전복시키기도 한다.[42]고 하였다.

소식의 민본사상은 의심할 바 없이 이러한 유가경전의 영향을 받았으며, 그는 역사연구를 좋아해서 역대왕조의 흥망성쇠와 교체에 대해 깊이 연구하여 백성들이 그 가운데서 중요한 작용을 한다는 것을 잘 알았다.

---

40 『尙書. 夏書. 五子之歌』"民可近, 不可下. 民爲邦本, 本固邦寧. 予視天下, 愚夫愚婦, 一能勝予, --予臨兆民, 懍乎若朽索之馭六馬, 爲人上者, 奈何不敬. p.45.

41 『史記』 酈生傳, "王者以民人爲天, 而民人以食爲天." p.789.

42 『孔子家語. 五儀』"君子舟也, 庶人者水也, 水所以載舟, 亦所以覆舟." p.78.

소식은 『策別訓兵旅二』에서 "民者, 天下之本."이라 하였고, 『策斷一』에서 "盖臣以爲當今之患, 外之可畏, 西戎, 北狄, 而內之可畏者, 天子之民也, 一內之民實執其存亡之權."라 하여 민본사상을 표현하고 있다.

소식은 희령4년 2월 「上皇帝書」에서 "군주(君主)가 가져야 하는 것은 인심(人心)일 뿐이다. 인심이 인주(人主)이다. 나무(木)가 뿌리(根)가 있어야 하는 것처럼, 등불(灯)은 기름(膏)이 있어야 하며, 농부는 전(田)이 있어야 한고, 상인은 재화가 있어야 하는 것처럼 인주가 인심을 잃어버리면 망한다고 하였다."[43]

「再上皇帝書」에서 재차 강조하기를 "자고로 존망(存亡)에 의탁하는 것은 네가지 사람일 뿐입니다. 첫째는 민이고, 둘째는 군사(軍)이고, 셋째는 리(吏)고, 넷째는 사(士)입니다. 이 네 사람 가운데 한 가지라도 그 마음을 잃어버리면 변란이 생기기 충분합니다."[44]라고 하였다.

이상에서 보면, 그는 일생동안 백성을 국가의 근본으로 여기고 민심을 잃으면 반드시 멸망한다고 인식하고 천하를 인으로 다스려야 한다고 생각하였다. 인(仁)은 유가사상의 핵심으로 공자는 인을 최고 도덕규범으로 삼았다. 그 내용은 대단히 광범위하나 그 핵심은 애인(愛人)이다. 인의학설은 정치에 펴자는 인정설(仁政說)을 형성하였고, 인의 학설을 구체적인 정치와 다스리는 방법에 핵심으로 왕도를 실행하고 패도정치를 반대하였으며 정치를 깨끗하게 하여 백성을 편안하게 하자고 하였다.

인정설과 왕도정치를 연합하면 사람은 모두 인애(仁愛)의 동정심을 가지고 있다. 즉 차마 그렇게 하지 못하는 마음을 가지고 있기 때문에 인정을 행하면 천하가 치리를 얻을 수 있고, 인의를 행하지 않으면 천하를 이치로

---

43 『東坡文集』「上皇帝書」"人主之所持者, 人心而已. 人心之于人主也, 如木之有根, 如灯之有膏, 如魚之有水, 如農夫之有田, 如商賈之有財. —人主失人心則亡." p.480.

44 『東坡文集』「再上皇帝書」"自古存亡之所寄者, 四人而已, 一日民, 二日, 三日吏, 四日士, 此四人者一失其心, 則足以生變." p.502.

다스리기에 어렵다고 하였다. 맹자는 백리(百里)의 소원(小園)이라도 단지 인정만을 행하면 천하백성들이 돌아와 왕(王)으로 삼는다고 하였다. 그는 인정으로 천하를 통일할 것을 강조하고 나아가 덕으로 천하를 다스려서 설복하는 왕도정치를 제창하였다. 그는 힘으로 사람을 굴복시키는 패도정치를 반대하고 폭력을 비평하며 전쟁을 반대하였다. 이것은 유가인정이론의 기본 출발점이다.

소식은 인(仁)을 공맹학설의 근본이라 강조하고 시종 일관되게 하다라도 일일이 다 쓸 수 없다. 인은 바로 인심(人心)으로 모든 사람이 가지고 있는 측은지심이다. 인의 철학은 자신의 자아의식의 표현으로 사람은 자중(自重)하면 또한 타인을 존중해야 한다고 생각하였다.

소식은 군주가 인정을 가히 실행하면 천하를 하나로 변화시킬 수 있다. 귀한 천자나 천한 초민(草民)을 막론하고 모두 상친상애(相親相愛)할 수 있으며, 우환을 맞이하면 함께 급한 것을 구원하는 것이다.[45]

소식은 『書論』에서 요순우탕문무의 왕자(王者)의 뜻을 높이 칭송하였다. 왕자의 마음은 통치지위에 있는 군주의 인이 사회 각 계층들 속에 실현되어야 한다. 그는 덕을 가지고 인정을 펼치는 군주를 높이 추숭하였다.

소식은 관료로 있는 동안 백성 경제적 부담을 감소하기 위해 노력하였다. 그는 인종에게 백성과 마음이 하나가 돼야 한다고 말하였다. 그는 군주의 자리는 상당히 위험한 곳인데 밑에 있는 사람들이 만약 군주를 모두 무섭게 보면 천하가 위기에 빠질 수 있다.

신종 시대에 왕안석이 개혁을 시도하자 소식은 상서를 하여 변법의 폐단을 상세하게 살펴보고 백성과 마음을 맺으라고 의견을 제시하였다. 변법 속에 있는 백성의 이익과 서로 맞지 않는 부분을 비평하며 민심의 중요성을

---

45 『策別三, 決壅蔽』, "百官之衆, 四海之廣, 使其關節脈理, 相通爲一. 叩之而必聞, 觸之而必應. 夫是以天下可使爲一身. 天子之貴, 士民之賤, 可使相愛, 憂患可使同, 緩急可使救." p.55.

반복해서 강조하였다.

소식의 민본사상은 유가문화를 바탕으로 발전된 것이다. 소식이 그의 관료생애, 일상생활, 지방 혹은 조정에 있었을 때를 막론하고 항상 백성의 마음과 함께 살고 백성의 복지를 위해서 노력하고 있었다. 이것은 그의 민본사상의 표현이고 중국 문화의 발전에 대해서 큰 의미가 있는 것이다.

3) 결론

본고에서는 소식이 북송시기 정치경제와 사회문화 등에 가졌던 현실인식과 경세관을 『文集』 가운데서 인종 가우(嘉祐)년간에 올린 진책「進策」을 중심으로 살펴보았다. 그는 「진책」 25편(篇)과 「策問」 29수(首)를 통해 계통적으로 자신의 현실인식을 바탕으로 한 경세사상을 제창하였다. 「진책」은 책략(策略), 책별(策別), 책단(策斷) 등 3개 부분으로 이루어졌다. 그 중 책략5편, 책별17편, 책단3편으로 되어 있다. 5편의 책략은 개론(概論)에 해당하며 당시 국가가 직면하고 있던 형세와 그 원인에 대해 분석하였다.

당송변혁기를 거치는 동안 무인정치의 폐단을 경험한 송은 통일 후 황제지배체제를 강화하기 위해 과거출신 문신관료를 통치계층으로 수용하는 등 과거제도에 대한 정형화를 이룩하였다.

송대 과거제도에 대한 다양한 논의는 선발된 관리들의 입지나 성향이 황제권력 내에 포섭되고 영향을 받는 것이 아니라 그 당시 정치사회의 지배계층이었던 세습귀족이나 고위관료의 영향을 더 많이 받았다는 것이 문제점으로 지적되었다. 특히 좌주문생(座主門生) 관계로 대표되는 시험관과 거자들과 관계가 황제지배체제의 강화와 직접 관계가 되지 않았을 뿐만 아니라 오히려 역행하여 귀족계층들의 입지만을 더욱 공고하게 만들었다.

송대에 이러한 과거제도의 폐단은 개혁의 대상이 되었으며 황권강화와 밀접한 관계를 가지고 정형화가 진행되었다. 과거제도 개혁에 있어서 주목할 점은 선발기준의 설정에서 문벌을 배제하여 거자들이 황권의 영향권으로 들어가게 하였으며 문벌귀족이나 고위관료 등 기득권층의 영향력을 차단하였다. 그 일환으로 호명법과 등록법 등을 실시하여 고시의 공정성을 확보하고자 하였다.

송대 과거고시의 내용과 방법도 당대 실시하였던 시부취사(詩賦取士)에서 탈피하여 현실정치와 관련이 있는 경세적 주제를 중심으로 선발하여 현실정치에 직접적인 효과를 가져오는 전문적인 관리를 취사하고자 하였다.

그러나 북송 중기 이후 누적된 제모순이 노정되었으며, 북방 유목민족에 대한 정책 실패와 내정 혼란이 발생되었다. 이러한 정치사회문제에 대해 사대부계층의 각성과 책임론이 제기되었으며 누적된 현안문제에 대해서도 개혁론이 제창되었다. 그 결과 정치사회 전반에 대한 개혁운동이 진행되었으며, 그 일환으로 학교제도와 관리의 등용과 임명 등 이치법 개혁과 현실을 중시한 경세사상을 중심으로 개혁논의가 형성되었다.

당시 변법을 제창하였던 왕안석은 과거제도가 본래의 목적인 훌륭한 관리를 선발하지 못하고 있음을 지적하고 개혁을 제창하였다. 그는 과거제도가 여전히 시부를 통한 일률적인 답안만을 제출하는 경직된 기준에 집착하고 있다. 이는 좋은 관리를 선발하는 방법이 아니므로 학교 교육을 통해 관료의 재목을 양성하자고 주장하였다.

그러나 소식은 과거고시제의 폐단은 경직되고 비경세적인 면에서 기인한 것이 아니라 지인과 책실에 있다고 개혁을 반대하였다. 그는 책실의 문제를 제대로 규정하는 것이 중요한 것이며 과거제도를 통해 양관을 등용하는 것은 신법당에서 주장하는 학교제도와는 하등의 연관이 없는 것이며 오히려 황권과 재상권이 관료의 책실을 엄정히 한다면 해결될 수 있다고 하였다.

한편 왕안석의 주장대로 학교제도를 통해 관료를 선발하는 것은 오히려 신법당이 주도하는 방법을 통해 관리를 선발하는 것으로 결과적으로 사대부의 사상과 학술의 다양성과 창의성을 훼손하는 것임을 지적하였다. 그리고 학교제도를 통해 가르치는 내용은 오히려 현실정치의 경세관과는 요원한 것들이 대부분이라고 하였다.

소식은 당시 과거제의 문제점을 정확하게 인식하고 있었으며, 신법당에서 폐지하려는 주장들은 과거제도의 근본취지에 크게 어긋나지 않고, 오히려 좋은 것이라고 반대하였다. 이러한 소식의 주장은 단순히 신법당에 반대하여 복고에만 따르려던 것이 아니라 현실의 문제에 당면함에 있어서 신법당의 주장은 오히려 경세의 문제를 실질적으로 해결하는 데 크게 도움이 되지 않는다고 지적하였다.

결과적으로 이러한 과거제 개혁논의는 당시 당정(黨政)의 중심에 있던 신법당과 구법당의 정치 투쟁양상으로 전화되면서 제대로 결정된 논의가 이루어지지 않은 채로 지속되었다.

무엇보다 소식이 가지고 있던 개혁의 사상은 기본적으로 사대부들이 생각하고 있는 우국(憂國)의 입장에 충실하고 정치, 경제, 사회, 등의 각 분야에 전문 관리를 양성하고 그 관리들에 대한 이치(吏治)에 있어 책실을 분명히 하는 방향으로 정책이 개혁된다면 많은 문제들이 해결될 수 있다고 하였다. 한편 관료의 취사와 승진에 대해 실질적인 성적을 반영하고 문벌과 학연에 의한 선발 등 관리선발에 있어 요행을 억제하고 공정성을 최대화 하고자 하였다. 즉, 소식은 정책의 개혁에 있어 당면한 많은 문제들을 이치법의 기율을 바로 잡고 관료에 대한 책실을 분명히 하면 해결할 수 있다고 보았다.

이상과 같은 소식은 정확한 현실인식과 분석의 바탕위에서 「진책」과 같은 상소문에서 개혁의 구체적인 방법을 제시하며 이치법(吏治法) 개선을 통해 정치개혁을 이루자고 주장하였다. 이것은 소식이 가지고 있었던 현실정치인식이며 평생 동안 견지하였던 정치사상이며 경세관(經世觀)이라 할 수 있다.

4) 참고문헌

古籍

蘇軾『蘇式全集』, 孔凡禮 點校 中華書局 北京, 1988.03.

李燾『續資治通鑒長編』, 中華書局 北京, 2004.09.

脫脫『宋史』, 中華書局 北京, 1985.06.

徐松『宋會要輯稿』, 臺北 世界書局, 1977.05.

范仲淹『范文正公集』, 四川大學出版社 成都, 2007.11.

著述

吳洪澤 尹波 編『宋人年譜叢刊』, 四川大學出版社, 2003

鄧廣銘, 程應繆,『宋史研究論文集』(上海古籍出版社, 1982年).

申採湜,『宋代政治經濟史研究』(한국학술정보, 2008년).

王曾瑜『宋朝階層結構概述』,『社會科學戰線』, 1979年第4期.

論文

李弘祺,「宋代地方教育職事考」,『史學評論』, 第8卷, 1984.

李希運,「三蘇與北宋進士科學改革」,『山東大學校(哲社版)』, 第2期, 1999.

羅嬌嬌,「宋代士大夫在法律運行中的作用研究」, 鄭州大學, 2011.

姜吉仲,「蘇軾的吏治法改革論」,『中國歷史學會史學集刊』, 第23期 2011.

2. 이구의 현실인식과 경세관

1) 이구의 생애(生涯)와 사상형성배경

이구(李覯, 1009-1059), 자(字)는 태백(泰伯)으로 북송시기 건창군(建昌軍) 남성현(南城縣)장산(長山, 今江西省資溪縣)사람으로 진종 대중상부(大中祥符) 2년(1009)에 태어나 인종 가우(嘉祐) 4년(1059) 51세로 사망하였다. 그는 범중엄, 여청(余靖) 등과 깊은 왕래를 하면서 경력(慶曆)개혁의 이론적인 지지자였으며, 우강서원(旴江書院)을 창립하여 그 문인들 천 여 명이 관직에 올랐다.[46] 남방의 유사들이 모두 스승으로 받들 정도로 북송의 학술사상에 커다란 영향력을 끼친 인물로 그의 저작은 북송중기 정치와 사회를 연구하는 데 중요한 자료이다.[47]

이구의 선조는 본래 남당(南唐) 이씨(李氏)의 황족으로 임천(臨川)지역을 봉지로 받고 관료가 되어서 일반적으로 중소지주 가정 출신이라 할 수 있다. 그는 어려서 부친으로부터 가르침을 받았는데, 10세에 성율(聲律)을 알았고, 12세에는 문장과 잘 어울리도록 할 수 있었다.[48] 14세에 부친이 사망하면서 가세가 기울게 되었으나 모친 정씨(鄭氏)의 도움으로 학문의 뜻을 잃지 않고 매진하였다.[49] 22세에 부인 진(陳氏)와 결혼하면서 가정환경이 잠시 좋아지면서 학문연구에 분투하여 공자와 맹자 등 성인의 말씀을 암송하고 강국제민(康國濟民)의 문장을 찬성(纂成)하였다.[50]

그러나 그의 학문적 재능과 지향하는 바가 당시 송 조정에서는 크게 환영

---

46 『李覯集』 外集卷 3 「門人陳次公撰先生墓志銘」 四部刊要/ 集部. 別集類, 漢京文化事業有限公司, 臺北, 民國 72年, 10月, pp.485-487.

47 『李覯集』 外集 卷3 「直講李先生年譜」, pp.495-497.

48 『李覯集』 卷27 「上蘇祠部書」 p.296, 「上余監丞書」, p.297.

49 『李覯集』 卷31 「先夫人墓志」, p.358.

50 『李覯集』 卷27 「上孫寺丞書」, p.294.

받지 못해 주군(州郡)의 천거에도 수차례 낙방하였다.[51] 그리하여 이구는 직접 자신의 저술인 『明堂定制圖』를 가지고 경사(京師)에 가서 학문적 종사(宗師)들을 찾아다니며 추천을 받고자 하여 송양(宋洋), 이숙(李淑), 섭관경(攝冠卿), 섭청신(葉淸臣) 등의 찬허(贊許)를 받았다. 그러나 당시는 이미 공거(貢擧)가 폐지되었을 때였으며, 그가 가장 흠모하고 존경하던 범중엄도 마침 번양(鄱陽)으로 추방되어 만나지 못하고 돌아왔다.

고향에 돌아온 후 향거(鄕擧)에 참가하였으나 또 합격하지 못했다. 그는 무전(無田)과 무상(無桑)의 가난을 벗어나기 위해 과거에 합격하여 국가의 록을 얻기를 바랬다.[52] 이듬해 또 번양의 범중엄을 찾아가서 추천을 구하고자 하였으나 뜻을 이루지 못하였다. 이 두 차례 행동은 비록 그 목적을 달성하지 못했지만 그의 문장과 저술은 이로 인해 널리 알려지게 되었으며, 명성도 크게 떨치게 되었다.

인종 경력 2년(1042) 그는 제거(制擧)에 참가하였으나 합격하지 못했다. 그러나 그는 계속해서 학문에 정진하여 경예(經藝)를 논하며 관계진출에 대해 강한 의욕을 보였다. 또한 그의 강학을 받기 위해 사방에서 생도들이 찾아와 추종하였으며 남방 사대부(士類)들이 모두 그를 종사(宗師)로 삼고 태백(泰伯)선생이라 하여 존경하였다.[53] 그 후 이구의 학문과 명망이 널리 알려지면서 경력5년(1045) 여정(余靖)이 그를 조정에 추천하여 특별고시에 참가할 수 있도록 건의하였으나 황제가 받아들이지 않았다. 범중엄도 이구가 보낸 문장을 조정에 보내서 그가 경전에 정통하며, 시문에도 뛰어났음을 증명하고자 하였으나 조정에서 크게 중시 받지 못했다.

그 후 인종 황우(皇祐) 1년(1049) 이구 41세에 범중엄이 조정에 그가 맹자와 양웅(揚雄)의 학풍을 지녔다고 칭찬하며 추천하였으나 뜻을 이루지 못했

51 『李覯集』 卷27 「上蘇祠部書」, pp.297-298.

52 『李覯集』 卷27 「上范待制書」, pp.292-294.

53 『李覯集』 卷35 「寄祖秘丞詩」, pp.385-387.

다. 이듬해 조정에서 대신 송상(宋庠)이 제천례(祭天禮)의 시간상 모순을 지적하면서 명당(明堂)에서 의식을 행하는 문제를 건의하였다. 인종은 이 건의 받아들여 조정대신들에게 명당에서 의식을 거행하는 문제를 논의하라고 하였으나 조정대신들이 합리적인 방법을 제출하지 못했다. 범중엄이 이구가 「明堂定制圖序」에서 명당의식거행에 관한 연혁 및 상세히 설명한 것을 중시하여 재차 조정에 천거하여 종구품(從九品) 장사랑태학조교(將仕郎太學助教)직을 제수하였다.[54]

그 후 인종 가우(嘉祐) 2년(1057)에 태학설서(太學說書)에 임명하고 그에게 약간의 생활비를 주고 변경에서 생활하게 되었다. 이구는 태학에서 강학활동을 하면서 국자감의 신임을 얻어 이듬해에 국자감 제주(祭酒)와 사업(司業)의 추천을 받아 태학박사에 임명되어 정식으로 구품관이 되었다.[55]

인종 가우4년(1059), 조모(祖母)의 묘를 이장하기 위해 1개월간의 휴가를 얻어 고향에 돌아갔다가 병을 얻어 59세의 일기로 세상을 떠났다. 이구의 일생을 보면, 그는 비록 과거를 통해 크게 입신양명하지 못했으나 많은 저술활동과 교육사업 그리고 지방에서 인재를 배양한 것 등을 그의 업적으로 들 수 있다.[56] 그는 "文以經世, 致用爲貴"를 주장하였으며, 북송시기 구양수와 증공 그리고 왕안석과 함께 일가를 이루었다고 칭했다.[57]

---

54 『李覯集』, 卷15 「明堂定制圖序」, p.122. "所以事上帝, 嚴先朝, 班時令,合諸侯.朝廷之儀, 莫盛于此."
여기서 이구는 송 이전에 명당의 결구(結構)와 관련해 언급한 것에 대해 이의(異議)를 제출하였으며, 스스로 『周禮』「考公記」, 『大戴禮』「盛德記」, 『禮記』, 「考公記」 등에 기록된 주대의 명당의 설계와 도(圖)를 복원하였다. 將仕郎太學助教의 관직은 실권이 있는 직책은 아니었다.

55 『李覯集』, 外集 卷3 「直講李先生年譜」, "通州海門縣主簿, 太學說書散官如故." p.506.

56 그의 저술활동은 여러방면으로 대단히 풍부하였다. 『策論』으로 『禮論』 7편, 『易論』 12편, 『周禮致太平論』 51편, 『富國』, 『强兵』, 『安民』 등 모두 30편, 『潛書』 『廣潛書』 각각 15편, 『慶曆民言』 30편, 그리고 『刪定易圖序論』, 『明堂定制圖序』, 『五宗圖序』 등 산문으로 『袁州州學記』와 『河東柳淇書』, 『京兆章友直篆』은 당시 천하 三絕이라 칭했으며, 청대에는 『古文觀止』에 수록되었다.

본문은 북송시기 문신관료사대부계층의 공통된 관심사였던 관리등용 방법의 정형화와 관료계층에 대한 이치개혁을 중심으로 실용주의를 제창하였던 이구(李覯)의 현실인식과 그의 경세관을 살펴보고자 한다.

2) 정치경제에 대한 현실인식과 경세관

송조는 건국 이래 대외적으로 서북방의 서하와 요 등 유목민족 국가와 대치하였다. 진종 경덕원년(1004) 에는 요조와 불평등조약인 전연의 맹약을 체결하여 매년 세폐로 받치기로 하였다. 인종시기 서하의 남침위협에 처하기도 하였다. 특히, 1038년 서하의 이원호가 칭제하며 북송을 남침하자 사대부 관료계층들은 현실정치에 대한 우환(憂患)의식을 표출하면서 각종 모순에 대해 개혁을 주장하였다.

인종시기 범중엄 등 개혁파들이 현실정치에 대한 책임론과 각성론을 제기하며 개혁을 주장하였으며 신종시기 왕안석 등이 대표적인 개혁론자들이다.[58] 당시 범중엄으로부터 학문적 역량을 인정받고 추천을 받았던 이구도 현실정치인식을 가진 대표적인 사람 가운데 한사람이다.

이구는 유가의 입장에서 현실사회에 법가이론을 겸용하는 실용주의를 기초로 한 경세치용의 개혁사상을 추구하였다. 당시 송조는 개혁요구가 날로 심화되어 인종 경력3년(1043) 범중엄을 중심으로 신정이 시행되었다. 당시 이구는 현실정치에 직접 참여하지는 않았으나 범중엄과 의기투합하여 이론과 사상적 지지자 역할을 하며 정세변화에 따른 개혁을 통해 폐단을 구제하는 혁신 방안을 제창하였다.[59]

---

57 『宋元學案補遺』 卷3.

58 북송시기 태조에서 인종시기 경력년간(1041-1048)에 이르기 까지 계속된 내우외환에 대해 자신의 문제로 여기는 책임의식과 현실참여 정신을 바탕으로 범중엄 등을 중심으로 하는 경력신정이 등장하는 배경이 되었다.

59 『李覯集』, 卷第26, 「寄周禮致太平論上諸公啓」 pp.275-276. 당시 조정에서는 이구를 학업이

그러나 이구는 현직 관료계층들과는 다른 입장에서 송대 정치사회가 당면하고 있던 폐단과 문제점에 대해 정확한 현실인식을 바탕으로 경세치용의 개혁방법을 제창하였다.[60] 그는 문신사대부들이 지녀야 할 역할과 책임에 대해 문(文)을 가지고 해석하여 도덕뿐만 아니라 국가를 운영하는 포괄적인 도(道)를 지적하였다.[61] 특히 그는 현실문제와 관련하여 시(時), 권(權), 변(變), 사(事) 등의 개념을 언급하였다. 그는 현실정치에서 원론적인 면이나 이상적인 원칙을 주장하는 것보다 가장 필요한 것은 시세(時勢)를 정확하게 파악하고 그것에 맞은 정책을 펴는 것이 옳다고 주장하였다.[62]

그러나 이구가 경세치용을 강조한다고 해서 유가철학의 핵심인 인륜도덕과 성명과 같은 문제에 대해서 전면적으로 부정하지는 않았다. 이구는 일상생활에서 의(義)만을 중시하고 이(利)를 경시하는 유가를 비판하고 오히려 유가경전과 성인들도 현실정치에 대한 경세적인 문제에 크게 관심을 가지고 있었다고 주장하였다.[63]

한편, 그는 자신이 서족가문출신으로 오랫동안 중하층인사들과 접촉하면서 내정이 불숙(不肅)하고, 이치가 불청(不清)하여 민생이 대단히 어렵다는

우수하고 의론(議論)이 바르며 입언(立言)의 체(體)가 있는 사람이라 칭했다. 그리하여 당시 그는 능문(能文)으로 이름을 얻었으며, 왕안석은 변법(變法)으로 명성을 얻어 두 사람을 북송 전기강서(江西) 양대 문인(聞人)이라 칭했다.

60 『李覯集』 卷27 「上李舍人書」, "賢人之業, 莫先乎文. 文者, 豈徒筆札章句而已, 誠治物之器焉. 其大則核禮之序, 宣樂之和, 繕政典, 飾刑書." p.288.

61 鄭炳碩, 「李覯의 經世論的易解釋」 『東洋哲學研究』 第22輯, 2004, pp.403-404. 이구는 문(文)의 개념정의를 통해 당시 학문경향이 한당(漢唐)시기 경학과 불교와 도교가 현실과 유리된 성향과 과거시문에 열중하는 학문경향 등에 대해 비판적인 입장을 지적하고, 현실참여과 책임론을 강조하는 적극적인 경세관과 유가경전의 자득(體得)을 강조하였다.

62 『李覯集』 卷第3, 「易論第11」, "天有常, 故四時行. 地有常, 故萬物生. 人有常, 故德行成, 而事成有變, 世成有異, 以常待 之, 其可乎? 常者, 道之紀也. 道不以權, 弗能濟也. 是故權者, 反常者也. 事變矣. 勢異矣. 而一本于常, 猶膠柱而鼓瑟也." p.48.

63 『李覯集』 卷第16, 「富國策第一」, p.133 이 글에서 이구는 도덕과 교화만을 지나치게 강조하고 현실에서 인간의 욕망이나 인간사는 도외시하는 것은 경전을 정확하게 이해하지 못한 것이라도 지적하고 있다.

것을 잘 인식하였다. 이런 현상은 관리들에 대한 이치의 운용이 제대로 이루어 지지 못함으로 인한 것으로 민생의 어려움에 대해 우려를 표명하였다.[64]

그는 지적하기를 근년 이래 신진사대부들이 경술(經術)을 추구하지 않고 소설(小說)을 습득하는 것을 새롭게 여기며, 이(理)와 도(道)를 생각하지 않고 오로지 조색(雕餿)을 말하는 것을 화려하게 한다고 하였다.[65] 그리하여 정치에는 인재가 등용되지 않고 어지러우며 조정의 언론은 막혀있고, 귀를 막고 원성을 듣지 않으며, 백성들은 돈으로 옥리(獄理)을 처리하고, 물건을 주고받는 것으로 거래하고 있다.[66] 자사(刺史)는 이것을 규휼하지 않고 청렴한 관리도 그것을 묻지 않는다. 그 결과 민생이 어려워지는 어려움이 더욱 커졌다고 지적하였다.[67]

북송 전기는 송조통치의 근간을 이룩한 시기이며 정치위기를 불러온 각종 원인이 누적되고 점차 성숙되던 시기라 할 수 있다. 북송중기이후 봉건왕조 체제의 강화는 용관, 용병, 용비로 지칭되는 3용의 폐단의 출현과 적빈적약의 추세와 관료 지주계층의 심각한 토지겸병과 계급모순이 출현하면서 내우외환의 통치위기가 계속되었다. 이구는 그러한 북송의 정치현실에 대해 심각한 우환의식을 가지고 다양한 방면에 걸친 개혁 방안을 광범위하게 언급하였다. 그 중 당시 현실사회에 대한 개혁사상은 큰 가치를 지닌다.[68]

---

64 『李覯集』, 卷第18, 「安民策10」, "今天下之廣, 民生之庶, 天子坐乎法宮之中, 責成于諸吏之近民者, 果盡得人邪? 狙富貴者, 以田野爲鄙事; 嗜儒雅者, 以離俗爲淸賢. 奸贓庸, 復甚于此, 纖(紆)悉之談, 何自入哉? 或獄訟不決, 經年逮捕,或功役繁興, 連頭驅掠. 閭里之內, 煩費百端. 奪其農耕, 亂其蠶織, 往往而是也."p.182.

65 『李覯集』, 卷第27, 「上宋李人書」 p.290.

66 『李覯集』, 卷第27, 「上孫寺丞書」 p.295.

67 『李覯集』, 卷第18, 「安民策10」 "前志有之; 王法必本於農. 嗟乎! 衣食之急, 生人之大患也."p.181.

68 1038년 서하의 남침을 전환점으로 두 시기로 구분하고 있다. 즉, 그는 30세 이전에는 가난하였지만 배우기를 좋아해서 각고의 노력으로 유가경전을 깊이 파고들어 연구(鉆研)하여 당시 사회에서 중요한 역할을 하는 유학자가 되었다. 그의 사상의 핵심은 정치사회혁신사상으로 표현되었다.

북송 개국 이래 누적된 정치사회적 부패에 대해 이구는 심각하게 인식하고 「慶曆民言」에서 조정(朝政), 이치, 군정, 재정, 교육문화 그리고 토지, 상업, 화폐, 시장, 부세, 요역 등에 이르기 까지 다양하고 체계적인 개혁론을 제창하였다.[69] 또한 황우4년 「奇上孫安撫書」에서 지방의 방무(防務)와 차염(茶鹽)의 금지 부세징수와 인재배양과 천거 등 10가지의 실용적인 개혁에 대해 상세하게 논술하였다.[70]

이구는 유가전통의 의(義)를 중시하고 이(利)를 천시하는 전통적인 관념을 비판하고 이재(理財)를 통한 부국의 방안을 제창하며 공리주의적인 입장을 취하는 독특한 경제사상을 제창하였다.

그는 「富國策」에서 말하기를 유가들이 의를 귀하게 여기고 이를 천하게 여기지 않는 사람은 그리 드문 것은 아니며, 그들이 하는 말은 도덕교화가 아니면 하지 않았다. 그러나 그는 "홍범(洪範) 8정(政)에 첫째가 식(食)이고, 둘째가 화(貨)이며, 공자도 「식(食)이 족하고, 병(兵)이 족하면 백성(民)들이 믿는다.」라고 하지 않았느냐? 이것은 곧 치국의 실제는 반드시 재용(財用)을 근본으로 삼아야 한다는 것이다."고 지적하며 현실정치에서 백성의 경제생활 안정이 무엇보다 중요하다고 제창하였다.[71]

북송 중기이후 토지소유관계의 변화는 황실과 훈척 그리고 호강지주들이 대량으로 토지를 점유하여 인종시기에 이르러서는 최고봉에 달해 세관(勢官)과 부성(富姓)들이 토지를 무한으로 강점하여 겸병하는 현상이 창궐하였

69 『李覯集』, 卷第21, 「慶曆民言」, 이구가 개혁을 주장하였던 범주는 대단히 다양하였다. 예를 들면, 開諱, 備亂, 審奸, 防蔽, 效實, 邊患, 賦役繁重 등 30개의 議題로 군주에서부터 백성에 이르기 까지 안으로 조정(朝政)에서 밖으로 서사(庶事)에 이르는 여러 가지 방면에 대해 언급하였다.

70 『李覯集』, 卷第28, 「奇上孫安撫書」, p.309.

71 『李覯集』, 卷第16, 富國策十首「富國策1」, 특히 "所謂富國者, 非日巧籌算, 析毫末, 厚取於民以媒怨也, 在乎强本節用, 下無不足而上則有餘也." p.133.라 하여 재용을 중시하는 경세사상을 제창하였다.

다. 그리하여 빈부격차가 날로 심화되고 대립하는 등 심각한 사회문제가 야기되었다.[72] 이러한 상황에 대해 이구는 토지문제 해결이야 말로 사회문제를 해결하는 근본이라고 여기고 토지 소유문제를 해결하고자 하였다. 그는 전대의 정지지법(井地之法), 즉 정지(井地) 균전(均田)을 기반으로 한 평토법(平土法)을 실행하여 토지겸병의 심각한 추세를 완화하여 농민들로 하여금 황무지 개간을 장려하고 부세와 균역을 가볍게 하는 정책을 실시하여 생산력을 향상시키고자 하였다.[73]

이구는 봉건사회의 모순이 토지소유문제에 있다고 인식하고 치국하는데 토지문제와 조세의 균등부담의 문제 등 경제문제 해결이 관건이라고 여겼다. 그리하여 토지 평분(平分)의 주장을 제창하며 귀족관료계층의 토지 강점을 억제하고자 하였다. 이 정책은 왕안석이 희령변법에서 실시한 방전균세법(方田均稅法)의 근거가 되었다.[74]

또한 이구는 국가 재정지출의 용비문제에 주의하여 황실의 재정에 심계제도(審計制度)를 채용하여 절용할 것을 건의하였다.[75] 그는 용비문제와 함께 용관의 문제도 크게 중시하며 『周禮』의 관리 승천(升遷)방법을 사용하여 이치를 정돈하자고 주장하였다. 그는 선왕들은 관리에 대한 인사고과를 대단히 세밀하게 하였으며, 일을 성공여부를 따져서 벌과 상을 내려 공이 있는 자는 이(利)를 획득하고 공이 없는 자는 형(辜)을 받도록 하자고 하였다.[76]

또한, 그는 군사방면의 용병(冗兵)문제에 대해서 위정자들은 군사가 많으

72 『宋史』 卷173, 志第126, 食貨上1, 「勢官富姓, 占國無限, 兼併冒僞, 習已成俗, 重禁莫能止焉」, p.4164.

73 姜國柱, 「論李觀的經濟思想」, 『撫州師專學報』, 第21卷 第4期, 2002.11, pp.1-3. 薛寧, 「簡論李覯的土地思想」, 『重慶工商大學學報』(社會科學版), 第28卷 第2期, 2011.4., pp.62-64.

74 欒文華 「李覯的革新思想述評」, 『江西教育學院學報』, 2003, 第24卷第4期, p.95.

75 『李覯集』, 卷第6, 「國用第2」, "故雖天子器用, 財賄, 燕私之物, 受貢獻, 備 賞賜之職, 皆屬于大府. 屬于大府, 則日有成 , 日有要, 出有會. 職內之入, 職歲之出, 司書之要, 貳司會之, 鉤考廢置, 誅賞之存焉. 如此, 用安得不節?" p.76.

76 『李覯集』, 卷第11, 「官人第3」, p.105.

면 강국이 된다고 힘쓰는데 그 약점에 대해 모른다. 병사는 많으나 선택할 수 없고, 선택할 수 없으면 그 병사들은 대체로 겁쟁이들 뿐이다고 하였다. 즉 송조 군대 전투력의 약화는 병농일치를 통해 해결하고 군주와 장수들간에는 두터운 신임이 기초를 이루게 하며 간섭하지 않아야 군대가 강해진다고 주장하였다.

송조는 전대에 비해 사회생산력이 크게 제고되었으며, 조전제(租佃制)와 고용제(雇佣制)의 발달로 노동생산력을 가진 서민의 사회 지위도 성장하였다. 또한, 상공업의 발전과 함께 성곽호(城郭戶) 등의 사회적 지위 향상 그리고 상품경제의 성장과 국내외무역의 발달은 새로운 도시의 출현과 발전을 가져왔고, 사회계층의 활발한 유동성 등 많은 새로운 요소가 출현하였다.

수당시대에 형성 전개되어 온 과거를 통한 선관제도는 그 제도와 방식에 있어서 송대에 정형화를 이루었다. 그 결과 사회신분의 합법적인 이동이 보장되는 등 신분의 유동성이 활발하게 진행되면서 신분질서체제에 변화를 가져왔다. 그에 따라 과거 시험에 유용한 학문을 위주로 한 학술문화가 발달하였다. 사인(士人)들은 도덕과 이성(理性) 방면에 대한 연구와 예술과 과학기술 등 다양한 방면에 관심을 가지게 되었다. 그 결과 서민문화가 다양하고 광범위하게 성장하고 발전하였다.

송 건국 후 통치자들은 당말오대의 번진할거와 전란으로 황제권이 약화된 역사에 교훈을 얻어 '흥문교(興文敎), 억무사(抑武事)'를 추진하여 문치주의를 기본 국책으로 확립하였다. 또한 인재를 중시하고 많은 유사(儒士)를 선발 등용하여 조정과 각 주현의 요직에 문신들을 임명하였다. 이런 경향은 송대에 학교설립과 교육을 중시하게 되었으며, 문화교육의 번영과 발전에 기초를 열었다.[77]

송대 실용적이며 생동감이 풍부한 문화가 발전한 중요한 원인은 사회생산

---

77 胡瑗『安徽通志・松滋縣學記』, 中國古代敎育史資料, 北京, 人民敎育出版社, 1985.

력의 증가와 더불어 출판인쇄술 발전으로 인해 서적의 보급이 확대되면서 학문의 보편화라는 자연스러운 학술문화 진흥의 분위기가 형성된 것을 들 수 있다.[78] 그리고 경제발전에 따라 농업, 수공업자 그리고 일련의 상업에 종사하는 사람을 막론하고 모두 자신에 맞는 문화적 요구를 갖고자 하였으며, 서민문화도 이러한 사회변화에 적응하며 발생하였다. 송대 문화발전에서 학술문화의 보편화는 소홀히 할 수 없는 관건의 하나이며, 후세 학술문화 발전의 기반이 되었다. 그러므로 송대는 서민문화가 문화주체이며 송 이후 중국문화의 발전방향이라 할 수 있다.

송대 문화 보급과 확산은 사회경제의 발전과 번영을 포함하여 과거제도의 흥기와 완성, 그리고 중문(重文) 중교(重教)와 같은 정부의 적극적인 정책을 들 수 있다. 앞서 언급한 바와 같이 송은 전대 문화를 계승하여 사회, 경제, 정치, 과기(科技) 등 다양한 문화가 고도로 발전한 시기이다. 이를 기반으로 송 문화는 풍부하고 깊은 연원(淵源)과 폭넓은 범위를 가지고 역사문화 발전의 최고봉에 달했다. 이후 중국민족문화의 전개에 깊은 영향을 주었으며, 고려를 비롯한 주변국의 문화 발전에도 커다란 공헌을 하였다.

북송시기는 3차례에 걸친 흥학운동을 거쳐 과거와 교육제도를 개혁하여 완비하였다. 교육을 관리하는 기구를 설치하고 교육을 담당하는 관원을 임명하여 교육내용과 교학방법을 규정하였다. 흥학운동 과정에 먼저 국자학을 정돈하고 전국 최고학부인 태학을 창립하였다. 신종 희령(熙寧) 4년(1071) 왕안석은 태학에 3사법(三舍法)을 추진하여 상사(上舍)의 우수한 학생들을 직접 관리로 선발하였다. 그리하여 태학이 관학 교육기관으로 신속하게 발전하였다.[79]

---

78 張清改「略論宋代文化兩向發展的具體表現及原因」,『赤峰學院學報』, 第29卷第6期, 2008.12. p.22. 사대부계층의 문화는 '附庸風雅'의 문화를 추구하여 형성한 아문화(雅文化)는 생활의 원천적인 실용적인 면과 실제 수요를 심각하게 탈피하여 신흥의 시민계층이 받아들일 수 없었다.

이외에 조정에서는 각 주현에 모두 학관을 설치하고 학정(學政)을 관장하도록 하였으며, 학전(學田)을 나누어 주고 교학경비의 근원으로 삼도록 하였다. 그리하여 관학이 크게 발전하는 동시에 각종 사학도 크게 흥기하였다.[80] 특히 서원은 강학과 장서(藏書) 그리고 학문교류와 민중교화 등 여러 가지 기능을 하였다. 송대에 서원은 이미 그 규모와 조직을 갖추고 신속하게 발전하여 학교교육의 중요한 일부분을 담당하였다.

서원은 여러 학파의 학문을 연구하고 자신들의 학술사상을 전수하는 장소로서 많은 명사들이 인재를 배양하는 교육장소로 전례 없이 크게 발전하였다.[81] 송대는 3차례 흥학운동이 추진되며 교육에 대한 중대한 개혁을 진행하였다. 과거고시는 물론이고 평소 교육에도 경세치용과 부국강병의 실용지학을 대단히 중시하였다. 그리하여 교학내용과 교과과목에도 무학(武學), 산학(算學), 율학(律學), 의학(醫學), 화학(畵學) 등 전문지식을 교육하는 학교를 설립하여 인재를 배양하였다. 이것은 중국 교육사상 탁월한 공헌이라 말하지 않을 수 없다.

송대는 학문과 정치가 일치를 이룬 사회로 유학이 사회변동요인이며 결집학문으로 발전한 시기였다. 송학은 우주생성의 근원을 추구하고 인간의 본성과 경세치용을 추구하는 학문으로 이정자(二程子)와 주희(1130-1200)를 대표로 하는 이학(理學)이 형성되어 전개되고 발전하였다. 또한 장재(張載, 1020-1077)를 대표로 하는 기학(氣學), 육구연(陸九淵, 1139-1192)을 대표로 하는 심학(心學), 진량(陳亮, 1143-1194)과 섭적(葉適, 1150-1223)을 대표로

79 朱保書, 「輝煌的宋代文化」『開封大學學報』第22卷, 第4期, 2008.12. p.23. 송대 上舍의 學生 수가 熙寧4년에는 1000인이었는데, 元豐2년(1079)에서 2400인이었고, 휘종 숭령시기에는 이미 3800인에 달했다. 이처럼 태학규모가 확대된 것은 중국 역사상 보기 드믄 경우이다.

80 송대 흥기한 사학의 종류에는 村學, 家學, 冬學, 私塾, 學館, 精舍 등을 도처에서 볼 수 있었다.

81 『宋史』, 卷165選擧1, '自仁宗命郡縣建學, 而熙寧以來, 其法浸備, 學校之設遍天下, 而海內文治彬彬矣.' p.3604.

하는 사공학파(功利學派) 등 다양한 학문적 경향을 지닌 학파가 탄생하였다.

송대 학술사상은 사회발전과 변천에 대응하여 발전하였다. 그 핵심은 유가의 예법윤리사상으로 도가의 우주생성과 만물화생(萬物化生)의 이론, 불교의 사변(思辨)철학사상 등이 하나의 완비된 사상체계로 발전하였다. 그리하여 유학이 새로운 단계에 진입하여 삼교합일(三教合一)의 학문인 성리학(性理學)을 탄생하였다. 신유학은 의리를 중시하고, 독실을 강조하며 풍부한 사변성과 철리성(哲理性)을 가지고 있다.[82]

한편, 이구가 활동하였던 인종시기는 호원, 손복, 석개 등 소위 3선생을 중심으로 이학의 출현과 발전이 심화된 시기로 유학의 부흥과 발전을 통해 누적된 폐단에 대한 개혁론이 제기되었다. 이러한 정치사회적 배경아래서 학자들은 현실정치사회에 적극적인 참여를 통해 책임론과 각성론을 제기하면서 개혁론을 제기하였다.

이구는 걸출한 사상가로 그의 철학사상은 소박한 유물주의 경향을 띠고 있다. 일반적으로 우주만물의 기원에 대한 해석에 대해 무(無)에서 만들어지고 또 물질(소위 氣)로 이루어진다고 여겨 유심주의와 유물주의를 구별하는 중요한 표지(表志)였다. 이 문제에 대해 이구는 당대 유종원(柳宗元, 773-819) 등 유물주의 사상을 계승하여 우주만물의 기원을 유물주의 관점에서 모두 음양 2기의 회합으로 생성된다는 유물론 관점을 긍정하였다.[83]

그의 인식론방면은 주관적인 것은 객관으로부터 온다고 강조하고 있다. 그는 사람들의 사상은 감각에서 나오며, 감각은 외계사물이 감각기관에 대한 작용이라고 하였다.[84] 인성(人性)은 저절로 현명해지는 것이 아니고 반드

---

82 朱保書, 「輝煌的宋代文化」 p.24.에서 方克立의 『中國宋代哲學』序(中國哲學史)를 인용하여 송대 유학은 천인(天人)의 구별에서 이기(理氣)의 구별, 심물(心物)의 구별에 이르기 까지 중국 고대철학의 1차 대주제의 전환이며, 중국 철학발전단계의 중요한 표지(表志)의 하나라고 하였다.

83 『李覯集』 卷4 『李覯集』 「刪定易圖序論」論1, "夫物以陰陽二氣之會而後有象, 象而後有形, 天降陽, 地降陰, 陽陰合而生五行." p.52.

시 습득하는 것이다. 사(事)도 저절로 알아지는 것이 아니고 반드시 마음에서 터득하는 것이라고 하여 사람의 지식과 품덕은 학습과 수련의 결과라고 하였다.[85] 이것은 송대 유학자들이 수양의 방법으로 제창한 체득을 중시한 것으로 이구도 선천적인 선험론(先驗論)을 부정하고 객관적인 상황은 부단히 변화한다고 하였다. 그러므로 인간의 생각과 행위도 이러한 변화에 적응해야한다는 통변(通變)사상을 제창하였다.[86]

특히 그는 『주역』을 해석하는 있어 경세관적인 측면을 강조하고 경세치용을 통한 백성의 구제에 있다고 밝히고, 현실의 인간사와 유리된 당시의 역학적 관점들에 대해 비판하였으며, 기본적인 천도관(天道觀)과 인간사를 강조하였다.[87] 그는 이런 점에 근간을 두고, 현실생활의 긴박함에 대한 우환의식을 가지고 현실참여와 책임감을 가지고 있었다.[88] 그의 현실정치에 대한 의식은 당시 문신사대부계층의 공통된 현실의식이었으며 인종시기 범중엄 등에 의해 제방면에 대한 일련의 개혁정치가 시도되는 기반이 되었다.[89]

이구는 우환의식을 심성의 수양이나 인륜적 가치실현이라는 측면 보다는 현실상황과 관련된 측면에서 해석하여 시세와 현실의 변화에 주목하는 양시제의(量時制宜)를 말하는 등 범중엄과의 교류를 통해 크게 영향을 받았다고 보여진다. 그는 당시 북송 사회의 모순과 내우외환이 빈번한 시기에 범중엄 등 개혁파 인사들의 공통인식과 사상을 지지하였다. 또한 그는 학술사상과

---

84 『李覯集』 卷21 「慶曆民言」 廣意 p.234.

85 『李覯集』 卷3 「易論」 第4. p.33.

86 『李覯集』 卷3 「易論」 第1. "常者通之紀也. 通不以權, 費能濟矣. 是故權者, 反常者也. 事變矣, 勢異矣, 而一本于常, 猶膠柱而鼓瑟也." p.27.

87 『李覯集』 卷4 「刪定易圖序論」論1, 註誤擧子, 懷隳世敎. 夫物以陰陽二氣之合而後有象, 象而後有形. p.52. 이구는 만물의 시작과 근본을 기(氣)라는 기본론을 제창하고, 이 관점에 근거하여 인간의 성명(性命)과 경세관의 관점에 적응시키고 있다.

88 『李覯集』 卷3 『易論』 第13, "噫! 作易者旣有憂患矣! 讀易者其無憂患乎? 苟安而不忘危, 存而不忘亡, 治而不忘亂, 以憂患之心, 思憂患之故--", p.51.

89 拙稿 「范仲淹의 吏治法에 대한 改革論」, 『慶尙史學』 第11輯, 1995, pp.89-122.

사회의 실천을 결합하여 사회개혁사상을 현실에 대한 경세치용학으로 발전시키려 하였다.

송조는 당대에 비해 학술사상이 상대적으로 발전되었는데, 이것은 송대에 추진하였던 중문경무의 국책과 밀접한 관계를 가지고 진행되었다. 문치는 무치에 비해 관용적이고 온화하여 정치실천에서도 금지사항이 당대에 비해 적었다. 이런 정치사회배경은 유교, 불교, 도교 3교의 사상을 융합하려는 시도가 진행되었다. 북송시기 학자들은 이런 양호한 기회를 바탕으로 학문 연원의 관통과 상호 영향을 통하여 독창적인 사상을 형성하고 유가사상을 더욱 풍부하게 하여 유학부흥과 발전을 촉진하였다.[90] 그리하여 중국역사상 보기 드물게 학술사상과 문화가 번영하였던 시기로 많은 걸출한 사상가들이 출현하였다.

이구도 그런 사람 가운데 한사람으로 현실정치에 대단히 관심을 가졌던 사람이지만 과거에 누차 합격하지 못하고 인종 황우(皇祐) 년간에 이르러서 범중엄의 추천으로 태학조교(太學助敎)에 임명되었다. 그러나 그는 계속해서 현실정치의 모순에 대해 많은 개혁방안을 제창한 바 있었다.[91] 이것은 당시 적빈적약의 정치현실 위에 자신의 처지를 더해 경제사회의 긴박한 문제점에 대해 실용적인 경세방안을 구체적으로 표현하였다.

당시 이구가 제창하였던 현실 정치에 대한 경세관은 다음과 같이 몇 가지로 설명할 수 있다. 첫째, 이구는 경제적 조처를 이용하여 백성을 다스리는 방법을 제창하였다. 고대 많은 사상가들은 행정수단을 통해 정치문제를 해결하려고 하였으나 이구는 일반적인 이학가들의 경세관과는 달리 경제적 수단을 이용하여 치국을 제창하였다. 이구가 치국방법으로 채택하였던 경제방면의 주요한 조처를 살펴보면 다음과 같다.

---

90 金霞「論李覯的經世思想」『蘭臺世界』, 2007.8 上半月. p.61.

91 黃宗羲『宋元學案』, 卷3「高平學案」p.45.

첫째, 억겸병(抑兼并)으로 북송중기에는 호강지주들이 많은 토지를 겸병하여 전국의 토지 70% 이상을 대지주와 대관료들이 장악하였다. 이렇게 과도한 토지집중은 사회에 빈부격차의 양극화 현상을 가져와 사회의 모순을 격화시켰다.

이구는 이런 사회현상에 주의하여 한전(限田)법 실행을 제창하였다. 그 구체적인 방법으로 먼저 유민들에게 토지와 결합할 수 있도록 조처를 취하여 농업에 종사하도록 하자. 그리고 인구와 사회등급에 따라 점전의 수량을 규정하여 토지가격을 하락하게 하고 전지(田地)를 쉽게 매매할 수 있도록 하자. 또한 토지를 소유하지 못하는 사람들은 부유한 지주에 의탁하여 생산활동에 종사하게 하자고 하였다.[92] 이와 같이 실질적인 경제수단을 이용하여 토지겸병을 억제하자고 하였다.

이구는 이러한 방법은 확실한 효과를 예상할 수 없지만 토지겸병으로 인한 사회모순격화 등 사회경제에 대한 정확한 이해를 통해 현실문제를 해결하고자 하였다.

또한 용병(冗兵)에 대한 개혁을 제창하였다. 송 건국 초기 40여 년 동안 병사의 수가 3배가 증가하였다. 그러나 증가된 병사들은 초모한 것으로 평소 훈련이 부족하였고 장령(將領)들의 빈번한 교체와 군대행정의 문제는 병사의 수는 증가하였으나 오히려 군사력은 크게 약화되었다.

이구는 당시 용병문제에 대해 병농일치사상에 기초한 책략을 제출하였다. 그 구체적인 방법으로 둔전법(屯田法)과 향군법(鄕軍法)을 실행하여 국가의 재정지출을 줄이고 농민의 부담을 경감시키며, 군대의 전투력을 증가시키자는 경제적 방법의 운용을 통해 문제를 해결하자는 실질적인 방법을 주장하였다.[93]

---

92 『李覯集』, 卷16「富國策第二」, p.135.

93 『李覯集』, 卷17,「强兵第一」“芟其冗, 轉其資, 以厚敢死, 使以寡勝衆, 而後氣可復, 庶乎强國矣.” pp.153-154.

또한 이구는 적빈적약의 국면을 극복하고 부국강병을 실천하는 실질적인 개혁방향을 설정하였다. 이구는 「富國策第一」에서 그의 생각을 대담하게 주장하면서 유가(儒家)들은 일반적으로 인의(仁義)만을 말하고 이(利)를 소홀히 한다고 지적하고 이를 추구하는 정책의 필요성을 직접 언급하였다.[94]

이구가 현실문제를 극복하는 경세론으로 재용(財用)의 중요성을 대담하게 말한 것은 재용이 국가의 정치, 군사, 법률, 외교, 문화와 도덕 등을 결정하는 기반이기 때문이다. 즉 재용이 충분하지 않으면, 국가의 안정된 유지와 관원과 군대의 봉록 그리고 국가간의 교류도 적극적으로 할 수 없다. 또한 백성들은 조상과 부모 그리고 혼인활동과 같은 의례(儀禮)를 통한 질서유지를 할 수 없기 때문이다. 그러므로 모든 활동은 재정의 확보가 없이는 말할 수 없을 정도로 국가와 개인 활동의 기초이다. 특히 의식주 등 기본경제생활의 해결이 도덕교화에 중요한 작용을 한다고 하였다.[95] 이것은 이구의 경세치용사상 중에서 가장 핵심적인 부분이다.

한편 이구는 인재등용 방법에 대해서 현실정치에 적응할 수 있는 실질적인 재능이 있는 사람을 선발하여 등용하고자 하였다.[96] 당시 송조의 공거취사제도는 언사시부(言詞詩賦)가 인재 선발의 표준으로서 과거고시에서 거자의 경의장구(經義章句)의 암기정도를 고찰하는 것으로 경의해석과 이해를 고찰하는 것이 아니었다. 이구는 이러한 인재선발 방법은 부정확하다고 지적하며, 인재의 역량을 평가하는 가장 기본적인 방법은 그 재주가 가히 쓸만한 가, 덕이 가히 만물에 미치는 가를 살피는 것이라고 하였다.[97]

이 방법은 현실사회의 수요에 따라 인재를 선발하는 것으로 뛰어난 재능

---

94 『李覯集』, 卷16 「富國策第一」, "是則治國之實, 必本于財用." p.133.

95 『李覯集』, 卷5 「周禮致太平論」, "然則民不富, 倉廩不實, 衣食不足, 而欲教以禮節, 使之趨榮而避辱, 學者皆知其難也." p.67.

96 『李覯集』 卷21 「慶曆民言」 "官, 名也. 事, 實也. 有名無實, 天下之大患也." p.231.

97 『李覯集』 卷3 「易論第八」, "才可適用, 德可及物." p.42.

과 대략(大略)을 가지고 있을 뿐만 아니라 실용학문을 갖춘 진정한 인재를 선발하는 것으로 응시자의 학문정도와 덕행을 함께 고찰하는 것이었다.

관리를 선발한 이후에는 어떻게 효과적으로 평가와 고찰을 할 수 있겠는가? 송대 관리에 대한 고핵제도(考覈制度)는 단지 그 말을 살피고 행동을 살피지 않아서 큰 실효가 없었으며, 오히려 많은 폐단이 발생하였다고 지적하였다.[98]

또한 이구는 관리에 대한 고핵은 실제 정치업적에 대한 평가가 이루어져야 한다고 주장하였다.[99] 그 업무집행 결과 잘했을 경우 작위를 부가하여 승진시키고, 업무실적이 좋지 않으면 원래 직위에 머물도록 하거나 심지어 강등시키는 상당히 강경하며 엄격한 고핵제도 운영을 주장하였다.

이러한 이구의 실효있는 취인(取人)과 실제 업무결과를 중시하는 인재고핵제도(이치법)는 실제능력을 중요시 한 것으로 당시 사회현실의 요구에 부합한 것이었다. 이는 오늘날에도 심도 있게 참고할 만한 의의가 있다고 여겨진다.

종합적으로 보면, 이구는 인재선발과 고핵 그리고 실무정치 등 이른바 용인(用人)제도의 핵심인 이치법 전반에 걸쳐 모두 실질적인 생각을 가지고 있었다. 북송시기 현실 정치에서 시작하여 조종(祖宗)의 법에 얽매이지 말고 사회현실에 부합하는 책략을 채택하자고 주장하였다. 이구는 대담하게 국가가 어떻게 실제이익을 추구할 수 있겠는가에 대해 언급한 것으로 그의 경세사상의 기본이다. 이러한 경세사상은 양송시기 공리주의 사상의 선구자라 할 수 있다.

---

98 『李覯集』 卷18 「安民策第三」, "試者, 其言也, 用者, 其行也. 言有僞善則取之矣, 行有眞惡弗可得而知也." p.171.

99 『李覯集』 卷21 「慶曆民言」 p.231.

3) 관리등용법에 대한 현실인식과 경세관

이구가 활동하였던 북송시기는 정치경제 및 학술문화 등 전 분야에 걸쳐 커다란 변화가 전개된 시기로서 사대부계층의 학풍에 독특한 특징이 출현하였다. 당시 현실정치사회에 대한 적극 참여와 책임의식의 대두는 학문경향이 경세와 치용을 강조하는 외왕학(外王學)이 심성과 수양공부를 중시하는 내성학보다 중시되었다. 특히 북송 중기 국제정세가 북방유목민족 국가인 서하(당항족)와 요(거란족) 그리고 금(여진족)궐기하여 정립하는 대치국면에서 문신사대부 관료들은 현실정치에 대한 우환의식을 표출하고 모순에 대해 적극적인 개혁을 주장하였다. 대표적인 개혁론자로 송 인종시기 우환의식을 바탕으로 현실정치에 대한 책임론과 각성론을 제기하며 개혁을 주장한 범중엄과 신종시기 왕안석 등이 대표적인 사람이다.[100] 당시 범중엄으로부터 학문적 역량을 인정받고 추천을 받은 이구도 이러한 현실정치인식을 가진 대표적인 사람 가운데 한사람이다.

그러나 이구는 당시 조정에서 정권을 잡고 있었던 관료계층들과는 다른 입장에서 송대 사회가 당면하고 있던 정치사회 등 여러 가지 문제에 대해 정확한 현실인식과 고찰을 통해 개혁방법을 제창하였다.

이치법이란 학교에서 교육활동을 통해 인재를 양성하고, 교육을 받은 인재들 가운데서 시험을 통해서 선발하고, 각기 지닌 재주와 능력에 따라 적재적소에 관리로 임명하며, 관리로 재직하는 동안의 인사고과를 통해 승진과 파출을 실행하는 일련의 과정을 말한다.[101]

송대 관리등용방법은 당대 이래 과거고시제도를 계승하여 경학(經學)과 시부(詩賦)로 사인을 선발 임용하였다. 이에 대해 많은 문신관료사대부들은

---

100 북송시기 태조에서 인종시기 경력년간(1041-1048)에 이르기 까지 계속된 내우외환에 대해 자신의 문제로 여기는 책임의식과 현실참여 정신을 바탕으로 범중엄 등을 중심으로 하는 경력신정이 등장하는 배경이 되었다.

101 拙文, 「蘇軾的吏治法改革論」, 『中國歷史學會史學集刊』, 第23期, 民國2011年10月, 臺灣, p.15.

경서(經書)의 전주(傳注)를 암기하는 데에 만 치중하였던 당시 과거고시제도는 진정한 실력과 현실정치에 대한 실무능력을 가진 인재가 선발되지 못하고 용재(庸才)를 선발하고 있다고 지적하였다. 이구는 자신이 두 차례 과거고시에서 낙방한 경험을 통해 당시 인재선발 방법의 폐단에 대해 잘 이해하고 구체적인 개혁을 제창하였다.[102]

이구는 관리를 등용하는데 있어서 말(言)로써 취인하는 것을 반대하고, 실제 일을 시켜보고 실제 실무능력에 따라 상응한 관직을 제수하여 선발하자고 하였다. 그는 관(官)은 명(名)이고, 사(事)는 실(實)이다. 유명무실한 것이 여전히 천하의 큰 환란으로, 시험을 해 보아야 언행일치 여부를 알 수 있으며, 그들의 실제 사무처리 능력을 볼 수 있다고 하였다.[103]

그는 언(言)에는 두 가지 정황이 있는데, 하나는 내심(內心)에서 스스로 발하는 것이고, 하나는 사람이 언급하면, 그에 따라 언급하는 것이다. 이 두 가지를 어떻게 명확하게 구별하느냐 하는 것이 가장 큰 문제라고 지적하였다. 이에 대해 이구는 실무능력을 살펴 취인하는 것은 언행이 불일치되는 사람과 거짓으로 행동하는 사람을 구별할 수 있다고 하였다. 즉, 말만 가지고 사람을 취하는 방법은 신뢰할 만한 방법이 되지 못하니 실무능력을 시험하는 방법이 그들이 갖춘 선과 악, 우와 현 이해할 수 있고, 이를 근거로 취사를 결정하여 능력에 상응한 관직을 임명하자고 하였다.[104]

이구는 현실정치에 대한 경세사상을 역설하는 과정에서 이치법 개혁과 운용에 대한 적지 않게 언급하였다. 그의 관료계층에 대한 이치(吏治)는 육재(育才), 선재(選才), 용재(用才, 任才) 등 세 가지에 대해 언급하였다.[105]

---

102 『李覯集』 卷第18, 「安民策第3」, “按唐制, 自京師郡縣皆有學焉. 每歲仲冬, 課試其成者, 長吏會屬僚, 設 賓主, 陳俎豆, 備管絃, 牲用少年, 行鄉飮酒禮, 歌鹿鳴之詩, 召耆艾, 敍 少長, 而觀焉.-(중략)-出課試, 不由行實, 亦同歸于弊矣.”p.171.

103 『李覯集』 卷第21 「慶曆民言, 考能」, “天下皆以言進,未能不以言取. 旣取矣, 胡不試之以事?” p.236.

104 『李覯集』 卷第5. 「周禮致太平論」, p.67.

먼저 그는 사람의 지식과 사상 그리고 품덕은 후천적인 배양을 통해 형성될 수 있다는 교화를 위주로 한 인재양성 제창하였다. 그리하여 인재를 배양하는 후천적인 교육활동을 크게 중시하고 교화성선(敎化成善)의 인재교육 원칙을 제출하였다.[106]

그는 인재의 표준은 신하된 자는 죽음으로 충성하고, 자식된 자는 죽음으로써 효도하여 사람들로 하여금 모범(法)으로 삼도록 하며, 의지해야 하는 바는 모두 나라와 가정을 위해 교화해야 한다는 것이었다. 그러기 위해서 그는 각급 학교를 건립하여 인재배양의 근거지로 삼고 현능한 선생을 초빙하여 장기간 관찰과 교육을 통해 인재를 교육하여 선발하여 임용하자고 하였다.[107]

이구는 학교는 교학목적이 정해지고 그 목적과 전제하에 교육을 진행하고 엄격한 평가(考覈)를 거쳐서 실제로 뛰어난 재능을 가진 사람을 선발하자고 하였다. 이상에서 보면, 이구의 인재육성 주장은 당시 중소지주계급의 요구를 상당히 반영하여 중하층 인사들도 교육을 받고 관직에 진입하여 국가를 위해 일할 기회를 열어주자고 하였다.[108]

이구는 인재를 교육하는 것은 재주 있는 사람을 선발하는 방법의 기본이며 수단이고, 그런 인재를 사용하는 것이 목적이라고 하였다. 그리하여 인재를 등용하는데 있어 반드시 현자를 등용하고 불초한 자는 버리는 원칙을

---

105 付勝國, 羅伽祿, 「李覯的人才思想」, 『撫州師專學報』 第3期, 總第26期, 1990, 8, 第26期 pp.47-50.

106 『李覯集』, 卷第18, 「安民策第2」, "立人以善, 成善以敎, 建國君民, 敎學爲先也. 君子如欲化民成俗, 其必由學."p.170.

107 『李覯集』, 卷第18, 「安民策第3」, "爲朝家之計, 莫若斥大七館, 使薦紳之族咸造焉. 增修州學, 使士庶人之秀咸才焉. 士之不德, 師非其師也, 師之不才, 學校之過也. 日觀其德, 月課其藝." p.171.

108 교육내용은 6덕(德), 6예(藝), 6행(行)을 선후순서를 정해 학생들에게 전수하자고 주장하였다. 6덕과 6행은 주로 윤리도덕과 정치사상에 관한 내용이다. 이구가 보기에 인재를 배양하는데 먼저 그들의 사상과 도덕품행이 기초가 된 후에 구체적인 학문을 전수해야 된다고 생각하였다. 六德은 知, 仁, 聖, 義, 忠이고, 六行은 孝, 友, 睦, 姻, 任, 恤이며, 六藝는 藝, 樂, 射, 御, 書, 數를 말한다.

견지하고자 하였다. 구체적인 방법으로 먼저 정치적 업적이 있는 자를 승진시키고 정치업적은 없으나 크게 과오가 없는 사람은 본래의 관직에 머무르게 하자. 그리고 직분을 소홀히 하거나 범죄나 잘못을 저지른 관리는 반드시 파면하며 그 책임을 묻도록 하자고 하였다. 또한 이구는 능자(能者)와 현자(賢者)를 불문하고 모두 직무로서 시험하여 장기간 그 직책을 수행하여 공적이 있은 후에 작(爵)을 주고, 봉록을 얻도록 하자고 실질적인 업무 수행 능력을 중시하였다.[109]

이구는 책임감이 없는 관리들을 크게 질책하였다. 그는 관리들은 각자 맡은 바 직분에 충실해야 한다. 그렇지 않으면 반드시 층층(상부계급)이 그 책임을 묻을 것이라 하였다.[110] 그러나 그는 황제는 지고무상한 사람으로 직분의 실행 여부와는 직접적으로 무관하다고 여기고 책임을 추궁하지 않았다. 이로 보아 그는 당시 봉건사회의 폐단에 대해서는 적극적으로 언급하며 개혁을 제창하였으나 봉건사회의 현실정치에 대한 문제는 직접적인 언급을 하지 않았다는 것을 알 수 있다.[111]

한편, 이구는 당시 실시하였던 근무년한(문인은 3년에 1회 승천, 무인은 5년에 1회 승천)에 근거하여 승진시키고, 자질이나 직무의 성패여부를 묻지 않는 비합리적인 용인제도에 대해 반대하였다.[112] 만약 관리에 대한 마감제도에서 정치업적을 따지지 않고, 근무 연한 만을 가지고 한다면 능력에 관계없이 누구나 세월이 지나면 공경대부에 진입하게 되어 현자(賢者)와 불초(不肖)한 사람이 함께 존재하는 모순과 혼란을 초래하게 된다고 지적하였다.[113]

---

109 『李覯集』 卷第21, 「官人第2」, p.104.

110 『李覯集』 卷第21, 「慶曆民言, 效實」 "責有所在, 罪有所當----如是人人莫敢不自盡." p.231.

111 付勝國, 羅伽祿, 「李覯的人才思想」, 『撫州師專學報』 第3期, 總第26期, 1990, 8, 第26期, pp.47-50.

112 『李覯集』 卷第1, 「長江賦」, "官以資則庸人並進, 斂之竭則民業多毁, 爲貧爲暴, 爲寒爲饑. 是不爲盜賊, 臣不知其所歸." p.2.

113 『李覯集』 卷第22, 「慶曆民言, 精課」, "夫進入不問其功吏問其久, ----三歲而進一官, 是三歲而材

구양수도 진현(進賢)과 퇴불초(退不肖) 그리고 분명한 상벌제도를 통해 용관문제등 이치법 운용의 폐단을 해결하자고 주장하였다. 그는 조정에 능력이 있는 사람이 없는 것이 아니고, 현자가 능력에 따라 합당한 관직에 임명되지 못하는 이치법 운용의 모순을 지적하였다. 특히 장수의 선발에 대해 장상(將相)이 근본이 있는 것이 아니므로 출신가문과 서열에 의지하던 구습을 타파하고 능력 있는 자를 선발 등용하여 북방유목민족과의 관계개선에 적극적으로 대응하자고 주장하였다.[114]

또한, 이구는 범중엄이 지적하였던 음보(恩蔭) 제도의 폐단을 지적하며 반대하였다. 그는 당시 은음제도는 일인(一人)이 관료가 되면 일족(一族) 심지어 전족(全族)이 관료가 되는 폐단이 발생한다고 지적하였다.[115] 이러한 은음제로 인한 관직세습은 당시 일반 백성들이 관직에 진출하는 것을 어렵게 하였을 뿐만 아니라 각종 요역과 부세를 면제받는 우면(優免)의 특권을 가지고 토지점유를 확대하여 부를 축적하여 북송시기 사회 모순을 격화하는 중요한 원인의 하나가 되었다.[116]

이상과 같이 그는 북송시기 문제(門弟) 등급에 따른 용인제도에 반대하며, 출신가문과 신분귀천에 관계없이 인재를 중용하자고 주장하여 당시 관리등용의 문제점에 대해 개혁을 제창하였다. 그는 사람마다 모두 각기 장점은 있다. 그러므로 사람들의 장점만을 취하고, 그 단점을 피하여 쓰면 인재를 얻을 수 있고, 모두 군주를 돕는 훌륭한 관리로써 충성을 다하게 된다고

一變乎?---如此則牛馬抑可以久而用之矣." p.239.

114 拙文, 「歐陽修의 現實認識과 吏治法改革」, 『眞鵬劉共祚敎授定年紀念論叢』, 慶熙史學會, 2003, pp.576-587.

115 『李覯集』 卷第28, 『寄上孫安撫書』, "今之品官, 及有蔭子孫, 當戶差役, 例皆免之, 何其優也?. 一人通籍則旁及兄弟, 下至曾孫之子, 安坐而已". p.307.

116 『李覯集』 卷第20, 「潛書12」, "犬之無事時, 叱則走, 遺骨則爭. 及其噬人也, 臨之以錘而弗抑, 投之以食而弗顧. 愛其家不敢愛其身也."p.219. 이러한 우면(優免)의 특권은 당시 국가의 대소 관료와 형제자손들까지도 각종 특권을 향유하였으며, 상대적으로 일반 농민들의 부담이 크게 증가하였다.

하였다.[117]

사람의 재주는 대소(大小)의 구분이 있으며, 대재(大才)는 적게 사용할 수 없고, 소재(小才)는 크게 사용될 수 없다. 관건은 합당하게 사용되느냐에 있으며, 알맞게 사용해야 그 효과가 크다. 즉 적은 재주를 크게 쓰면 그 직무를 담당할 수 없고, 큰 재주를 적게 쓰면 인재의 낭비를 가져온다는 것이다.[118]

이 밖에 이구는 인재등용에 있어 사람은 완전한 사람이 없다고 전제하고, 어떤 사람이라도 모두 다른 사람에게 완전무결을 강요하고, 그 장점을 이용하여 그 단점을 공격할 수 없다. 세속의 편견으로 보면, 자기 자신에게서 구하지 못하는 것은 전적으로 다른 사람에게 책임을 묻고, 그 장점을 쓰지 않고 그 단점만을 공격한다. 때를 맞추지 못하는 것은 불찰이라 이르며, 권력만을 따르면 불법(不法)이라 이르며, 강의(剛毅)는 불손(不遜)이라 하며, 척당(倜儻)은 불검(不撿)이라 이르며, 경재(輕財)하면 불렴(不廉)이라 이른다고 지적하였다. 이 말은 하나만 알고 둘은 모른다는 말로 그 표면만 보고 그 실질 내용은 모른다는 말로 현명한 재주가 있다고 해도 일을 처리함에 어떤 이로움이 있겠는가?[119]라 하였다.

이구는 고대의 증삼(曾參)과 백이(伯夷)를 예로 들며 이들이 중용되지 못한 이유는 어디에 있었던 것인가? 바로 장점을 쓰지 않고 단점만을 공격한 것에 있지 않았느냐고 하였다. 이상에서 보면, 그는 다른 능력을 가진 인재에 대해 각기 알맞은 지위와 직책에 임용하여 적극적으로 자신의 능력을 발휘하도록 하자는 이치법을 제창하였다.[120]

---

117 『李觀集』卷第17,「强兵策第九」,“使智使勇, 使貧使愚, 智者樂立其功, 勇者好行其志, 貧者決取其利, 愚者不愛其死. 因其至情而用之-----各有所宜.” p.163.

118 『李觀集』卷第17,「强兵策第九」,“小才之於大用, 是匹雛不能以擧千鈞也. 大才之於小用, 是堯舜不能以牧羊也.” p.164.

119 同前註

120 『李觀集』卷第17「强兵策第九」,“置之有地, 使之有時, 一不可廢也.” p.165.

4) 결론

송 인종시기에 이르러 정치사회적 부패의 격화와 토지겸병과 부역의 불균형, 병수(兵守)의 미완성 그리고 북방유목민족의 남침위협 등 내우외환이 격화되어 중대한 정치경제적 위기에 직면하게 되었다. 당시 급박한 현실정치에 대한 책임과 참여의식은 당시 문신사대부들의 공통된 현실인식이었다. 이런 내외적인 상황에 대해 심각한 우환의식을 가진 이구는 적극적인 개혁을 제창하였다. 그는 「富國策」에서 유가의 전통치국사상에 입각하여 일반적으로 인의(仁義)만을 제창하고 이(利)를 소홀히 하는 입장을 반대하고 이를 직접 언급하는 실질적인 부국강병책인 실용주의 경세사상을 주장하였다.[121]

이구의 우환의식은 현실상황에 주의하여 현실과 시세의 변화를 중시하는 양시제의(量時制宜)를 언급하는 등 당시 범중엄 등 개혁파 영향을 크게 받았다. 그는 북송의 경제와 사회문화의 발전은 이루어졌으나 사회의 모순과 내우외환이 빈번한 시기에 범중엄 등 개혁파들의 공통인식과 경세관을 적극 지지하였다. 그는 학술사상과 사회실천을 결합하여 개혁을 주장하는 경세치용학으로 발전시키려 하였다.[122]

이구는 치국에 있어 부국이민(富國利民)의 중요성을 깊게 인식하고 국가와 민생에 이로운 경제정책을 치국방략의 관건으로 삼고 경제재용(財用)이 국가를 부강하게 하는 근본이라고 생각하였다. 그리하여 경세(經世)의 방향도 사회경제생활을 향상시키는 방향으로 결정해야 한다고 제창하였다.[123]

이구가 제창한 백성들이 먼저 부유해져야 국가가 부강해 질 수 있다는 백성과 국가의 경제관계를 중시하는 치국방책 등 다양하고 현실적인 경세사상은 대단히 주목할 만하다.[124]

---

121 『李觀集』 卷第16, 「富國策第一」, "是則治國之實, 必本于財用." p.133.

122 이상선, 「李觀의 通變思想」, 『東洋哲學』 第18輯, 2002, p.207.

123 饒國賓, 陳大勇, 饒國順等, 「論李覯的治國構想」, 『南昌航空工業學院學報(社會科學版)』, 2003年 6月第17卷第2期, p.33.

이상과 같이 이구는 현실생활에 근거한 실용적인 경세사상을 기반으로 정치사회 전반에 관한 개혁론을 제창하였는데 이치법 개혁론도 그 가운데 하나이다. 이구의 이치법에 대한 기본 생각은 교육을 통해 능력과 품덕의 배양을 중시하는 후천적인 학습과 교육을 중시하여 교화를 통해 선(善)을 이루는 인재교육의 원칙을 제창하였다.[125] 그의 정치개혁 방향 가운데 각급 학교건설을 통한 인재양성과 같은 주장은 범중엄과 왕안석의 개혁정치에 영향을 미쳤다.

그는 학교를 교육의 핵심적인 전진기지로 삼고 현능한 선생을 선발하여 장기간 교육활동과 품성향상을 이루는 인재양성을 강조하였다. 특히 주학(州學)을 널리 증설하여 사서(士庶)인의 우수한 인재가 함께 현능한 선생으로부터 교육을 받아 우수한 인재로 성장하도록 하자고 하였다.[126] 그는 훌륭한 선생은 학문과 품덕을 겸비한 사람으로 학생의 능력을 완성하는데 중요한 관건이 된다고 보았다.

그는 학교에서 분명한 교육목적의 전제하에 성실한 교육과 엄격한 고핵(考核)을 진행해야 출중하고 능력있는 인재를 배양할 수 있다. 그러나 당시는 이러한 인재가 결여되어 있다고 인식하였다. 이로 보아 이구는 사회 중하층 인사들도 교육을 통해 관직에 진출하여 국가와 황제를 위해 일할 수 있는 기회를 가질 수 있다고 하였다. 이러한 이구의 생각은 필요한 내용을 학습시켜 관리로 등용하여 큰 정치적 효과를 이루도록 하는 것으로 현실에 맞는 실용학문을 제창한 것은 상당히 진보적인 학자로 평가할 수 있다.[127]

---

124 『李覯集』「平士書」, “生民之道食爲大, 有國者未始不聞此論也. ---. 食不足, 心不常, 雖有禮義, 民不可得而教也. 堯舜復起, 未如之何矣.” p.183.

125 『李覯集』卷第18, 「安民策第2」, “君子欲化民成俗, 其必由學乎! 古之王者, 建國君民, 教學爲先也. p.170.

126 『李覯集』卷第18, 「安民策第3」, “爲朝家之計, 莫若斥大七館, 使薦紳之族咸造焉. 增修州學, 使士庶人之壽咸在焉. p.172.

127 楊安邦, 陳凌, 周秀斌, 「李覯教育思想探析」, 『撫州師專學報』, 第21卷第4期, 2002.11, pp.148-

또한 이구는 당시 용인취사(用人取士)제도가 수당이래 시행되어 오던 과거제도를 계승하여 경학을 시험치루거나 시부를 짓도록 하여 그 우열에 따라 관직에 등용하였다. 그리하여 많은 지식인 사대부들은 쓸모없는 경서의 전주(傳注)만을 죽도록 외우기만 해서 이를 통해 선발된 인재들 대부분은 실제 업무처리 능력이 결여되었다고 지적하고 실제업무 처리 능력을 가진 사람을 선발하여 그 능력에 상응한 관직에 임명하자고 하였다.[128]

이구는 인재를 교육하는 것이 기초이며, 재주 있는 사람을 선발하는 것이 수단이고, 그런 인재를 사용하는 것이 목적이라고 하였다. 그리하여 인재를 쓰는데 있어서 반드시 현자를 사용하고 불초한 자는 버리는 원칙을 견지하고자 하였다. 또한 이구는 책임감이 없는 관리들을 크게 질책하였다. 특히, 그는 관리들은 각자 맡은 바 직분에 충실해야 한다고 하였다.[129]

이상에서 본 바와 같이 이구는 현실정치에 대한 정확한 인식을 바탕으로 이치법개혁을 통해 당시 내외가 모두 곤경에 처해있던 북송왕조를 구제하고자 하였다. 그는 중국 전통 유가의 인재관을 계승하되 현실정치에 적용할 수 있도록 개조하자는 실용적이며 구체적이었다.[130] 이구는 현실정치에서 자신의 경세관을 펼쳐 볼 기회를 갖지 못했지만 당시 정치사회문제에 직면해서 제창한 인재의 기준과 인재선발과 등용 그리고 인재양성에 대한 생각은 당시 범중엄과 왕안석 등이 인식하고 개혁하고자 하였던 문제점과 거의 일치하였다.[131]

149.

128 『李覯集』 卷第18, 「安民策第3」, "一出課試, 不由行實, 亦同歸于弊矣." p.172.

129 『李覯集』 卷第21, 「慶曆民言, 效實」 "上弛而下偷, 文書具, 口舌給, 而信其行事, 是見驚稱其而不考之千里也. 國不一官, 官不一事, 何從而得其實?", "縣焉何實, 責之郡; 郡焉何實, 責之諸道. 諸道, 外也;郡 司, 內也. 內外之實. 責之宰相. p.231.

130 『李覯集』 卷第29, 「太學議」, "上法周室, 作爲辟雍, 洵詢於儒者, 諒無異議, 行之本朝, 或似不便, 何者? p.333.

131 張巨岩, 「李覯, 王安石法學思想比較研究」, 『中華文化論壇』, 2004.1, p.87.

이구는 북송 시기 문신사대부 계층의 공통 관심이었던 이치법 개혁을 통한 부국강병의 실현이라는 개혁정치의 선구자라 할 수 있다. 특히 그가 당시 국내외적으로 위기에 처한 북송의 정치사회 현실에 대한 정확한 판단을 근거로 제창하였던 개혁방법은 인재의 양성과 선발 그리고 임용과 승천 등 이치법 전반 걸친 현실적이며 실용적인 방법을 제창하였다.

종합적으로 보면, 이구는 인재선발과 고핵 그리고 실무정치 등 이른바 용인(用人)제도의 핵심인 이치법(吏治法) 전반에 걸쳐 모두 실질을 중시하고 힘쓰자는 생각을 가지고 있었다. 그는 현실 정치에서 조종(祖宗)의 법에 얽매이지 말고 현실에 부합하는 책략을 채택하자고 주장하였다. 가장 근본적인 것은 이구가 대담하게 국가가 어떻게 실제이익을 추구할 수 있겠는가에 대해 언급한 것으로 그의 경세사상의 기본이다.

이구가 활동한 북송 시기는 정치경제 및 학술문화에 이르기까지 커다란 변화가 형성 전개된 시기로서 사대부계층의 학풍에 독특한 특징이 출현하였다. 당시 현실정치사회에 대한 적극 참여와 책임의식의 대두는 북송시기 학문경향이 경세와 치용을 강조하는 외왕학(外王學)이 심성과 수양공부를 중시하는 내성학보다 중시되었다. 문신사대부 관료들이 현실정치에 대한 우환(憂患)의식을 표출하면서 현실정치사회의 모순에 대해 적극적인 개혁을 주장하였다.[132]

그러나 이구는 당시 조정에서 정권을 잡고 있었던 관료계층들과는 다른 입장에서 송대 사회가 당면하고 있던 정치사회 등 여러 가지 문제에 대해 정확한 현실인식과 고찰을 통해 경세관을 제창하였다.

---

132 북송시기 태조에서 인종시기 경력년간(1041-1048)에 이르기 까지 계속된 내우외환에 대해 자신의 문제로 여기는 책임의식과 현실참여 정신을 바탕으로 범중엄 등을 중심으로 하는 경력신정이 등장하는 배경이 되었다.

5) 참고문헌

古籍

李覯, 『李覯集』, 王國軒 校點 中華書局 北京, 1981.08.

范仲淹, 『范文正公集』, 四川大學出版社 成都, 2007.11.

李燾, 『續資治通鑒長編』, 中華書局 北京, 2004.09.

脫脫, 『宋史』, 中華書局 北京, 1985.06.

徐松, 『宋會要輯稿』, 臺北 世界書局, 1977.05.

論著

北京圖書館 編, 『北京圖書館年譜叢刊』, 北京圖書館出版社, 1999.

姜國柱, 『李覯思想研究』, 北京, 中國社會科學研究所, 1984.

盛郎西, 『中國書院制度』(臺北, 華世, 1977).

何祐森, 「兩宋學術之地理分布」, 『新亞學報』, 第1卷(1955).

朱保書, 「輝煌的宋代文化」, 『開封大學學報』, 第22卷, 第4期, 2008.

金霞, 「論李覯的經世思想」, 『蘭台世界』, 2007.08 pp.61-63.

鄭炳碩, 「李覯의 經世論的易解釋」, 『東洋哲學研究』, 第22輯(2000).

姜吉仲, 「李覯的現實認識與吏治法改革論」, 『東洋史學研究』, 第120輯, 2012.

付勝國, 羅伽祿, 「李覯的人才思想」, 『撫州師專學報』, 第3期, 總第26期, 1990.

饒國賓, 陳大勇, 饒國順等, 「論李覯的治國構想」, 『南昌航空工業學院學報(社會科學版)』, 2003年 6月第17卷第2期.

3. 사마광(司馬光)의 현실인식과 경세관

1) 송 초기 정치사회의 배경

후주(後周) 무장 출신 조광윤은 송을 건국한 후 무인정치의 폐단을 깊이 인식하고 과거고시에 의한 문신관료체제를 통해 정치적 개혁과 안정을 추구하여 중앙집권적 황권강화를 이룩하고자 하였다. 그리하여 송대 사회는 당대에 존재하였던 세족과 서족의 구별이 소실되고, 경제수준의 향상과 서적의 대량 유통으로 교육수준이 크게 향상되었다. 그 결과 송대 사회계층분화의 한계가 점차 약화되고 사대부 지식인계층의 확대를 가져왔다.

송대 과거제도의 정형화와 지속적인 실시는 관료계층의 확대를 가져왔다. 송 태종 재위22년 동안 진사과에만 근 만 여 명을 선발하였다.[133] 반면, 당조는 290여 년간 진사과에 6천 여 명을 선발하였는데, 수자적인 증가만을 보더라도 관료계층이 얼마나 폭발적인 증가를 하였는지 생각할 수 있다. 그 후 인종대에 이르러 진사과 합격자수를 매과에 4백 명을 넘지 못하도록 제한하였다.[134]

송대 관료계층의 증가는 대북방 유목민족과의 관계 악화로 인한 세폐부담과 함께 송조 재정에 큰 부담으로 작용하는 용비(冗費)의 폐단을 이루는 원인이 되었다.

송대 정치경제의 변화와 사회계층이동과 질서체제의 새로운 변화는 당대

---

133 『宋史』 卷293, 列傳52, 「王禹稱傳」, p.2615.

134 『宋史』 卷157, 選擧3, p.3662. 송대 3년에 한번 과거를 실시했다고 한다면 매년 평균 130명 선발된 것이다. 당대 과거가 가장 활발했던 중말기에 매년 진사과에 불과 30여명을 선발하였다. 즉 송대 선발한 진사의 수는 당대에 비해 10배 이상 선발하였다.
吳金成, 「中國의 科擧制와 그 政治・社會的 機能-宋・明・清代의 社會의 階層移動을 中心으로」, 『科擧』(서울, 一朝閣, 1981), pp.1-62.
梁鍾國, 「宋代讀書人層의 膨脹과 士大夫의 概念變化에 대하여」, 『東洋史學研究』 第三十三輯, pp.27-33.에서 송대 과거합격자의 수에 대한 비교와 분석을 하고 있다.

이래 과거를 장악하였던 세습관료와 대지주계층의 전권(專權)에 대한 개혁의 필요성이 제기되었다. 이는 황권의 성장과 사대부 계층의 현실정치에 대한 인식에 기초하여 관리등용법과 그 운용에 대한 개혁으로 나타났다.

북송시기 과거제도에 대한 개혁은 크게 두 단계로 진행되었다. 첫 단계는 태조에서 진종때까지로 고시방법의 개혁을 통해 공평한 경쟁을 통하여 과거시험에서 권신들의 농단을 제거하고 취사권을 황제가 장악하였다. 둘째단계는 인종시기에서 휘종시기로 과거고시 내용과 취사과목의 개혁이다. 이는 송초기 현실문제와 결부되어 현실정치에 필요한 인재육성과 선발을 통해 정치·경제·사회의 전반에 대한 개혁론이 등장하게 된 배경이 되었다.[135]

남송시대는 희령년간에 증설한 신과명법(新科明法)을 소흥년간에 폐지하고, 진사과를 경의(經義)와 시부(詩賦) 양과로 분리하여 취사하는 것 이외에 기타 법제는 기본적으로 북송대의 관례에 따랐다.

남송 건국이후 다시 시부취사가 건의되었으나 고종의 반대로 실시되지 않았다. 소흥31년(1161) 진사과는 경의와 시부 두과로 분리하고, 책론과 함께 진사과에서 동등하게 중시되었다.[136]

송대 과거합격자들은 전시과를 통해 황제가 선발하기 때문에 즉시 관리가 될 뿐만 아니라 승진에서도 다른 출신자에 비해 빨랐다.[137] 이것은 송대 황권이 강화되었음을 의미하며, 관리등용법의 개혁이 황권과 밀접한 관계가 있음을 말해준다. 그러므로 송 초기 누적된 폐단에 대한 개혁 논의과정에서 관리등용법을 비롯한 관리행정 전반에 대한 개혁은 황권강화와 밀접한 관계를 가지고 관료계층의 공통의 관심사로 등장하게 되었던 것이다.

인종시기 범중엄은 사대부의 각성과 책임론을 제기하며 정치사회 전반의

---

135 何忠禮, 「科擧制度與宋代文化」, 『歷史研究』 第5期, 1990, p.120.

136 李心傳, 『建炎以來繫年要錄』 卷113, 紹興7年8月, 戊申條, p1832.

137 卓遵宏, 『唐代進士與政治』(臺灣國立編譯館, 1987)에 의하면, 송대 총 133명 재상중 과거출신이 123명으로 당대에 비해 훨씬 많았다.

폐단에 대한 개혁을 주장하였다. 그 가운데서 관리의 선발방법과 마감제도 그리고 은음제도의 개혁과 같은 이치법 개혁을 크게 중시하였다.[138]

당시 조정에는 안수(晏殊)·구양수(歐陽修)·왕안석·소식·사마광 등에 의한 개혁논의가 진행되었다. 안수는 당시 경학을 중시하는 추세이므로 제과시험에서 책론 한가지로 하자고 하였으나 대신들의 반대로 시행되지 못했다.[139] 경력년간에는 범중엄과 구양수 등에 의해 학교교육의 강화를 통해 과거제도의 폐단을 개혁하자는 의견이 제기되었다.[140] 신종년간 왕안석은 태학삼사법(太學三舍法)을 제창하여 교육제도의 개혁을 통해 관리를 양성하여 현실정치에 유용한 인재를 등용하여 적극적으로 현실개혁에 참여시키고자 하였다.[141]

반면, 소식은 정치실무를 실행하는데 경의나 시부 모두 무용지물이라고 지적하고, 전통의 방법을 견지하여 시부취사의 방법을 유지하자고 하였다.[142] 또한 소식은 학교 교육을 통해 인재를 양성하여 선발하는 방법은 당대 통방의 폐단이 다시 형성되어 권력이 몇몇 개인에 귀속될 가능성이 있다고 반대하였다.[143]

북송시기에 형성된 과거개혁논쟁은 고시내용 뿐 만 아니라 선발방법까지 확대 전개되었다. 그 중 하나가 사마광에 의해 제기된 각 지역의 인구비례에 의해 합격자수를 분배하여 광범위한 지역적 지지기반을 확보하자는 '축로취사(逐路取士)'의 방법이 있었다.

---

138 范仲淹,『范文正集』奏議 卷上, 治禮,「答手詔條陳十事」, p.369-280.
拙稿,「范仲淹의 吏治法에 대한 改革論」,『慶尙史學』第十一輯, pp.96-117.

139 『長編』卷109, 天聖8년 8月, 癸巳, p.1041.

140 『文獻通考』, 卷31, 選擧4, p.290.

141 李東潤,「王安石의 文教政策에 대한 考察」,『歷史教育』3輯(1958), p.34.
金諍著(姜吉仲譯),『中國文化와 科擧制度』(중문출판사, 1994), pp.175-180.

142 『宋史紀事本末』, 卷38,「學校科擧之制」, pp.371-372.

143 蘇軾,『東坡文集』, 奏議卷1,「議學校貢擧狀」, p.399.

사마광은 당시 진사과에 동남지역 출신이 서북지역(특히 5路)출신에 비해 합격률이 높은 지역적 불균형을 중시하고, 각 지역 호구의 인구 수에 비례하여 진사과 합격자수를 분배하자고 주장하였다.

이는 관리등용에 있어서 지역편중 현상을 해소하고 광범위한 지지기반 확대의 효과를 가져올 수 있는 방법이며, 북방사인의 관리진출 기회를 확대하여 북방 유목민족과의 관계 개선에도 적극적인 대처의 방법이었다.

2) 정치사회에 대한 현실인식과 경세관

(1) 관리선발 방법에 대한 인식과 개혁론

사마광은 북송 초기의 누적된 폐단을 직접 경험하고 변법실행의 과정을 거쳐 온 사람으로 현실정치상황에 대해 잘 인식하고 그에 대한 개혁목표와 방법을 포함한 자신의 정치적 현실인식과 경세관을 견지하였다.

사마광은 일반적으로 왕안석의 변법을 반대한 수구파 또는 완고파로 알려져 있다. 그러나 사마광의 정치적 활동과 학술사상 면에서 살펴보면, 그는 철저한 수구파도 완고파도 아니다. 사마광이 왕안석 변법을 반대한 이유는 왕안석과의 개인적인 문제와 변법 자체가 내포하고 있던 모순 때문에 반대하였다.[144]

사마광과 왕안석에 대한 문제는 뒤로 미루고 사마광이 주장한 축로취사의 문제와 이치법 개혁에 대한 방법과 목적을 그의 상소문을 중심으로 당시 현실정치에 대한 인식과 경세관을 살펴보고자 한다.

사마광은 당시 정치사회의 폐단 발생의 이유를 이치법운용의 모순으로 정치적 악습의 반복과 관리의 무능력에 있다고 지적하였다. 그는 「謹習疏」라는 상소에서

144 東一夫, 『王安石と司馬光』 沖積舍, 1980, pp.48-77.

"경우(景祐) 이래 국가가 오랜 태평성세에 나태해져 구습을 추구하기를 즐기며 힘써 업무를 추진해야 할 신하들은 자못 고식적인 정사만을 집행하고 있습니다. 이에 서리들은 시끄럽게 떠들며 어사·중승을 물리치고, 연관(輦官)은 거만을 떨며 재상을 물리치며, 위사가 흉역한 짓을 하는데도 옥관(獄官)은 간사함을 문책하지 않고, 은택이 옛사람에게 더해지며 구군인이 삼사사(三司使)를 꾸짖는데도 법관은 계급을 침범한 것이 아니라고 여기니 법이 합리적으로 적용되고 있는지 의심스럽습니다."[145]라고 하였다.

그는 당시 이치법 운용의 잘못으로 관리기강이 크게 해이되어 책임소재가 분명하지 않고, 직무에 대한 적극성이 결여되어 법률 적용에도 모순이 발생하는 등 현실정치에 많은 폐단이 형성되었다고 지적하였다.

그는 「上皇帝疏」에서 이러한 문제점은 황제로 부터 여러 가지 면에서 나타나서 관료조직 전반에 영향을 미친다고 지적하였다.

"온갖 상주가 있어도 흔쾌히 받아들이지 않습니다. 걸핏하면 구습만 따르고 현실사정은 돌보지 않으며, 작고 사소한 일에 충실하나 대체(大體)에는 소홀히 합니다. 그리하여 현자를 알고도 천거하지 않고, 불초함을 알고도 물리치지 않으며, 일이 그르다는 것을 알고도 고치지 않고, 옳은 일인지 알면서도 따르지 않습니다. 그리하여 대신들이 정권을 장악하는 것이 선조(先朝)보다 심하여 관리의 임명과 파면이 쉽게 이루어지고 꺼리낌이 없습니다. 재주가 없어도 승진할 수 있으며, 죄가 있어도 용서해 줍니다. 이것이 천하 사람들이 거듭 실망하는 까닭입니다."[146]라고 하였다.

---

145 司馬光, 『溫國文正公文集』, 卷22, 章奏7 「謹習疏」, p.218.
"自景祐以來, 國家怠於久安, 樂因循而務省事, 執事之臣, 頗行姑息之政. 於是, 胥吏讙譁而斥逐御使中丞. 輦官悖慢而廢退宰相, 衛士凶逆而獄不窮姦, 澤加於舊, 軍人罵三司使而法官以爲非犯階級, 疑於用法."

146 『溫國文正公文集』, 卷第34, 章奏19, 「上皇帝疏」, p.286.
"凡百奏請, 不肯予奪. 動循舊例, 不顧事情. 謹於細務, 忽於大體. 知人之賢, 不能擧, 知人不肖, 不能去, 知事之非, 不能改, 知事之是, 不能從. 大臣專權, 甚於先朝, 率易差除, 非所顧忌. 或非材

송 초기의 정치현실은 황제의 독단적인 정치와 관리등용에 있어서 재주와 실무능력에 의하지 않고 출신 가문과 배경을 중시하였다. 그 결과 현실정치에서 인재부족과 행정 실무능력의 결핍으로 많은 폐단을 가져왔다.

사마광은 이러한 이치법 폐단이 지속되면, 국가의 발전과 안정에 커다란 장애요인이 된다고 지적하였다. 그는 송조의 폐단과 모순을 극복하기 위해서는 인재부족과 재정부족의 문제를 가장 먼저 해결해야 한다고 인식하고, 영종과 인종 그리고 신종에게 계속해서 구현(求賢)과 용인(用人)의 방법을 건의하였다.

그는 역대왕조의 흥망성쇠에 대한 인식과 경험을 바탕으로 당시 현실 정치경제의 상황을 정확하게 인식하여 분석하고, 황제에게 올린 소(疏)·주(奏)·표(表)·찰(札) 등에서 용인의 방법을 구체적으로 제시하며 이치의 중요성을 거듭 강조하였다.

그는 「論選擧狀」에서 "신이 생각하건데 선비를 취하는 도는 마땅히 덕행을 우선으로 하고, 그 다음이 경술(經術)이고, 다음이 정사이며, 그 다음 예능입니다. 근년 이래 오로지 문사를 숭상하였는데, 문사는 예능의 한가지 일뿐이니 천하의 선비를 모두 선발하기에는 부족한 것입니다. 국가가 비록 현량·방정과 등을 설치하였다고 하나 실제는 모두 문사로 취할 따름입니다."[147]라고 하였다.

그는 당시 관리선발 방법이 문사(文辭)에 지나치게 치우쳐 있다는 것을 지적하고 다양한 방법을 통한 관리등용을 제창하였다. 또한 관리선발에 있어 연대 보증하는 추천제도를 실시하여 품행이 돈독하고 학술이 뛰어난 사람을 선발하고, 이들에게는 호명과 등록법을 실시하지 않고 등용할 것을

而驟進, 或有罪而見寬, 此天下所以重失望也."

147 『溫國文正公文集』, 章奏3, 卷3, 「論選擧狀」, p.198. "右臣竊以取士之道, 當以德行爲先, 其次經術, 其次政事, 其次藝能. 近世以來, 專尙文辭, 夫文辭者, 迺藝能之一端耳, 未足以盡天下之士也. 國家雖設賢良方正等科, 其實皆取文辭而已."

제창하였다. 그리고 천하 사대부의 학풍을 변화시켜 실질적인 학문을 수학한 자들을 등용하면 정치적 안정과 태평의 기초를 열게 된다고 주장하였다.

한편 그는 관리등용에 있어 지인(知人)이 가장 중요하다고 지적하고, 폭넓은 지식을 가지고 일처리는 정밀하게 할 수 있는 인재를 능력에 따라 등용하고, 등용한 후에는 전적으로 신임하여 소신 있게 직무수행을 진행할 수 있도록 해야 한다고 하였다.[148]

「論選擧狀」에서 지인에 의한 관리등용에 대해 "어리석은 신이 생각컨데 천자께서 천하를 위무하시니 천하의 선비들을 하나하나 몸소 살필 수가 없습니다. 반드시 천거하는 자에게 의지해야 천하의 재능있는 인재를 모두 등용할 수 있습니다. 이미 천거한 자들의 말을 듣고 작록을 수여하니 엄히 금지하는 규약을 만들어 사사로이 천거하는 것을 방지하지 않으면 청탁과 속임수가 근절될 수 없을 것입니다."[149]라고 하여 당시 관리등용방법이 지나치게 천거와 문사에 치우쳐 다양한 능력을 가진 폭넓은 인재를 등용하지 못하는 폐단을 지적하고 있다.

인종은 제책(制策)시험에서 소철의 대책문을 보고 불쾌해 하였다. 「論制策第等狀」에서 '국가에서 6과를 설치한 것은 본래 재주와 학식이 고원한 선비를 선발하고자 한 것이니 참으로 문사(文辭)의 화려함과 기억력 및 박식한 것을 훌륭하게 여긴 것이 아니었습니다. 시험을 치루는 문사에 대해서는 신이 감히 말하지 않겠습니다. 다만 그들이 지적하며 진술한 바를 보니 조정의 득실에 대해서는 고려한 바가 없습니다. 네 사람 중에서 가장 절실하고 곧습니다. 지금 이 때문에 등용되지 못한다면 신은 아래 사람들이 모두 조정에서 거짓으로 직언극간과를 설치하여 직언으로 쫓겨났다고 생각할 까 두렵

148 『溫國文正公文集』, 卷71, 論2, 「功名論」, p.512.

149 『溫國文正公文集』, 章奏3, 卷3, 「論選擧狀」, "臣愚以爲天子撫有四海, 海內之士, 不可一身察之也. 必資擧者然後, 能盡天下之才, 旣用擧者之言, 授之爵祿, 苟不嚴爲禁約, 以防其私,則請託欺罔, 無不至矣.", p.198.

습니다.'[150]라 하여 제거(制擧)에 대한 근본적인 인식을 지적하며 실제 능력을 갖춘 관리를 등용하여 현실정치를 개진하는 수단으로 삼고자 하였다.

또한 그는 인군(人君)의 대도(大道)와 정치상에서 역할을 「上殿箚子二道」에서 지적하기를

"그런 즉 인군(人君)의 직책은 무엇이라 생각하십니까? 어리석은 신이 생각하기에, 인재를 헤아려 관직을 수여하는 것이 첫 번째요. 공적을 헤아려 상을 주는 것이 두 번째요. 죄를 살펴서 벌을 주는 것이 세 번째입니다. 재주에는 길고 짧음이 있기 때문에 관직에 능하고 능하지 못함이 있고, 공(功)의 높고 낮음이 있기 때문에 상에도 두텁고 박함이 있으며, 죄에 작고 큼이 있기 때문에 벌에 가볍고 무거움이 있습니다. 이 세 가지는 인군이 마땅히 마음을 써야 하는 것입니다. 그 나머지는 모두 말할 것이 못됩니다."[151]라고 하여 황제가 관리선발에 있어 실제 능력여부를 파악하는 지인(知人)과 상벌을 분명히 하는 것이 중요하다고 하였다.

또한 「上殿箚子二道」에서 "신이 삼가 보건데, 국가의 구제도에 모든 관사의 세세한 일, 예컨데, 삼사(三司)에서 서리 하나를 벌주고 개봉부에서 상진(廂鎭)를 하나 보충하는 따위를 모두 상주하여 허락을 받아 시행하였습니다. 숭정전(崇政殿)에서 인도하는 바의 공사(公事)에 병사들의 무예를 살피는 것과 병사들의 말 먹이를 주는 것과 같은 종류가 있었는데, 모두 황제께서 몸소 살펴보았습니다. 이는 국초의 살림이 어려워 임시방편으로 할 때의 제도인데, 오늘날에도 시행하고 있으니 너무 번거롭고 힘든 일입니다."[152]라

150 『溫國文正公文集』, 卷20, 章奏5, 「論制策第等狀」, "臣竊以國家置此六科, 本欲取材識高遠之士, 固不以文辭華靡, 記誦雜博爲賢, 所試文辭, 臣不敢言, 但見其指陳, 朝廷得失, 無所顧慮, 於四人之中, 最爲切直, 今若以此不蒙甄收, 則臣恐及下之人, 皆以爲朝廷虛設直言極諫之科, 而以直言披黜.", p.201.

151 『溫國文正公文集』, 卷26, 章奏11, 「上殿箚子二道」, "然則人君之職, 謂何? 臣愚以爲量材而授官一也, 度功而加賞二也, 審罪而行罰三也, 材有長短, 故官有能否. 功有高下, 故賞有厚薄. 罪有小大, 故罰有輕重. 此三者, 人君所當用心, 其餘皆不足言也.", p.240.

고 하여 황제에게 권력이 과중하게 집중되어 생기는 문제점을 지적하고, 일의 경중을 따져 관여하도록 지적하였다.

당시 송조는 모든 권력이 황제에 집중되어 있어 비록 백관에 임명되어도 집행한 직권이 무척 제한되어 단지 법령에 의거하여 처리하는 것이 다반사였다. 그는 이러한 권력집중과 상명하달식의 정치는 실질 정치효율을 기대하기 어렵다고 하였다.

사마광은 이런 문제에 대한 개혁방법을 「上殿箚子二道」에서 구체적으로 제시하였다.

"어리석은 신이 생각컨데, 오늘날에는 중서성과 추밀원에서 중외(中外)의 모든 관청에서 올린 공무를 검토하고 살펴서 상주하여 허락을 받은 후 대궐에서 해야 할 공사로 인정되면 그사이 대체(大體, 국가의 정책)에 관계되지 않은 것으로 인군이 친히 해야 할 바가 아닌 것은 모두 간략히 살펴 관리에게 맡기시고, 폐하께서는 성품을 기르고 몸을 편안히 하시어 인군의 세 가지 직무에 전념하십시오. 그러면 천지의 간이함을 본받아 순임금의 무위정치를 이룩할 수 있을 것이니, 진실로 천하가 대행(大幸)할 것입니다. 취사하기 바랍니다."[153]라고 하여 황제가 살펴 직접 집행할 일에 대해 구체적으로 지적하고, 기타 세세한 일은 백관에게 위임하여 자신의 직무를 효과적이고 충실하게 시행하도록 하자고 하였다.

그는 「進五規狀」에서 이치법 운용에 대해

"국가의 제도에 백관은 직위에 오랫동안 있지 못하게 되어있습니다. 그 공적을 요구하는 것은 빠르고, 그 과실에 대한 책임은 다 갖추어져 있습니다. 그러므로 교제를 통하고 명예를 수식해 옮겨가길 기대하거나 몸을 조심하고

152 『溫國文正公文集』, 卷26, 章奏11, 「上殿箚子二道」, "臣伏見, 國家舊制, 百司細事, 如三司鞭一胥吏, 開封府補一廂鎮類, 往往皆須奏聞, 崇政殿所引公事, 有軍人武藝, 國馬芻秣之類, 皆一一躬親閱視. 此蓋國初艱難權時之制, 施於今日, 頗傷煩碎.", p.240.

153 『溫國文正公文集』, 卷26, 章奏11, 「上殿箚子二道」, p.240.

죄를 면해 떠나가길 기대합니다. 위로는 공경대부에서 아래로는 하급관리(斗食)에 이르기까지 공적인 일은 근심하지 않고, 사사로운 일을 잊는 자가 없습니다. 대부분 눈앞의 구차한 성과만을 계획하여 10년의 계획도 하려고 하지 않는데, 어찌 만세의 생각을 하겠습니까?[154]라 하여 당시 관료들이 장기적인 계획수립 보다 직책유지와 눈앞의 성과만을 추구하는 폐단이 생긴다고 지적하였다.

또한 「御臣」에서 순임금 시대에 직, 익, 수, 용, 고요, 백이, 후직과 같은 신하를 능력에 따라 종신토록 직책을 바꾸지 않고 임용하여 전성시대를 열었다고 지적하며 이치법 운용의 실례를 설명하였다.

"만약 다시 오고 달려가서 지위를 바꿔 지키게 하면, 반드시 좋은 것은 아닙니다. 오늘날 뭇 신하들의 재주는 위의 8사람들과 비교할 수 없습니다. 그런데 이에 8사람의 관직을 두루 담당하게 하고 멀게는 3년, 가깝게는 수개월 만에 모두 바꿔버립니다. 그런데도 직무가 잘 닦여지고 공업(功業)이 이루어지길 바라니 반드시 그렇게 될 수 없으며, 이와 같을 뿐만이 아닙니다. 근면하고 정성스런 신하가 두어 있어 힘을 다해 그 직책을 다스리더라도 뭇 사람들 마음이 흡족하지 않아 공적이 드러나지 않을 것입니다."[155]라고 하였다.

이로 보아 사마광은 백관을 임명하면 전적으로 신임하여 장기적이고 계획성 있는 정책을 세워 실행하여 현실정치에 효과를 가져올 수 있도록 하자고 제창하였다. 이것은 당시 송조의 관리에 대한 갱술법(更戍法)과 마감제도에

---

154 『溫國文正公文集』, 卷第19, 章奏4, 「遠謀」, "國家之制, 百官莫得久於其位. 求其功也速, 責其過也備, 是故或養交飾譽可待遷, 或容身免過以待去. 上自公卿, 下及斗食, 自非憂公忘私之人, 大抵多懷苟且之計, 莫肯爲十年之規, 況萬世之慮乎?" p.196.

155 『溫國文正公文集』, 卷18, 章奏3, 「御臣」, "苟使之更來迭去, 易地而守, 未必能盡善. 今以群臣之材, 固非八人之比, 迺使之遍居, 八人之官, 遠者三年, 近者數月, 輒已易去, 如此而望職事之修, 功業之成, 必不可得也. 非特如是而已, 設有勤恪之臣, 悉必致力以治其職, 群情未洽, 積効未著." p.191.

대한 개혁을 제창한 것이다.

(2) 사회경제에 대한 인식과 경세관

북송시대 재정적 위기를 해결하기 위해서 당시 많은 지식인들은 재정수입을 증가하여 부국강병의 목적을 달성하기 위한 조처를 제출하였다. 그 중에서 사마광의 이재(理財)사상이 비교적 전형이다.

사마광의 이재사상은 대체로 첫째, 개원관(開源觀)으로 세원(稅源)을 크게 확대하는 것, 대대적으로 농업생산을 발전하여 상품유통의 발전을 통해 재정을 확대하는 방법이다. 둘째 절류관(節流觀) 부용(浮冗)을 감소시켜 적게 사용하는 것으로 용비에 대한 절약의 방법이다. 셋째 인재의 임용관, 이재능력을 가진 인재를 임용하는 것 등 3가지 면으로 볼 수 있다.

사마광은 당시 이재는 "백성에게 세금을 많이 거둬들이던 현상에 주의하여 본원(本源)을 양성하여 천천히 취하자는 주장을 하였다. 북송 중기이래 통치계급의 지나친 낭비로 말미암아 관청과 민간 모두 충분한 축적을 하지 못했다. 국가의 창고도 3년 동안 비축을 하지 못했으며, 향촌농민들도 반년분의 먹을거리도 갖고 있지 않았다. 만약 재앙이 발생되면 공사(公私)가 궤핍(匱乏)하여 서로 구할 수 있는 방법이 없었다. 사마광이 말하기를 이것은 "오늘날에 심각한 폐단으로 이재의 방식이 그 근본을 쫒지 않았기 때문이라고 하였다."[156]

이에 대해서 그는 본원을 길러서 서서히 취한다. 즉 이재를 잘하는 사람은 재정의 원천을 잘 양성하면서 그 이익(잉여분)을 천천히 먹는다. 그리하여 사용해도 고갈되지 않고, 상하가 서로 충족하다. 재(財)를 잘못 다루는 사람은 이와 반대라고 하였다.[157] 그는 진일보해서 해석하며 말하기를 장차 취고

156 『司馬溫公集』 卷31 奏議 第16「蓄積札子」 p.268.

157 『司馬溫公集』 卷23 奏議 第8「論財利疏」 "養其本原而徐取之"pp.219-224.

자 하면 반드시 주고, 장차 거둬들이려고 하면 반드시 흩어진다고 하였다. 그러면서 이 원칙은 전국시대에 백규(白圭)와 의돈(猗頓)도 알고 있었는데 오늘날 관리가 이 원칙을 모른다면 되겠느냐고 질책하였다.[158]

사마광은 세원(稅源)을 양성하는 방법에 대해서 농업에만 국한하지 않고 상업도 세원의 일종이라고 생각하였다. 그는 "농공상업모두가 재정의 원천이다. 농업은 힘을 다하여 토지에서 많이 거둬들이면 곡식이 여유롭게 수확하고, 수공업은 정교함을 다하면 기기가 견고하고 사용함에 여유가 있고, 상업유통은 화물유무의 교환으로 화물이 충족해진다."[159]고 하였다. 따라서 농업, 수공업, 상업 모두 재정수입의 기본이다. 재정수입의 증가는 각 경제부분의 발전을 가져오고 성장시킨다. 단지 그들의 부담능력을 초과하지 않도록 해야 하고 과도하게 많이 취하여 발전에 해로움을 조성하지 않아야 한다.

사마광은 농업을 천하에서 가장 먼저 힘써야 할 경제부분으로 국가의 중요한 세원으로 생각하였다. 그러므로 정부는 농민을 잘 격려하여 농업생산을 증가하도록 유도하는 조처를 취해야 한다. 그러나 당시 상황은 오히려 정반대로 고생해서 경작해도 일반적인 생활수준을 누릴 수 없었다. 풍년이 들어도 곡식가격이 저렴하여 관부의 요구에 응할 뿐이고, 흉년이 들면 흩어지고 동뇌(凍餒)하고 많은 농민들이 먼저 구학(溝壑)에 빠졌다.

이상과 같이 실제 경작농민은 끼니를 제대로 먹지 못하는 상황아래 천하의 농민을 헤아려 보니 농민은 불과 2-3할뿐이고, 부랑자가 7-8할이었다. 이에 대해서 사마광이 농민들의 부담을 감소하고 농민들에게 혜택을 부여하여 생활수준을 제고시키자는 주장을 하며 경작자 농민들의 의욕을 제고시키자고 하였다. 그는 말하기를 "조세 이외에 다른 세금을 요구하지 말고 요역이 있는 농민 가정은 별도의 돈을 줘야 한다. 연간 수확의 상황에 따라 농민

158 『司馬溫公集』 卷31 奏議 第16 「蓄積札子」 "將取之, 必予之, 將斂之, 必散之." p.268
159 『司馬溫公集』 卷31 奏議 第16 「蓄積札子」 p.268.

들의 이익을 보장해야 한다. 특히 풍년이 들면 관부에서 평적(平糴)하여 곡식을 팔 곳이 제공하고, 흉년이 들면 관부에서 먼저 농민을 규휼한 후에 부랑자를 규휼해야 한다. 이렇게 하면 농민들의 경작에 대한 열정을 충분히 갖게 하여 농업의 발전도 추진시킬 수 있다."[160]

사마광은 당시 상업발전의 상황에 대해 경제적 수단을 통해서 시장을 잘 운용하면 상업유통의 발전을 통해 세금을 많이 거둘 수 있다고 주장하였다. 그리고 상업이 제대로 발전하려면 정부가 상업과 시장에 대한 제한과 간섭을 많이 줄여서 상인이 먼저 이익과 혜택을 받아야 그 다음에 그들에게 세금을 요구할 수 있다는 현대적 의미의 경제원칙을 제창하였다.

그는 시장에서 교환되는 수공업제품도 견고하고 실용적이며 좋아야 유통이 활발하게 진행된다. 그러므로 생산과정에서 정교하게 생산해야 상업유통이 발전하며 경제발전을 가져오게 된다고 보았다. 그는 상품유통은 반드시 공가(公家)의 이익을 위해 그 세(細)를 버리고 그 대(大)를 취하며, 모든 가까운 것은 산(散)하고 모든 멀리 있는 것을 거둬들여야 한다고 생각하였다. 이것은 많고 싼 것은 버리고 귀한 것은 취한다는 경제원리를 잘 이해하고 있었다. 그는 벌신(伐薪)하는 사람을 예로 들어 상인은 반드시 눈앞의 이익보다 장래의 큰 이익을 고려해야한다고 하였다.[161]

송대는 특수한 역사적인 상황과 조건아래서 백성에 대한 조세부과가 비교적 무거웠던 시대이다. 소농경제에 종사는 농민들은 지나친 부세징수를 견디지 못하고 대량의 소농들이 파산하면서 사회생산력에 심각한 파괴를 가져왔다. 그 결과 앞서 언급한 바와 같이 그 본원을 양성하여 천천히 취하자는 그의 주장은 소농경제를 보호하여 국가 재정확보의 원천으로 삼고 사회경제의 안정과 발전을 도모하자는 것이었다.

---

160 『司馬溫公集』 卷31 奏議 第16「蓄積札子」 p.268.

161 同前註

한편 그는 당시 부패한 관리들이 자행하는 폐단과 사회경제적 변화로 인해 농민들의 부담이 가중되는 것에 대해 먹는 것은 백성이 살아가는데 큰 근본으로 정치에서 가장 먼저 힘써야 되는 것이다. 더욱 기근이 든 시대에는 금은보석도 분토와 같고 오직 곡식이 가장 귀하며 하루라도 없어서는 안 된다.[162]고 농업생산을 중시하였다.

그는 당시 사회경제가 안고 있던 문제점에 대해 「勸農箚子」에서 "오늘날 국가에서 매번 조서를 내릴 때 반드시 권농을 우선으로 합니다. 그러나 농부들은 날로 적어지고 놀고 지내는 사람들이 날로 많아지니 어찌 이해관계를 쫓아서 그런 것이 아니겠습니까. 오늘날 농부들은 애써 고생을 하지만 헐벗고 굶주리며, 백곡을 심어 농사를 지어서는 세금을 다 내고 요역에 차출될 뿐입니다. 풍년이 들면 싼 값에 곡식을 팔아 공상업의 요구에 응하고 빚을 갚아야 합니다. 흉년이 들면 타향으로 떠돌다 구렁텅이에 빠져 죽습니다. 사정이 이러한데 앉아서 큰 이익을 얻어 아름다운 옷과 맛있는 음식을 먹는 말업에 종사하는 상인들을 옮겨 남부의 농토로 가서 종사하도록 한다면 이도 역시 어렵다. 그렇다면 농사를 권하는 것은 말뿐이며, 농사를 해치는 것은 정치입니다. 천하에서 생산하는 것은 점차 적어지고, 먹는 사람들은 점차 더 많아지니, 곡식이 부족함이 없고자 함은 그렇게 될 수 있겠습니까? 오늘날의 방법은 농사를 권하는 것이 곡식을 중히 여기는 것이 같지 않고, 곡식을 중히 여기는 것은 곡식의 가격을 적당하게 하는 것만 못하다. 제로 전운사와 주군장리들로 하여금 풍년이 든 해에 광범위하게 계책을 세워 곡식을 관에 가득 채우도록 하십시오. 날로 창고에 차는 것이 처음에 비하여 두드러지게 많은 사람은 상을 주십시오. 수해와 한해가 없는데도 군사비에 많이 소모하여 저축이 감소된 자는 축출하십시오. 또 백성들에게 명을 내려, 힘써 농사를 지어 곡식을 축적하는 것은 집안의 재산으로 간주하지 않겠다

162 『溫國文正公文集』, 卷20, 章奏5, 「勸農劄子」, p.204.

고 하십시오. 이와 같이 하면 곡식이 중하게 되고 농사가 권장될 것입니다. 비록 기근이 들더라도 항상 유랑하거나 도적질하는 걱정이 없을 것입니다."[163]라고 하여 경제적인 문제도 관리들의 직무수행의 잘못으로 생긴 것으로 절용(節用)을 통한 재정축적과 풍년이 들 때 기근을 생각하는 기미(機微)를 중시하는 정책을 실행할 것을 제창하였다.

한편 그는 「上殿箚子二道」에서 말하기를 '국가재정이 부족하게 되면 오랑캐가 변방을 침략하고, 도적이 무리를 지어 일어나 병사를 내어 토벌했으나 제 때에 평정할 수 없었습니다. 창고가 이미 비어있고, 백성이 가진 것이 없게 되었으니 우환이 적지 않습니다. 마땅히 계책을 강구하여 그 폐단을 구제해야 합니다. 관리는 재주에 따라 등용하여 직무에 오랫동안 담당하게 하고, 농업과 통상에 힘써 재물을 번식하여 이익을 얻게 하고 하사하는데도 절약하십시오. 쓸데없는 낭비를 줄이고, 재상으로 하여금 총계사(總計使)의 직을 담당하도록 하여 천하의 모든 황금과 비단, 곡식을 삼사에 귀속시키고 삼사에 귀속되지 않은 것은 총계사가 관리하도록 하십시오.'[164]라고 하여 국가의 재정문제에 대해 지적하고 구체적인 보완 방법을 제시하였다. 그는 경제관료들의 잦은 관직이동을 줄여 업무에 힘쓰게 하고, 관비의 지출을 절약하며 현실상황에 대한 정확한 분석을 통해 장기적인 계획을 세워야 한다는 등 효율적인 방법을 제시하였다. 또한 재정의 부족현상을 타개하는 구체적인 방법으로 평상시에 한 해의 1/3에 해당하는 여분을 남겨서 기근이

163 『溫國文正公文集』, 卷20, 章奏5, 「勸農箚子」, "今國家每下詔書, 必以勸農爲先, 然農夫日寡, 游手日繁, 豈非爲利害所驅邪, 今農夫苦身勞力, 惡衣糲食, 以殖百穀, 賦斂萃焉, 繇役出焉. 歲豐, 則賤糶以應公上之須, 給債家之求, 歲凶, 則流離異鄉, 轉死溝壑, 如是而欲使夫商賈末作之人, 坐漁厚利, 鮮衣美食者, 轉而緣南畝, 斯亦難矣. 然則勸農者, 言也. 害農者, 政也. 天下生之者益少, 食之者益多, 欲穀之無涸得乎哉. 爲今之術, 勸農莫如重穀, 重穀莫如平糶. 使諸路轉運使及州軍長吏, 遇豐歲能廣謀, 穀入官滿之, 日倉廩之實 比於始, 至增羨多者, 賞之. 其無水旱之災, 益兵之費, 而蓄積耗減者, 黜之. 又令民能力田積穀者 不以爲家貲之數, 如是則穀重而農勸, 雖有饑饉, 常無流亡盜賊之患矣." p.204.

164 『溫國文正公文集』, 卷30, 章奏15, 「上殿箚子二道」, p.263.

나 군대의 비상시기에 대비하자. 또한 내외의 우두머리가 재정관으로 총계를 맡아 관리들의 능력여부를 살펴 벌과 상을 내리도록 하십시오.[165]라고 건의하였다.

이상에서 사마광이 송 초기의 재정 부족 현상에 대한 문제의 발생 원인과 구체적인 개혁방법을 제시한 것으로 당시 정치현실을 얼마나 잘 파악하고 있었는가를 보여주고 있다.

그는 「원모」에서 "옛날 성인들은 백성을 가르칠 때에 그들로 하여금 바야흐로 더울 때는 추위를 대비하게 하고, 추울 때는 더위를 대비하게 하셨으니, 『시경』, 『칠월』의 시가 그것입니다. 시장에서 장사하는 사람을 보면, 가뭄이 들면 배를 준비하고 수해가 들면 마차를 준비하고, 여름에는 두툼한 겨울옷을 비축하고, 겨울에는 시원한 갈포 옷을 준비할 줄 오히려 압니다."[166]라고 하여 국가는 장차 일어날 여러 가지 일에 대비하여 장기적인 계획을 세워 준비해야 한다. 그리하여 정치와 재정이 견고해지면, 비록 업신여기는 자가 있더라도 폐단이 심하지 않고 극복할 수 있으므로 장기적인 계획을 세워 대비하자는 정책 실현을 주장하였다.

또한 그는 변경에서 급보가 연이어 날아오고, 다른 지방에서는 기근이 들어 시체가 들판에 가득 차게 되면 조정은 노심초사하게 됩니다. 변경문제는 장수를 제대로 선발하지 않거나, 사졸들을 훈련시키지 않아서이고, 기근이 생긴 문제는 지방장관이 불량하거나 창고가 채워지지 않아서 생긴 폐단으로 전임장관을 추궁해 문책하면 이후 같은 문제는 생기지 않는다.

그러나 전쟁이 그치고 풍년이 들면 그 자체로 태평하게 안락함을 즐기면 다시 재해와 변경문제가 생기면 어떻게 대처하겠느냐고 지적하고, 실질적인 이치법의 운용과 장래에 대비하는 계책을 세워야 한다고 언급하였다.[167]

---

165 『溫國文正公文集』, 卷20, 章奏5, 「勸農箚子」, p.204.

166 『溫國文正公文集』, 卷19, 章奏4, 「遠謀」, p.195.

167 『溫國文正公文集』, 卷19, 章奏4, 「遠謀」, pp.195-196.

앞서 서술한 바와 같이 사마광은 당시 송조의 폐단은 관리등용법과 이치법 운용의 모순으로 생긴 것으로 인식하였다. 그리하여 그는 관리등용법과 이치법 폐단을 개혁하여 실질적인 재주를 가진 인재를 등용하여 전권을 위임하고 장기적인 계획을 세워 효율적인 성과를 이룩하여 정치경제적 안정국면을 이룩하자고 하였다.

한편 그는 장기적 계책을 세워 집행하기 위해서 기미(機微)를 중요시하고 파악하여 만사의 미비한 점은 마땅히 경계하고 두려워해야 한다고 지적하였다. 그는 「重微」에서 이르기를

"물의 형세가 미미할 때는 흙을 파다 막을 수 있지만 그 세력이 성해지면 나무와 돌을 떠내려가게 하고 구릉을 매몰시켜 버립니다. 불의 형세가 미미할 때는 한 바가지의 물로 끌 수 있지만 그 형세가 성대해지면 도읍을 태우고 온 나라 산림을 태웁니다. 그러므로 미미할 때 다스리면 힘은 적게 쓰지만 공은 큽니다. 그러나 형세가 성대해진 뒤에 다스리면 힘은 많이 쓰면서도 그 공은 적습니다."[168]라고 하며, 현명한 왕은 모두 그 형세가 싹트기 전에 악을 없애고 나타나기 전에 화를 제거한다. 그리하여 천하 사람들은 음으로 그 혜택을 받지만 그렇게 된 까닭은 모른다. 그러나 인군이 된 사람은 마땅히 드러내지 않을 때 악을 단절하고 이루어지지 않을 때 화를 막아야 한다.

한편, 사마광은 「論財利疏」에서 당시 지나친 사치와 과도한 소비에 대해 절약하자는 주장과 함께 백성의 재정을 고갈하는 폐단을 지적하였다.

첫째, 궁궐 안에 있는 사람 그리고 귀족들의 주택, 용품은 모두 대단히 소중한 것이고, 고가의 물품을 하사하였으니 옛날의 규칙에도 불구하고 전대보다 오늘날 그 비용이 10배정도다.

둘째, 고위 관료들이 사치를 누리기 때문에 밑에 사람들도 자랑하기 위해

168 『溫國文正公文集』, 卷19, 章奏, 「重微」, "夫水之微也, 捧土可塞, 及其盛也. 漂木石, 沒丘陵, 火之微也. 勺水可滅, 及其盛也. 焦都邑, 燔山林, 故治之於微, 則用力寡而功多, 治之於盛則用力多而功寡." p.196.

서로 모방하였다. 이 때문에 전국적으로 사치의 풍조가 전개되었다. 그리하여 사치로운 삶을 유지하기 위해 재정적 소모가 대단히 컸다.

셋째, 하위 관료들이 백성에 대해 약탈이 너무 심해 백성들은 생활을 더 이상 버틸 수 없는 상태가 되어 관료들도 생활이 어려워졌다.

넷째, 이에 대한 법령이 너무 관대하여 관리들과 상위계층들이 자제하지 못하였으니 나라의 재정지출이 감소되지 않아서 부족 현상이 커졌다.

다섯째, 관리의 승진이 시간에 따라서 이루어졌으며, 연봉도 계속 증가되어 재정의 부담이 더 증가되었다.

여섯째, 전투력이 없는 군대를 많이 보유하고 있어서 그에 따른 재정지출이 컸다.[169]

이상 6가지 폐단에 대해서 사마광은 법률적 수단을 이용하여 강제로 소비를 제한하여 근검하고 소박함을 제창하고, 사치한 풍기를 교정하고 뇌물수수행위는 징벌하고 염리(廉吏)를 선발등용하고 전사(戰士)를 선발 훈련시키자고 하였다.

그는 국가재정을 건전하게 유지하고 사회경제가 안정되려면 농민은 농업생산활동에 전력을 다하고 상인은 재물을 추구하여 상품교류에 전력을 다하는 등 각기 경제활동에 최선을 다해 상호 보완적 관계를 형성해야 한다는 현대적 경제원리를 이해하고 있었다.

한편, 사마광은 용비를 절약(節省)하는 것은 마땅히 천자로부터 시작되어야 한다.[170]는 경세관을 제시하였다. 이것은 유가사상에서 윗사람들은 좀 손해를 보더라도 아랫사람에게 이롭게 한다(損上益下)의 원칙에 따른 것이다. 즉 그는 가깝고 귀한 사람들부터 소비를 절약하고 제한하면 소원한 사람들도 감심(甘心)으로 받아들이고 원망하지 않는다고 주장하였다.

169 『司馬溫公集』 卷23 奏議 第8「論財利疏」. pp.219-224.

170 『司馬溫公集』 卷35 奏議 第24「乞聽宰臣等辭免郊賜札子」, pp.315-316.

또한 그는 '養其本原而徐取之'을 제창하며 세원을 보장하는 동시에 재정적 지출도 제대로 줄려야 한다고 하였다. 지출을 절약하면 농민들의 부담도 많이 감소할 수 있고 기본적 생존과 생산의 조건이 강화할 수 있다. 이렇게 하면 소농경제를 보호할 수 있고 봉건사회에 재생산이 순리적으로 진행될 수 있으며 소농경제를 바탕으로 경제체제의 안정과 발전도 유지될 수 있다.

당시 송조는 이미 재정이 고갈상태에 있었으며 부세징수도 어려운 상태에 있어 그 위기가 심각하였다. 이런 상황에서는 황제와 황친과 외친(皇外親)을 비롯한 측근 그리고 조정대신들이 먼저 절약하고 쓰지 않는 것이 가장 좋은 방법이었다. 그 자신도 황제에게 자신에게 주는 상사(賞賜)를 감소하거나 주지 말라고 여러 차례 상소하였다. 이러한 행동들은 조정의 사치풍조를 완화하고 재정지출을 줄여서 백성의 부담을 감소해서 국가경제질서를 안정시키는데 적극적인 작용을 하였다.

마지막으로 그는 송대 재정부족 현상을 극복하기 위해서는 이재능력을 가진 인재를 적극적으로 등용해서 오랫동안 그 직을 담당하도록 하자고 하였다. 이상에서 그는 재정문제를 해결하기 위한 방법으로 이재에 밝은 인재등용을 크게 중시하여 현실정치에 실제 이용할 수 있어야 하며 책임정치를 할 수 있도록 보장해 주자고 하였다.

송대 과거취사를 통해 삼사사(三司使) · 부사(副使) · 판관(判官) 등 대부분 문사지사(文辭之士)를 등용하는데 선비로써 실제 배운 내용에 따라 임명하지 않고 전곡을 배당하는 것과 같은 재정부분에 임명하였다. 이외에 송대 관원들은 임지변경과 관직변경이 빈번하여 전문능력을 양성하기 어려워서 효율적인 이치운용이 되지 못했다.

이재관리는 전문적인 직무업종성격이 강해서 이 직책을 담당하는 사람은 반드시 이재방면에 박학한 지식을 가지고 있어야 하며 비교적 오랜 경력이 필요하였다. 그리하여 사마광은 전곡(錢穀)을 잘 알고 익숙한 사람을 정선(精選)하여 전곡을 소사(小事)로 다룰 수 있어야 한다. 공이 있으면 삼사판관사(三司判官事)에 임명하도록 하자. 3년 동안 살펴보아 실제효과가 탁월한 자는 권삼사판관사(權三司判官事)에 임명하자. 또 3년 후에 실제 효과가 있으면, 정삼사판관(正三司判官)에 임명하여 현실생활에 효과를 중시하였다.

사마광은 이재관원의 선발과 임용에서 전문지식과 경험을 중시하고 장기간 담당하도록 주장한 것은 대단히 탁월한 생각이다. 송대는 경제활동의 다양성과 복잡화로 인해 더욱 더 이재관원들의 전문지식과 실천경험이 요구되었다. 그러므로 일반적인 문사(文辭) 출신 관원들은 이 직무를 담당하기 어려웠다. 재정관리의 규범화와 과학화 추세는 전문인재를 임용하여 담당하게 하는 것이 큰 관건이었다. 오늘날에도 이 점은 크게 참고할 만한 가치가 있다고 보여 진다.

3) 송대 관료제도 운용에 대한 현실인식과 경세관

인종 가우8년(1063) 사마광은 어떻게 하면 국가를 이롭게 할 것인 가에 대해 유명한 「諫院題名記」를 상소하였다. 그 내용은 첫째, 군덕(君德), 둘째, 치치지도(致治之道), 셋째가 간병(揀兵)이었다. 이 세 가지의 주찰(奏札)의 핵심 내용은 인종을 어떻게 하여 치국을 잘하는 영명(英明)한 군주로 만드는 것인 가였다.

사마광은 「삼덕」(三德)에서 인군(人君)의 대덕(大德)은 3가지가 있다. 즉 인(仁) · 명(明) · 무(武)로 이 세 가지는 상호 긴밀하게 연관되어 있다고 하였다. 인은 사상의 기초이고, 명과 무는 정책과 책략이다. 이 세 가지를 겸비해야 국가가 크게 다스려지며, 하나가 부족하면 쇠퇴하고, 둘이 부족하면 위험해지고 3가지가 부족하면 망하게 된다고 하였다.[171]

그는 인종의 유약함에 대해 특별히 무를 강조하고 인종에게 권신들로

---

171 『溫國文正公文集』, 卷66, 記1, 「諫院題名記」. pp.488-489.

부터 벗어나서 선악을 명확히 구별하여 판단하며, 사회폐단에 대해 과감하게 개혁을 진행할 것을 건의하였다.

송대 과거제도 정형화과정에서 고시내용의 변화는 범중엄과 왕안석 등이 제기한 시부취사와 경의·논책취사라는 경학과 문학 사이에서 이루어 졌다고 할 수 있다. 그러나 경학위주의 시험은 모든 덕행을 평가할 수 없고, 문학위주의 시험으로도 모든 재능을 평가할 수 없다고 여겼다. 그러나 누구도 더욱 합리적이고 실질적인 방법을 제시하지 못했다.

사마광은 관리선발의 조건에 대해 효행이 선비가 여길 행실이고, 청렴은 관리의 첫 번째 임무라고 지적하고 청렴과 효행을 근간으로 선발하자고 제창하였다. 그는 「論選擧狀」에서 지방장관들이 효렴을 천거하고 그들을 공원(貢院)에 위탁하여 선발하도록 하자. 또한 추천인이 많은 사람들은 별도로 대궐에 직접 나아가 전시를 치루는데 황제가 친히 주도하던지 중서문하성에 위탁하여 경의와 책시 한가지나 시무책 1가지를 시험치뤄 의리(義理)가 우수하고 뛰어난 자를 상등으로 삼고 문사가 화려하고 아름다운 자는 취하지 말자고 하여 문사에 치우친 당시 취사방법에 대한 개혁을 주장하였다.[172]

또한 구체적으로 방법으로 "신은 바라건데 지금부터 명경과에서 묵의를 시험할 때는 정문(正文)만 묻고 주소를 묻지 마십시오. 대의(大義)를 시험할 때는 명경제과로써 하지 마시고, 단지 주소의 본의를 능히 구비하고 강해(講解)를 상세하게 하는 자는 통(通)으로 하시고, 비록 본의를 잃지 않았으나 강해가 소략한 자는 조(粗)로 하시고, 나머지는 불통(不通)으로 하십시오. 만약 능히 주소(注疏)의 본의를 먼저 갖추고, 그 다음 제가의 잡설을 인용하고, 다시 자기의 견해로 재단해 결정하며 증거를 인용함이 해박하고, 의리가 고원(高遠)하면, 비록 문사가 질박하더라도 모두 우등이나 절이(折二) 하여 통으로 삼으십시오. 만약 주소의 본의를 능히 기억하지 못하고 단지 자신의

172 『溫國文正公文集』, 卷3, 章奏3, 「論選擧狀」, p.198.

견해에 빠져 정도에 합당치 않으면, 문사가 비록 넉넉하더라도 강등하여 불통으로 하십시오. 명경은 6통, 제과는 4통 이상인 자를 합격으로 하십시요."[173]라고 하며 인재를 구하는 방법을 폭 넓게 확대하여 진정한 인재를 얻도록 하자고 하였다.

송대 과거제도 개혁이 진행되는 과정에서 일반적이며 정형성의 관리등용 방법이외에 북방사인의 관리진출에 대한 방법을 주장하기도 하였다.

사마광은 영종 치평3년(1066) 북방지역 사인들에 대해 관리진출기회의 확대를 통해 통치권으로 흡수하여 지지세력의 확대와 북방 유목민족의 침입에 대한 적극적인 대처를 하여 통치권 강화를 이룩하자는 정치·군사적 의미를 포함한 '축로취사'의 방법을 주장하였다.

그는 「貢院乞逐路取人狀」에서

"이는 재경(在京)과 여러 지방 거인들의 과거에 합격·불합격이 많고 적음의 수와 비교해 보면, 현저하게 매우 불균등한 것이 명백합니다. 대개 조정에서 개최하는 매번의 과거에 시험관으로 차출된 사람은 대체로 모두 양제(兩制) 두 관청의 관리들입니다. 그리하여 그들이 좋아하는 것이 즉시 풍속을 이룹니다. 재경의 거인들은 당시에 좋아하는 것을 추향하고 체면을 쉽게 알며, 연원이 점점 물들어 문채가 저절로 낳아집니다. 먼 곳에 사는 고루한 사람들로 하여금 그들과 경쟁하게 하여 함께 봉미하여 장단을 비교하니 그 형세는 고르지 못합니다."[174]라고 하였다.

---

173 『溫國文正公文集』, 卷3, 章奏3, 「論選擧狀」, "臣欲乞今後明經所試墨義, 止問正文, 不問注疏, 其所試大義, 不以明經諸科, 但能具注疏本意, 講解稍詳者爲通, 雖不失本意, 而講解疎略者爲粗(麤), 餘並爲不通, 若能先具注疏本意, 次引諸家雜說, 更以己意裁定, 援據該贍, 義理高遠, 雖文辭質直, 皆爲優等, 與折二通, 若不能記注疏疏本意, 但以己見穿鑿, 不合正道, 雖文辭辨給, 亦降爲不通, 其明經以六通, 諸科以四通以上爲合格."p.199.

174 『溫國文正公文集』, 卷30, 章奏15, 「貢院乞逐路取人狀」, pp.261-262.
"此比較在京及諸路擧人得失多少之數, 顯然大段不均. 蓋以朝廷每次科場, 所差試官, 率皆兩制二館之人, 所好尙卽成風俗, 在京擧人, 追趣時好, 易知體面, 淵源漸染, 文采自下. 使僻遠孤陋之人, 與之爲敵, 混同封彌, 考較長短, 勢不侔矣."

이것은 재경에 사는 거인들에 비해 고루하고 먼 곳에 사는 지방 거인들이 학문수학의 기회가 적고, 정보에도 어두워 과거에서 불이익을 받다. 또한, 각기 다른 장점을 가지고 있는데 문사위주로 동일하게 경쟁하게 하면 합격하기 어렵다는 것을 지적한 것이다.

또한 「同文章」에서 그는 지적하기를

"공자는 열 가구가 사는 작은 동네라 하더라도 반드시 나와 같은 충신은 있다.'고 하였습니다. 비록 작고 고루한 지역이라도 반드시 어질고 재능 있는 사람은 있으니 이는 속일 수 없습니다. 그러므로 옛날 선비를 취할 적에는 각 군현의 호구수의 많고 적음으로 비율을 정하여 덕행으로 취하기도 하고 재능으로 취하기도 하여 장점에 따라 각기 취하는 바가 있었습니다. 가까이는 친족이나 인척으로부터 멀게는 이적(오랑캐)에 이르기까지 대소를 따지지 않고 버리지 않았습니다. 그런데 오늘날은 혹 여러 지방에서 한 사람도 급제한 사람이 없으니 인재를 빠뜨린 바가 많습니다."[175]라고 하여 과거제도의 모순으로 인해 관리진출의 지역적 편차가 커져 지역적 지지기반의 약화를 가져온다고 지적하였다. 그리고 이를 보완하고 극복하기 위한 방법으로 각 지역 인구수의 다과에 따라 진사과 급제자 수를 분배하자는 지역적 안배를 주장하였다.

그는 「貢院乞逐路取人狀」에서 당시 과거에 합격자를 선발하는데 균등하지 않는 점이 있다. 그러므로 지금부터 남성(南省)의 진사고시에서 개봉의 국학 출신 거인들의 시험지는 호명하고, 기타 여러 도(道)주(州)부(府) 출신 거인들의 시험지는 출신 로(路)에 따라 이름을 풀로 붙여 봉미관에게 보내고, 시험지위에 '재경(在京)'과 '축로(逐路)'로 표시하여 고시관에게 보내서 선발하도록 하자.[176]고 하였다.

---

175 『前同書』"孔子日, 十室之邑, 必有忠信, 如丘者焉言. 雖微陋之處, 必有賢才, 不可誣也. 是以古之取士, 以郡國戸口多少爲率, 或以德行, 或以材能, 隨其所長, 各有所取, 近自族姻, 遠及夷狄, 無小無大, 不可遺也. 今或數路之中, 全無一人及第, 則所遺多矣."p.262.

한편 이처럼 진사과 합격자의 비율의 불균형과 격차는 국가가 사람을 쓰는데 있어 진사과 합격자가 아니면 좋은 관직을 얻을 수 없고, 시부와 논책에 뛰어나지 않으면 급제하지 못하였기 때문이다. 그리고 수도에 유학한 자가 아니면 시부와 논책에 뛰어나지 못했다. 그 결과 인구의 경사(京師) 지역 집중화 현상과 뇌물수수 같은 범죄가 성행하는 등 풍속이 더럽혀지고 있다고 하였다.[177]

송 인종 가우년간 과거 합격자 수를 지역별로 살펴보면, 다음 표와 같다.

仁宗 嘉祐年間 각 지역별 과거 합격자 비교표

路名(地域別)	年	得解及免解進士	及第者	比 率
國子監	嘉祐3年	118 人	22 人	約 1 / 5
	嘉祐5年	108 人	28 人	約 1 / 4
	嘉祐7年	111 人	30 人	約 1 / 4
開封路	嘉祐3年	278 人	44 人	約 1 / 6
	嘉祐5年	266 人	69 人	約 1 / 4
	嘉祐7年	307 人	66 人	約 1 / 5
河北路	嘉祐3年	152 人	5 人	約 1 / 30
	嘉祐7年	154 人	1 人	1 / 154
京東路	嘉祐3年	157 人	5 人	約 1 / 30
	嘉祐5年	150 人	5 人	1 / 30
梓州路	嘉祐3年	63 人	2 人	約 1 / 31
廣南東路	嘉祐3年	97 人	3 人	約 1 / 32
	嘉祐5年	84 人	2 人	1 / 42
	嘉祐7年	77 人	0 人	
荊湖南路	嘉祐3年	69 人	2 人	約 1 / 34
	嘉祐5年	69 人	2 人	約 1 / 34
	嘉祐7年	68 人	2 人	1 / 34

176 『溫國文正公文集』, 卷30, 章奏15, 「貢院乞逐路取人狀」, p.262.

177 『溫國文正公文集』, 卷30, 章奏15, 「貢院乞逐路取人狀」, p.262

路名(地域別)	年	得解及免解進士	及第者	比 率
廣南西路	嘉祐3年	38 人	1 人	1 / 38
	嘉祐5年	63 人	0 人	
	嘉祐7年	68 人	0 人	
利州路	嘉祐3年	26 人	1 人	1 / 26
夔州路	嘉祐3年	28 人	1 人	1 / 28
	嘉祐5年	32 人	0 人	
河東路	嘉祐3年	44 人	0 人	
	嘉祐5年	41 人	1 人	1 / 41
	嘉祐7年	45 人	1 人	1 / 45
荊湖北路	嘉祐3年	24 人	0 人	
	嘉祐5年	23 人	1 人	1 / 23
陝西路	嘉祐5年	123 人	1 人	1 / 123
	嘉祐7年	124 人	1 人	1 / 124

상기 표에서 보면, 당시 과거제도가 진행되는 과정에서 일부지방 출신은 전혀 합격자가 없거나 단지 한 사람의 합격자가 있는 지역이 있는 등 합격률이 지극히 낮은 지역이 출현하였다. 반면, 수도의 국자감과 개봉로 출신은 약 1/4에서 1/5이 합격할 정도로 합격률이 높았다. 이처럼 진사과 급제자의 출신지역적 편차가 크게 보였다. 이런 현상은 국가의 고시내용이 시부와 같은 문학적 재능이 뛰어난 사람을 중심으로 선발하기 때문에 경사지역에서 수학한 사람에게 유리하게 작용된 결과라고 지적하였다.[178]

그는 그 결과에 대해 「貢院乞逐路取人狀」에서

"그러므로 사방(四方)의 학자들로 하여금 모두 고향과 부모를 등지게 하여 늙은 부모를 고향에 남겨두고 수도에서 늙도록 다시 돌아가지 못하였습니다. 그간에(경사에 있는 동안) 잘못을 저질러 근심을 하며 숨어 지내기도

178 『溫國文正公文集』, 卷30, 章奏15, 「貢院乞逐路取人狀」 "國家用人之法, 非進士及第者, 不得美官, 非善爲賦詩策論者, 不得及第, 非遊學京師者, 不善爲賦詩策論, 以此之故." p.262.

합니다. 감히 향리에서 선발되지 못하는 자들 가운데는 사사로이 감첩을 사서 출신지를 숨기고 경사에서 선발되기도 합니다. 2년에 한 번 과거를 개설한 이래로 먼 지방에서 온 거인들은 다시 왕래하는 것을 꺼려 경사에 남아 있다가 응시하려는 사람들이 옛날에 비해 더욱 많아졌습니다.[179]"라고 하여 시부위주의 과거 방법이 거인들의 학풍을 해치게 된다고 지적하였다.

또한 이런 현상이 계속되면 경사에는 사람이 집중하게 되고, 지방은 점차 적어져서 지역적 인구불균형과 지지기반이 축소되어 송조가 추구한 강간약지(强幹弱枝)의 정책이 관리등용에도 나타나게 된다. 그리고 북방지역 사인들의 소외 현상은 인구 감소이외에 민심이완과 같은 정치사회적인 문제를 야기 시킨다.

또한「貢院定奪科場不用詩賦狀」에서 당시 과장에서 시부위주의 취사방법이 가져오는 폐단에 대해 지적하고 구체적인 개혁을 제시하였다.

"신이 듣건데, 말로써 사람을 취하는 것은 진실로 재능 있는 사람을 모두 선발하기에 미흡합니다. 그런데 오늘날의 과장은 사부로 경쟁 하도록 하니 그 말을 보는 것도 부족합니다. 국가가 오랫동안 태평이 계속되고 문물이 지극히 성하여 학자들이 경전을 으뜸으로 삼고 도를 추향하려고 하지 않은 사람이 없습니다. 선제께서 취사제도의 폐단을 살펴서 일찍이 근신들의 의견을 모아 조문에 드러냈습니다. 그 조문에 '학교를 근본으로 해서 가르친 연후에 그 행실을 구할 수 있다. 책론을 먼저 하면 이치를 분별하는 자들이 그 말을 다할 수 있으며, 형식을 간략하게 하면 박식한 사람들이 그 재주를 자못 나타냅니다.'라고 하였습니다. 삼가 듣건데 작년 이래 남성(南省)에서 고교(考校)하는 데 전적으로 논책을 사용하여 승진과 퇴출을 행하니 의논하

179 『溫國文正公文集』, 卷30, 章奏15, 「貢院乞逐路取人狀」, "故使四方學者, 皆棄背鄉里, 違去二親, 老於京師, 不復更歸, 其間亦有身負過惡, 或隱憂匿服, 不敢於鄉里取解者, 往往私買監牒, 妄冒戶貫, 於京師取解, 自間歲開科場以來, 遠方舉人, 憚於往還, 只在京師寄應者, 比舊尤多." p.262.

는 사람들은 당연하다고 여깁니다. 그러나 신은 오히려 사방이 소원할까 두렵습니다. 숭상할 바를 알지 못하여 관리들이 각기 소견을 갖게 되면, 사람들이 따르지 않을 것입니다. 바라건데 지금부터는 과장에서 다시 시부를 사용하지 마십시오. 갑자기 폐지하려고 하지 않으시면 즉 제1장에서는 논(論)을 시험하고, 제2장에서는 책(策)을 시험하고, 제3장에서는 시부를 시험하게 하십시오. 매번 정시(廷試)를 만날 때 마다 또한 논의가 시부를 억누르고, 승강과 선후의 법을 삼으시면, 선제의 유지를 거의 이룰 것입니다. 영원히 인문(人文)이 성하게 될 것입니다."[180]라고 하여 전적으로 시부취사를 실시하던 당시 과장의 시험 방법을 '선논책후시부'의 방법으로 바꾸고, 논책은 시무책 위주로 바꾸자고 주장하였다.

소식도 신종 원풍원년(1078) 지방관으로 재직한 경험을 바탕으로 북방사인들이 가지고 있던 재능과 장점을 발휘할 수 있는 기회를 특별히 제공하자고 주장하며 별도의 관리진출방법을 제창하였다.

그는 「上皇帝疏」에서 지적하기를

"옛적에는 시부로서 취사하였는데, 오늘날 폐하께서는 경술(經術)로서 인재를 등용하십니다. 비록 명칭은 다르나 모두 문사(文辭)로 인재를 선발하는 것입니다. 등용된 사람들을 살펴보면 오(吳)·초(楚)·민(閩)·촉(蜀) 지방 사람들이 많습니다. 반면에 경동·경서·하동·하북·섬서 등 5로 지방은 예로부터 호걸이 많이 배출되는 지역으로 그곳 사람들은 침착하고 용맹스러워서 그에 합당한 정사를 맡길 만합니다."[181]라고 하였다.

---

180 『溫國文正公文集』, 卷28, 章奏12, 「貢院定奪科場不用詩賦狀」, "臣聞以言取人, 固未足以盡人之才, 今之科場, 格之以辭賦, 又不足以觀言. 國家承平日久, 文物至盛, 學者莫不欲宗經嚮道, 至於浮華博習, 有不得已而爲之者. 先帝察取士之弊, 嘗集近臣之論, 形於詔文, 則日, 本學校以敎之, 然後可以求其行, 先策論, 則辨理者得盡其說, 簡程式, 則閎博者頗見其才. 竊聞昨來南省考校, 始專用論策升黜, 議者頗以爲當. 臣猶恐四方疏遠, 未知所尙, 有司各持所見, 則人無適從. 欲乞今來科場, 更不用詩賦, 如未欲遽罷, 卽乞令第一場試論, 第二場試策, 第三場試詩賦, 每遇廷試, 亦以論壓詩賦, 爲先後升降之法, 庶成先帝之志, 永底人文之盛." p.251.

또한 그는 이들 서북사인들의 장점이 있는 부분을 버리고 다른 지역 사람들과 같이 글을 짓고 경의를 읽게 하여 문사의 시험으로 득실을 경쟁하게 한다면 관직에 진출하기 어렵다. 그러므로 특별히 5로 지역의 선비들을 위해 별도의 관리진출 방법을 열어주어 군사방면에 종사하도록 기회를 주어 국방강화에 일익을 담당할 수 있게 하고 폭넓은 지역적 지지세력을 양성하자고 주장하였다.[182]

그는 「貢院乞逐路取人狀」에서 당시 관리등용방법에 대한 자세한 문제점과 그 개선점을 실질적인 운용방법을 인용하여 지적하고 있다.

"『書經』에 이르기를 '한편에 치우치지 않고, 파당을 이루지 않으면 왕도가 넓어질 것이다'라고 하였습니다. 나라에서 현능한 사람을 선발하는 과거를 설치하여 사방의 선비를 기다린다면, 어찌 서울에 사는 형편없는 사람들로 하여금 벼슬자리를 독점할 수 있게 하겠습니까? 지금 유재(柳材)가 상소하여 청한 과장사건을 그에 따라 시행하여 중외가 균등하고 사리에 맞도록 실시하면, 멀고 편벽한 지역의 사람들도 나아갈 희망이 있으며, 교만하고 어리석은 사람들은 고향으로 돌아가고자 할 것이다."[183]라고 하였다.

한편 이를 시행하기 어렵다고 반대하는 사람들은 반드시 국가에서 봉미와 등록법을 만들어 지극히 공정함을 다하면 된다고 할 것입니다. 여러 지방 거인들의 급제자가 경사출신 보다 적은 것은 그들의 학문이 졸렬하여 장단

---

181 『蘇東坡全集』, 卷11 書37, 「上皇帝書」, p.342.
"昔者以詩賦取士, 今陛下以經術用人, 名雖不同. 然皆以文詞進耳. 考其所得, 多吳·楚·閩·蜀之人, 至於京東西·河北·河東·陝西五路, 蓋自古豪傑之場, 其人沈鷙勇悍, 可任以事."

182 『蘇東坡全集』, 卷11, 書37, 「上皇帝書」, p.342.
소식은 송 신종 원풍원년(1078) 서주의 장관으로 재직할 때 군사방면에 장점을 가진 북방사인에게 별도의 관리진출의 방법을 열어주자고 상소하며 그 결과는 송조에 유익한 점이 많다고 주장하였다.

183 『溫國文正公文集』, 卷30, 章奏15, 「貢院乞逐路取人狀」, "書曰, 無偏無黨, 王道蕩蕩, 國家設賢能之科,以俟四方之士, 豈可使京師詐妄之人, 獨得取之. 今來柳材所起請科場事件, 若依而行之, 委得中外均平, 事理允當, 可使孤遠者有望進達, 僑寓者各思還本土矣.", p.262.

이 서로 드러나기 때문에 이치상 당연합니다. 지금 봉미하는 시험지에 '재경'과 '축로'의 글자가 있다면 반드시 시험관과 협작을 생각하는 자들은 사사로운 인정이 작용될 수 있다고 반대할 것이다.

그러나 무릇 시험관들이 사사로이 협작하는 것은 그 친척이나 향당일 뿐입니다. 오늘날 비록 '축로'의 글자를 표시한다고 해도 시험관이 만약 친지들을 선발하려고 하면 모두 한 지역의 사람을 모두 선발해야 하는데 누구인지도 알지 못하는 사람을 친척으로 여기겠습니까? 만약 같은 지방 사람을 선발하려고 한다는 것은 한 개의 로 가운데서 스스로 수를 나누어 취하는 것으로 어찌 감히 본 로(한곳)에 편중하겠으며, 한 두 사람을 더 선발하는 것을 가지고 이렇게 말하는 것입니까?[184]라고 당시 반대에 대한 반박을 제시하며 축로취사의 방법을 적극 제창하였다.

한편, 그는 축로취사의 방법은 봉미와 등록법을 보완할 수 있으며, 지역적 편중현상을 제거하고 현실정치에 적용될 수 있는 능력을 가진 자를 선발할 수 있다고 주장하였다. 사마광이 제기한 각로의 인구수에 따라 진사과 합격자 수의 비율을 정하자는 축로취사에 의한 취사의 방법에 대해, 구양수는 「論逐路取人箚子」에서

"삼가 생각컨데, 국가에서 선비를 취하는 제도가 전대에 비해 지극히 공정하다고 말합니다. 이는 대체로 누대 성상께서 마음을 두시고 곡진함을 강구하여 '왕자는 천하를 일가로 여겨 도외시함이 없다'고 생각하기 때문입니다. 그러므로 응시자들에 게 동서남북 어디 출신인지도 묻지 않고, 여러 지방의 응시자들을 모두 하나로 합해서 오직 재능이 있는 자는 선발하였습니다. 또한 이름을 가리고 등록해 채점해서 시험관으로 하여금 응시자가 어느 지역 출신인지 누구의 자제인지 모르게 하여 애증과 후박이 없도록 하였습니다. 그런데 의논하는 자들은 국가의 과거제도가 비록 옛 방법을 회복하지는

184 『溫國文正公文集』, 卷30, 章奏15, 「貢院乞逐路取人狀」, p.262.

못했지만 현재에 편리하다고 말합니다. 그러나 조물주처럼 사사로운 정이 없고, 저울대처럼 지극히 공정한 것은 조종 이래 바꿀 수 없는 제도입니다."[185] 라고 반대하며 현행의 방법을 견지하자고 주장하였다.

구양수는 개혁을 주장하는 신하들이 과거제도 시행에서 나타나는 단편적인 폐단만을 보고 바꾸려고 한다고 반박하고, 당시 시행되고 있던 호명과 등록법 같은 방법은 대단히 공정한 제도로서 지속적인 시행을 주장하였다.

또한 그는 당시의 관리등용 방법은 전대 권문세가에 의해 주도되던 방법에 비해 실력위주의 평등경쟁이 보장된 훨씬 공정한 방법으로 쉽게 바꿔서는 안 된다고 하였다.

그는 당시 개혁론의 추세에 대해

"『傳』에 이르기를 '총명함으로 옛 전장제도를 어지럽히지 말라.'고 하였다. 또 '백가지 이로움이 없으면 법을 바꾸지 말라.'고 하였습니다. 오늘날 변법을 말하는 사람들은 우연히 한 가지 폐단만을 보고 즉시 고칠 것을 의논하고 있습니다. 이것이 신이 구구하게 밝혀 폐하를 위하여 조종의 법을 지키려고 하는 까닭입니다."[186]라고 하여 새로운 방법은 구제도에 비해 훨씬 완벽해야 개혁할 수 있다고 당시 개혁논의에 대해 반대하였다.

특히 그는 사마광이 주장한 축로취사의 개혁방법에 대해 현행의 취사제도에서도 서북지역 사람들은 진사과에는 적지만 경학 위주의 명경과에는 많이 선발된다. 이는 천하가 지극히 넓어 사방의 풍속이 다르며 사람의 개성도 각기 날카롭고 아둔함이 있는 등 다르다는 것을 전혀 모르는 것이다. 동남지

---

185 『歐陽文忠公文集』, 奏議卷第17, 「論逐路取人箚子」, "竊以國家取士之制, 比於前世, 最號至公, 蓋累聖留心, 講求曲盡, 以謂王者無外, 天下一家. 故不問東西南北之人, 盡聚諸路貢士, 混合爲一, 而惟材是擇, 又糊名謄錄而考之, 使主司莫知爲何方之人, 誰氏之子, 不得有所憎愛薄厚於其間. 故議者謂國家科場之制, 雖未復古法, 而便於今世. 其無情如造化, 至公如權衡. 祖宗以來, 不可易之制也."p.872.

186 『歐陽文忠公文集』, 奏議卷第17, 「論逐路取人箚子」"傳曰, 無作聰明亂舊章, 又曰, 利不百者不變法. 今言事之臣, 偶見一端, 卽議更改, 此臣所區區欲爲陛下守祖宗之法也." p.872.

역의 풍속은 문장을 좋아하여 진사과에 합격자가 많은 반면, 경학 위주의 명경과에는 적다. 서북지방 사람은 실질을 숭상하기 때문에 진사과에는 적으나 명경과에는 많다. 그래서 진사과와 명경과를 합해서 비교하면 그 수가 비슷하다. 그러므로 각기 그들의 재능과 성품의 장점에 따라 등용되어야지 지역안배와 같은 방법은 장점 보다 단점이 많다고 하였다.[187]

구양수는 계속해서 「논축로취인차자」에서 인구수에 따라 진사과 합격자 수를 배정하는 것은 동남출신에 대해 억제한 것을 또 억제한 것이며, 마땅히 합격할 만한 재능 있는 자가 떨어지고, 떨어져야 할 사람이 합격하게 되는 취사전도의 문제점 등 여섯 가지의 불가한 이유를 상세하게 지적하며 반대하였다.[188] 이 문제에 대한 사마광과 구양수의 논쟁에 대한 문제는 여기서는 간략하게 살피고 후일 전제(專題)연구를 통해 밝히고자 한다.

사마광이 '축로취사'의 방법을 통해 북방사인의 관리진출을 주장할 당시는 왕안석이 과거에서 첩경과 묵의를 폐지하고, 경의를 중시하는 진사과의 정원을 늘려서 선발하자고 주장한 시기였다. 이것은 북방사인의 장점이었던 장구주소의 방법인 명경제과를 폐지하고, 문자의 기교연구를 통해 관리를 선발하자는 것으로 북방사인들의 관리진출 기회를 제한한 것이었다.[189]

이런 상황에서 사마광은 진사급제자 수를 조정하여 지역적 불균등을 해소하여 지역적인 안배와 함께 지지세력을 확대하고자 한 것이다.

북송 흠종(欽宗) 정강(靖康)년간에 금군이 수년간 황하유역을 유린하여 화북지역은 주현에 이르기까지 황폐되지 않은 곳이 없었다. 이런 문제도 송조가 북방사인과 지역민들을 적극적인 지지를 얻지 못했던 것도 큰 원인이었다고 할 수 있다.

그러나 사마광이 건의한 축로취사의 방법은 구양수 등의 반대에 부딪혀

187 『歐陽文忠公文集』, 奏議卷第17, 「論逐路取人箚子」 p.872.

188 『歐陽文忠公文集』, 奏議卷第17, 「論逐路取人箚子」 p.872.

189 金諍(姜吉仲 譯), 『中國文化와 科擧制度』(중문, 1994), p.187.

시행되지 못하고, 강남으로 천도한 후 300년이 지난 명 태조 주원장에 이르러 한인 귀족세력의 억제와 왕권강화라는 측면에서 실시한 남북분권(南北分權)제도에 의해 실행되었다.[190]

이상에서 본 바와 같이 관리등용법을 포함한 이치법의 확립은 정치사회적 안정과 봉건왕조 유지의 근간이었다. 특히 관리등용법의 운용은 황권강화와 밀접한 관계를 가지고 시행되었으며 개혁도 진행되었다. 그 결과 북송초기 사대부 관료계층의 공통의 관심사가 바로 과거제도와 이치법 개혁이었다.

4) 맺음말

분과고시(分科考試)를 통한 인재선발은 중국 봉건왕조 선관(選官)제도의 기본이 었으며, 송대 황권강화와 더불어 진일보한 발전을 거쳐 정형화를 이루었다.

당송 변혁기를 거치면서 진행된 제방면의 변화는 경제활동 영역의 확대와 사회생산력 증가를 통한 경제적 번영을 가져왔다. 그 결과 정책실시와 결정과정에서 그들 자신들의 이익옹호와 특권유지를 위한 질서체계의 형성과 유지를 제창하고, 과거제도 실시에서도 유학부흥을 통한 정치의 이론적 근거로 삼았다.

송대 관리등용 방법은 황권강화와 밀접한 관계를 가지고 진행되었다. 인종 경력년간 범중엄이 제창한 이치법개혁 논의를 필두로 신종대 왕안석의 학교제도 개혁을 통한 관리등용이라는 방법 제창되기도 하였다.

북송대 관료 사대부계층을 중심으로 전개된 제방면의 폐단에 대한 개혁논

---

190 金諍(姜吉仲 譯), 『中國文化와 科擧制度』, pp.186-187. 명대 실시한 남북분권취사의 방법 실시는 외형적으로 보기에는 남북방 사건이라는 과거폐단에 불과 하지만 실제로는 주원장에 의해 실시된 남북 귀족세력의 억압과 북방 사인을 등용하여 남방사인세력에 대한 견제를 통해 왕권강화라는 측면이 강하게 내재되어 있다.

의의 핵심이 바로 이치법 개혁이었다고 할 수 있다. 이것은 곧 국가조직과 제도운용의 강화를 통한 정치사회 안정과 지지세력의 확보라는 황권강화와 깊은 관계를 갖는 현안문제였다.

본문은 북송 초기의 현실문제에 대한 사마광의 현실관을 그의 『문집』가운데에서 현실문제에 대한 인식과 관계있는 주의(奏議, 상소문)를 중심으로 분석하여 현실인식과 폐단에 대한 개혁론을 중심으로 한 경세관을 살펴보았다. 특히 관리등용법에 대한 개혁방안과 이치법 운용은 당시 관료계층의 최고 지위에 있었던 사람에 의해 제기된 것으로 정치가적인 입장에서 본 그의 현실 정치관을 규명하고자 하였다.

사마광은 누대에 걸친 풍부한 정치적 경험을 바탕으로 현실정치에 대한 정확한 현실인식을 바탕으로 개혁방향과 목표를 제시하였다. 특히 각 지역의 인구비례에 의해 진사과 합격자 수를 배정하자는 축로취사의 방법은 당시 이치법 운용에서 나타난 정치적 문제뿐 만아니라 북방 유목민족과의 군사적 문제와도 결부된 것으로 그의 정치적 이상실현과도 밀접한 관계를 가지고 제기되었다고 여겨진다.

한편 사마광은 당시 조종(祖宗)의 방법을 견지하면서 시행되던 용인방법과 이치법에 대한 개혁은 정치적 안정을 추구하는 기본으로 파악하고 적극적인 개혁을 시도하였으나 송조사회를 결코 크게 개선하지는 못하였다.

이러한 각 지역 간 인구(戶口) 수에 의해 진사과 합격자 수를 분배하는 축로취사의 방법은 몇 년 전부터 우리사회에서 시행되고 있는 '지역인재할당제'를 바로 같은 취지로 볼 수 있다. 즉 지역 간의 화합과 관리등용의 수적 불균형을 해소하여 폭넓은 지지기반을 이루고자 한 것이다.

이 방법은 시행과정에서 제기될 수 있는 문제점은 송대 구양수가 지적했던 바와 같이 여러 가지가 지적될 수 있다.

그러나 지역 간의 인구수와 경제수준 그리고 교육기관의 분포 등과 같은 여러 가지를 종합적으로 고려하여 실시한다면 더욱 효과적인 방법이 될 수 있을 것이라 생각된다. 특히 새로운 방법을 실행하기 위해서는 파생될 문제점에 대한 정확하고 객관적인 검토와 철저한 준비가 선행되어야 하겠다.

5) 참고문헌

專籍

司馬光,『司馬光集』, 四川大學出版社, 成都, 2010.02.

歐陽修,『歐陽修詩文集校箋』, 洪本健, 校箋, 上海古籍出版社, 上海, 2009.08.

李燾,『續資治通鑒長編』, 中華書局, 北京, 2004.09.

脫脫,『宋史』, 中華書局, 北京, 1985.06.

徐松,『宋會要輯稿』, 臺北, 世界書局, 1977.05.

王安石,『王文公集』, 唐武標 校, 上海人民出版社, 上海, 1974.07.

論著

北京圖書館 編『北京圖書館年譜叢刊』, 北京圖書館出版社, 1999.

吳洪澤 尹波 編『宋人年譜叢刊』, 四川大學出版社, 2003.

苗書梅,『宋代官員選用和管理制度』苗書梅 開封(河南大學出版社, 1996年).

申採湜「王安石 改革의 性格檢討 : 특히 新法의 保守性에 관하여」,『동양사학연구』51, 1995.

蔣復璁「宋代一個國策的檢討」,『宋史新談』(臺北, 正中, 1970).

賈俊逸「司馬遷司馬光政治思想之異同」, 西北師範大學, 2010.

姜吉仲「司馬光對政治現實的認知和對人才觀之研究」,『宋旭軒教授八十榮壽論文集』臺灣, 1999, 11.

姜吉仲「司馬光의 現實認識과 經世觀에 대한 연구」(慶尙史學15・16合輯」(2000年12月).

4. 구양수(歐陽修)의 현실인식과 경세관

1) 서론

구양수(1007-1072)는 인종(1023-1063)·영종(1064-1067)·신종(1068-1085) 3조(朝)에 걸쳐 관료를 역임했던 북송의 걸출한 정치가이며 문학가·사학가·경학가이었다. 그가 활약하였던 시기는 송이 전성기에서 쇠퇴기로 접어드는 시대로 정치경제의 모순이 노출되고 풍속이 날로 쇠퇴하는 정세였다.

그는 일생동안 범중엄과 왕안석과 같이 참지정사나 재상으로 정치를 좌우하지는 못하였으나 일세를 풍미한 인물이었다. 그는 한문(寒門)의 출신으로 과거를 통해 관직에 나와 편벽한 작은 고장의 관리에서부터 조정의 주요 관직을 역임하면서 민생의 어려움 등 세상인정을 통찰할 수 있었다. 또한 거란에 사절로 다녀오면서 직접 변경지역을 살피는 등 풍부한 경험을 바탕으로 한 현실인식을 가지고 있었다.

그는 정치실천의 기초 위에서 통치의 안정을 위해 정치적 견해를 밝히고 개혁을 주장하였다. 그러나 대부분은 집정자의 주목을 받지 못해 실천에 옮겨지지 못했으나 그의 주장에는 많은 합리적인 요인들을 내포하고 있었다.

당시 유식지사(有識志士)들은 송조의 관용적이며 개방적인 문화 정책의 영향으로 자유로운 학술 사상연구를 통해 누적된 폐단과 구습에 젖어 있는 정치현실에 대한 개혁을 제창하였다. 북송 시기 범중엄의 경력신정과 왕안석의 희령변법이 바로 이 시기 사회혁신의 분위기를 직접 반영한 것이다.

구양수는 북송시기 전성기와 쇠퇴기를 직접 체험했던 자신의 경험과 탁월한 식견을 바탕으로 정치사회 전반에 존재하는 모순에 대해 지적하였다. 구양수는 인종시기 범중엄과 부필이 제창한 경력신정에 참가하였다가 보수파 권신들의 원한과 공격을 받아 폄출되기도 하였다. 그는 관리에 있을 때나 물러나 있을 때도 마찬가지로 현실에 관심을 가지고 자신의 정치견해를 적극적으로 개진하였다.

본고에서는 그의 『문집』 중에서 개혁논의를 담은 주의를 중심으로 현실 인식과 그의 경세관의 구체적인 내용을 살펴보고자 한다.

2) 정치사회에 대한 현실인식과 경세관

경우(景祐) 3년(1036), 구양수는 『맹자』의 '백성으로 하여금 산 이를 봉양하고 죽은 이를 장례함에 유감이 없게 하는 것이 왕도의 근본이다'[191]를 인용하여 자신의 정치적 이상과 실천방향인 근본에 힘쓰고 농업을 일으키며 절용을 통해 농민을 사랑하자는 자신의 입장을 명확히 하였다. 또한 관중(管仲)의 '창고가 실(實)해야 예절을 안다'를 논지의 근거로 삼아 설명하였다. 그는 「原弊」에서

'고로 농업은 천하의 근본이며 왕정(王政)이 이로부터 일어난다. 고대의 군주는 이를 소홀히 하지 않았는데 오늘날 관리들은 그렇지 않고 장부(法)에 쓰여진 대로 행할 뿐이다. 농정을 말하는 것을 들으면 서로 비웃으며 말하기를 비루하다고 한다. 세금을 거두어다 쓰는 것이 급한 줄만 알고, 농업에 힘쓰는 것이 먼저라는 것은 알지 못하니 이는 정치의 본말을 근본적으로 알지 못한 것이다. 농업에 힘쓰는 것을 알고 절용하여 애농(愛農)할 줄 모르니 이는 무농(務農)의 방법을 다하지 않은 것이다.'[192]라고 하였다.

무농과 흥농(興農)은 고대 이래로 국가를 안정시키는 전제조건이며 기초가 되는 것이다. 이것은 농업입국에 있어서 자급자족의 자연경제가 주도적인 위치를 점하던 봉건사회에서는 특히 중요하였다. 손에 양식이 있으면

---

191 『孟子』 梁惠王章句上.'使民養生喪死, 無憾也. 養生喪死, 無憾, 王道之始也.'

192 『歐陽修文集』 卷59,(四部叢刊正編, 法仁出版社, 1989, 以下 文集이라 함) 論(時論)「原弊」, '故農者, 天下之本也, 而王政所由起也, 古之爲國者, 未嘗取忽. 而今之爲吏者, 不然, 簿書聽斷而已矣, 聞有道農之事, 則相與笑之曰: 鄙. 夫知賦斂移用之爲急, 不知務農爲先者, 是未原爲政之本末也. 知務農而不知節用以愛農, 是未盡務農之方也.', p.440.

마음이 황량하지 않다는 말은 오늘날에도 구호로만 외칠 것이 아니다.

구양수는 이 말을 중복해서 사용하며 현실에 강한 집착을 가지고 있었다. 즉 위정자는 조세를 징수하는 것이 급한 것이 아니고 무농을 우선으로 삼아야 한다. 그리고 위에서 행하여 아래에 효과가 나타나야 한다. 관리들은 장부(호적)에 의해서만 백성에게 세금을 부과하고 농업생산의 실질 상황을 고려하지 않는 본말전도의 방법은 농업생산에 폐해를 가져오고 국가재정의 결핍을 야기시킨다. 이러한 상하가 곤핍한 근본 원인을 보면 세 가지가 있다. 즉 유민지폐(誘民之弊), 겸병지폐(兼并之弊), 역역지폐(力役之弊)가 있다. 그 중 유민지폐가 가장 심각하였다.

소위 유민지폐란 풍부한 물질대우로써 농촌의 노동력을 승려나 병사로 강제로 유인하고, 부모를 봉양하며 단순히 먹고사는 기생충이 되거나 농민의 노동력을 잠식하는 폐단을 가져왔다.

구양수는 황년(荒年)에 병사를 모으는 것을 좋지 않은 효과로 분석하였다. 앞서 서술한 바와 같이 송 왕조는 개국시기부터 황년에 병사를 모집하는 것을 내우를 없애는 것으로 보아왔다. 송태조 조광윤은 득의양양하게 자신이 큰 발견을 한 것처럼 재상이었던 조보 등 2.3사람의 대신들에게 이르기를 '백대(百代)를 이롭게 하는 것은 오직 양병(養兵)이다. 그리하면 흉년과 기근을 당하여 반민(叛民)은 있으나 반병(叛兵)은 없고, 불행히도 풍년에 변란이 생긴다면 반병은 있으나 반민은 없을 것이다'고 하였다.[193]

이후 송조의 가법(家法)으로 이루어져서 구양수가 생활하였던 중기까지 이어져왔다. 그리하여 흉년을 당하면 주현관리들은 총 출동하여 키가 크고 작고 건강한 정도에 따라 사람을 모집하여 금병이나 상병(廂兵)에 충당하였다. 장병을 많이 모집한 사람은 상까지 내리면서 많은 용람(冗濫)현상을 가

193 晁說之『元符三年應詔封事』, 見『崇山文集』卷1. '可以利百代者, 唯養兵也. 方凶年饑歲, 有叛民而無叛兵, 不幸樂歲而變生, 則有叛兵而無叛民'

져왔다. 그러나 그들은 하는 일도 없이 의복과 음식을 축내며 나태한 생활을 일삼고 작전 훈련도 받지 않았는데 어찌 전쟁을 수행할 수 있었겠습니까? 그 결과 유사시에 매번 병사가 새롭게 필요하게 되고 일시에 붕괴되며 계속해서 패배하게 되는 폐단을 쉽게 볼 수 있었다.

본래 농사에 힘쓰는 것은 농업생산을 중시하는 것으로 반드시 농촌에 충분한 노동력이 있어야한다. 그러나 흉년에 지속적으로 병사를 모집하여 건강한 사람들이 모두 모집되어 강남의 농촌에는 노약자만 남게 되었다. 그리하여 강남의 농촌에 남아있던 노약자들은 일 년 동안 전력을 다해 농사를 지어도 강부(糠麩)와 비패(秕稗)와 같은 개나 돼지가 먹는 음식을 면하지 못했다. 게다가 불행히도 수한(水旱)을 만나면 굶어 죽는 사람들이 많았다.

그러나 승려나 병사가 된 실제 노동력을 가진 자들은 평생토록 안일하게 무위도식하였다. 그들 간에도 경제생활 대우는 엄청난 차이가 생겨 남쪽지역 농촌에 있던 사람들이 날로 감소되게 되었다. 농촌노동력의 대량 유실은 자연히 농업생산의 발전을 저해하였다.[194]

또한 송대 관리들은 병사를 모집하는데 능력에 상관하지 않고 단지 인원수에만 초점을 맞췄다. 즉 병사를 많이 모집한 관리가 상을 받아서 백성들의 노동력이 부족할 때도 다투어 모집하였다. 제로(諸路)의 백성 절반이 병사인 경우가 있어 모집한 군인들 중에는 노약하고 병약하며 작고 겁이 많은 자가 셀 수 없을 정도로 심각한 악영향을 가져왔다.[195] 계속적인 병사 수의 증가는 국가와 백성을 소모하게 되고 해가 갈수록 누적되어 적이 쳐들어오지 않아도 국가는 곤핍하게 되었다.

그 결과 농민들은 가혹한 약탈과 압박을 이기지 못해 생존을 위하여 고향을 버리고 타향으로 유랑하는 유민화 현상이 생기게 되었다. 한편 천재지변

194 『文集』卷59, 「原弊」, p.441.

195 『文集』卷46, 「准詔言事上書」'數年以來, 點兵不絕, 諸路之民, 半爲兵矣, 其間老弱病患, 短小怯懦者, 不可勝數.', p.336.

을 당하게 되면 식량을 빌려서 생활하는 악성적인 순환을 반복하게 되고 대호(大戶)들은 앉아서 3배의 이익을 얻게 되는 겸병의 폐단이 형성되었다. 또한 어떤 사람은 다행히 자경농이 되기도 하였지만 전부(田賦)를 납부하는 것 이외에 소역(小役)과 대역(代役)을 담당해야 하였다. 그리하여 이것을 이겨내지 못해 토지를 할 수 없이 팔고 다른 곳으로 도망가기도 하였는데, 이를 역역지폐(力役之弊)라 한다.

이처럼 3가지 폐단이 함께 형성되면 백성들은 살 수 없게 되었다. 그리하여 구양수는 그 폐단을 지적하며 위정자들은 반드시 무농을 알고 절용을 알아야 한다고 주장하였다. 그는 중농의식을 증가하는 동시에 반드시 소비를 줄이고 세입을 헤아려 지출하며 역량을 헤아려 행동하여야 진정한 애농(愛農)이라고 주장하였다.

절용함으로써 애농한다는 구양수의 생각은 반드시 곡식을 축적하여 재황에 대비하고 요역과 부세를 가볍게 하는 두 가지를 모두 포함하는 것이었다. 그는 『禮記 · 王制』에 이르기를 연속해서 삼년을 경작하면, 일년 분의 양식을 충분히 저축할 수 있다.[196]는 말을 인용하여 삼년 경작하면 일년 분을 비축할 여유가 생겨 농민이 수재를 당해도 극한적인 기아현상을 면할 수 있다는 것이다. 이를 위해서 농민의 부세부담을 조정해야하며 『孟子 · 滕文公上』에서 지적한 10분의 1세를 당연히 유지해야 한다고 하였다.

구양수는 부세는 백성의 실제 부담능력을 근거로 하여 국가가 재정지출을 산출해서 징수해야 한다. 양입지출(量入支出)과 부세제도가 상응하게 되면 비로소 백성(下者)은 힘을 다해 생산하게 되고, 상자(上者)가 백성의 능력을 헤아려 절제있게 사용하면 백성과 국가 모두 부유하게 된다고 하였다.

구양수는 『原弊』에서 근본에 힘쓰는 것과 절용을 연계하여 특히 용병(冗兵)과 농촌의 피폐와 국가 재정의 결핍에 내재하는 관계를 표출하여 독특한

---

196 『禮記』「王制」'三年耕必有一年之食.'

의견을 제창하였다. 이것과 범중엄이 제출한 권농상(勸農桑)은 그 정신이 일치하는 것이다.

그는 『答楊辟喜雨長句』에서 연년이 풍년이 들지 않아도 곡식이 부족하지 않게 하는 것은 위정자들의 직분이라고 보았다. 만약 관리가 우둔하여 선정을 베풀지 않고 농사를 권장하고 힘쓰도록 하지 않으면, 일단 풍년들어도 관리들의 겸병과 약탈이 왕공을 능가하고 백성을 수탈하는 것이 끝없고, 소모하는 자가 벌처럼 모여들어 연년이 풍년이 들어도 백성들은 항상 텅비고 가난하게 된다. 그러므로 흉년을 맞게 되면 더욱 곤란하게 되어 천옹(天翁)을 급히 찾게 된다. 이런 상황이 오래되는데 어떻게 천하의 안정을 추구하겠는가?[197]라고 반문하였다.

이상에서 구양수의 정확한 현실인식과 우국충정을 잘 엿볼 수 있다. 고금이래 농업은 농민들의 주요한 생계수단이었다. 노동을 하여도 얻지 못하고 기본적인 생존조건을 충족시키지 못하면 농업생산발전의 공동화 현상뿐 만 아니라 정치국면도 심각한 충격을 받게 된다. 일단 기민과 피곤하고 원망하는 자가 함께 일어나면 그 후환은 왕륜 등 우연히 반란을 일으킨 자들과 비교할 수 없다.[198]고 하였다.

구양수는 기본적으로 민생의 고통에 대한 관심을 가지고 극복하고자 하였다. 그는 정치권에서 멀어졌을 때도 역시 기쁨과 슬픔을 백성과 함께 누리고자 하였으며 백성을 사랑하고 재물을 아끼는 생각을 가지고 있었다. 이는 당시 송대 관료들 중에서는 보기 힘든 사람으로 관리의 귀감이 될 만하였다.

구양수는 경력 8년 양주 장관으로 있을 때 「戕竹記」에서 『尙書・旅獒』편의 무익한 일을 하지 않고 유익한 일을 해치지 않으면 공은 이루어진다와 『論語』의 절용이 애인(愛人)이라는 절용애민의 주장을 제창하고 관리들은

197 『文集』 卷51, 「和楊子靜祈雨長句」, p.381.

198 『文集』卷104, 諫院 「論救賑江淮饑民劄子」 '饑民之與疲怨者, 相呼而起, 其患不比王倫等偶然狂叛之賊也.', p.804.

조석으로 깊이 생각하여 관직과 도를 지키는데 소홀히 해서는 안 된다고 하였다.[199]

구양수는 정부관원은 반드시 직분에 충실하고 사업처리를 근신하게 하여 추호도 게으름이 없도록 해야 한다고 하였다. 그리하여 구양수는 학문함에 있어서도 백성을 사랑하고 재물을 아끼는 정신에 입각하여 매진하도록 해야 한다고 하였다.

그는 「論乞賑救饑民箚子」에서 백성들의 질병과 고통을 살펴 진대(賑救)법을 시행하여 원망을 없애자고 하였다.[200] 경력3년 겨울, 경기(京畿)지역에 대설이 내렸는데, 혹자는 눈은 풍년이 올 조짐이라고 하며 어찌 그리 조급히 구제하려 하는냐! 하였다. 이에 구양수는 크게 틀렸다고 지적하며, 눈이 농민에게 비록 이택(利澤)이 있다고 하나 농무(農畝)의 이로움이 춘하(春夏)에 미치려면 너무 멀고 농민들의 고충과 급함은 목전에 있다고 지적하였다.[201]

송은 매번 남교(南郊)를 할 적마다 부세를 크게 감면했는데, 이를 모방하여 천하의 부족함을 제거하고자 하였다. 그러나 모든 주군과 전운사는 반드시 절차를 밟아 보고하여 삼사의 허락을 받아야 하는 등 절차가 복잡하고 어려워 시행기일을 미루게 되면서 많은 폐단이 발생하였다.

삼사와 전운사는 모두 전곡(錢穀)을 담당하는 직무를 가진 관리로 특별히 전운사는 부세를 거두는 것을 공으로 삼았는데 어찌 수탈할 수 있는 기회를 포기하겠는가? 이렇게 관방(官方)의 절차가 세밀하고 복잡하여 사면의 은혜가 하층에 까지는 미치지 못해 조정에서 내리는 면세의 효과가 한갖 휴지조각에 불과하게 되는 경우가 많았다.[202]

---

199 『文集』卷63, 「戕竹記」, 不作無益害有益, 功乃成. p.475.

200 『文集』卷103, 「論乞賑救饑民箚子」, p.799.

201 『文集』卷103. 「論救賑雪后饑民箚子」 '雪於農民, 雖爲利澤, 然農畝之利, 遠及春夏, 細民所苦急在目前.'(中略) '遍錄民間, 貧凍不能自存者, 量散口食, 並各於有官場柴炭草處, 就近支散, 救其將死之命.', p.799.

202 『文集』卷117, 「乞一面除放缺負箚子」 '天下常有積年缺負, 累經赦宥, 除放不得. 使破敗逃亡之人

이런 상황에 대해 구양수는 「乞一面除放缺負箚子」에서 경력3년 이전에 있었던 부족분은 전운사들로 하여금 완결 짓도록 한 후 삼사에 보고하도록 하였다. 결과가 어떠하던지 간에 구양수는 인민애물(仁民愛物)의 사상실현을 제창하였다.

지화(至和)2년(1055) 황하에 우환이 생기자, 조정 대신들은 토목사업을 대대적으로 일으키고 사묘(祠廟)를 재건하여 요사스로운 기풍을 잠재우자고 하였다. 이와 동시에 하수를 다스리는 기이한 방법들이 제기되었다. 이에 대해 구양수는 「論修河第一狀」, 「論罷修奉先寺等狀」, 「論修河第二狀」, 「論修河第三狀」[203]을 계속해서 상소하면서 부당함을 주장하였다.

이상의 상소에서 그는 경거망동한 행동이 국민의 재산을 허비하고 원망을 사는 일에 대해 일일이 논박을 하며 멈추기를 요구했으나 집정자들이 이를 받아들이지 않아 큰 효과를 가져오지 못했다.

그러나 구양수는 백성의 역량을 헤아려 절약해서 사용해야 한다는 주장을 적극적으로 제창하였다. 이외에 구양수는 일찍이 강정(康定) 원년(1040) 12월 「通進司上書」에서 우혜과세제도의 채택을 적극적으로 주장하며 농민들을 다시 농전(農田)으로 불러오도록 해서 민생안정을 도모하자고 하였다.[204]

경력5년 2월 「請耕禁地箚子」에서 다시 사람을 모집하여 변경의 금지지역에 농사를 짓도록 하자고 건의하고 그 지역 병사와 백성들로 하여금 양식과 가축의 먹이를 자급자족하여 경제생활의 곤란함을 극복하자는 합리적인 건의를 하였다.[205] 이는 자원을 개발하여 백성들의 과세와 요역 부담을 줄이자는 것으로 구양수가 시종 주장하였던 근본에 힘써 농업을 일으키고, 재물을

傳子至孫, 攤在親戚于系人等, 追擾陪塡, 不勝其苦.', p.917.

203 『文集』卷108, 「論修河第一狀」, p.833. 卷109, 「論罷修奉先寺等狀」, p.834. 「論修河第二狀」, p.836-837, 「論修河第三狀」, p.837-838.

204 『文集』卷45. 上書一首, 「通進司上書」, p.329-333.

205 『文集』卷116, 「請耕禁地箚子」, p.901.

절약하여 백성을 아끼자는 주장과 일치하는 또 다른 중요한 일면이었다.

구양수는 백성을 사랑하고 재물을 아끼는 입장에서 출발하여 간략한 정치를 시행할 것을 제창하였다. 그는 『本論』에서 이르기를 '위에서 아래를 다스리는데 간략하면 수고롭지 않다.'라고 하였다.[206] 그는 송조가 법률을 조령모개(朝令暮改)하여 백성들을 번거롭게 한다고 여기고 '매번 조령을 내릴 때 반드시 물의(物議)에 합당해 백성들의 마음을 기쁘게 해야 한다.'라고 하였다.[207] 높은 건물을 짓는 것도 간단하며 행하기 쉬어야 한다며 '이치는 번거로워도 그 요점을 얻으면 간결하다. 요체가 간결하면 행하기 쉽고 위반하지 않는다. 오직 간결하고 쉬운 뒤에야 그 힘이 수고롭지 않고 여유가 있다'라고 하였다.[208]

이상의 사료에서 보아 그의 기본적인 착안점은 백성이 편해야 한다는 애민사상에 있었다. 이러한 정치경세관은 두연(杜衍)의 정치실천에 영향을 크게 받았고 이것을 일생의 정치실천의 주요 목표로 삼았다.[209]

또 그는 주장하기를 호령(號令)을 신중히 해야 한다고 하였다. 이것은 명령이 자주 변하면 불신하게 되고 명령이 빈번하면 따르기 어렵기 때문이다.[210] 그러므로 제도의 개혁에는 신중한 태도를 가지고 경거망동해서는 안 된다는 것이다.

구양수는 송 초기 명재상 이항(李沆)을 대단히 존중하였다. 『歸田錄』卷1에서 이르기를 '이문정공항(李文靖公(沆))이 재상이 되자 심정후중(沈正厚

---

206 『文集』卷59. 「本論」, p.432.

207 『文集』卷100, 奏議卷第4, 「論愼出詔令箚子」'每出詔令, 必須合于物議, 下悅民情', p.784.

208 『文集』卷40, 「海陵許氏南園記」'夫理繁而得其要則簡, 簡則易行而不違. 惟簡與易, 然後其力不勞而有餘,' p.301.

209 『文集』卷31, 「太子太師致仕杜祁公墓志銘」'治吏事, 如其爲人. 其聽獄訟, 雖明敏而審覆愈精, 故屢決疑獄, 人以爲神. 其簿書出納, 推析毫發, 終日無倦色, 至爲條目, 必使吏不得爲姦而已. 及其施於民者, 則簡而易行.', p.243.

210 『文集』卷46, 「准詔言事上書」'夫言多變則不信, 令頻改則難從.', p.335.

重)하여 대신(大臣)의 체통을 가지고 있었다. 일찍이 나는 다른 능력은 없고 오직 조정의 법제를 바꾸지 않아서 국가에 보답하려는 것이라고 하였다. 사대부들은 처음 이 말을 들었을 때 정사에 절실하지 않다고 생각하였다. 그 후 국가를 담당하게 된 자가 혹 정사의 대체를 생각하지 않고 혹 은혜를 받고 명예를 취하고자 조종의 옛 제도를 수차례 용람(冗濫)한 관리를 이루다 헤아릴 수 없고 쓰임이 절도가 없어 재용이 궤핍하게 되었습니다. 국가가 곤폐해진 원인이 모두 지난 일 때문이라고 한다면 집정자들이 옛 규칙을 준수하지 않고 함부로 이전에 이룩한 일을 바꾸었기 때문입니다. 이에 이르러 비로소 공이 간략하여 그 요점을 얻어야 한다는 말을 알게 되었습니다. 이로 말미암아 깊은 사려에 감복했습니다'[211]라고 하였다.

이항은 정치는 명예를 추구하지 않아야 한다고 생각하였다. 그는 일찍이 『논어』 읽기를 즐겨 하였는데, 『論語』의 '절용과 애인(愛人)을 중시하고 백성을 부리기를 때에 맞춰 해야 한다.'를 종신토록 암송하였다.[212] 이런 생각은 구양수가 백성을 사랑하고 재물을 아꼈다는 점에서 이항과 일맥상통한 정치관을 가졌다고 할 수 있다.

구양수는 조종지법(祖宗之法)은 정리에 부합하게 행하여 유효한 것이다. 예를 들면 백관들이 조정에서 군국대사와 대형옥(大刑獄)을 논하고 과거고시에 호명법과 등록법을 채용하여 평등경쟁에 이롭게 하는 것 등은 모두 쉽게 바꾸지 말아야하는 제도로 마땅히 원래의 모습을 회복시키고 견지해 나가야 한다고 생각하였다. 또한 현실에 적합하지 않은 구제도와 규범, 즉 흉년에 병사를 모집하고, 은음제(任子制)와 마감법을 실행하는 것은 바꾸거

211 『歸田錄』卷1(木鐸出版社, 臺北, 1982年) '李文靖恐(沆)爲相沈正厚重, 有大臣體, 嘗曰: 吾爲嘗無他能, 唯不改朝廷法制, 用此以報國. 士大夫初聞此言, 以謂不切于事. 及其後當國者或不思事體, 或收恩取譽, 屢更祖宗舊制, 遂至官冗濫, 不可勝紀, 而用度無節, 財用匱乏, 公家困弊. 推迹紀事, 皆因執政不能遵守舊規, 妄有更改所致. 至此始知公言簡而得其要, 由是服其識慮之精.', p.7.

212 『論語』卷之1, 「學而」 '學而重節用愛人, 使民以時.'

나 폐지해야 한다고 여겼다.

구양수는 관리로서 이항과 마찬가지로 정확한 현실인식을 바탕으로 시종일관 종묘사직을 중히 여기고 안정된 시기에도 위기를 생각하였다. 그의 주소와 시문에는 인순(因循)의 문제를 적극적으로 비판하였다. 「論京西賊事箚子」에서 '신이 삼가 조정에서 하는 일을 살펴 보건데 항상 후시(後時)의 실(失)이 있으며, 원려(遠慮)의 계책이 없어 환란이 목전에 닥치면 창망하여 실책하게 되고, 일이 지나간 후에는 다시 곧 이완되고 인순에 빠집니다'[213]라고 하였다.

「論李昭亮不可將兵箚子」에서는 '신이 삼가 조정에서 하는 일을 살펴 보건데 걱정은 인순(因循)에 있으며 마땅히 급하게 대처해야 하는 데도 초초(草草)하게 행동하고 일이 끝나고 나면 다시 유의(留意)하지 않습니다'라 하였다.[214] 또한 「論按察官吏第二狀」에서는

'신이 엎드려 생각하건데 종래 신료들은 일을 말하지 않음이 없고, 조정에서도 시행하지 않음이 없었습니다. 걱정거리는 단지 공문(空文)만 보며 실효를 책하지 않는데 있습니다. 그러므로 비록 수차 개정하고 수차 바꿔서 호령해도 상하가 인순에 젖어 아무런 소용이 없습니다. 오늘날 반드시 일신구치(日新求治) 하여 폐단을 혁파하고 구제하려 하면 반드시 역행해야 할 것입니다. 그래야 급무를 구제할 수 있습니다'[215]라고 하였다

그는 「論內出手詔六條箚子」에서 이러한 문제점의 근본은 천하 기강이 무너지고 상하 모두가 인순에 젖어서 황제가 비록 분연하게 일을 진행하고자

---

213 『文集』卷100, 奏議卷第4, 「論京西賊事箚子」 '臣竊見朝廷作事, 常有後時之失, 又無遠慮之謀, 患到目前, 方始倉忙而失措, 事才過後, 已却弛慢而因循', p.778.

214 『文集』卷101, 奏議卷第5, 「論李昭亮不可將兵箚子」 '臣竊見朝廷作事, 常患因循, 應急則草草且行, 才過便不復留意', p.785.

215 『文集』卷97, 「論按察官吏第二狀」 '臣伏思從來臣僚非不言事, 朝廷非不施行, 患在但著空文, 不責實效. 故改更雖數, 號令數繁, 上下因循, 了無所益. 今必欲日新求治, 革弊救時, 則須在力行, 方能濟務.', p.761.

하여도 대신들이 구습에 젖어 적극적으로 일을 처리하지 않기 때문이라고 지적하였다.[216] 한편 「再論按察官吏狀」에서는 자신이 말한 백성의 급한 병폐를 구제하기 위해서 수 십 년의 두폐(蠹弊)를 혁파해야 하는데 의자(議者)들은 일을 하는 것을 싫어하고 오직 인순만 쫓고 있다고 하였다.[217]

당시 송조는 북방의 요와 서하의 위협에 직면하여 경제적 손실을 통해 정치군사적 안정을 구하는 구차한 방법을 추구하고 있었다. 이러한 현실정치에 대해 구양수는 조정의 신하들이 안정만 추구하여 하북(河北)에 어떠한 처치도 하지 않고 인순과 이만(弛慢)에 젖어 있는데 어느 누구가 이런 상황을 마음에 두겠습니까?라고 지적하였다.[218]

구양수는 바로 이런 이유로 강화를 맺고 나면 곧 발분할 것을 잊어버리게 되어 걱정거리가 더욱 심하게 된다고 지적하며 서하와의 화의를 반대하였다.[219] 구양수는 적극적으로 조정대신들의 중의(衆議)를 반대하고 통화의 폐단을 역설하였으나 결국은 중과부족으로 막아내지 못하고, 송은 많은 세폐를 주고 서하와 통화하였다.

그 후 영종 치평2년(1065) 구양수는 「言西邊事宜第二箚子」에서 또 다시 상하가 구습에 젖고 과거에 집착하는 수구성을 지적하였다. 인순(因循)이라는 것은 보수, 나태, 이완, 유예(猶豫)를 일컫는 것이다. 이것은 송 왕조의 최대 고질병이었다. 구양수는 당시 폐단에 대해 정확한 분석을 통해 지적하고 개혁을 제창하였는데 왕안석이 가우년간에 제창하였던 내용과 일치하였다.[220]

---

216 『文集』卷104, 奏議卷第8, 「論內出手詔六條箚子」 '天下紀綱隳壞, 皆由上下因循. 一端陛下奮然, 雖有責成之心, 而大臣尚習因循之弊, 不能力行改作, 以副聖懷.', p.804.

217 『文集』卷97, 「再論按察官吏狀」 '凡臣所言者, 乃所以救民急病, 革數十年蠹弊之事. ---奈何議者憚于作事, 惟樂因循.', p.762.

218 『文集』卷98, 「論河北守備事宜箚子」, p.770.

219 『文集』卷99, 「論乞廷議元昊通和事狀」, p.775.

220 『文集』卷114, 「言西邊事宜第二箚子」, p.877. 『王臨川全集』卷39, 「上仁宗皇帝言事書」,

당시 누적된 폐단의 위기에 직면하여 구양수는 택리위선(擇吏爲先)을 주장하였고, 왕안석은 택술위선(擇術爲先)을 제창하였다. 그러나 왕안석도 관리선발에 대해서도 소홀히 하지 않았다. 그는 당시 급한 것은 인재를 확보하는 데 있으며, 그 인재를 잘 가려 선발해야 한다. 그들 재주있는 관리들이 천하의 정세를 정확하게 파악하여 백성의 환고에 따라 폐법(弊法)을 바꿔서 시행하면 선왕의 뜻을 추구하는 것은 쉽다고 하였다.[221]

영종 치평(治平) 2년(1065)에 올린 「言西邊事宜第一狀」에서 서하의 흥성과 남침의 위험에 대해 경고하였다. 당시 정치 현실 상황과 경력년간의 상황을 비교 · 평가하면서 군사를 나누어 대비함으로써 적보다 오히려 적은 병사의 수로 나누는 방법은 옳지 않다고 지적하고,[222] 후주(後周) 세종(世宗)의 용병법을 예로 들어 방비책과 공격책을 제시하였다.[223]

「言西邊事宜第二箚子」에서는 서하와의 변경문제에 대한 중요성을 인식하고 충분한 방비책을 조정의 한기 · 부필 등과 같은 중신들과 더불어 의논하여 도모해야 한다고 주장하였다.[224] 이것은 그가 현실 정치를 정확히 파악하고 개혁방법을 주장하였다는 것을 잘 보여 주고 있는 점이다.

이로 보아 그도 분명하게 개혁을 실행하는 데에는 역시 인재를 선택하여 다스리도록 해야 한다고 인식하였다. 인재를 배양하고 선발하여 등용하면 그들은 모두 경세치용의 여부에 초점을 맞추게 될 것이다.

앞서 서술한 바와 같이 강정(康定) 원년(1040) 12월, 당시 서쪽 오랑캐(서

---

221 『王臨川全集』卷39, 「上仁宗皇帝言事書」'方今之急, 在于人才而已. 誠能使天下之在衆多, 然後在位之才可以擇其人而取足焉. 在位者得其才矣, 然後稍視時勢之可否, 而因人情之患苦, 變更天下之弊法, 以趨先王之意, 甚易也.'

222 『文集』, 卷114, 奏議卷第18, 「言西邊事宜第一狀」, p.874.

223 『文集』, 卷114, 奏議卷第18, 「言西邊事議宜第一狀」, '吾兵雖衆, 不得不分, 所分旣多, 不得不寡, 而賊之出也, 常擧其國衆, 合聚爲一而來, 是吾兵雖多. 分而爲寡, 聚之爲多, 以彼之多, 擊吾之寡, 不得不敗也, 此城寨之法, 旣不題矣?', p.874.

224 『文集』 卷114, 奏議卷第18, 「言西邊事宜第二箚子」, p.877.

하)가 공격하여 물자유통의 어려운 국면을 개혁하기 위해서 구양수는 「通進司上書」에서 경험을 총 동원하여 조운을 통하게 하고(通漕運) 땅을 기름지게 하며(盡地利), 상업을 장악하는(權商賈) 3가지 방면에 대해 자신의 견해를 피력하였다.

그는 만약 '세 가지 방법을 함께 시행하면 재용이 충족해지고 서인(西人)들도 형편이 펴질 것입니다. 국력이 완비되고 병력이 오랫동안 지탱할 만하면 수비하기도 하고 공격하기도 할 수 있으니 황제께서 생각하여 시행하십시오'라고 하였다.[225] 그는 재정적인 충족함을 추구하게 되면 서쪽지역(서하)의 어리석음도 점차 그 형세를 바꾸게 될 것이라고 여겼다.

소위 '通漕運'이란 수륙교통을 모두 말한 것이다. 즉 토지를 이롭게 관리하여 관서의 물자의 유통을 원활하게 하는 노선을 확보한다는 것이다. 관건은 첫째, 변거(汴渠)를 깊이 파서 다스리는 것이다. 삼문(三門)의 장애를 제거하는 것이다.(排除三門障碍) 즉 해로의 조운을 이용하여 물건을 관서에 운반하여 곤궁함을 도와주자. 둘째, 남양(南陽)을 중간 전환점으로 삼아 육로교통의 편리함을 이용하여 곡식을 직접 관서로 운송하는 것이다.

소위 '盡地利'는 영전(營田)과 둔전을 크게 개척하는 것으로 수도 서쪽에서 안수(漢水)이북의 넓은 황무지를 개발하여 우혜정책을 베풀어 향병(鄕兵)을 이주시켜 적극적인 생산활동을 하도록 하자.

이에 앞서 구양수는 「原弊」에서 근본에 힘써 농업을 흥기하자는 시각에서 흉년에 병사를 모집하는 폐단에 대해 밝힌 적이 있다. 용병은 백성의 곤궁한 생활을 가져오고 재정이 부족하게 된다는 구양수의 독특한 생각이다. 여기서 주목을 끄는 것은 어떻게 소극적인 요인을 적극적인 요인인 변경지역에 둔전을 설치하여 실행할 것인가이다. 그는 건의하기를

225 『文集』卷45, 「通進司上書」 '三術并施, 則財用足而西人紓, 國力完而兵可久, 以守以攻, 惟上所使.', p.330.

'수도로부터 서쪽 편벽한 곳은 그 수를 알 수 없습니다. 땅이 비옥하지 않으면 버려진 곳입니다. 대개 농사를 근면하게 하지 않고 역이 가중되자 도망하여서 생긴 것입니다. 오랫동안 황폐해진 땅은 영전(營田)에 비해 수배의 이익을 포기한 것으로 오늘날 만약 근면하게 경작할 것을 독촉하고 그 역을 감면해 주면 경작을 원하는 사람이 많아 질 것입니다. 신은 향병이 백성에게 불편하다고 들었는데 의자(議者)들은 논의 중이라고 합니다. 병사에 충원되는 사람들이 농업을 포기하고 훈련하며 음식이 박하여 자신의 집에서 조달하여 유무를 고려하지 않으며 관리들은 금지하지 않고, 부형들은 따지지 않아서 집집마다 걱정거리로 여깁니다. 하동 · 하북 · 관서지방의 향병은 오히려 이것이 유용합니다. 만약 경동 · 경서지방은 평소에 도적을 대비하기 부족하고, 수한(水旱)에는 도적이 일어나기 충분하여 특히 걱정거리입니다. 경서지방은 평소 빈약한 지역으로 산택의 풍요로움이 없어 백성들은 오직 농사에 의지하고 있습니다. 오늘날 3사람의 남자가 있는 집에서 1인을 5사람이 있는 집에서는 3사람을 유수(游手)로 삼으니 모두 18, 9주에서 보면 적다고 말합니다. 오히려 4, 5만인이 경작하지 않고 먹는 것은 서로 소모하여 곤핍함이 중복되는 것입니다. 오늘날 만약 버려진 땅을 경작하게 하면 관에서 그 종자를 대여해 주고 세전(歲田)의 수입을 나누십시오, 관리를 모집하여 습전(習田)자들을 전관(田官)으로 삼아 그 과세가 가장 우수한 사람을 불러 모으면 경작을 원하는 사람이 많아지게 될 것입니다.

또한 향병의 근본은 농업입니다. 적(籍)은 병사이며 그 농업을 포기하고 있습니다. 오늘날 다행히 농업을 버린 지 오래되지 않아서 오히려 다시 전무(田畝)에 돌아가게 하고 무리를 놀지 못하게 하고 마시는 것을 박하게 하지 않아서 부형을(부양하는 것을) 걱정하지 않게 하는 것이 백성이 바라는 바입니다. 한 농부의 힘으로 만전(縵田) 일경(一頃)을 마음대로 경작하게 하면 달아날 것이나 4, 5만인으로 경작하게 하면 오랫동안 버려졌던 토지의 이익이 다시 수배가 되어 세곡(歲穀)이 셀 수 없이 많아 질 것입니다. 경사의 분리는 북에 대하(大河)가 있고, 남으로는 한(漢)에 이르고 서로는 관(關)에 접하여 수륙교통이 통하게 되면 적재되어 있는 곡식은 바라건데 폐하께서 조서를 내려 유사들로 하여금 이용하도록 하십시오'[226]라고 하였다.

구양수는 당시 어려운 상황은 일없이 한가로운 향병을 이용하여 황무지를 개간하여 변경의 병사들로 하여금 농업에 종사하게 하면 병사들이 앉아서 먹는 상황을 고칠 수 있고 곡식의 자급자족을 실현할 수 있으며 곡식을 저장하여 오히려 관동지역을 지원해 줄 수 있다고 하였다. 그러나 안타까운 것은 이렇게 합리적인 구상이 당시에는 중시되지 못했다는 것이다.

경력 4, 5년에 이르러 구양수는 하동(河東) 인주(麟州)・하북지역을 경영하게 되면서 비로소 실시하게 되고 예기하였던 효과를 거두게 되면서 적을 제어하는 능력을 증강시킬 수 있었다.

후에 왕안석도 신종에게 제출하기를 '이재(理財)는 농사를 급선무로 하여 그 경제적 질고를 제거하고 겸병을 억제하는 것이 급선무이다.'라고 하였다.[227] 한기는 '치국의 근본은 마땅히 먼저 부강하는 방법에 있으며 곡식과 재물을 축적하고, 병사가 백성의 집에 머물면 사이(四夷)를 다스릴 수 있어 당대의 강성함을 회복할 수 있습니다.'라고 하였다.[228]

---

226 『文集』卷45, 「通進司上書」'自京以西, 土之不辟者, 不知其數. 非土之瘠而棄也, 盖因不勤農, 與夫役重而逃爾. 久廢之地, 棄利數倍於營田, 今若督地使勤, 與免其役, 則愿耕者衆矣. 臣聞鄕兵之不便於民, 議者方論之矣. 充兵之人, 遂棄農業, 托云數習, 聚而飮博, 取資其家, 不顧無有, 官吏不加禁, 父兄不敢詰, 家家自以爲患也. 河東・河北・關西之鄕兵, 此猶有用. 若京東・西者, 平居不足以備盜, 而水旱適足以爲盜, 其尤可患者. 京西素貧之地, 非有山澤之饒, 民惟力農是仰. 而今三夫之家一人・五夫之家三人爲游手, 凡十八九州, 以少言之, 尚可四五萬人不耕而食, 是自相糜耗而重困也. 今誠能驅之, 使耕於棄地, 官貸其種, 歲田之入, 與中分之, 如民之法募吏之習田者爲田官, 優其課最而誘之, 則民願田者衆矣.(中略) 且鄕兵本農也, 籍而爲兵, 遂棄其業. 今幸其去農未久, 尚可復驅還之田畝, 使不得群游而飮博, 以爲父兄之患, 此民所愿也. 一夫之力, 以逸而言, 任耕緩田一頃, 使四五緩人皆耕, 而久廢之田利又數倍, 則歲穀不可勝數矣. 京西之分, 北有大河, 南至漢而西接關, 若又通其水陸之運, 所在積穀, 惟陛下詔有司而移冗之耳.', p.332.

227 『續資治通鑑長編』卷220, 熙寧4年2月庚午. '又論理財, 以農事爲急, 農以去其疾苦・抑兼并, 便趣農爲急.', p.2139.

228 『長編』卷262, 熙寧8年4月丙寅. '治國之本, 當先有富强之術, 聚財積穀, 寓兵于民, 則可以鞭笞四

그 연원을 추구해 보면 구양수의 「通進司上書」에서 출처한 것으로 병농일치의 방법으로 향병으로 하여금 황무지를 개간하고 농업생산에 종사하여 변경의 방어와 군량확보 등 변경을 충실히 하자는 것이 핵심 주장이었다.

소위 상고(商賈)를 권장하는 것은 한이래 시행하고 오던 각금(榷禁)제도를 개혁하여 상인과 함께 이로움을 나누어 상품유통을 가속화시켜 국가 재정수입을 증가하자는 것이다. 즉 전매제도의 개혁을 통해 상인의 상품유통을 활성화하자는 것이다.

한대 이래 여전히 염・철・주・반(礬)・철・향약 등 여러 가지 주요상품의 생산과 유통을 통제하는 각금전매(榷禁專賣)제도를 시행하였다. 이러한 관영 상업체제는 경제전제주의의 집중표현으로 봉건왕조 유지에 적극적인 작용을 하였다.

송대에 이르러 상품경제의 신속한 발전으로 말미암아 이러한 전매제도는 이미 당시 발전상황의 객관적인 수요에 적응할 수 없었다. 그리하여 시장경제의 충격을 벗어날 수 없었으며 송 조정으로 하여금 통상방법에 대한 수정과 보완을 요구하게 되었다. 상품경제의 발전과 변화는 각금(榷禁, 전매)과 통상(通商)의 경쟁을 날로 가속화시켰다. 차와 염의 생산과 판매에 더욱 심하게 나타났는데, 차의 경우가 더욱 심하였다. 송 조정은 다시 변법을 실시하여 삼세법(三稅法)・첩사법(貼射法)・견전법(見錢法) 등을 계속해서 실행하였으나 신법이 시행되자 많은 폐단이 속출하였다.[229]

夷, 盡復唐之敵疆., p.2739.

229 三稅法은 삼분법(三分法)이라 칭하기도 하였다. 소조정은 서북지역에 머무는 병사들을 위해 상인 모집하여 변경에 양식을 조달하도록 하고 지역의 원근에 따라 가격을 매겨 동남지역 차잎으로 보상해 주었다. 후에 차잎이 부족하게 되자 지도(至道)원년(995)는 일부는 현전(現錢, 현금),일부는 향약상치(鄉藥象齒), 일부는 차화(茶貨)로 하여 삼세법이라 하였다.

첩사법은 송조정이 상인들에게 관매관매(官買官賣)하는 차잎을 사도록 명을 내려 이익을 얻은 후 직접 원호(園戶)에게 차를 사서 전매하는 방법이다. 순화 중엽에서 천성(天聖)초기까지 동남지역과 회남지역에서 시행되었다. 원호는 차를 장소까지 운반하여 차상(茶

그러나 송조는 이러한 제도의 실시와 폐지를 거듭하며 불안정하였다. 구양수는 삼세법 실행에 관심을 가지고 상인의 이익을 빼앗아 모두 공상(公商)에 귀속시키면 관상(官商)이 상업정책을 농단하는 일은 행해질 수 없다. 왜냐하면 상고에 대해 명령을 내릴 수 없기 때문이다. 그들은 이익으로 생활을 하고 이익만을 쫓기 때문에 그들과 함께 이익을 공유하는 정책을 채택하여 시장경제의 활성을 촉진시켜야 한다고 생각하였다.[230]

어떻게 상인을 유인하여 시장을 발전시켜 경제를 활성화할 것인가? 구양수는 대상(大商)들의 판매상들을 이용하여 소매(小賈)하는 방법을 참고하고자 하였다. 즉 대상번화(大商蓄貨, 대상들의 많은 재화)와 소판분소(小販分銷), 취소치다(取少致多), 전폐유통(錢幣流通)의 관념이다. 이것도 의심할 것 없이 구양수가 이전의 상업경영방식에 대한 회고와 반성에 근거하여 당시 경제발전 추세에 순응한 새로운 방식이었다. 이것은 후에 왕안석이 시역법(市易法)을 실시할 때 중요한 참고가 되었다.[231]

3) 관리행정에 대한 현실인식과 경세관

경력2년 5월 구양수는 조정에 관리로 임명된 지 1년여의 고찰과 경험을

商)이 선별 구매하고 권(券, 상품권, 어음)을 증거로 하여 사사로이 판매하는 것을 방지하였다. 만약 상인 첨사(貼射)에서 매년 정해진 액수에 부족하거나 첩사(貼射)하지 않으면 구제도에 따라 관매(官賣)하였다. 원호가 납부한 차화가 부족하여 계산이 부족하면 상인들과 마찬가지로 이익을 납부하였다. 관부에서는 매차(買茶)·운차(運茶)·매차(賣茶)하는 비용을 감소하여 관매하는 가격 차이로 이익을 얻을 수 있었다. 그러나 차상(茶商)도 오로지 좋은 차만을 사들이고 나쁜 차는 판매할 수 없었으므로 관부는 차로 인한 이익에 손해를 보았다.

현전법은 서북변경지역에 곡식과 동남지역 차를 납부하는 데에 대한 보상으로 민전(緡錢)을 주었다. 상세한 것은 『續通鑑長編紀事本末』卷45, 「茶法」, 『宋史』卷183, 184, 「食貨志」下5, 6.

230 『文集』卷45, 「通進士上書」 p.333.

231 『文集』卷45, 「通進士上書」 p.333.

근거로 「准詔言事上書」에서 당시 누적된 폐단을 개혁하려는 간의(諫議)를 제출하였다. 그는 이 상소에서 폐단의 근본원인으로 불신호령(不愼號令), 불명상벌(不明賞罰), 불책공실(不切功實) 등 3가지에 대한 실질적인 문제점을 예로 들면서 지적하였다.[232]

그는 이 같은 문제점은 송조에 모든 것이 갖추어져 있지 않아서 생기는 것이 아니고 능력 있는 인재를 황제가 과감하게 등용하지 않으며 신하들도 그 방법을 생각조차 하지 않는 관리등용의 실책, 즉 용인(用人)의 방법에 문제가 있다고 하였다.

용인의 방법이 제대로 이루어지지 않은 결과로 위로는 관리들이 구습에 젖어 만사가 이완되어 폐지안이 속출하게 되었고, 아래로는 모든 일의 잘못된 부분에 대한 지적이 불가능하였기 때문이라고 지적하였다. 이러한 폐단 해결의 구체적인 방법은 행정의 집행에 있어서 권위를 가지고 시행해야 하며, 조칙의 변화를 줄이고, 법령도 자주 바꾸지 않는 항구성을 가져야 한다. 또한 상벌을 명백히 하고 올바로 시행되어야 한다고 예를 들어가며 설명하였다.[233]

구양수는 경우(景祐) · 보원(寶元)년간에 서하에게 누차에 걸쳐 패배한 것을 귀감으로 삼아 인종에게 건의하기를 신호령(愼號令), 명상벌(明賞罰), 책공실(責功實) 등 세 가지를 제왕의 기술(奇術)이라고 하였다. 또한 구양수는 현실사회를 구제하고 부족한 것을 보충하여 어떻게 정치적 안정을 유지할 것인가? 에 대해서 병(兵) · 장(將) · 재용 · 어융지책(御戎之策) · 가임지신(可任之臣) 등 다섯 가지 일이 급선무라고 지적하며 그 개혁방법을 제시하였다.[234]

첫째 병사에 대해서 우선 용병의 폐단에 대해 병사수의 증가에만 힘써

---

232 『文集』卷46, 上書一首, 「準詔言事上書」, pp.334-335.

233 『文集』, 卷46, 上書一首, 「準詔言事上書」, pp.334-355.

234 『文集』卷46, 「準詔言事上書」, p.334.

국가와 백성이 모두 소모되어 해를 거듭할수록 그 폐단은 누적되어 비록 적들이 오지 않아도 천하는 이미 곤궁해집니다.[235]라 하여 병사가 수적으로 많다고 해서 유리한 것만은 아니고 오히려 재정의 낭비를 가져올 수 있다고 지적하고, 소수 정예의 병사를 양성하여 운용을 잘하면 일당 백은 못하더라도 일당 십은 할 수 있다. 또한 병력을 집중하고 지휘를 통일하여야 한다고 하였다.[236]

둘째, 장수(將帥)의 선발에 대해서 장상은 근본이 있는 것이 아니므로 서열과 출신가문에 의거하던 구습을 타파하고 능력 있는 자를 선발해야 한다. 또한 현호한 인사는 반드시 하위직에 제한하지 말고 지략 있는 사람은 반드시 궁마(弓馬)를 시험하지 말고, 산림의 인걸은 그 빈천함을 가볍게 여기지 말고 그에 해당하는 예로써 대우하면 그들은 장차 비상하게 반드시 국가에 보답할 것이니 어찌 장수가 없음을 걱정하겠습니까?라고 하였다.[237]

셋째, 재용(財用)에 대해서 구양수는 오늘날 천하의 재용이 곤핍한 것은 용병에 많은 비용을 쓰는 것에 기인된다고 지적하고, 용졸(冗卒)에 쓰는 허비를 감소하고 정병(精兵)을 훈련시켜 속전속결하고 성공하면 곧 병사를 해체하여 재정의 낭비를 줄이자고 하였다.[238]

넷째, 어융지책에 대해서 먼저 공격할 책략을 세워야 한다. 그리고 적국의 동맹국 중 한 나라를 선제공격하여 세력을 절감시키는 것이 중요하다고 실제 전쟁수행 방법을 제시하였다. 구양수는 서하의 이원호(李元昊)에게 번번히 패함으로 말미암아 요(遼)로 하여금 감히 광모(狂謀)하게 하고 탐심을 갖게 하였다고 여겼다.[239]

---

235 『文集』卷46, 「准詔言事上書」 '但務添多, 耗國耗民, 積以年歲, 賊雖不至, 天下已困矣.', p.336.

236 『文集』卷46, 「准詔言事上書」 '軍無統制, 分散支離, 兵多爲寡, 兵法所忌.', p.336.

237 『文集』卷46, 「准詔言事上書」 '有賢豪之士, 不須限以下位, 有智略之人, 不必試以弓馬, 有山林之杰, 不可薄其貧賤.'(중략) '人臣亦將以非常之效報國, 又何患于無將哉?', p.336.

238 『文集』「准詔言事上書」卷46, '惟有減冗卒之虛費, 練精兵而速戰, 成功兵罷, 自然足矣.', p.337.

239 『文集』「准詔言事上書」卷46, '中國頻爲元昊所敗, 發其狂謀, 啓其貪心. 今若敕勵諸將, 選兵秣馬,

한편 어떻게 벌교(伐交) 하겠는가? 요와 서화의 통모(通謀)를 통해 두 국이 힘을 합해 송의 하북과 섬서를 엿보는 객관적인 형세에 직면하여 어떻게 대처해야 하는가? 적과 우리의 역량을 비교한 현 상황으로 보아 마땅히 먼저 서하를 공격해야 한다고 하였다.

왜냐하면 서하의 땅은 좁고 병사도 많지 않기 때문에 일단 공격을 하면 그들은 반드시 북로(北虜, 요)에 도움을 청하게 될 것이다. 그러면 북로는 두 가지 가능성이 있다. 첫째, 병사를 나누어 서하를 도와 송조를 견제할 것이다. 둘째 서하를 도우지 않으면 두 국가는 간극이 벌어져서 서로 틈이 생긴다. 이때 송조가 기회를 이용하여 주동적인 공격을 하면 서하는 당황하여 스스로 구제할 틈이 없는데 어떻게 북로와 더불어 서로 공격하겠는가? 그리하면 두 나라간의 약정을 파기하게 될 것이라고 하였다. 또한 친이리지(親而離之)도 병법에서 말하는 벌교의 방법이다. 이를 위해서 조정에서는 기회를 놓치지 않고 잘 잡아 한다고 주장하였다.[240]

다섯째 가임지신(可任之臣) 즉 능력 있는 사람을 등용하는 문제이다. 구양수는 지적하기를 오늘날 문무관직이 천하에 편재되어 있으나 오히려 임명할 만한 신하는 찾지 못하고 공과의 책임을 묻지 않은 습관이 남아있다. 또한 3년에 한번 승진하여 집정대신들이 구례(舊例)에 예속되어 있었다. 그리고 거주(擧主)의 숫자만 충분하면 관직을 바꿔 승진시켰다. 그리하여 관리들 중에 현우한 자가 혼재하고 상호 요행을 허용한다고 이치법 문제점을 지적하였다. 이것은 마감제의 폐단을 지적한 것으로 모두가 직접 목도하고 있던 민감한 현실문제이다. 그러나 이치의 쇄신을 위해서는 반드시 소홀히 해서는 안 되는 개혁해야 하는 중요한 문제이다.

疾入西界, 但能痛敗昊賊一陣, 則吾軍威大振, 而虜計沮矣.', p.337.

240 『文集』, 卷46「准詔言事上書」'分兵助昊, 則可牽其南寇地力. 若不助昊, 則二國有隙, 自相疑貳'. '元昊蒼皇自救不暇, 豈能與北虜相威表里? 是破其素定之約'. '親而離之, 約失此時, 而使而虜先來, 則吾無策矣.', p.338.

이상에서 그는 당시 정치현실을 정확하게 파악하고 폐단을 극복할 수 있는 구체적인 해결방법도 제시하였다.

당시 범중엄과 부필은 「答手詔條陳十事」의 첫머리에서 명출척(明黜陟)을 지적하였다. 그들은 관료들이 인순에 젖어 분려(奮勵)하지 않는 원인은 고적(考績, 인사고과)을 장악하지 않은 데에 그 주원인이 있다. 그러나 고적을 떠나서 명출척은 이야기 할 수 없다. 선악을 구분하지 않고 상벌이 분명하지 않은데 정기적인 마감제도만을 시행하면 반드시 현자와 불초한 자가 함께 승진하는 현상을 초래하고 가만히 앉아서 경감(卿監)과 승랑(丞郞)에 오르는 자가 세월이 갈수록 많아진다고 당시 이치법 운용의 모순을 지적하였다.[241]

범중엄은 마감제도의 문제점이 관리용람과 기강이 날로 타락하는 원인으로 지적하였다. 동시에 상황을 구별하여 인사고과를 진행하는 방법과 승진과 퇴출의 표준을 제출하였다. 즉 백관의 안찰에 대해 투명도를 높여 중앙집권제를 강화하는데 이롭게 하고자 하였다. 이런 방면에서 구양수와 범중엄은 인식상에서 서로 통하는 점을 볼 수 있다.

그러나 두 사람 간 시간적 차이가 분명한 것을 쉽게 볼 수 있다. 당시 구양수는 36세로 19세 많은 범중엄과 비교할 수는 없다. 관리에 임명된 지도 얼마 되지 않은 구양수가 마감제도의 폐단을 능히 지적하고, 집정대신들이 친척들을 관직에 임명하는 것과 연계하여 이치법 운용의 문제점을 정확하게 지적한 것이다.

구양수는 어떻게 엄격하게 임자제도를 통제하고 관각(館閣)의 선비를 신중하게 선발할 수 있겠는가 등 문관 통치계통을 개선하자는 주장에는 미약한 점이 있었다. 그러나 구양수는 시종일관 개혁정신을 추구하고 누적된 폐단의 개혁에 대해 적지 않은 정치적 견해를 제출하였다. 그리고 그는 탁월한 지식과 현실인식을 바탕으로 실천하려고 하였다.

---

241 拙文「范仲淹의 吏治法에 대한 改革論」『慶尙史學』第11輯, 1995, 12., pp.89-122.

영종 치평(治平)2년(1065)에 올린 「言西邊事宜第一狀」에서 서하의 흥성과 남침의 위험에 대해 경고하였다. 당시 정치 현실 상황과 경력년간의 상황을 비교·평가하면서 군사를 나누어 대비함으로써 적보다 오히려 적은 병사로 나누는 방법은 옳지 않다고 지적하고, 후주(後周) 세종(世宗)의 용병법을 예로 들어 방비책과 공격책을 제시하였다.[242]

「言西邊事宜第二箚子」에서는 서하와의 변경문제에 대한 중요성을 인식하고 충분한 방비책을 조정의 한기·부필 등과 같은 중신들과 의논하여 도모해야 한다고 주장하였다.[243] 이것은 그가 현실 정치를 정확히 파악하고 개혁방법을 주장하였다는 것을 잘 보여 주고 있다.

영종 치평 3년의 「乞補館職箚子」에서는 현실정치에서 가장 중요한 변경문제와 함께 타개를 위한 방법으로 용인(用人)의 문제에 대해 건의하였다.

그는 「乞補館職箚子」에서 부필과 한기 등이 실시한 관리 선발의 실책에 대해 사람을 사용하는 방법과 사람을 등용하는 방법은 한가지 만은 아니라고 하였다. 당시 취사의 방법이 대단히 편협되어서 진정한 능력을 갖춘 관리의 선발과 등용이 이루어지지 않았다고 지적하였다.[244] 이것은 당시 취사의 방법이 대단히 협소하여 실제능력을 가진 사람을 등용하기 어렵다는 것을 잘 나타내 주고 있다.

「同文章」에서 그는

'錢穀(국가재정문제)을 알고, 刑獄(사법문제)에 밝고, 民事(일반행정)에 익숙하고, 吏幹(관리로서의 재능)을 정밀하게 하고 밤낮으로 노력하여 공이 있는 자를 재능 있는 사람이라고 부른다. 인의예악에 밝고 고금정치의 치란

---

242 『文集』 卷114, 奏議卷第18, 「言西邊事議宜第一狀」, '吾兵雖衆, 不得不分, 所分旣多, 不得不寡, 而賊之出也, 常擧其國衆, 合聚爲一而來, 是吾兵雖多. 分而爲寡, 聚之爲多, 以彼之多, 擊吾之寡, 不得不敗也, 此城寨之法, 旣不題矣?', p.874.

243 『文集』, 卷114, 奏議卷18, 「言西邊事宜第二箚子」, p.877.

244 『文集』, 卷114, 奏議卷18, 「言西邊事宜第二箚子」, p.877.

에 통달하며 문장에서 논의하는 바는 천하의 일을 도모하여 정책을 결정하고, 도(道)를 논하고 나라를 경영하는 것은 유학을 한 신하들이다. 사람을 잘 쓰는 것은 반드시 재능 있는 사람으로 하여금 그 힘을 다하도록 하고 유식자들로 하여금 그 계책에 전력하도록 하는 것이다.

그러므로 재능지사를 중외(中外)에 포진시켜 여러 관직을 분리하여 다스리게 하고 각기 그 임무를 처리하도록 하며, 유학을 공부한 신하들을 좌우에 두고 밤낮으로 의논하여 중요한 것을 시행하도록 해야 한다. 또한 유학자 중에서 뛰어난 자를 선발하여 낭묘에 두고 큰 정사를 맡겨 그들로 하여금 모든 재능 있는 사람과 온갖 직책을 총괄해 다스리고 진퇴와 상벌을 주게 하는 것이 용인의 큰 방법이다.'[245]이라 하였다.

구양수는 인재의 등용은 자질과 능력을 중시하고 그들을 적재적소에 등용하여 직책을 담당하도록 하되 상벌을 명확히 하는 이치법의 기본 방향과 원칙을 제시하고 그들을 통해 치세를 이룩하자고 하였다. 또한 관리선발의 실책(取人之失)에 대해서는 재능만을 중시하고 유학의 수학여부는 중시하지 않아서 관리들은 업무만을 귀하게 여기고 문장과 같은 학문적 능력 배양을 천하게 여기는데 있다. 그러므로 그는 유학을 수학하는 한림원(翰林院)에 인원을 보충하여 유생들 중에서 우수한 자를 중심으로 관리를 선발하는 방법을 건의하였다.[246]

구양수가 인재 선발에 있어서 유학자를 중시하자는 것은 당시 시국의 위급함에 처해 보수적인 측면을 가지고 주장한 것이 아니고 당시 이치법이

---

245 『文集』, 卷114, 奏議,卷18, 「乞補館職箚子」, '若夫知錢穀, 曉刑獄, 熟民事, 精吏幹, 勤勞風夜以辦集爲功者, 謂之材能之士. 明於仁義禮樂, 通於古今治亂, 其文章論議, 與之謀慮天下之事, 可以決疑定策, 論道經邦者, 謂之儒學之臣. 善用人者, 必使有材者竭其力, 有識者竭其謀. 故以材能之士, 布列中外, 分治百職, 使各辦其事. 以儒學之臣, 置之左右, 與之日夕謀議, 講求其要而行之, 而又於儒學之中, 擇其尤者, 置之廊廟, 而付以大政, 使總治群材衆職, 進退而賞罰之. 此用人之大略也.', pp.877-878.

246 郭預衡, 「再談歐陽修晚年的政治態度」, 『北京師範大學學報』(社科版), 1984.4., p.81.

이미 송 초기의 방법과는 많은 차이를 나타내고 있었기 때문이다. 즉 당시에는 중앙기구에 사람은 많으나 현실정치의 타개에 유용하게 등용할 수 있는 실무에 능력 있는 인재가 부족하는 용관의 폐단이 극심하였다는 것을 지적한 것이다.

그는 이 점에 대해서 「獨對語」에서 잘 분석하고 있다. '근년 이래 현명한 사람이 관리에 진출할 길이 너무 좁다. 이것이 바로 오늘날의 걱정거리이다. 신이 매번 한기 등과 논의하나 의견이 합치되지 않는다. 부필과 한기가 집정한 이래 십수년간 밖으로 제형전운(提刑轉運)에서부터 안으로 성부(省府)에 이르기까지 관리를 선발하는 방법이 너무 정밀하여 필요할 때마다 그에 해당되는 사람을 선발하였다. 이것은 왕년의 방법과 비교하여 보면 근본적으로 다른 방법이다. 그러나 이들은 모두 전곡(錢穀)·형명(刑名)·강간(强幹)한 관리이니 소위 재능있는 자를 등용한 것이다. 신이 진현의 방법을 말한 것은 한림학사들을 이른 것이다'[247]라고 하였다.

구양수는 「걸보관각직차자」에서 이치법의 폐단에 대해 지적하고 한림학사를 중심으로 한 유생들을 등용하여 책무를 담당케 하자고 주장하였다.

그는 새로운 시대적 조건하에서 새로운 능력 있는 인재를 등용해야 된다고 생각하고 한림학사의 수의 보충을 주장하였다. 이는 유학자를 등용하여 능력에 따라 직책을 담당하게 하자고 주장한 것이다. 한림학사의 보충 문제나 이치 정돈의 문제는 모두 용인의 문제이다.

이상에서 본 바와 같이 구양수는 적극적인 이치법개혁을 통해 자신의 정치 주장을 펴고 송조의 정치적 안정을 추구하려고 하였다. 다음에서 그가 주장하였던 이치법개혁에 대해서 종합적으로 살펴보고 그의 정치 견해를

---

247 『文集』, 卷119, 奏事錄, 「獨對語」, '近年以來, 進賢之路太狹, 此誠當今之患, 臣每與韓琦等論議未合.(中略)自富弼韓琦當國以來, 十數年間,外自提刑轉運, 內則省府之類, 選擢甚精, 時亦得人. 比於往年, 節不同也. 然皆錢穀刑名强幹之吏, 此所謂用材也. 如臣所言進賢之路, 謂館職也.', p.941.

규명하고자 한다.

구양수는 북송의 정치와 재정이 날로 부패하고 종종의 문제가 존재하였던 시기를 직접 경험한 사람으로 현실 문제를 정확히 파악하고 있었다. 특히 당시 은음(恩蔭)과 마감(磨勘)제도의 실행으로 형성되었던 용관의 문제는 주현(州縣)의 영토는 전에 비해 넓어지지 않았으나 관리는 그전에 비해 5배에 달하는 현상을 가져왔다. 그리하여 송대 사회는 농민의 조세 부담이 날로 증가되고, 십양구목(十羊九牧)이라는 관리의 기형적인 팽창을 가져왔으며, 관리의 자질이 크게 떨어지는 심각한 문제를 발생하였다.[248]

그는 당시 이치법의 폐단을 지적하고 이치제도의 정돈과 삼투(三套)제도 건립을 제창하였다. 관리의 악성적인 팽창은 심각한 정치위기를 출현시켰다. 그 결과 농민의 부담이 날로 심각하게 가중되어 농민기의가 일년이 다르게 많아지고 일어날 때마다 더욱 강해졌다.[249] 또한 관리의 증가와 기구는 팽창하였으나 일의 능률과 관리의 자질은 대단히 저하되었다.

이상과 같은 심각한 문제는 송 왕조의 존망에 직접적인 위협을 가져왔다. 이러한 형세에서 구양수는 이치제도의 정돈에 관한 3가지 주장을 하였다.

첫째, 퇴불초(退不肖)제도의 건립이다. 구양수는 인종에게 올린 「准詔言事上書」에서 당시 '퇴불초'제도가 없음으로 해서 집정대신들이 구제도에 예속되어 이를 감히 실행하려 하지 않고 있다. 심관(審官), 이부(吏部), 삼반(三班)의 관리들은 단지 문서에 의거하여 임무와 명령을 처리하며 '퇴불초'를 어느 누구도 감히 실행하지 못하고 있다. 위로는 천자에서 아래에는 유사(有司)들까지 그 누구도 '퇴불초' 제도를 시행하려 않고 있다. 그리하여 관료들 가운데 현우한 자가 혼재하게 되고 요행을 허용하게 된다고 지적하였다.

소위 '퇴불초'란 범죄로 인해 폄직되거나 파직되는 것을 말한다. 범장(犯

---

248 『文集』, 卷100, 奏議 卷第4, 「再論置兵禦賊箚子」, p.779.

249 『文集』, 卷100, 「再論置兵御賊箚子」 '一年多如一年, 一火(伙)强于一火(伙)', p.779.

贓)한 사람들은 강한(强悍)하고 교활하여 그들 열 명 중 한 두 사람도 제거하지 못하고 더욱이 상관들과 연결되어 서로 보호하고 있다. 이런 부재(不才)한 사람은 상하가 모두 알고 있으나 묻지 않고 서로 감싸준다. 그 폐단이 이러한데 퇴불초의 법을 어떻게 말하겠습니까? 현자와 불초한 자가 이미 구별이 없으니 관을 비록 많이 설치한다고 해도 쓸만한 사람이 없는 것은 당연한 일입니다.[250]

이상에서 구양수는 퇴불초 제도를 설립해서 용관들을 감소해야 한다고 하였다. 그러면 어떻게 용관을 감소해야 하는가?

구양수는 관(官)에는 정원이 있다. 그러므로 성간(省簡)의 원칙을 실시해서 직무에 따라 관리를 임명하여 정원을 두자고 하였다. 즉 실제로 필요한 기구를 설치하고 관원을 배치하면 관직이 남발되지 않고 재정도 소모되지 않는다고 하였다. 그러므로 남관(濫官)을 해소하기 위해서 실질적인 관리편제의 기초 위에서 현직관리 중에서 연로(年老)·병환(病患)·장오(贓汚)·부재(不才) 등 4색지인에 대해 재감(裁減)해야 한다.[251]

그는『新唐書·選擧志』에서 재감의 방법을 상세하게 기술하였다. 각 급 관리에 대해 녹봉은 가볍게 하고 그 감독과 책임을 무겁게 하며, 법전과 장규에 의거하여 책임을 다 하도록 하자. 또한 국가이익을 고려하지 않고 함부로 천거하거나 부재한 사람을 선발하는 사람도 적게는 견출(譴黜)의 책임을 묻도록 하자고 하였다.[252]

구양수는 과감하고 신중한 개혁을 주장하였으며, 용관의 문제를 해소를 위해서는 태도를 굳건히 하며 일관되게 시행하자고 하였다. 그는 용장(冗長)을 자르고 요행을 막는 것은 어렵지 않다. 그러나 장기간 실행하며 원망과

---

250 『文集』卷46,「准詔言士書」'不才之人, 上下共知而不問, 寬緩容奸. 其弊如此, 便可謂退不肖之法乎? 賢不肖旣無別, 則宜乎設官雖多, 而無人可用也.', pp.318-339.

251 『文集』卷97,「再論按察官吏狀」, pp.762-764.

252 『新唐書』卷45,「選擧志下」, p.323.

비방을 받지 않는 것은 쉽지 않다고 하였다.[253] 즉 용관을 재감하면 사회에 횡행하는 폐단을 제거하는데 어렵지 않으나 다른 사람들의 원망과 비난을 받지 않는 것은 쉽지 않다. 그러므로 집정자들은 대담하고 신중하게 실행하며 탁월한 견식과 결정 그리고 변치 않는 마음으로 진행해야 한다는 것이다.

둘째, 진현(進賢)제도의 개혁이다. 구양수는 오늘날 추천되는 사람이 관에 임명되는데 현우와 시비를 묻지 않고 단지 추천인의 수가 많으면 좋아하고 관직을 주었다. 그는 '조심하고 청렴하며 일을 처리하는데 신중한 사람은 청백하고 능력 있는 사람을 추천하고, 개인감정에 치우친 사람은 아첨스러운 사람을 추천하였다. 또한 탐욕스러운 사람은 탐욕스럽기 그지없고 더러운 사람을 추천하였다. 혼잡함이 이러한데 어찌 진현의 방법이라 할 수 있습니까'[254]라고 하여 선악(善惡)한 사람끼리 각기 당(黨)을 이룬다는 것을 지적하며, 실질적인 진현제도를 시행할 것을 주장하였다.

구양수는 엄격한 선현(選賢)의 표준으로 덕을 중시하여 임명하고 재(才)를 헤아려 직책을 수여하고 수고로움을 계산하여 승급하자고 하였다. 그는 관리선발의 원칙과 표준이 덕과 재 그리고 노(勞)의 3가지가 유기적으로 통일되는 것으로 보았다.

또한 선재(選才)의 방법을 확대하는 것을 주장하며, 「送曾鞏秀才序」에서 당시 고시제도의 문제점에 대해 날카로운 비평을 하였다.[255] 그는 재주 있는 사람을 구하는 것은 광범위함을 귀하게 하고 고과(考課)는 정밀함을 중시해야 한다고 하였다. 즉 다양한 인재선발 방법을 실시하여 다양한 인재를 등용하자고 제창하였다.

고대의 장상(將相)은 어떤 자는 노복출신이었고, 또 어떤 사람은 보통의 병사 출신으로 단지 재능을 가지고 파격적으로 선발하여 명장이 되었다고

---

253 『文集』卷68, 「與田元均論財計書」 '裁冗長塞僥倖, 非難, 然欲其能久而無怨謗則不易.', p.516.

254 『文集』卷46, 「准詔言事上書」 '混淆如此, 便可爲進賢之法乎?', p.338.

255 『文集』卷42, 「送曾鞏秀才序」 '雖有魁壘技出之材, 旣一累黍不中尺度, 則棄不敢取'., p.314.

지적하였다. 그리하여 그는 조정에 요구하기를 '구폐(舊弊)를 혁파하고 분연히 정밀함을 구하며, 어질고 뛰어난 인사가 있으면 반드시 하위에 국한하지 말고 지략있는 사람이 있으면 반드시 궁마(弓馬)로 시험 치루지 말고, 산림(山林)의 인걸은 그 빈천을 박하게 하지 말자'고 하였다.[256]

그는 '용인의 관건은 지인(知人)에 있다고 생각하였다. 이것은 바둑두는 것과 마찬가지 도리이다. 바둑 한 알 한 알의 작용을 하는 것과 사람도 적당한 위치에 임명해야 한다. 그러므로 확실히 지인하여 임명하고 재주를 헤아려 직책을 수여하여 재주가 큰 사람은 상위 직에 두고 재주가 적은 사람은 하위직에 두면 비로소 인재를 선발 등용하였다고 칭할 만하다'고 하였다.[257]

셋째, 올바른 상벌제도의 건립을 주장하였다. 구양수는 사람을 잘 쓰는 방법은 상벌을 잘 실행하는데 있다고 생각하였다. 즉 상으로 권장하고 벌로써 잘못을 뉘우치게 하여 상벌의 실행을 통해 관리들의 업무에 대한 적극성을 일깨우는 등 조절할 수 있다는 것이다. 그는 당시 이치법 폐단에 대해 업무추진에 노력이 없는데도 상은 3년에 한번 두루 미쳐 그 비용(銀兩)이 8.9백만이었다.[258] 그러나 상을 받은 사람들은 공 없음을 부끄러워하지 않고 오히려 그 상이 적다고 까지 하였다.[259]

처벌도 마찬가지로 위엄에 두려움이 없고, 공이 없어 파직된 자들은 옛 관직에 의해 관직에 머물고 있으며, 어떤 자는 잠시 폄직되었다가 다른 관직으로 이동을 찾고 어떤 자는 폄직되지 않고 옛 관직 그대로 있다. 상벌의 운용과 시행이 이러한데 가히 인재를 얻을 수 있겠는가?[260] 그리하여 그는 주장하기를 명확한 상벌(明賞罰)제도를 건립하자고 하였으며 두 가지 주의

---

256 『文集』卷46, 「准詔言事上書」'革去舊弊, 奮然精求. 有賢豪之士, 不須限於下位. 有智略之人, 不必試以弓馬. 有山林之杰, 不可薄其貧賤.', p.337.

257 『新五代史』卷31, 「周臣傳論」, p.97.

258 『文集』卷46, 「准詔言事上書」, p.335. 卷59, 外集卷第9, 「本論」, pp.432-433.

259 『文集』卷17, 「本論上」, p.150.

260 『文集』卷46, 「准詔言事上書」, pp.335-336.

해야 할 문제를 명확하게 지적하였다.

그는 상벌을 내리는데 있어서 '한 가지 공으로 만 포상하려 하면 공이 없는 자가 원망하니, 의심스러우면 상을 주지 마십시오. 한 가지 죄로만 벌하려고 하면 같은 잘못을 한 사람들이 신랄한 비판이 두려워 밖으로 드러내지 아니하고 마음속에 감추어 참고 견뎌 벌할 수 없습니다'라고 하였다.[261] 즉 구양수는 수고로운 신하가 상을 받지 못하면 공을 이룩할 것을 권고할 수 없고 죽은 선비가 상을 받지 못하면 용감함을 권할 수 없습니다. 또한 '공이 없는 사람이 좋은 관직을 얻는 것을 막지 못하면 제장(諸將)들이 누가 공을 세우려 하겠습니까? 죄 있는 사람을 벌하지 않으면 제장들 중 누가 명령을 따르려 하겠습니까?'[262]라고 하였다. 그러므로 반드시 원칙을 견지하여 마땅히 상을 줄만하면 상을 주고 벌 줄만 하면 마땅히 벌을 내려야 한다.

또한 구양수는 정령(政令)을 개혁하여 백성들에게 신임을 얻어야 하며, 정령은 조정의 위세(威勢)와 명망(名望)과 관계가 있어야 한다고 생각하였다. 그러므로 정령을 제정할 때는 반드시 세밀한 고려와 다방면의 논증을 진행한 후에 시작해야 한다. 만약 정령을 제정할 때 충분한 고려를 하지 않고 실행 후에 많은 잘못이 나타나 하루아침에 쉽게 바꾸게 되면 백성들로부터 신임을 얻기 어려워진다고 하였다.

그는 정령을 시행함에 있어 많은 변화를 말하고 빈번하게 고치면 따르기 어렵다. 정령을 제정하는 처음에 상세하게 검사하지 않으면 시행이 오래가지 못하며 또다시 고치고자 한다. 그러므로 신뢰할 수 없는 령은 시행하여도 따르기 어렵다고 하였다.[263] 즉 백성들에게 신임을 얻기 어려우며 효과를

---

261 『新唐書』卷157, 列傳82, 「陸贄傳」 '欲褒一有功, 虛無功者怨, 嫌疑而不賞. 欲責一有罪, 畏同惡者竦, 隱忍而不誅.', p.1326.

262 『新唐書』卷107, 列傳32, 「陳子昻傳」, p.1083. 『文集』卷46, 「准詔言事上書」 '無功者不妨得好官, 則諸將誰肯立功矣', '有罪者不誅, 則諸將誰肯用命矣?', p.335.

263 『文集』卷46, 「準詔言事上書」 '夫言多變則不信, 令頻改則難從. 今出令之初, 不加詳審, 行之未久, 尋又更張. 以不信之言, 行難從之令.', p.335.

거두기 어렵기 때문에 정령에 대한 개혁은 신중을 기해야 한다고 하였다.

그는 정령은 간단하고 명확하며 장기간 시행되어야 아래를 다스리는 데 간결하여 수고롭지 않으며 정령이 쉽게 시행되어 백성을 쉽게 다스릴 수 있으며 풍속이 돈후해져서 왕도(王道)정치를 이룬다고 하였다.[264]

한편, 구양수는 정치사회의 폐단에 대해 만약 듣는 것이 실제가 아니면 들을 필요가 없고, 행하는 것이 옳지 않으면 행할 필요가 없게 되어 이치운용에도 착오와 혼란이 출현하게 된다. 그리하여 구양수는 이치개혁은 반드시 중간에서 가로막는 문제를 해결해서 전달체계를 간소화하여 소식을 빨리 정확하게 전달해야 한다고 하였다.

이점에 주의하여 아래의 사정이 위에 전달되는 것이 어려운 당시 사회에 대해 개혁을 주장하였다.

첫째, 그 원인과 해결방법에 대해 구양수는 관리들이 중간에 장벽으로 존재하기 때문이라고 하였다. 그는 「送王聖紀赴扶風主簿序」에서 경성 부근의 주현에서 심각한 재황이 발생하면 그 지역 관원들은 숨기기에 바빠 보고하지 않으며 심지어는 조정에서 파견하여 조사하도록 한 관리들도 열명 중 팔 구명은 재황이 없다고 말한다고 지적하였다.[265]

구양수는 이런 현상에 대해 크게 탄식하고 천하를 다스리는데 백성들의 상황을 알지 못해서는 안 된다. 그는 황제에게 주현의 관리들을 한 계통으로 묶어 특히 현령과 주부, 현위 등에게 명하여 백성의 뜻이 막힘이 없이 주에 전달되고, 주에서 중앙으로 막힘없이 전달되도록 하자고 건의하였다.

둘째, 위의 사정을 아래에서 알기 어려운 문제를 해결해야 한다. 아래에서 구한 것이 아니면 위의 사정과 법도를 아래에서 알기 어렵게 된다. 그러므로 '폐하께서 은택을 베푸는 조서를 내리면 자사와 현령이 삼가 받들어 행하기

---

264 『文集』卷59, 外集卷第9, 「本論」'上之治下, 簡而不勞', '是以其政易行, 其民易使, 風俗敦厚, 而王道成矣.', p.432.

265 『文集』卷65, 「送王聖紀赴扶風主簿序」, p.490.

를 기다려야만 한다. 그러나 그러한 사람을 얻지 못하면 유사에게 위임하여 버리거나 또는 어떤 자사와 현령들은 문건을 장옥(牆屋)에 넣어 걸어두고 시행하지 않아 백성들은 알지 못한다.'[266] 이처럼 중간의 장벽이 가로막아 위의 사정이 아래에 잘 전달되지 못해 시행되지 못하는 것을 지적하였다.

그리하여 구양수는 어떤 경우라도 중간을 가로막는 관리는 반드시 엄격하게 처리해서 바로잡아 아래의 상황이 위에 전달되고, 위의 상황이 아래에 잘 소통되도록 하여 조정의 정령이 끝까지 시행되도록 하자고 하였다.[267]

구양수는 비록 일련의 진보적인 의의를 가진 정치적 의견을 제출하였으나 당시에는 그의 정치주장이 적극적으로 채택되어 실행되지 못하였다.

4) 과거제도에 대한 인식과 경세관

구양수는 학교 또는 국자감에서 교육활동에 직접 참여한 적은 없지만 조정에서 지제고(知制誥)와 지공거(知貢擧)를 담당하면서 자유경쟁원칙의 과거개혁에 대해서 많은 의견을 제시하였다. 그 중 여러 가지 내용은 오늘날 고시제도 개혁과 완성에도 적지 않은 귀감이 되고 있다. 그 구체적인 내용을 보면 다음과 같다.[268]

구양수는 범중엄이 과거와 학교개혁을 주도할 당시 그는 조정에서 지제고를 담당하면서 「颁贡擧條制劫」, 「論更改贡擧事件札子」를 기초하였다. 그는 범중엄의 개혁 이론을 찬성하였을 뿐 만 아니라 구체적 조치에 있어서는 더 깊은 생각을 가지고 있었다.

범중엄은 당시 선시부후책론의 방법을 선책론후시부 방법과 시험에 의해

---

266 『新唐書』卷107, 列傳32, 「陳子昻傳」 '陛下布德澤, 下詔書, 必待刺史・縣令謹宣而奉行之. 不得其人, 則委棄有司, 挂墻屋耳, 百姓不得知之.', p.4073.

267 『新唐書』卷157, 列傳82 「陸贄傳」 '下之情, 莫不願達於上, 上之情, 莫不求知於下, 然而下常苦上之難達. 上常苦下之難知.', p.1324.

268 陳元. 歐陽勇. 「歐陽修科举考選思想及其啓示」[期刊論文]-『井岡山学院学報』(社会科学版) 2008(3)

합격여부를 결정하는 방법을 제시하였다. 이에 대해 구양수는 책론과 시부의 순서만 조절해서는 실제적 효과와 작용을 하지 못하므로 철저하게 선발방법을 개혁하여 과거시험에 의해 결정하는 방법을 제창하였다.[269]

구양수는 먼저 책과 론을 통해 일정 비율의 응시자를 탈락시키고 통과한 사람을 대상으로 다시 시부를 시험치루자고 하였다. 이런 방법은 당시 시행하던 선시부후책론의 방법을 실시하여 학자로 하여금 경술(經術)과 도리를 근본으로 하지 않고 단지 시부절초(詩賦節草)에만 능통하여 시험의 격식만을 추구하는 국면을 개변할 수 있다. 또한 고관들이 마지막 선발에서 소수의 응시자 중에 합격자를 뽑으면 더 정확하게 선발할 수 있다.[270]

구양수가 선책론후시부의 시험성적에 의해 합격불합격을 결정하는 선발방법을 제창한 목적은 당시 응시자들이 현실정치와 생활과 관련 없는 책만을 외우고 시험에 응시한 책벌레들을 먼저 탈락시키는 것이었다. 그렇게 하여 고관들의 정신적 육체적 수고로움을 감소시켜 맑은 정신으로 진정한 재주를 가진 인재를 선발하게 하기 위한 것이었다. 이 방법은 오늘날 각종 공무원을 선발하는 필기시험과 면접시험을 병용하는 형식과 비슷하다.

영종 년간 1066년 사마광이 「乞贡院逐路取人狀」을 상소하여 과거시험의 합격정원 및 진사과 선발과정에서 불균형한 현상을 지적하였다. 즉 동남지역 출신들이 서북지역에 비해 지나치게 많이 합격하며, 심지어 한명도 합격하지 못하는 지역도 있는 불균형적인 상황을 분석하여 각 로(路)의 인구비례에 따라 진사과 합격자 수를 정하여 광범한 지역적 지지기반을 회복하자고 주장하였다. 그 구체적인 방법은 각로의 취인(取人)의 비율은 매 10인에서 1인을 취하고, 6인에서10인 미만은 1인을 취하고, 5인 이하는 취하지 않도록

269 『文集』,卷71,「颁贡擧條制劫」, p.591, 奏議卷7, 「論更改贡擧事件札子」, pp.807-808.

270 『文集』 卷71, 「颁贡擧條制劫」,p.591,卷 「論更改贡擧事件札子」 "先詩賦而後策論, 使學者不根经術, 不本道理, 但能誦詩賦節抄 『六贴』, 『初学记』之類者, 便可剽盜偶麗, 以應試格" 즉 "少而易考, 不至劳昏, 考而精當, 则盡善矣" pp.807-808.

하였다.[271]

구양수는 사마광의 주장을 알게 된 후 즉시 「論逐路取人札子」를 상소하여 사마광이 지역을 분리하여 인재를 취하자는 주장에 대해 상대적으로 기존의 방식대로 시험성적에 따라 인재를 선발하자고 주장하였다. 그는 동남지방의 응시자는 2,000-3,000명이며, 합격자는 20-30명으로 그 비율은 1/100이다. 그러나 서북 지방의 응시자는 100명밖에 지나지 않으며, 그 중에서 10명을 선발하였으니 그 비율은 1/10이다. 합격률은 동남지방보다 10배다. 따라서 전국의 선발 기준은 동일한 기준으로 선발해야지 지역에 따라 다르게 정하면 안 된다. 이 때문에 불공평한 현상이 또 다른 현상으로 심각하게 나타날 수 있다고 주장하였다.또한 그는 조정에서 공평함을 추구하여 사방(四方)을 동일한 표준으로 선발하고 특정지역을 우대하지 말고 단지 능력에 따라 공평하게 선발하자고 하였다. 이에 영종은 구양수의 건의를 받아들여 사마광의 건의를 시행하지 않았다.[272]

사마광과 구양수의 취사방법의 논쟁은 지역공평과 시험공평의 논쟁이었다. 사마광은 낙후지역을 고려하여 지역적 불균형을 극복하고자 하였다. 구양수는 취사의 방법인 시험에는 모든 사람이 공평하게 평가받아야 한다고 주장하였다.

한편, 구양수는 지공거에 임명되었을 때 응시자의 자격에 대해서 엄격하게 심사하였다. 예를 들면, 불효자, 유람(渝濫)한 자, 슬픔을 가장하여 익복(匿服)한 자, 죄를 범해 형책(刑責)을 받은 자, 음속(蔭贖)하거나 정리(情理)가

271 『司馬温公集』「卷30, 章奏15,「貢院乞逐路取人狀」, 中華書局, 1989. p.262.

272 『文集』奏議卷17「論逐路取人札子」. “窃以国家取士之制, 比于前世, 最号至公。盖累圣留心, 讲求曲尽。以谓王者无外, 天下一家, 故不問问東西南北人, 尽聚诸路贡士, 混合爲一, 而惟才是择。……东南之俗好文, 故进士多而經学少, 西北之人尚質, 故進士少而经学多。所以科場取士, 東南多取进士, 西北多取经学者, 各因其材性所長。而各随其多少取之, ……, 若欲多取西北之人, 则欲须多减东南之数, ……, 则东南之人合格而落者多矣。西北之人不合格而得者多矣。” pp.871-873.

중한 자 이상의 다섯 가지 중에서 하나만 위반해도 응시자격이 없었다. 이로써 어느 정도 응시자들의 정치사상을 올바르게 하였으며 인재선발의 기준을 설립할 수 있었다.[273]

당시 과거에 참가하는 사람이 수배로 증가하여 시험관리도 상대적으로 혼란하여 서적을 가지고 들어오거나 책을 베껴서 참가하거나 대리시험 등 부정행위가 전에 없이 많이 발생하였다. 당시 과거에서 부정행위로 적발되더라도 처벌은 다만 강제 퇴장이며, 다른 처벌은 거의 없었다. 구양수는 시험장의 엄숙한 규율과 풍조를 정돈하기 위해 새로운 규칙을 제출하였다. 즉 응시자에 대해 일일이 수색하고 검사하여 공이 있는 사람은 중상(重賞)하자, 동시에 인원을 감고(監考)하는 세칙을 규정하여 협서(挾書)자와 대리시험자(槍手, 竊科)에 대해 처벌 조례를 제정할 것을 요구하였다.

구양수는 만약 과거시험 방법과 지역안배와 균형문제 그리고 부정행위 등에 대해 엄벌하지 않으면 취사에서 실질적인 재주를 가진 사람을 얻을 수 없다. 또한 폐단을 저지르는 사람들이 많아지고 현실정치에 유용한 능력을 가진 사람들을 구별하는 것이 어려워지는 등 불공정을 유발할 수 있다. 또는 그는 응시자의 합법적인 권리를 보장하기 위해서 고관에게 단지 협서와 문(文)을 전수하는 것을 순찰하는 것 이외에 비리가 있고 업신여기고 거만한 거인은 불합격하도록 하자고 하였다.[274]

이상과 같이 구양수는 공정하게 실제 우수한 인재를 선발하기 위해서 과거고시에 대해 다양한 주장과 건의를 하였다. 어떤 것은 통치자들에 의해 채택되어 구체적으로 실시되었다. 그리하여 송대 과거제도의 운용에 진일보한 공헌을 하였으며, 중국 교육사상의 발전에 크게 영향을 주었다.

---

273 『文集』,卷17「論逐路取人札子」"如事亲不孝, 行止渝滥, 冒哀匿服, 曾犯刑责, 及虽有荫赎而情理重者, 以上事节, 苟犯其一, 并不得收试" p.872.

274 『文集』,卷17「論逐路取人札子」"除只得巡察怀挟及传授文义外, 不得非理侮慢举人" p.872.

5) 구양수의 민본사상과 경세관

중국에서 민본사상은 은, 주 시대에 이미 출현하여 후에 유가사상이 계승하고 발전하여 유가정치철학의 핵심이념이 되었다.[275] 당시 반경(盤庚)의 중민(重民)사상과 및 주공(周公)의 경덕보민(敬德保民)사상이 이미 있었다. 이 의미는 지배자가 하늘의 도움을 받으려면 민을 잘 보호해야할 뜻으로 서주시대에 사람들은 이미 소시민을 마음에 품어 보살펴야 하는(懷保小民) 도리를 알고 있었다.[276]

춘추전국시대에 이르러 민본사상은 거의 성숙되어 완전한 사상 체제가 형성되었다. 이 시대에는 백성의 경제생활 문제가 지배자의 정권유지에 직접적인 영향을 줄 수 있는 중요한 문제였다. 선진(先秦)시기 백가의 학설에 이미 민본사상에 대한 언급이 나타나 있다. 유가의 "위정이덕(爲政以德)"[277], 맹자의 "민귀군경(民貴君輕)."[278] 순자의 "하늘이 백성을 낳은 것은 군을 위해서가 아니고, 하늘이 군을 낳는 것은 백성을 위해서이다."[279] 묵가(墨家)의 겸애사상,[280] 도가는 '내가 일을 하지 않으면 백성은 스스로 부유해진다.'[281] 등이 그 구체적인 표현이다. 그 후 공맹의 인학(仁學)이 형성되고 전개되면서 민본사상이 성숙해졌다. 인이란 사람을 사랑한다는 뜻으로[282] 유가 사상의 근본이며 몸을 바르게 하는 것과 애민(愛民)을 하나로 보았다.

---

275 『尙書. 康浩』"往敷於般先哲王, 用保又民, 汝丕遠惟商耇成人, 宅心知訓, 別求聞由古先哲, 用康保民, 弘於天, 若德裕乃身, 不廢在於命."

276 曹德本, 『中國政治思想史』 北京, 高等敎育出版社, 2004. p.18.

277 陳戎國, 『長沙, 岳麓書社』, 2005 p.17.

278 陳戎國, 『四書五經』上卷 長沙, 岳麓書社, 2005 p.133.

279 牟瑞平, 濟南, 山東友誼出版社, 2001 p.713, "天之生民, 非爲君也. 天之爲君, 以爲民也."

280 辛志鳳, 蔣玉斌 『墨子譯註』黑龍江人民出版社, 2003 p.85. "若使天下相兼愛, 國與國不相攻, 家與家不相亂, 盜賊無有, 君臣父子都能孝慈, 若此, 則天下治."

281 袁培智, 袁輝, 『老子新譯』北京 宗敎出版社, 2003 p.362.

282 陳戎國, 『四書五經』上卷, 長沙, 岳麓書社, 2005 p.103.

유가 사상의 발전은 민본사상의 내용을 더욱 풍부하게 하였다. 민중에 대한 사회 가치와 지위에 대한 분석, 민생을 위주로 전개된 정치 학설이다. 즉 사람의 가치는 하늘과 신보다 더 높다고 보는 것이 전통 민본 사상의 경향이다. 수(隋)대 계량(季梁)은 민과 지배자의 관계 속에 민의 사회적 지위가 높아졌다고 하였다.[283]

사회 발전 과정에서 민(民)은 나라의 근본이며, 나라를 공고히 하고 안녕하게 하는 근본으로 중요하다. 물(水)과 배의 관계를 가지고 민과 군(君)의 관계를 설명하였으며, 민심을 잃어버리면 나라도 망한다고 하였다.[284]

나라가 안정이 되려면 민심의 안정을 먼저 이루어야 한다. 나라가 부강해지려면 민간이 먼저 부강해져야 한다. 공자는 부민사상을 주장하며 말하기를 씀씀이를 절약하며 백성을 사랑하고 백성을 부리는 데는 반드시 때에 맞추어 해야 한다고 하였다. 맹자와 순자도 이민(利民), 유민(裕民), 제민(齊民), 혜민(惠民)을 강조하였는데. 이것은 중국 민본사상의 큰 특징이다.

송대 문학가이며 정치가인 구양수는 전통 유가사상의 민본사상을 기초로 하여 관리가 백성을 해친다는 등 자신만의 독특한 민본사상을 형성하였다. 구양수는 유가적 민본사상의 영향을 크게 받아 민생(民生)의 안정을 크게 걱정하였다. 구양수는 유가경전을 수학하고 과거시험을 통해서 관리가 된 사람으로 민생에 대해 크게 관심을 가지고 있었다.[285]

구양수는 어렸을 때 부친이 별세하여 숙부 구양엽의 도움을 받으며 모친과 함께 살았다. 이런 빈곤한 생활의 경력은 그가 민간인 생활에 대한 관심을 가지게 되었으며, 그의 민본사상의 형성에 커다란 영향을 주었다. 그의 가정에는 관직을 담당했던 관료가 많았는데 그들의 청렴한 모습도 구양수에게

---

283 倪德茂, 「歐陽修民本思想硏究」-長江師範學院學報 2008(4).

284 牟瑞平, 『荀子』 濟南, 山東友誼出版社, 2001 “君者, 舟也, 熟人者, 水也, 水則載舟, 水則覆舟.” p.183.

285 『文集』卷76,「易童子問」“損君益民”, “上君而下民, 損民而益君, 損矣, 損君而益民, 益矣.” p.573.

큰 영향을 주었다.

구양수는 역사학자로서 『신당서』와 『신오대사』편찬을 주관하였다. 그리하여 그는 역사상의 인물, 정치사회의 번영과 쇠퇴에 대해 잘 이해하게 되었고 깊은 영향을 받았다. 이 때문에 그는 역사 속에서 얻은 경험과 교훈을 중시하여 역사적 인물과 사건을 인용하여 자신의 관점을 증명한 적도 많았다. 예를 들어 그가 반란한 소수민족에 대해서 독살보다 교화를 통해 항복시키자고 주장하였다.[286]

구양수는 정치군사와 사회경제 등 여러 가지 위기의 시대를 경험했다. 당시는 보수적인 관료들이 많이 출사하였고 국내외적 모순은 점점 심해갔으며 민간반란이 끊이지 않는 등 제모순이 날로 격화되어 갔다. 한편, 경제적으로는 토지겸병이 더욱 심해지고 농민에 대한 약탈도 날로 악화되었으며 자연재앙도 계속해서 발생하였다. 그 결과 토지이용과 사회생산력 등과 관련된 문제가 발생하는 등 재정적 어려움이 국가의 근본을 흔들고 있었다.

군사적으로 보면 중문경무의 정책 실시로 군사력이 약해져서 북방유목민족인 요와 서하에게 세폐를 부담하면서 군사적 평화를 구할 밖에 없었다. 이런 위기를 극복하기 위해서 구양수는 정치, 경제, 사회 군사 등에 대한 정확한 현실인식을 통해 민본사상을 기초로 한 이룬 경세관이 기반인 개혁방안을 제창하였다.

그는 「論郭皇后影殿札子」에서 관료들이 대형 공사를 계기로 사적으로 이익을 많이 취하는 일을 고발하였다.[287] 또한 「論修河第一狀」에서는 관료들이 자신들의 일을 하지 않아 백성들이 크게 고통을 받는다고 비판하였다.[288]

---

286 『文集』,「論湖南蛮贼可招不可殺札子」, "臣見自古蠻蛋爲害, 不聞盡殺。须是招降." p.811.

287 『文集』,奏議卷15「論郭皇后影殿札子」"近年京師土木之功, 糜耗国用, 其弊特深, 原其本因, 只爲差内臣监修, 利于偷竊官物及訖功之後, 僥求恩赏, 以故多起事端, 務廣興作。"p.855.

288 『文集』,奏議卷12,「論修河第一狀」"科配一千八百万梢芟, 騷動六路一百有余州。官吏催驅, 急若星火, 民庶悉苦, 盈于道涂……未及興役, 虛费民财"p.832.

한편, 구양수는 황제의 잘못된 정책결정과 실정에 대해서도 비판을 하였다. 가우 4년에 수도에 눈이 많이 내려서 물가가 많이 올랐기 때문에 민간인들이 굶어죽거나 병사(病死)하는 일이 많이 발생하였다. 그러나 송 인종은 상원절(上元節)에 등(燈)을 전시하는 것이 여민동락(與民同樂)하는 것이라고 하였다. 이에 대해 구양수는 봄이 되었지만 여전히 날씨가 춥고 백성이 생업에 종사할 수 없어 성시도 적막할 뿐으로 추위와 굶주리는 사람들이 많을 뿐이다. 게다가 땔감과 석탄 그리고 먹거리 가격이 수배가 폭등하여 백성들의 걱정거리가 배가되고 있다. 이런 상황에서 어찌 한가하게 유람하여 즐기겠습니까 하며 반대하였다.[289] 지화 2년에 구양수는 「論罷修奉先寺等狀」을 상소하여 대형공사를 막았다.[290] 「食糟民」에서 구양수가 관료들의 술을 만들기 위해서 양식을 다 그 쪽으로 공급하여 민간인들은 먹을 쌀조차 없다고 하였다.

중국은 고대부터 농업이 중요한 경제활동이었던 나라로 농업에 종사하는 농민과 세금은 국가 재정의 중요한 부분이다. 구양수도 농업을 천하의 대본이라 생각하였으며 왕정(王政)이 이로부터 나오며[291], 농상(農桑)은 백성이 살아가는데 의식의 근원이라고 하였다.[292]

북송 중반 이후 사회경제 모순의 악화로 농민반란이 끊이지 않고 악순환이 계속되자 구양수는 대대적으로 농업생산을 발전시키는 것이 이 문제를 해결할 수 있는 좋은 방법이라고 생각하였다. 그는 농업자원 특히 농상자원을 보호해야 한다고 주장하였다. 농상자원은 백성이 살아가는 의식의 근원으로 관료들이 과도하게 감벌(砍伐)하는 행위를 배척해야 한다. 심지어 그는

---

289 『文集』,奏議卷15,「乞罷上元放灯札子」, "自立春以来, 阴寒雨雪, 小民失業, 坊市寂寥。寒冻之人,死损不少。薪炭食物, 其價增倍。民憂凍餓, 何暇遨游." p.878.

290 『文集』,奏議卷13 「論罷修奉先寺等狀」 "自古人君好興土木者, 自『春秋』,『史记』, 歷代以來, 并皆書爲過失以示萬世"p.835.

291 『文集』,外集卷第9,「原弊」. "農者, 天下之本也, 而王政所由起也." p.440.

292 『文集』,奏議卷7,「論乞止絕河北伐民桑柘札子」 '农桑是生民衣食之源.' p.801.

농상자원은 그 근본을 끊으면 백성들로 하여금 살아갈 방도가 없다고 상소하였다. 그 자신이 농민들을 이끌고 메뚜기 재해(蝗災)등 자연재해를 격퇴시키려고 했으며 주동해서 돈을 내서 농민들이 메뚜기를 잡도록 했다.

당시 농업 생산에 악영향을 주는 유민(誘民), 겸병, 역역(力役) 등 소위 3가지 폐단이 농업발전을 심각하게 저해하였다. 그리고 수재, 한해(旱害), 황재(蝗災) 등 자연재해 그리고 지방 관료들은 농업에는 관심이 없으면서 끝없고 바닥까지 수탈하는 행위 등 모든 것이 농업생산을 심각하게 파괴하였다. 특히 지방관들은 농업에 대해 말하는 것을 들으면 서로 쳐다보고 웃으면서 어리석은 사람이라고 하였다.[293]

이러한 상황에서 그는 지방관에 임명되었을 때 농업발전을 자신의 중요한 업무로 생각하였다. 예를 들어 그가 이릉(夷陵) 담당하는 관직에 임명되었을 때 현지의 지리적 특징을 고려하여 요역을 보장하면서 농업생산도 보장하는 동불위시(動不違時) 정책을 실시하였다.[294]

이상과 같이 농업생산 조건이 열악해 지는 상황에 대해 구양수는 농업의 발전에 대한 몇 가지 주장을 하였다.

첫째, 농업 자원을 보호하자. 북송 시대 일련의 관료들은 상관의 다양한 의향에 영합하여 출세하고자 백성들의 생활을 크게 고려하지 않고 농업자원을 크게 파괴하였다. 예를 들면, 명도(明道) 원년 황궁 내전 8개 전(殿)이 화재로 훼손되었다. 이에 수리 건설하기 위해서 낙양 주변의 많은 백성들의 죽림원(竹林園)을 마음대로 벌재하여 건축재료로 사용하였다. 이 때문에 원래에 죽림에 의해 살고 있는 사람들은 신선한 죽순(鮮笋)을 팔아 매년 전(錢)10만민(緡)을 벌어들일 수 있었는데 불과 몇일 만에 벌거숭이가 되었다.[295]

293 『文集』,外集卷第9,「原弊」“聞有道農之事, 则相與笑之曰: ‘鄙夫’” p.440.

294 王军平「浅析歐陽修简政安民的思想」[期刊論文]-教育教学論壇 2012(42).

295 『文集』外集卷 13,「戕竹记」, p.475.

또한 가우 4년, 조정에서 맹양신하(孟陽新河)를 개착하고 할 때 지방관리가 조정에 백성들이 분묘, 택사(宅舍), 상(桑), 조(枣) 등이 경계 안에 있었으나 숨기고 보고하였다. 관부는 하천을 개설할 때 이것들을 모두 훼손하여 연해지역 백성들이 생활할 수 없게 하였다.[296] 경력 3년에 하북 지방에 방어시설을 건설하기 위해 목재가 필요하였다. 이에 백성들은 어쩔 수 없이 자신이 심었던 경제 작물을 다 없애고 관청에게 납입해야 하였다.

이상과 같이 관부의 농업자원에 대한 파괴에 대해 구양수는 심지어 아무것도 하지 않으면 해로움이 없고 유익하다고 하였다.[297] 또한 농상(農桑)과 같은 자원을 훼손하는 것은 그 근본을 잘라버리는 것으로 농민이 생활할 수 없다고 하였다.[298]

둘째, 자연재해에 대해 저항하고 격퇴하자 즉 자연재해를 구제하자. 자연적 재앙이 농업 생산 및 수확에 대해 영향을 크게 미치면 왕왕 농민반란이 일어났다. 이러한 자연재해에 직면하여 그는 적극적으로 백성을 구제하자고 하였다.

메뚜기 재해는 고대에 보편적으로 있었던 재앙이다. 그는 『答朱寀捕蝗』에서 자신이 관전(官錢)을 내서 사람들을 고용하여 황충을 포살한 적이 있다고 기록하였다. 돈 때문에 농민들이 적극적으로 작업에 참여하여 메뚜기를 빠르게 포살하여 황충이 산더미처럼 쌓였다. 또한 그는 일단 재해를 만나면, 조정에 즉시 부세를 감면해 달라고 요구하였으며, 창고를 열어 재해민을 구제하였다.[299] 경력 3년에 수도에서 큰 눈이 내려서 사람들이 이 눈은 내년의 수확에 대해서 좋다고 하였는데 구양수가 말하기를 이제 국가가 제 때에

---

296 『文集』 奏議卷15, 「論孟陽河開掘坟墓札子」, 「論修河第一狀」 "開掘坟墓, 斫伐桑, 枣, 拆拽舍屋", p.856.

297 『文集』 外集卷 13, 「戕竹记」, p.475.

298 『文集』奏議卷7 「論乞止绝河北伐民桑柘札子」, "绝其根本, 使民無以爲生." p.801.

299 『文集』 奏議卷7「論乞振救饥民札子」, "所放者少, 不损國用, 又察民疾苦, 微细不遗。所以國恩流布, 民不怨嗟" p.819.

민간인을 구제하지 않으면 적지 않은 아사자가 나타날 수 있다고 하였다.[300]

셋째, 농업생산에 직접 참여하였다. 구양수는 관직에서 파면된 후 지방에 와서 농업생산활동에 직접 참여하였다. 그가 파면된 2년 후 한재가 나타났는데 「祭桓侯文」와 「求雨祭汉景帝文」을 지어 하늘에 기우제를 올렸다. 이상의 사실을 통해 보면, 그가 가졌던 백성에 대한 동정과 관심을 알 수 있다. 또한 하나의 측면에서 표현한 구양수의 민본사상을 중심으로 한 경세사상의 일면이다.[301]

한편, 구양수는 북송 통치자의 사치와 방만한 소비를 비롯한 3용(冗)문제 등은 민간의 부담을 크게 증가시킨다고 지적하였고 이런 계급모순과 같은 문제점을 완화하기 위해서 절용을 통한 백성부담의 감소를 주장하였다. 먼저 그는 호구(戶口), 전무(田畝) 혹은 구역(區域)에 의해서 백성들에게 부과하는 임시세인 과배(科配)와 부렴(賦斂)을 감소하자고 하였다.

송대 부세관원들은 가능하면 세금을 많이 거둬들이려고 하여 백성들의 부담을 가중시켰다. 일부관원들은 과세목표를 달성하기 위해 호등에 의해 시행하던 차배(差配)를 고의로 민호들의 호등을 높여 과세하기도 하였다. 구양수는 이처럼 감당할 수 없을 정도로 과세된 사람들에 대해 조정에서 감면해 주라고 건의하였다.[302] 특히 그가 하동지역에 출사하였던 몇 개월 동안에 하동지역이 과세가 대단히 과중하여 백성들이 감당할 수 없다는 상주문을 써서 보내지 않은 것만 수십장이었다.[303]

둘째, 합리적인 재정예산인 양출제입을 실시하자. 북송은 민간인에 대해서 많은 약탈을 하였지만 국가재정은 여전히 부족하였다. 구양수는 그 원인

---

300 『文集』 奏議卷7「論救赈雪后饑民札子」 “大雪之泽, 其利未見, 而数事之失, 所损已多” pp.799-800.

301 王军平「浅析欧阳修简政安民的思想」[期刊論文]-教育教学論壇 2012(42)

302 『文集』奏草卷下,「乞免浮客及下等人户差科札子」, “賣水卖柴及孤老妇人不能自存者, 并一例科配” p.905.

303 『文集』附录卷二 蘇軾,「歐陽文忠公神道碑」 北京: 中國書店, 1986. p.1347.

이 먼저 거둬들일 량을 정하지 않아서 거둬들이는 량이 끝이 없기 때문이다.[304] 고 생각하였다. 따라서 미리 합리적인 재정예산을 제정하지 않으면 백성의 역량을 헤아릴 수 없으며, 무절제하게 재정을 소비하게 되는 문제를 조성하게 된다고 하였다.[305]

셋째, 황무지를 개간하여 백성의 부담을 경감하자. 구양수는 옛적에는 부세이외에 세금을 부과한 것은 유사시에 대비하였다. 오늘날은 백성들에게서 취하여 아무 일도 없는 평상시에 사용한다. 그리하여 백성들의 부담이 가중되어 더 이상 증액하는 것은 불가능하다. 또한 국가가 급하게 돈이 필요하게 되면 그 해결방법은 황무지를 개간하는 것이라고 생각하였다.[306]

이를 해결하기 위해 그는 농민들이 과도한 요역을 피하기 위해 도망하여 유민이 되었기 때문에 만약 그들의 요역을 면제해주면 다시 본래의 땅으로 돌아오고 새로운 토지를 개발하는 주력이 될 수 있다고 생각하였다.

또한 그는 지방에 주둔하는 향병들에게 종자를 대여해주고 황무지를 경작하게 하여 수확하는 양식은 국가와 향병이 함께 일정비율로 나누자고 하였다.[307] 이렇게 하면 향병들이 하루 종일 술과 도박에 빠지지 않고 국가 수입을 증가할 수 있고 민간인의 경제적 부담도 약화시킬 수 있다.

한편, 그는 송 초기이래 거란이 침입하였던 변경지역에 진입하는 것을 막아 금지구역으로 정하고 경작을 금지하였다. 구양수는 이런 지역을 개발하여 경작하도록 해서 변경지역 주둔군의 식량보급도 해결할 수 있다고 하였다.[308] 후에 조정에서 이를 따랐으며 하동지역에 이로움이 커졌다.[309]

---

304 『文集』外集卷第9, 「原弊」, p.440.

305 『文集』 外集卷第9,「原弊」, "就民而爲之制, 要在下者盡力而無耗弊, 上者量民而用有節, 則民與國庶幾乎俱富矣" p.440.

306 『文集』,卷45,上書一首,「通進士上書」 "昔者賦外之征以備有事之用, 今盡取民之法, 用于無事之時, 悉以冗费而糜之矣, 至卒然有事, 则無法可增, 然獨有可爲者, 民作而输官者已劳, 而游手之人方逸, 地之产物者, 耕不得代, 而不垦之土尚多, 是民有遗力, 地有遗利, 此可爲也。" p.329.

307 『文集』 卷45,上書一首,「通進士上書」, p.329.

한편, 구양수는 청묘법이 자신이 추구하는 우민(憂民), 곤민(困民)을 기반으로 하는 그의 민본사상과 일치하지 않다고 반대하였다. 그는 「言青苗钱第一札子」 및 『言青苗钱第二札子」에서 청묘법의 규정에 대해 매년 2, 5월 농민들의 생활이 곤란한 시기에 대출해주고 20%의 이자를 부과하였다. 소위 관중방채(官中放债)이라고 언급하였다.[310] 이에 대해 구양수는 이자는 받지 말고 원금만 갚도록 하라고 하였다. 그리고 법으로 관청들이 강제로 대출하는 행위를 금지하도록 반포하였다. 그리고 2월 대출을 실시할 때는 농민들은 사실 대출이 필요 없는 시기였다. 그러나 강제 대출 때문에 농민들의 원망이 크게 제고되었다.[311]

한편, 구양수는 하동지방을 순찰하였을 때 로주(潞州)의 둔류(屯留), 여성(黎城), 곤관(壺關)의 3개 현(縣)과 요주(遼州)지역의 유두(楡杜),요산(遼山), 평성(平城), 화순(和順) 등 4개현의 지리적 위치가 편벽하고 인구가 적다는 것을 알게 되었다. 이처럼 보고된 인구수와 실제 인구수가 서로 맞지 않는 사실을 발견하고 이 지역에 대해서 민역부과 등을 관대하게 하자고 하였다.[312] 또한 구양수는 지방의 역사와 풍속 관습 등에 대해서 관심이 있었다. 지방관들이 현지 역사를 편찬할 때 개인적 선택을 위주로 편찬한 경우에 대해 강하게 반대하였다. 그는 지방 역사를 편찬할 때 반드시 조사, 고증, 기록을 바탕으로 편찬해서 역사의 진실성, 실용성을 보장하바고 하였다.[313]

구양수는 농업이외에 상업과 공업에 대해서도 적극적인 사고를 가지고 있었다. 그는 고대에는 중농억상의 전통적 인식 때문에 상공업 종사자의 지위가 높지 않았다. 한 대 이래 역대 왕조는 성인이 천하를 다스리며, 사민

---

308 『文集』 奏草卷下, 「請耕禁地札子」. "邊州自有粟, 則内地之民無遠輸之害." p.900.

309 『文集』 附錄卷1, 「歐陽修行狀」 「文集・附錄卷一」, p.1245.

310 『文集』 奏議 卷18「言青苗法第一札子」 p.880.

311 『文集』 奏議 卷18「言青苗法第一札子」. p.880.

312 『文集』 奏草卷上「相度并县牒」. p.884.

313 王军平 「浅析欧阳修简政安民的思想」[期刊論文]-教育教学論壇 2012 p.(42).

(四民, 사농공상)과 함께하지 않는 전통을 만들어 공상업 종사자를 다른 종류라 하여 엄격하게 방지하였다.[314] 그는 역사상의 유명한 상공업자 출신인 자공, 상홍량, 왕맹, 교격 등을 열거하며 자신의 상공업에 관한 관점을 증명하였다.

또한, 구양수는 상공업자와 공동이익을 주장하며 억상정책을 반대하였다. 그는 상인들을 이용하여 관리들이 많은 이익을 얻고 있으므로 상인의 이익을 억제하고 탈취하는 것은 이미 불가능하다고 하였다.[315]

당시 송조는 차와 염에 대한 전매를 실시하여 생산에서 소비까지 장악하여 국가재정에 많은 이익을 얻었다. 그러므로 그는 이를 폐지하여 상공업자에게 생존할 수 있는 공간을 주어야 한다. 하동 등 지역에서 상인들이 경영할 수 있는 분야는 너무 적었으며, 종사할 수 있는 부분도 이익이 지극히 적은 분야만 허용되었다. 이익이 많은 분야의 경영은 여전히 관부가 경영하였다. 이처럼 박리(薄利) 업종인 주호(酒戶)를 경영하기 위해서는 정부에게 반드시 과도한 세금을 납부해야 하였다. 부세도 자신이 지정된 변경지역까지 운송해야 하였기 주호는 대단히 힘들었다. 이 때문에 파산한 주호들은 수년간 이미 양조하지 않았지만 여전히 주세(酒稅)를 납부해야 하였다. 그 후 관방에서 양조를 장악하면서 많은 주호들은 견디다 못해 다른 지역으로 도망한 사람들이 적지 않았다.

구양수는 이런 하동지역을 순찰할 때 주호의 어려운 상황에 대해서 이해하게 되자. 정부에 상공업자들에게 생존할 수 있는 공간을 주자고 건의하였다.[316] 또한 본래 이익이 박하던 주호들에게 어느 정도 관용을 베풀어주자고 하였다.[317]

---

314 『文集』 外集卷25「南省试策五道」, "取人以才……何患工商雜以并進, 士類而無别乎." p.562.

315 『文集』 卷45,上書一首,「通進司上書」. 欲十分之利皆歸于公, 至其亏少, 十不得三, 不若與商共之, 常得其五也". p.306.

316 『文集』奏草卷下「乞免蒿頭酒户课利札子」 "特與權免支移邊上三, 二年" p.906.

송대는 사회생산력의 발전에 따라 상공업의 발전은 이미 하나의 추세가 되었다고 볼 수 있다. 구양수를 대표한 당시 지식인들은 상공업 발전을 억제하는 것은 비현실적이라고 하였다. 상공업이 발전하면 백성들의 생활을 풍부하게 되고 국가수입을 증가할 수 있어서 지주계급의 기본이익과 부합하는 것이다. 구양수는 공상업의 발전의 주관적인 동기가 봉건지주계급의 이익을 보호하는 것 이라는 것에 주의하였다. 그러나 객관적으로는 공상업에 유리한 것으로 보여진다.

이상에서 보면, 구양수의 민본사상은 중민(重民), 애민(愛民), 육민(育民) 사상 등 중국 전통 민본사상의 영향을 받았다. 특히, 그는 과거를 통해 관료에 진출한 사람으로 유가 민본사상의 영향이 컸다. 그는 「易童子問」에서, 백성을 손해보게 하여 군이 이롭게 하면 손해이다. 군을 손해 보게하고 백성을 이롭게 하면 이롭다는 뜻으로 백성이 충족하면 군주는 누구와 더불어 부족하겠는가를 이르는 손군익민(損君益民)설을 제창하였다.[318]

이러한 구양수의 민본사상의 특징은 당시 정치현실에 대한 정확한 이해와 대책을 근간으로 형성되었다고 할 수 있다. 인종과 영종조에 이르러 송조는 소위 3용(冗)폐단이 나타나고, 경제적으로 토지겸병이 가속화되었으며, 자연재해와 송요, 송하간의 전란이 가중되면서 송 조정은 4면 초가의 상태에 놓이게 되고 사회의 계급모순이 날로 격화되어 갔다. 이러한 상황에서 구양수는 근본이라는 생각에서 출발하여 일련의 적극적인 민본정책을 제창하여 통치위기와 계급모순을 완화하였다. 구체적인 정책을 살펴보면, 그는 통치자들이 백성에게 손해를 끼치는 행위를 엄격하게 비판하였다. 특히 통치자들이 대형토목공사를 일으켜 백성들의 재산을 손상하는 행위에 대해 크게 비판하였다.

---

317 『文集』奏草卷下「乞免蒿頭酒户课利札子」. 存養一州人户, 漸成生業” p.906.

318 『文集』, 卷76, 「易童子問」卷第二,(四部叢刊正編, 법인출판사, 1989) p.573.

그의 민본사상은 다음과 같이 몇 가지로 설명할 수 있다. 먼저, 관리들이 관물(官物)을 몰래 절도하는 것을 폭로하며 은상(恩賞)을 구하고 수리공정의 시기를 차감(借鑒)하여 민생을 돌보지 않고 토목상업을 크게 일으킨다고 폭로하였다.[319]

다음으로 그의 민생의식은 당시 관리를 비판하였을 뿐만 아니라 민생에 대한 관심을 크게 불러 일으켰다. 그는 농업생산을 크게 중시하여 농업이 천하의 근본이라 하고 왕정(王政)이 이로부터 일어난다고 하였다.[320] 그는 북송의 통치위기를 극복하기 위해서는 농민들이 생활할 수 없는 국면을 방지하자고 하였다. 그는 농업생산의 발전을 적극적으로 추진해야 한다고 생각하였다.

그는 농업자원, 특히 농상(農桑)자원을 보호하자고 제창하였다. 그는 농상은 민생의 먹는 것의 근원이라고 생각하고, 관리들이 과도하게 감벌(砍伐)하지 못하도록 하였다. 심지어 조정에 농상자원을 함부로 훼손하여 근본을 잘라서 백성들로 하여금 생활할 것이 업도록 하지 말자고 상소하였다.[321]

또한 그는 부세의 감면과 농민부담을 경감하자. 통치자와 백성들 사이의 모순을 완화하기 위해서 부세의 감면을 주장하였다. 먼저 농민의 과배와 부세를 경감하고, 그 다음 농민을 위해 제도를 만들어 폐단을 줄이고, 윗사람(上者)들은 백성들을 헤아려 사용을 절약하면 백성과 국가가 모두 부유해진다고 하였다.[322] 그리고 농민들이 황무지를 개척하도록 부담을 경감시키자고 하였다. 국가가 돈이 필요하면 농민은 황무지개척을 통하여 민생문제를 해결해야 하였다.

그는 농업과 더불어 공상업도 중시하는 경제관을 가지고 있었다. 이는

319 『文集』, 奏議卷第15, 「論郭皇后影殿箚子」, p.855.

320 『文集』, 卷59, 「原弊」, pp.440-443.

321 『文集』, 奏議卷7 「論乞止絕河北伐民桑柘箚子」, p.801.

322 『文集』, 卷59, 「原弊」, pp.440-443.

송대 학문이 현실을 중시하며 실용학문이었음을 잘 보여주는 일면으로 생각된다. 그러나 중농억상의 전통사회에서 공상업 종사자들의 사회적 지위는 낮았다. 구양수는 한 대이래 공상업에서 다른 종류로 직업을 바꾸는 것을 엄격하게 제한하고 있는 것을 반대하였다. 특히 그는 국가에서 사람을 사용하는데 있어 재주로 사람을 취해야지 공상업이 함께 나아가는 것을 어찌 걱정하는가 사류(士類)도 별개 없다고 주장하였다.[323]

6) 맺음말

송조는 중앙집권화를 통한 황권강화를 기본 정책방향으로 추진하여 통일 정국을 안정시키고 생산을 발전시켜 사회경제와 문화를 번영시키는 적극적인 작용을 하도록 하였다. 그러나 송조의 기본정책은 황권의 지위 옹호와 강화에는 유리한 작용을 하였으나 용관(冗官), 용병(冗兵), 용비(冗費)의 이른바 3용의 폐단을 가져와 적빈적약의 국면을 초래하였다.

구양수는 이러한 정치적 급변기이었던 북송 중기를 거쳐왔으나 그의 정치활동이나 업적 등에 대한 언급은 대체로 드문 실정이다. 특히 경력신정시기의 그의 정치활동과 업적은 왕왕 감춰지고 알려져 있지 않으며, 오히려 소식과 사마광 등과 더불어 수구파의 대표자로 개혁에 반대한 사람으로 알려져 있다.

그러나 구양수 자신은 정치활동을 대단히 중시하였다. 『宋史・歐陽修列傳』에 의하면 통치계급에 들어서면서 문장보다 이사(吏事)만을 언급하고 문장은 자신을 빛내는 것이라 이르며 정사(政事)를 중시하였다.[324]

본문에서는 구양수의 현실인식과 경세사상에 대해서 그의 『문집』을 중심

323 『文集』, 外集卷25「南省試策五道」, p.562.

324 『宋史』 卷119, 列傳78,「歐陽修傳」, '學者求見, 所與言, 未嘗及文章, 惟談吏事, 謂文章止於潤身, 政事可以及物.', p.10381.

으로 살펴보았다. 특히 그의 많은 주의(奏議)는 정치활동 과정에서 이루어진 것이 많다. 이런 점에 유의하여 『문집』가운데에서 현실정치와 직접 관계를 갖는 「주의」를 중심으로 고찰하여 보았다.

앞서 살펴 본 바와 같이 송조는 과거제도 정형화와 지속적인 실시는 통해 무인통치의 폐단을 극복하고 문신관료제를 기반으로 황권강화를 이룩하였으나 폭발적인 관리 증가를 가져와 정치사회발전을 저해하였다. 특히 관리의 용람(冗濫)현상은 북송시기의 중요한 폐단의 하나로 등장하였다.

주지하는 바와 같이 구양수는 북송의 전성기에서 쇠퇴기로 전환되는 시기의 3조(朝)에 걸쳐 관직을 역임했던 사람으로 현실정치에 대한 풍부한 경험과 인식을 바탕으로 정치쇄신을 적극 주장하며 모든 정책시행이 국가와 백성에게 유리하도록 집행되어야 한다고 하였다.

구양수는 당시 형성되었던 사대부계층의 개혁방향에 직간접으로 영향을 받으며 이치법 운용에 대한 개혁을 제창하였다. 그는 풍부한 현실정치 경험을 바탕으로 북송의 누적된 폐단에 대해 「准詔言事上書」와 「本論」에서 해결방안을 구체적으로 지적하며 개혁을 주장하였다.

그는 인종시기 범중엄에 의해 신정이 실시될 때 수구파가 신정을 방해하고 있다고 지적하였고, 안찰법(按察法)과 같은 구체적인 조처를 제창하여 개혁추진을 적극적으로 동조하였다.[325] 그 결과 수차에 걸쳐 파출되는 등 정치적 위기에 봉착되기도 하였다.

당시 송 조정에 현자와 불초한 자가 혼재하고 관리의 용람 현상이 만연하고, 공사(公私)의 구별과 상벌의 운용이 불분명하는 문제에 대해서 그는 「准詔言事上書」에서 현실정치에 바탕을 두고 퇴불초제도의 실시를 통해 부재한 사람을 퇴출시키고 현자를 진출시켜 관리의 용람을 해소하자는 구체적인

---

325 그의 『文集』 卷79, 「勸農勑」, p.581.과 卷79, 「頒貢擧條制勑」, p.581. 등은 신정의 내용과 의의를 적극적으로 선전하고 영향을 구체적으로 지적하고 있다.

개혁 방안을 제창하였다.

또한 진현(進賢)에 대해서 조정에서 단지 추천인 수의 많고 적음에 국한하지 말고 대상자의 덕과 재 그리고 노(勞)가 유기적으로 일치하는 가를 선발의 기준으로 하여 실질 능력위주로 선발하여 재주를 헤아려 적재적소에 임용하자고 하였다.

구양수는 등용한 후에는 관리에 대해 명확한 상벌제도의 운용을 통해 진퇴를 분명히 하여 아래의 사정이 위에 정확히 전달되고, 위의 사정을 아래에서도 쉽게 알 수 있도록 하자고 하였다.

「論按察官吏箚子」와 「再論按察官吏箚子」에서는 관리에 대한 안찰대상과 방법에 대해 구체적으로 지적하였다. 그는 연로 · 병환(病患) · 장오(贓汚) · 부재한 사람을 사색지인(四色之人)이라 하여 가장 먼저 관리에 대한 규찰과 퇴출하는(澄汰)의 대상으로 그 중 부재한 사람의 폐단이 가장 크다. 그러므로 재주 있는 현자를 등용하자고 주장하였다.[326]

그는 「乞補館閣箚子」에서 재주 있는 사람이란 유학을 수학한 사람으로 그들을 등용하여 능력에 따라 마땅한 직책을 부여하자고 하였다. 재주가 뛰어난 사람의 관리등용은 구차하게 서열과 순서에 얽매이지 말고 능력에 따라 고위직에도 임명하자고 하여 오늘날 실시하는 특채나 특별고시와 같은 형식을 제창하였다.[327]

구양수는 이치법 운용에 대한 개혁을 통해 당시 폐단을 구제하고 이를 기반으로 해서 사회경제 및 군사적 개혁을 제창하기도 하였다. 그는 당시 송조 재정의 결핍과 백성의 경제생활의 어려움이 발생되는 폐단에 대해 「原弊」에서 유민지폐(流民之弊) · 겸병지폐(兼并之弊) · 역역지폐(力役之弊)라 지적하고 이러한 폐단을 극복하는 방법으로 관리들의 무농(務農)과 절용을

326 『文集』 卷97, 「論按察官吏箚子」, p.758. 卷97 「再論按察官吏箚子」, p.762.

327 『文集』 卷114, 「乞補館閣箚子」, p.877-878.

통한 애농(愛農)을 제창하였다.[328]

한편 군사방면에 대해서 그는 서하 등 북방유목민족과 대치국면을 타개하기 위해서 토지로부터 유리된 유휴노동력 보유자를 다시 모집하여 변경지역에 투입하여 농업을 흥기시켜 사회경제적 어려움을 극복함과 동시에 군사적 안정을 추구하는 방법으로 둔전경영을 통한 병농일치정책을 제창하였다.[329] 그는 농업이외에 상품경제의 발전에 대해서도 언급하여 한 대이래 시행되어 오던 전매(榷禁)제도에 대한 개혁을 통해 상업발전에 적극적인 요인을 부여하자고 하였다.

이상에서 보아 구양수는 정확한 현실인식을 기반으로 한 경세관을 가지고 당시의 폐단에 대해 개혁을 제창하였으나 현실정치에는 구체적으로 시행되지 못했다는 아쉬움과 현실의 장벽이 컸다고 보여진다. 물론 그 이면에는 구양수 자신의 관직과 시대적 배경이라는 제한요소가 작용되었다. 그러나 그가 다양한 경험을 통한 현실인식과 인재관을 기반으로 제창하였던 개혁방법과 경세사상은 소홀히 할 수 없는 부분으로 여겨진다.

328 『文集』 卷59, 「原弊」, p.441.

329 『文集』 卷116, 「請耕禁地箚子」, p.901.

7) 참고문헌

專籍

脫脫, 『宋史』, 臺北, 鼎文書局, 1983.

李燾, 『續資治通鑑長編』, 商務印書館, 1983.

徐松, 『宋會要輯稿』, 臺北, 世界書局, 1977.

黃宗羲, 全祖望『宋元學案』, 臺灣商務印書館,1988.

胡瑗, 『安徽通志·松滋縣學記』, 中國古代教育史資料, 北京, 人民教育出版社, 1985.

馬端臨, 『文獻通考』, 臺北, 新興書局, 1965.

王安石, 『臨川集』, 臺北, 國學基本叢書, 臺北, 臺灣商務印書館, 1968,

蘇軾, 『蘇東坡全集』 上·下, 臺北, 世界書局, 1985.

王梂, 『燕翼詒謀錄』, 中華書局, 1981

歐陽脩·王闢之, 『澠水燕談錄』, 木鐸出版社, 1981.

歐陽修, 『歐陽文忠公集』, 『四部叢刊正編』, 臺灣商務印書館, 1979

鄭樵, 『通志』, 中華書局, 1995.

李覯, 『李覯集』, 臺北, 漢京文化事業有限公司印行, 1983.

范王梓材, 馮雲濠撰, 張壽鏞校補, 『宋元學案補遺』, 世界書局, 2009, 仲淹, 『范文正公集』, 臺北, 臺灣商務印書館, 1955.

論著

李弘祺, 『宋代教育散論』, 臺北, 東昇, 1979.

姜國柱, 『李覯思想研究』, 北京, 中國社會科學研究所, 1984.

陳榮照, 『范仲淹研究』, 三聯書店, 1987.

楊樹藩, 『中國文官制度史』, 臺北, 三民書局, 1965.

金諍(姜吉仲譯), 『中國文化와 科擧制度』, 중문출판사, 1994.
陳植鍔, 『北宋文化史述論』, 中國社會科學出版社, 1992.
李弘祺(姜吉仲譯), 『宋代官學敎育과 科擧』, 경상대학교 출판부, 2010.
金中樞, 「北宋科擧制度研究」『新亞學報』, 第6卷 第1期, 第2期, 1964.
葉國良, 「宋人擬經改經考」, 『文史叢刊』55, 臺灣大學文學院, 1980.6.
李弘祺, 「宋代地方教育職事考」, 『史學評論』, 第8卷, 1984.
付勝國, 羅伽祿, 「李覯的人才思想」, 『撫州師專學報』 第3期, 總第26期, 1990.
葉坦, 「宋代社會發展的文化特徵」, 『社會學研究』, 1996年, 第4期.
陳峰, 「宋代科擧考試制度」, 『歷史教學』, 1998年第1期.
石靜, 「論北宋的科擧改革」, 『南通師專學報』, 第14卷第3期, 1998.9.
李希運, 「三蘇與北宋進士科擧改革」, 『山東大學校(哲社版)』, 第2期, 1999.
姚兆余, 「宋代文化的生成背景及其特點」, 『甘肅社會科學』 第1期, 歷史研究, 2001.
饒國賓, 陳大勇, 饒國順等, 「論李覯的治國構想」, 『南昌航空工業學院學報(社會科學版)』, 2003年 6月第17卷第2期.
虞云國, 「略論宋代文化的時代特點與歷史地位」, 『浙江社會科學』, 2006年第3期.
姚思陟, 「宋代市民文化本體特徵的分析」, 『求索』, 2006.
金霞, 「論李覯的經世思想」, 『蘭臺世界』, 2007.8 上半月.
張念一, 「宋代科擧制度的特點」, 『蕪湖職業技術學院學報』, 2007年第9卷第2期.
朱保書, 「輝煌的宋代文化」, 『開封大學學報』, 第22卷, 第4期, 2008.
張淸改, 「略論宋代文化兩向發展的具體表現及原因」, 『赤峰學院學報』, 第29卷第6期, 2008.
申採湜, 「王安石 改革의 性格檢討 : 특히 新法의 保守性에 관하여」, 『동양사학연구』 51, 1995.

梁種國,『宋史特奏名의 成立과 社會的의 意義』,『歷史學報』, 148輯, 1995.
拙文,「歐陽修의 現實認識과 吏治法改革」,『眞鵬劉共祚敎授定年紀念論叢』, 慶熙史學會, 2003.
拙文,「宋代文化形成과 人文學의 發展」,『歷史文化硏究』, 第35輯, 2010.
拙文,「蘇軾的吏治法改革論」,『中國歷史學會史學集刊』, 第23期, 2011.
拙文,「李覯의 現實認識과 이치법 改革論」,『東洋史學硏究』, 第120輯, 2012.
이근명,「『宋史筌』에 나타난 王安石과 王安石의 개혁」,『중앙사론』, 36, 2012.
이근명,「王安石 新法의 시행과 黨爭의 발생」,『역사문화연구』 46호, 2013.
「包拯集校注」, 安徽古籍編纂委員會 黃山書社 合肥 1999. 6
「송대관리사상」, 經濟管理出版社, 2011.
朱瑞熙,「新兴的官僚地主阶级的首次全面改革尝试－北宋范仲淹 "庆历新政"」 [期刊论文]－浙江学刊 2014(1)
王月平,「范仲淹行政改革思想硏究」[学位論文]碩士 2007.
洪仁傑,「包拯의 職官管理思想의 論議」安徽大學 大學硏究所
孟昭珺,「包拯의 經濟思想」, 貴州師範大學 歷史政治學科, 2012.

5. 사마광과 구양수의 이치법개혁논의

1) 서론

당말오대의 변혁기를 거치고 건국한 송은 당왕조의 정치적 교훈에 큰 영향을 받고 유학 부흥과 함께 사대부 계층을 중심으로 한 문관 정치체제를 이룩하였다. 이것은 과거제도의 정형화를 통한 황권강화와 밀접한 관계를 가지고 형성되었다.

송대 과거제도는 취사 범위의 확대와 음보 제도에 대한 제한 조처를 통해 서족(庶族)계층의 관리 진출 확대를 가져왔으며, 평등 경쟁원칙의 고시 실시는 폭넓은 지식인계층의 관리 진출 확대와 이학(理學)의 발전을 이룩하였다.

송대 과거시험에서 전시과제도의 설립은 관리 임명권을 황제가 장악하여 역대 존재하였던 과거급제자와 시험관 사이에 형성되었던 좌주・문생관계를 기반으로 한 붕당 결성의 폐단을 제거하였다.[330] 그 결과 송대는 폭넓은 지식인 계층을 선발 등용하여 황제 일원적 지배체제를 이룩할 수 있었다.

그러나 과거제도의 지속적인 실시는 송조에 용관의 문제와 대북방 유목민과의 관계에서 용병의 문제를 출현시키게 되었다. 그리하여 송조의 재정이 심각하게 고갈되는 등 이른바 송초기 3용의 폐단을 낳았다. 그 결과 범중엄 등에 의해 사대부의 각성과 책임론이 제기되면서 누적된 폐단과 문제점에 대한 개혁론이 제기되었다. 그 개혁방법 가운데 하나가 당시 시행되고 있던 과거제도와 이치법에 대한 개혁 논의이다.

범중엄은 송 인종 경력(慶曆) 3년(1043) 「答手詔條陳十事」의 상소를 통해 당시 정치・경제・사회 등 전 분야에 대한 개혁을 건의하였다. 그 가운데에서 관리 등용 방법의 개혁인 정공거(精貢擧)를 건의하였다.[331]

---

330 『宋史』, 卷155, 志第108, 選擧1, pp.3607-3608.

331 范仲淹,「范文正集」, 奏議 卷上, 治禮,『答手詔條陳十事』, p.369-280.

그는 이 상소에서 지방의 발해시(發解試) 방법을 먼저 사인들의 품행과 이력을 조사한 후 재능과 학문을 시험치루는 방법으로 개혁할 것을 제창하여 유학을 교화의 근본으로 삼아 공경대부의 인재 육성에 힘쓰고자 하였다. 시험 방법도 책론(策論)위주로 시행하여 '선책론후시부' 방법을 주장하였다. 그리하여 전국 각 주현에 학교 설립을 제창하고 과거 응시자들은 반드시 3백일 이상 수학하도록 규정하였다.[332]

범중엄의 과거 개혁은 학교교육을 통해 올바른 품행을 함양하고 유학의 경전(六經)에 능통하며 현실정치에 대한 실무능력을 갖춘 인재를 등용하자고 한 것이다.[333] 즉 재식(才識)과 덕행(德行)을 겸비한 인재를 양성 선발하자고 한 것이다.

그 후 신종 희령2년(1069)에 왕안석에 의해 경의취사(經義取士) 방법이 제창되어 유가 경전을 과거 고시의 표준으로 삼았다. 그는 경력신정에서 첩경과 묵의 방법을 폐지하고 경전 위주의 대의(大義)로 바꾸고 선책론후시부의 개혁론이 비록 성공하지 못했지만 시대의 흐름이 이미 유학 위주로 변해 가는 점을 인식하였다. 그리하여 그는 태학삼사법(太學三舍法)을 제창하여 학교교육 제도의 개혁을 통한 과거제도를 개혁하여 현실 정치에 유용한 실질적인 인재 육성과 등용을 통해 적극적으로 현실 정치개혁에 참여시키고자 하였다.[334]

---

332 『文獻通考』, 卷31 選擧4, p.290.
"請精貢擧, 欲復古興學校, 取士本行實, 詔近臣講, 於是翰林學士朱祁等合奏言, 今敎不本於學校, 士不察於鄕里, 則不能覈名實, 有司束以聲病, 學者專於記誦, 則不足盡人材."
范仲淹, 『范文正集』奏議 卷上, p.369-280.
"臣請諸路州郡有學校處, 奏擧通經有道之士, 專於敎授, 務再興行其取士之科, 卽依賈昌朝等起, 請進士先策論而後詩賦, 諸科墨義之外, 更通經旨, 使人不專詞藻, 必明理道, 則天下講學必興, 浮薄知勸, 最爲至要."
姜吉仲, 「拙稿」, 『慶尙史學』第11輯, 1995, 12, pp.98-99.

333 「拙稿」, 「范仲淹의 吏治法에 대한 改革論」, pp.96-105.

334 李東潤, 「王安石의 文敎政策에 대한 考察」, 『歷史敎育』 3輯(1958), p.34.

또한 소식은 문학가 입장에서 정사(政事)에 임함에 있어서 경의나 시부는 모두 무용지물이라고 지적하고 전통의 방법을 견지하여 시부시험을 통한 취사의 방법을 견지할 것을 주장하였다.[335]

북송시기에 형성된 과거 개혁 논쟁은 고시 내용에만 국한된 것이 아니고 관리의 선발과 등용방법에 까지 확대하여 전개되었다. 그 중 하나가 바로 사마광과 구양수의 '축로취사(逐路取士)'논쟁이다. 사마광은 당시 진사과에 동남지역 출신이 서북지역출신에 비해 많이 합격되는 지역적 불균형을 중시하며 각 지역의 호구 수에 비례하여 진사 합격 자수를 결정하고자 주장하였다. 그러나 구양수는 축로취사방법을 실시함으로써 발생되는 문제점을 제시하면서 사마광의 의견에 강하게 반대하였다.

이 글에서는 북송 시기에 진행된 과거제도와 이치법에 대한 개혁 논의를 사마광과 구양수의 축로취사논쟁을 중심으로 살펴보고자 한다. 또한 당시 사회에 존재하였던 이치법의 폐단과 이에 대한 개혁 방법을 통해 송대 관리 등용법의 정형화 과정을 규명하고 정치체제의 성격과 특징을 이해하고자 한다.

2) 사마광의 이치법 개혁

사마광과 구양수는 왕안석에 의해 변법이 실시되는 북송 시기의 정치과정을 거쳐 온 사람으로 송조의 폐단에 대해 잘 알고 있었다. 또한 그들은 뛰어난 식견을 가진 사람으로 각기 서로 다른 개혁의 목표와 방법을 포함한 정치 태도를 견지하고 있었다.

사마광은 왕안석의 변법을 반대한 사람으로 일반적으로 수구파 또는 완고파로 알려져 있다. 그러나 사마광 자신의 정치적 활동과 학술 사상적인 면에

335 『宋史紀事本末』, 卷38, 「學校科擧之制」, pp.371-372.

서 살펴보면 그는 철저한 수구파도 아니고 완고파도 아니라고 할 수 있다. 그러면 사마광이 왕안석 변법을 반대한 이유는 사마광이 왕안석에 의해 배척당했으며, 또한 변법자체가 가지고 있는 모순 때문에 변법을 반대하였다고 볼 수 있다.

왕안석과 사마광의 문제는 뒤로 미루고 사마광이 주장한 이치법의 개혁에 대해 살펴보면, 사마광은 당시 실행되고 있던 이치법으로 인해 발생되는 구차하고 천편일률적인 정치 악습과 관리의 부패하고 무능력함에 대해 크게 불만을 가지고 있었다.

그는 「上謹習疏」에서 "경우(景祐)이래 오랜 태평성세에 젖어 구습을 지나치게 따르고 정사의 결과에 대한 상벌이 불분명하게 시행되므로 관리들은 눈앞의 효과를 추구하는 일에만 추구하였다. 그리하여 서리가 어사 중승을 척축(斥逐)하고, 관료 무리배들이 오만방자하여 재상을 폐하는 등 상하의 구분이 없을 정도로 관리의 기강을 크게 해쳤다고 하였다."[336]

사마광은 관리의 기강이 해이해져 책임 소재가 불분명하고 직무에 대한 적극성이 결여된 현실정치에서 모든 폐단은 황제로 부터 나타난다고 지적하였다. 그는 상소문에서 "백가지의 상주가 있어도 하나도 흔쾌히 받아들이지 않는다. 구습만 따르고 현실 사정은 돌보지 않으며 작은 사소한 일에는 충실하나 대체(大體)에는 소홀히 하였다. 그리하여 현자를 알고도 천거하지 않고 불초함을 알고도 물리치지 않으며 일이 그르다는 것을 알고도 고치지 않고 옳은 일인지 알면서도 따르지 않는다. 그리하여 대신이 정권을 장악함이 선조(先朝)보다 심하고, 관리 임명과 파면이 쉽게 이루어지고 거리낌이 없다.

---

336 司馬光, 『溫國文正公文集』, 卷22, 章奏7「上謹習疏」, "自景祐以來, 國家怠於久安, 樂因循而務省事, 執事之臣, 頗行姑息之政. 於是胥吏讙譁而斥逐御使中丞. 輦官悖慢而廢退, 宰相衛士凶逆而獄不窮, 奸澤加於舊軍人, 罵三司使而法官以爲非犯階級, 疑於用法. 朝廷雖特誅其人, 而己停之卒得收養之. 其餘有一夫流言於道路而爲之變令推思者多矣, 凡此數者, 殆非所以習於上下之分也.", p.218.

재주가 없어도 승진할 수 있으며 죄가 있어도 용서해 준다. 이것이 천하를 잃어버린 까닭이다.[337]"고 당시 현실 정치의 폐단과 모순이 잘못된 이치법 운용으로 인해 발생된 여러 가지 폐단을 지적하였다.

이 문제는 황제가 신중한 관리임명을 실시하고 대신들의 전횡을 배척하면 능히 올바른 이치법을 실시할 수 있으며 정사를 올바르게 할 수 있다고 하였다. 그러나 당시 정치현실은 봉건 통치계급이 여전히 관리 임명권을 장악하여 재주와 실무 능력에 의하지 않고 출신 가문과 배경을 중시하였다. 그리하여 현실 정치에 인재부족의 현상과 실무능력의 결핍으로 많은 폐단을 가져왔다. 이러한 현상이 오랫동안 지속되면 국가의 발전과 안정에 장애요인이 된다고 깊이 인식하였다.

사마광은 현실정치의 폐단과 모순을 극복하기 위해서는 인재 부족과 재정 고갈 문제가 해결해야 할 가장 급선무라고 인식하였다. 그는 봉건 왕조의 흥망성쇠에 대한 경험을 바탕으로 송조의 정치경제 상황을 비교적 정확히 파악하고 분석하였다. 그리하여 그의 『문집』 중 황제에게 올린 소(疏)·주(奏)·표(表)·찰(札) 등에서 용인의 방법을 구체적으로 제시하며 이치법의 중요성에 대해 반복해서 강조하였다.

그는 『문집』 등에서 현실 정치는 태평성세의 평안함만 추구하고 현실 정치의 위급함을 잊어버린 정치가 계속되고 있다. 그러므로 관리의 기강이 해이해지고 정치 강령은 이완되고 폐지되어 모든 관리가 그 관직 유지를 불안해한다. 그 결과 조정에서 현자를 등용하여 관직에 임명하나 직책 유지에만 급급하여 눈앞의 성과만을 중시하며 적극적이고 계획성 있는 직무 수행에는 게을리 한다고 지적하였다.

그는 『文集』「進五規狀」에서 '국가가 백관을 제정 임명하였으나 그 직위를

337 『溫國文正公文集』, 卷第34, 章奏19, 「上皇帝疏」, '凡百奏請, 不肯矛奪. 動循舊例, 不顧事情. 謹於細務, 忽於大體. 知人之賢不能擧, 知人不肖不能去, 知事之非不能改, 知事之是不能從. 大臣專權, 甚於先朝, 率易差徐, 非所顧忌. 或非材而驟進, 或有罪而見寬, 此天下所以重失望也'. p.286.

오랫동안 유지하지 못하였다. 그것은 공적을 너무 급하게 구하였기 때문이며, 그 과실에 대한 책임을 생략하였기 때문이다. 그리하여 명예와 공덕을 거짓으로 만들어 승진을 하거나 과실을 피해 갈 수 있었다. 위로는 공경대부에서 아래로는 하급관리(斗食)에 이르기까지 공적인 일을 망각하고 사사로운 일을 생각하지 않는 자가 없다. 대부분 눈앞의 구차한 성과만을 계획하여 10여년의 계획도 없는데 어찌 만사를 생각하겠느냐?[338]라 하였다.

사마광은 현실 정치 조건과 체제의 불합리가 관리들로 하여금 적극적인 직무 수행과 장기 계획 수립을 통한 정책 실시에 대한 의욕과 결의를 하게 한 가장 중요한 원인이라고 지적하였다. 이것은 황제 자신이 정치 현실에 대한 정확한 인식과 파악이 결여되어 발생된 것으로 황제가 현실 정치에 대한 자신의 입장을 공고히 하고 정확한 정치관 확립이 중요한 원인이라고 지적하고 있다.

왕안석은 인재부족현상에 대한 해결 방법으로 학교교육을 강화하여 인재를 배양하여 선발하고 임용하는 방법을 통해 인재를 적극 등용하자는 일련의 구체적인 방법을 주장하였다. 반면에 사마광은 인재는 현실에도 있다.

그러나 문제는 황제가 사람을 잘 알고 적재적소에 관리를 임명하느냐에 있다고 보았다. 즉 지인(知人)의 문제를 황제가 해야 할 가장 중요한 문제로 지적하고 인재는 폭넓은 지식을 가지고 일 처리는 정밀해야 하며 능력에 따라 적당한 관직에 등용하고 전적으로 신임해서 강력하고 소신 있는 직무 수행을 할 수 있도록 해야 한다고 하였다.[339] 여기서 그는 일단 관리에 임명하면 그 직책에 대한 전권을 위임하여 실행할 수 있도록 해야 한다고 강조하

338 『溫國文正公文集』, 卷第19, 章奏4, 「遠謀」, '國家之制百官, 莫得久於其位. 求其功也速, 責其過也備, 是故或養交飾譽可待遷, 或容身免過以待去.上自公卿, 下及斗食, 自非憂公忘私之人, 大抵多 懷苟且之計, 莫肯爲十年之規, 況萬世之慮乎? p.196.

339 『溫國文正公集』, 卷71, 論2, 「功名論」, "臣有事業, 君不信任之, 則不能以成,(中略) 人臣雖有才智而不能德, 雖有忠臣而不敢效, 難以發揮才能." p.512.

였다.

그러나 당시 상황은 모든 권력이 황제에게 집중되어 있어 비록 백관이 임명되어 있지만 그 직권이 무척 작아서 단지 법령에 의거해서 일을 처리하는 것이 다반사였으며 단지 황제의 명령에 따라서 수행하므로 적극성이나 창조성을 발휘할 수 없었다.

한편 송조는 대신의 전횡을 방지하기 위해 상호 불신임의 탄사(彈射)풍조를 형성하였다. 탄사란 상호 고발할 수 있는 것으로 무고죄의 탄핵 고발이 많았다. 그 결과 무장들은 근본적으로 지휘 능력을 적극적으로 발휘하기 어려웠다. 그리하여 북송 군정 해체와 용인방면에 많은 폐단을 가져와서 상하 모두가 자위에만 힘쓰고 적극성을 갖지 않았다.

사마광은 이 폐단도 황제가 너무 과도하게 권력을 장악하여 생긴 것으로 황제가 항상 크고 작은 모든 일에 상세하게 관여할 수 없다고 지적하고, 관리들에게도 적당한 직권을 양도하여 창조적인 직무 수행을 추진할 수 있도록 해야 한다고 주장하였다.[340]

한편 북방 유목민족과 관계 유지에서 능력 있는 장수가 결핍한 것은 선발하는 방법이 옳지 않았고 장수들의 공적과 과실에 따라 상벌이 분명하게 시행되지 않았기 때문이다. 그러므로 관리에 대한 상벌이 공정하고 분명하게 시행되어야 한다고 주장하였다. 이것은 왕안석이 지적한 당시 학자들이 병사 문제를 배우는 것을 부끄럽게 여겼기 때문이라는 지적과는 다르다.[341]

그는 황제에게 특별히 조서를 내려서 중외에 널리 알려 인재를 등용할 것을 주장하였다. 또한 각 방면에 걸쳐 자유롭게 상서(上書)하는 것을 허락하여 그들 가운데서 선발하여 장수에 임명하자고 하였다. 그리고 '만약 직무 수행에 공이 있으면 반드시 상을 주십시오. 만약 혼미하여 일을 잘 처리하지

---

340 顧全芳, 「司馬光的人才觀」, 『運城師專學報』 第2期, 1987. p.6

341 王安石, 『王臨川集』, 卷39 書疏, 「上仁宗皇帝言事書」, p.222.

못하면 형벌을 내리십시오'[342]라고 하여 일의 공과에 대한 상벌을 명확히 하여 일의 능률과 성과를 상승시키는 실질적인 방법을 주장하였다.

이상에서 보면 사마광은 정치·경제 등 당시 송조 현실 문제의 타결을 위해서 항상 먼저 용인의 중요성을 강조하고 있다. 그는 출신·가문·배경·경력과 연령 등 조건에 의해 관리를 임명하는 것을 반대하였다. 그것은 구습에 젖어 있는 북송 초기의 관리 등용방법을 타파하고 새로운 관료제도를 진흥시키고자 하였다.[343] 이것은 그 자신이 역대 왕조의 흥망성쇠의 역사적 교훈에 영향을 받았으며, 자신이 송조의 누대에 걸친 정치 형세에 대해 비교적 정확히 파악하고 인식하고 있었기 때문이다.[344]

3) 구양수의 이치법 개혁

구양수는 장기간에 걸친 정치활동 과정에서 인종대 경력 신정과 신종대 희령변법의 두 차례 정치 개혁을 모두 경험하였다. 이러한 경험은 그 자신의 정치적 태도와 사상형성에 중요한 작용을 하였다. 여기서는 그의 다양한 정치개혁에 대한 점은 잠시 보류하기로 하고 현실 정치 상황의 타개를 위해서 주장하였던 이치법운용과 개혁에 대한 면을 살펴보기로 하겠다.

---

342 『溫國文正公文集』, 卷30, 「西邊上殿劄子」, p.281.

343 『文集』 卷19, 奏章4, 「論選擧狀」「取士之道, 常以得行爲先 其次經術, 其次政事, 其次藝能, 近世以來, 專尙文辭. 夫子辭者迺, 藝能之一端耳. 未足以盡天下之士.」 p.198. 여기서 사마광은 用人之道에 대해 이라하여 그는 德과 才를 겸비한 인재가 선발되는 것을 희망하였다. 그는 중국역사상 역대 왕조의 흥망에 대한 교훈을 깊이 인식한 기초 위에서 송대의 정치형태에 대해 자신의 광범위한 지식을 바탕으로 用人之道에 대한 구체적인 방법을 제시하였다.p.198.

344 季平, 「司馬光對時局的認識」, (『晋陽學刊』, 1985, 2), p.56.
사마광의 활동을 왕안석과 비교해서 비교적 폭넓었다고 파악하고 있다. 즉 송조의 治國安定策, 立嗣建儲, 帝后糾紛, 人事進退, 行禮賞罰, 招軍略邊, 蓄積賑贍, 講書讀史, 訪賢納諫, 勸農正俗等事등 모든 방면에 대해 상소를 통한 건의를 하였다. 이로보아 사마광은 송조의 정치·경제·군사 등 제방면에 대한 폐단과 문제점을 비교적 정확하게 파악하고 있었다고 볼 수 있다.

그는 영종 치평(治平)2년(1065)에 올린「言西邊事宜第一狀」에서 서하의 흥성과 남침의 위험에 대해 경고하였다. 당시 정치 현실 상황과 경력년간의 상황을 비교·평가하면서 군사를 나누어 대비함으로써 적보다 오히려 적은 병사의 수로 나누는 방법은 옳지 않다고 지적하고[345], 후주(後周) 세종(世宗)의 용병법을 예로 들어 방비책과 공격책을 제시하였다.[346]

「言西邊事宜第二箚子」에서는 서하와 변경문제에 대한 중요성을 인식하고 충분한 방비책을 한기·부필 등과 같은 중신들과 더불어 의논하여 도모하자고 주장하였다.[347]

영종 치평 3년의「乞補館職箚子」등의 주의에서 현실정치에서 가장 중요한 변경 문제와 함께 타개를 위한 방법으로 용인의 문제에 대해 건의하였다. 또한 그는 부필과 한기 등이 실시한 관리 선발의 실책에 대해 사람을 사용하는 방법은 단지 한가지만은 아니며, 사람을 등용하는 방법도 한가지만은 아니라고 지적하였다. 즉 당시 취사의 방법이 대단히 편협되어서 진정한 능력을 갖춘 관리의 선발과 등용이 이루어지지 않았다고 지적하였다.[348]

또한, 그는 "錢穀(국가재정문제)을 알고, 刑獄(사법문제)에 밝고, 民事(일반행정)에 익숙하고, 吏幹(관리로서의 재능)을 정밀하게 하고 밤낮으로 노력하여 공이 있는 자를 재능 있는 사람이라고 부른다. 인의예악에 밝고 고금의 정치치란에 통달하며 문장에서 논의하는 바는 천하의 일을 도모하고 고려하여 정책을 결정하고, 도(道)와 경(經)을 논하는 것은 유학자들이다. 인재를 잘 사용하는 것은 재능 있는 사람이 그 능력을 다하도록 하고 유식자들로 하여금 그 계책에 전력하도록 하는 것이다. 그리고 재능지사를 중외에 포진

---

345 『歐陽文忠公集』, 卷114, 奏議卷第18, 「言西邊事宜第一狀」, p.874.

346 『歐陽文忠公集』, 卷114, 奏議卷第18, 「言西邊事議宜第一狀」
「吾兵雖衆, 不得不分, 所分旣多, 不得不寡, 而賊之出也, 常擧其國岳, 合聚爲一而來, 是吾兵雖多. 分而爲寡聚之爲多, 以彼之多擊吾之寡, 不得不敗也, 此城寨之法, 旣不題矣?」p.874.

347 『歐陽文忠公集』, 卷114, 奏議卷第18, 「言西邊事宜第二箚子」, p.877.

348 『歐陽文忠公集』, 卷114, 奏議 卷18, 「言西邊事宜第二箚子」, pp.877-878.

시키고, 관직을 세분하여 각기 그 임무를 처리하도록 하고, 유학자를 관리로 좌우에 두고 밤낮으로 의논하며 중요한 것을 강구하고 시행하도록 하자. 또한 유학자 중에서 뛰어난 자를 선발하여 중요한 직책을 담당하도록 하고, 직무 수행에 대해 진퇴의 상벌을 내린다. 이것이 용인의 큰 방법이다."[349]이라 하였다.

구양수는 인재를 등용하는 사람은 인재의 자질과 능력을 중시하고 그들을 적재적소에 등용하여 직책을 담당하도록 하되 상벌을 명확히 하는 이치법의 기본 방향과 원칙을 제시하고 그들을 통해 치세를 이룩하자고 하였다.

또한 취인지실(取人之失)에 대해서는 재능만을 중시하고 유학의 수학여부는 중시되지 않는 방법을 견지하므로 관리들은 업무만을 귀하게 여기고 문장과 같은 학문적 능력 배양을 천하게 여기는데 있다. 그러므로 그는 유학을 수학하는 한림원에 인원을 보충하여 유생들 중에서 우수한 자를 중심으로 관리를 선발하는 방법을 건의하였다.[350]

구양수가 인재 선발에 있어서 유학자를 중시하자는 것은 당시 시국의 위급함에 처해 보수적인 측면을 가지고 주장한 것이 아니고 당시 시행되고 있던 이치법이 이미 송 초기의 방법과는 많은 차이를 나타내고 있었기 때문이다. 즉 당시에는 중앙기구에 사람은 많으나 현실정치에 유용한 실무능력을 갖춘 인재가 부족한 폐단이 극심하였다는 것을 지적한 것이다.

그는 이 점에 대해서 『문집』「獨對語」에서 잘 분석하고 있다. '근년이래 현명한 사람이 관리에 진출할 길이 너무 좁다. 이것이 바로 오늘날의 걱정거

---

349 歐陽修, 『歐陽文忠公集』, 卷114, 奏議, 卷18, 「乞補館職箚子」, '若夫知錢穀, 曉刑獄, 熟民事, 精吏幹, 勤勞夙夜以辦集爲功者, 謂之材能之士. 明於仁義禮樂, 通於古今治亂,其文章論議, 與之謀慮天下之事, 可以決疑定策, 論道經邦者, 謂之儒學之臣. 善用人者,必使有材者竭其力, 有識者竭其謀. 故以材能之士, 布列中外, 分治百職, 使各辦其事. 以儒學之臣, 置之左右, 與之日夕謀議, 講求其要而行之, 而又於儒學之中, 擇其尤者, 置之廊廟, 而付以大政, 使總治群材衆職, 進退而賞罰之. 此用人之大略也. 由是言之, 儒學之士可謂貴矣.' pp.877-878.

350 郭預衡, 「再談歐陽修晚年的政治態度」, 北京師範大學學報(社科版), 1984.4. p.81.

리이다. 신이 매번 한기 등과 논의하나 의견이 합치되지 않는다. 부필과 한기가 집정한 이래 십 수 년간 밖으로 제형전운(提刑轉運)에서부터 안으로 성부(省府)에 이르기까지 관리를 선발하는 방법이 너무 정밀하여 필요할 때마다 그에 해당되는 사람을 선발하였다. 이것은 왕년의 방법과 비교하면 근본적으로 다른 방법이다. 그러나 이들이 모두 전곡・형명・강간(强幹)을 담당하는 관리로 소위 재능 있는 자를 등용한 것이라 한다. 신이 진현의 방법을 말한 것은 한림학사들을 이른 것이다.'[351]이라 하였다.

구양수는 「걸보관각직차자」에서 주장한 내용과 함께 모두 부필과 한기가 집권한 10여 년간에 나타난 이치법의 폐단에 대해 지적하고 한림학사를 중심으로 한 유생들을 등용하여 책무를 담당케 하자고 주장하였다.

그는 새로운 시대적 조건하에서 새로운 능력 있는 인재를 등용해야 된다고 생각하고 한림학사의 수를 보충하여 증가하자고 하였다. 이는 유학자를 등용하여 모든 정치 조직에 능력에 따라 직책을 담당하게 하자고 주장한 것이다. 한림학사의 보충 문제나 이치 정돈의 문제는 모두 용인의 문제이다. 그러므로 그는 당시 한기나 부필이 행한 이치법을 유가 전통의 예의규범에 의해 실시한 것으로 보지 않았다.

이상에서 본 바와 같이 구양수는 적극적인 이치법개혁을 통해 자신의 정치 주장을 펴고 정치적 안정을 추구하려고 하였다.

다음에서 그가 주장하였던 이치법개혁에 대해서 종합적으로 살펴보고 그의 정치 견해를 규명하고자 한다.

구양수는 북송의 정치가 날로 부패하고 경제상에서도 문제가 겹겹이 존재하였던 시기를 거쳐왔던 사람으로 현실 문제에 대해 비교적 정확히 파악하

---

351 『歐陽文忠公集』卷119, 奏事錄, 「獨對語」, '近年以來, 進賢之路太狹, 此誠當今之患, 臣每與韓琦等論議未合.(中略)自富弼韓琦當國以來, 十數年間, 外自提刑轉運, 內則省府之類, 選擢甚精, 時亦得人. 比於往年, 節不同也. 然皆錢穀刑 强幹之吏, 此所謂用材也. 如臣所言進賢之路, 謂館職也.' p.941.

고 있었다. 특히 당시 은음(恩蔭)과 마감(磨勘)제도의 실행으로 형성하였던 용관의 문제는 주현의 영토는 전에 비해 넓어지지 않았으나 관리는 그전에 비해 5배에 달하는 현상을 야기시켰다.

또한 이런 현상은 송대 사회 전체에 농민의 조세 부담이 날로 많아지고, 십양구목(十羊九牧)이라 칭할 정도로 관리 팽창을 가져왔으며, 관리의 자질이 크게 떨어지는 커다란 정치적 위기와 심각한 문제를 야기시켰다.[352] 이런 상황에서 구양수는 정치·사회적 안정을 추구하는 방법으로 이치 정돈에 대한 자신의 주장을 폈다.

송 인종 경력2년 구양수는 「準詔言事上書」에서 당시 정치 현실에서 가장 급선 무한 3가지 폐단과 5가지 사실을 조목조목 나열하여 설명하였다. 그리고 그것을 해결할 수 있는 정치의 요술(要術)을 다음과 같이 설명하였다.

신이 듣건데 옛 왕들이 천하를 다스리는데 비록 근심하고 수고로움이 있더라도 다스리는 요체를 알지 못하면 마음이 더욱 수고롭고 일만 더욱 괴리가 생기게 됩니다. 비록 간언을 받아들이는 현명함이 있더라도 힘써 시행하는 과단성이 없으면 말은(간언) 더욱 많아지고 받아들이는 것은 더욱 더 의혹이 생깁니다. 그러므로 군주란 세세한 일은 다른 사람에게 맡기고 중요한 일만 독단으로 처리하는 것이 정치의 중요한 방법입니다. 한마디 말을 받아들이더라도 쓸만한 말이면 여러 사람이 저지할 수 없습니다. 이것이 힘써 행하는 과단입니다. 이 두 가지를 알면 천하에 다스리지 못하는 어려움은 없습니다.[353]라고 하였다.

「同文章」에서 그는 당시 가장 큰 문제점으로 훌륭한 병사와 장군이 없는

352 『歐陽文忠公集』 卷100, 奏議 卷第4, 「再論置兵禦賊箚子」, p.779.

353 『歐陽文忠公集』 卷46, 上書一首 「準詔言事上書」 : 「伏惟陛下裁擇,臣聞自古王者之治天下,雖有憂勤之心, 而不知致治之要, 則心愈勞而事愈乖, 雖納諫之明, 而無力行之果斷, 則言愈多而聽惑. 故爲人君者, 以細務而責人, 專大事而獨斷, 此致治之要術也. 納一言而可用. 雖衆說不得以沮之, 此力行之果斷也. 知此二者, 天下無難治矣」 p.334.

군사상의 문제점과 방어의 책략이 없는 것, 임용할 인재가 없는 것과 재정의 고갈 등 5가지를 지적하였다. 또한 당시 3가지의 큰 폐단은 '不愼號令(號令을 내리는데 신중을 기하지 않는 것), 不明賞罰(賞罰이 명확하지 않는 것), 不責功實(功實에 책임 소재가 없는 것)이라고 지적하였다.[354]

그는 이 같은 문제점은 송조에 모든 것이 갖추어져 있지 않아서 생기는 것이 아니고 능력 있는 인재를 황제의 권위에 의해 올바로 과감하게 등용하지 못하며 조정의 신하들은 그 방법을 생각조차 하지 않는 관리 등용의 실책, 즉 용인의 방법에 문제가 있다고 하였다.

그 결과 위에서는 구습에 젖어 만사가 이완되어 폐지되고 폐지안이 점차 속출하게 되었고, 아래로는 모든 일에 있어 잘못된 부분에 대한 지적이 불가능하였기 때문에 생긴 것이었다고 지적하였다. 이러한 폐단 해결의 구체적인 방법은 행정의 집행에 있어서 권위를 가지고 시행해야 하며, 조칙의 변화를 줄이고, 법령도 자주 바꾸지 않는 항구성을 가져야 한다. 또한 상벌을 명백히 하고 올바르게 시행되어야 한다고 예를 들어가며 설명하였다.[355]

그는 또한 「準詔言事上書」에서 국가의 대사(大事) 5가지에 대해서 개혁의 방법을 다음과 같이 제시하였다.

첫째, 병사의 문제로 숫자가 많다고 해서 유리한 것은 아니고 오히려 재(財)의 낭비를 가져올 수 있다고 지적하고 소수 정예의 병사를 양성하여 병사의 운용을 잘하면 적은 숫자로도 항상 이길 수 있다고 하였다.

둘째, 장수의 문제로 출신 가문에 관계없이 능력 있는 자를 선발해야 한다.

셋째, 재용(財用)의 문제로 용병(冗兵)의 감축과 정병 양성을 통해 전쟁에서 속전속결을 감행하고 승리 후에는 곧 병사를 해체하여 재능의 낭비를 줄이자고 하였다.

---

354 『歐陽文忠公集』, 卷46, 上書一首, 「準詔言事上書」, pp.334-355.

355 『歐陽文忠公集』, 卷46, 上書一首, 「準詔言事上書」, pp.334-355.

넷째, 어융지책(禦戎之策)으로 먼저 병사들이 공격할 책략을 세워야 한다. 또한 적국의 동맹국 중 한개 나라를 선제공격하여 세력을 절감시키는 것이 중요하다는 실제 전쟁 수행에서 효과적인 방법을 제시하였다.

다섯째, 능력 있는 사람을 등용하는 문제로 앞서 지적한 바와 같이 출신가문을 불문하고 능력에 따라 현자를 등용하고 능력 없는 불초한 사람은 물러나게 해야 한다고 주장하였다.

그는 당시 이치법(吏治法) 시행으로 낳은 폐단에 대해 다음과 같이 지적하였다. 먼저 퇴불초(退不肖) 제도가 시행되지 않고 있으며, 집정 대신들은 구습에 젖어 감히 시행하려 하지 않는다. 그리하여 審官・吏部・三班의 관리들을 모두 문박변리(文薄辨理)에 근거하여 임명하며 퇴불초의 방법은 시행하지 않았다. 이런 상황이 계속되어 위로는 천자에서부터 아래로는 유사(有司)에 이르기까지 어느 누구도 시행하지 않았다. 그 결과 현자와 우자(愚者)가 함께 혼합되어 있어서 요행으로 서로 용납한다.

이상에서 그는 관리 등용에 있어서 출신가문 등 다른 조건을 상관하지 말고 학문과 직무수행 능력을 중심으로 관리를 선발 임용해야 한다고 강조하였다.

한편 송대 관리의 퇴불초 제도가 시행되지 않는 이치법 운영의 모순에서 생기는 문제점에 대해 다음과 같이 지적하고 있다.

"당시 이치법이 시행되는 가운데에서 출척제도(黜陟制度)가 존재한다면, 죄를 저지르거나 부정한 사람이 원성을 받으면 마땅히 물러나야 한다. 또한 학문과 법을 농간하고 희롱하는 자와 재물을 탐내는 자 역시 강제로 해임해야 할 관리이다. 이런 정치가 반드시 이루어져서 호족들이 백성을 가렴주구하고 탐닉하는 일이 없도록 해야 한다. 그러나 현실은 서리들과 군리(群吏)들이 모두 교활하여 백성이 가난하고 탐관이 부유하다. 일시적인 폐단의 원인으로 말하면 부정한 관리들과 재주 없는 사람이 조성한 것이다. 그러나 오늘날 그러한 폐단을 낳은 사람들 중에서 출척되는 사람은 열 명 중 한

두 사람 뿐이다. 또한 상하가 모두 능력 없는 사람이라고 알고 있지만 용서해 주고 감춰 주므로 해서 폐단이 이처럼 커졌다. 그런데 어찌 퇴불초 제도가 있다고 하겠느냐? 퇴불초 제도가 이미 구별할 수 없으니 비록 관리가 많아도 가히 쓸만한 사람은 없다'[356]라고 하여 송조 사회의 누적된 폐단은 용인의 실책에 있으며 이를 잘 개혁하면 사회를 부강하고 안정되게 할 수 있으므로 실질적인 능력을 가진 인재등용을 주장하였다.

특히 그는 당시 이치법 시행에서 퇴불초제도가 제대로 시행되지 않은 결과 현(賢)한 사람과 불초한 사람이 함께 존재하여 이미 구별할 수 없고 관직을 비록 많이 설치했다고 해도 가히 쓸 만한 사람이 없는 현상을 가져왔다고 하였다.

이 문제의 해결 방법은 황제가 관리의 직무 수행 결과에 대한 상벌을 명백하게 하고, 일의 성과와 결과에 대해 책임소재를 분명히 하면 재주 있고 능력 있는 사람들이 많이 등용되어 정치적 효율을 높일 수 있다. 그는 앞서 설명한 3가지 폐단과 5가지의 중요한 문제가 모두 이런 연유에서 생긴 것이라고 주장하였다.

이상과 같은 원인에 주의하여 구양수는 '퇴불초' 제도의 건립을 강력하게 주장하였다. 한편 그는 용관의 문제를 실질적으로 해결하기 위해서는 관리의 소수 정예 원칙에 의해 능력에 따라 적당한 관직에 임명하여 관리의 수를 일정하게 유지하자고 하였다.[357] 또한 남관(濫官)을 감소시키는 방법은

---

356 『歐陽文忠公集』, 卷46, 上書一首, 「準詔言事上書」, '方今黜責官吏, 豈有等澄淸糾擧之術哉. 惟犯臟之人, 因民論訴者, 乃能黜之耳. 夫能舞弄文法, 而求財賂者, 亦强黜之吏, 政事必由己出. 故雖誅各剝豪民尙, 或不及貧弱, 至於不材之人, 不能主事. 衆胥群吏共爲姦斯, 則民無貧富. 一時受弊, 以此二言, 則臟吏與不材之人,爲害等耳. 今臟吏因自敗者, 乃加黜責十不去其一二. 至於不材之人, 上下共如而不問, 寬緩容姦,其弊如此,便可爲退不肖之法乎?所以賢不肖旣無別則宜乎?設官雖多,而無人可用也.' pp.338-339.

357 『同前書』, 卷46, 「準詔言事上書」, '一旦臨事要人, 常患乏人使用, 自古任官之法, 無如今日之繆也.' p.338.

정확한 관직편제위에서 전국의 관리들 주에서 연로(年老)한 자, 병환이 있는 자, 장오(贓汚)한 자, 부재한 자 등 사색인(四色人) 즉 실질적인 능력이 없고 자질이 부족한 사람의 등용을 감소시켜야 한다고 하였다.[358]

그는 정부가 남관을 감축하는 문제는 대담하고 신중하게 시행해야 하며 정도(正道)를 지켜서 일관성 있게 시행해야 하며 무엇에도 두려워하지 말고 과감하고 지속적으로 시행해야 한다고 하였다.[359] 그는 이처럼 당시 용관의 폐단에 대해 비교적 정확히 파악하고 해결 방법을 제시할 뿐만 아니라 관리 등용에 있어서 현실정치에 적합한 진현제도를 견지하는 개혁을 제창하여 당시 정치상황에 대한 해결방법의 제시와 함께 자신의 정치사상을 밝히고 있다.

또한 그는 당시 조정에서 추천받은 사람을 관리에 임명하는데 그 사람의 실질적인 능력에 대해서는 물어보지 않고 단지 추천인이 많으면 기뻐하고 모두 관직에 임명하였다. 그리하여 선인과 악인이 모두 등용되어 각기 유형별로 집단을 이루게 된다고 비판하였다. 그 결과 청렴하고 신중한 사람은 깨끗하고 능력 있는 사람을 천거(薦擧)하고, 탐욕스럽고 부패한 사람은 탐욕스럽고 혼탁한 사람을 천거한다.

그러나 조정에서는 그 시비를 묻지 않고 단지 추천한 사람의 숫자만을 중시하였다. 이런 상황이 지속되면 선인과 악인이 뒤섞여 존재하게 된다.[360] 라 하여 당시 진현제도에 대한 구체적인 모순점을 지적하였다.

---

358 『歐陽文忠公集』, 卷97, 奏議「再論按察官吏狀」, p.762.

359 『前引書』, 外集, 卷第18,「與田元均論財計」, '裁冗長, 塞僥倖非難, 然後 其能久而謗則不易'. p.516.

360 『歐陽文忠公集』, 卷46, 上書一首,「準詔言事上書」, '自古任官之法, 無如今日之繆也. 今議者或謂擧主轉官爲進賢, 犯罪黜責爲退不肖. 此知其弊之深也. 大凡善惡之人, 各以類聚, 故守廉愼者, 各擧清幹之人, 有贓汙者, 各擧貪濁之人, 好洵私者, 各擧請求之人, 性庸暗者, 各擧不材之人, 朝廷不問是非. 但見擧主數足, 便與改官, 則清幹者進矣. 貪濁者亦進矣. 清求者亦進矣, 不材者亦進矣. 混淆如此, 便可爲進賢之法乎?'. p.336.

특히 퇴불초의 제도가 시행되지 않으므로 해서 이치법의 기준이 무너져 형성된 폐단이다. 그러므로 진현제도 실시에 있어서 덕(德)・재(才)・로(勞)의 3가지를 모두 갖추어야 하는 기준을 엄격히 시행해야 한다고 하였다.[361] 그는 또한『送曾鞏秀才書』에서 인재 선발 방법을 확대하자고 건의하여 당시 고시제도가 다양한 방면의 인재를 구하지 않고 오직 문사에 치우쳐 선발한다고 지적하고 선발 방법과 대상을 다양화하여 다양한 재능을 가진 인재를 선발하자고 주장하였다.[362]

이상에서 그는 다양한 사회현상과 정치 현실 대응할 수 있는 다양한 재주와 학식을 가진 실질적인 인재등용을 통해 개혁의 성과를 높이고 폭넓은 지지세력 확보를 이룩하여 황권을 강화하자고 자신의 정치이상 실현에 적합한 인재등용 방법을 밝히고 있다.

그는 고대 진현제도를 예로 들면서 고대의 왕후장상(王侯將相) 중에는 노예출신도 있고 보통 평범한 병사출신도 있었다. 이것은 능력위주의 파격적인 인재등용의 결과 얻어진 효과로 현실정치에 서도 정치참여의 폭을 넓혀 소기의 성과를 이룩하기 위해 인재선발에 있어서 구습을 혁파할 것을 건의하였다.

그는 현호지사(賢豪志士)의 관리임명은 출발을 반드시 구습에 얽매여 하위직에 제한하지 말고 지략이 뛰어난 사람은 궁마(弓馬)의 시험을 반드시 할 필요가 없으며, 산림출신의 인걸에 대해서도 빈천에 구애받지 말고 등용하자고 하였다.[363]

인재등용에 있어 왕이 사람을 등용하는 것은 어렵지 않으나 재주 있는

---

361 『新唐書』, 選擧志下에서 沈旣濟의 말을 인용하여 관원선발의 원칙과 기준은 德과 才, 勞의 3가지가 모두 갖추어져 있는 사람을 등용하자고 하였다.

362 『新唐書』, 卷157, 「陸贄傳」, '雖有鬼斗璺拔出之才, 其一累黍不中尺度, 則棄不敢取, 往往失爲而得少' p.1323.

32 『歐陽文忠公集』, 卷46, 「準詔言事上書」, p.337.

사람을 구하는 것은 어렵다고 하는 점을 강조하고 인재등용에 있어서 관건은 지인(知人), 즉 출신가문에 구속되지 않고 그 사람이 어떤 재주와 능력을 가지고 있는 가를 중시하여 적재적소에 등용하여 효과를 극대화하자고 제의하였다.

이상의 방법 이외에 명확한 상벌제도를 시행하여 이치법을 개혁하자고 제창하였다. 그는 '用人之術, 不過賞罰'[364](용인의 방법은 상벌의 운용에 불과하다.)라고 하여 명확한 상벌제도의 시행은 관리의 직무수행에 대한 적극성을 유발시킬 수 있으며 성과를 극대화할 수 있다고 보았다. 그러므로 정확한 상벌제도를 설립하고 그 시행에 있어서 상벌을 남용하지 않고 본래의 취지를 견지하면 좋은 효과를 얻을 수 있다고 하였다.[365]

구양수는 이상에서 본 바와 같이 당시 이치법에 대해 완벽한 개혁방안을 제창하였다. 그러나 아무리 좋은 방법이라도 반드시 주의해야 할 것은 하부조직의 정확한 사정이 상부에 전달되지 않는 문제점을 해결해야 하고, 상부조직의 상황과 의도하는 바를 하부조직에서 잘 알지 못하게 하는 중간의 벽을 허물어야 한다. 그리하여 중앙의 명령이 지방조직에 직접 정확하게 전달되어 시행될 수 있는 황제 일원적 통치체제가 이루어져야 한다. 구양수는 이처럼 진보적이고 정밀한 개혁방법을 주장하였으나 당시 봉건제 하의 송조에서는 채택되지 않았다. 그 결과 북송의 정치・경제・사회 등 여러 방면의 누적된 모순을 개혁하지 못하고 북방유목민족의 침입에 대해서 적극 대처하지 못하고 멸망하게 되었다.

---

364 『文集』, 卷36, 「準詔言上書」, p.335.

365 王俊鐘, 「歐陽修吏治改革思想淺探」, 『求實』 1987.2. pp.40-41.

4) 사마광과 구양수의 축로취사(逐路取士) 논쟁

송대 과거제도의 정형화 과정에서 고시내용의 변화는 범중엄과 왕안석 등에 의해 시도된 시부취사(詩賦取士)와 경의(經義)·논책취사(論策取士)라는 경학(經學)과 문학(文學) 사이에서 이루어졌다고 할 수 있다. 경학위주의 시험으로 모든 덕행을 평가할 수 없고, 문학위주의 시험은 모든 재능을 평가할 수 없다고 여겼다. 그러나 누구도 더욱 합리적인 방법을 제시하지 못했다. 이 점이 고대 중국인들이 경사문학에 편중하고, 자연과학을 소홀히 한 원인의 하나가 되었다.

송대 과거제도 시행에 대해 영종시기 사마광과 구양수간에 각 지역의 인구수에 비례하여 진사 합격자 수를 분배하자는 축로취사논쟁이 있었다. 또한 소식은 북방사인을 위해 별도의 입사(入仕)방법을 건의하기도 하였으며, 주희(朱熹)도 과거개혁 방법을 건의하기도 하였다. 이러한 방법들은 모두 북방지역 사인들에 대한 관리진출의 길을 열어줌으로써 광범위한 지지와 세력의 확대를 통한 통치권의 강화와 북방유목민족의 침입에 대해 적극적인 대처 한다는 정치·군사적인 의미를 포함하고 있었다.

본 글에서는 송 영종 치평3년(1066) 사마광이 제출한 축로취사 방법을 중심으로 살펴보고자 한다. 북송 영종 치평3년(1066) 사마광이 「貢院乞逐路取人狀」을 상소하였다. 그는 이 상소문에서 "재경(在京)과 여러 지방 거인들이 과거합격하는 수의 다소를 비교해 보면 매우 불균등한 것이 명백합니다. 대개 조정에서 개최하는 매번의 과거에 시험관으로 차출된 사람은 대체로 모두 양제(兩制)의 두 관청의 관리들입니다. 그리하여 그들이 좋아하는 것이 즉시 풍속을 이룹니다. 재경의 거인들은 그것을 따르고자 할 때 체면과 연원을 알고 쉽게 바꾸어서 점차 그 문체를 자기 것으로 합니다. 그러나 변벽하고 고루한 곳에 사는 사람들로 하여금 그들과 경쟁하게 하여 동일하게 봉미하여 장단을 비교하면 그 형세는 고르지 못합니다.[366]"라고 하였다.

이것은 재경거인(在京擧人)들에 비해 고루하고 변벽한 지방의 거인들이 학문수학 기회가 적고 정보에도 어두워 과거시험에서 불이익을 받고 합격하기도 어렵다는 것을 지적한 것이다.

또한 그는 "공자(孔子)가 지적한 열 가구가 사는 작은 동네라 하더라도 반드시 나와 같은 충신은 있다."는 말을 인용하여 현실정치에서도 비록 작고 고루한 지역이라도 반드시 어질고 재능 있는 사람은 있다. 그러므로 관리를 문사에만 의지하여 선발하는 방법을 고수하여 버려두어서는 안 된다. 또한 옛날의 취사방법에도 각 군현의 호구수의 많고 적음에 의해서 하거나 덕행이나 재능에 각기 장점이 있는 사람을 선발하였습니다. 그리하여 친족이나 인척으로부터 이적(오랑캐)에 이르기 까지 대소를 따지지 않고 버리지 않았습니다. 그런데 오늘날은 여러 지방에서 한사람도 급제한 사람이 없으니 빠뜨린 바가 많습니다.[367]"라고 주장하였다.

그는 당시 시행되고 있던 과거제도의 모순으로 인해 지역적으로 관리진출자의 수적 격차가 생겨 한사람도 합격되지 못하는 지역이 많이 생겨 지지세력의 약화를 가져온다고 지적하고 인구수에 의해 진사급제자의 지역적 안배를 주장하였다.

송 인종 가우(嘉祐)년간의 과거합격자 수를 각 지역별로 살펴보면 다음과 같다.

---

366 『溫國文正公文集』, 卷30, 章奏15, 「貢院乞逐路取人狀」, pp.261-262.
"此比較在京及諸路擧人得失多少之數, 顯然大段不均. 蓋以朝廷每次科場, 所差試官, 率皆兩制二館之人,所好尙卽成風俗, 在京擧人追趣時好,易知體面, 淵源漸染, 文采自下.使僻遠孤陋之人, 與之爲敵, 混同封彌, 考較長短, 勢不侔矣."

367 『前同書』"孔子曰, 十室之邑, 必有忠信, 如丘者焉言. 雖微陋之處, 必有賢才, 不可誣也. 是以古之取士, 以郡國戶口多少爲率, 或以德行, 或以材能, 隨其所長, 各有所取, 斤自族姻, 遠及夷狄, 無小無大, 不可遺也. 今或數路之中, 全無一人及第, 則所遺多矣."p.262.

표: 宋 仁宗 嘉祐年間 각 지역별 科擧合格者 比較
(『溫國文正公文集』卷30 章奏15「貢院乞逐路取人狀」)

路名(地域別)	年	得解及免解進士	及第者	比 率
國子監	嘉祐3年	118 人	22 人	約 1 / 5
	嘉祐5年	108 人	28 人	約 1 / 4
	嘉祐7年	111 人	30 人	約 1 / 4
開封路	嘉祐3年	278 人	44 人	約 1 / 6
	嘉祐5年	266 人	69 人	約 1 / 4
	嘉祐7年	307 人	66 人	約 1 / 5
河北路	嘉祐3年	152 人	5 人	約 1 / 30
	嘉祐7年	154 人	1 人	1 / 154
京東路	嘉祐3年	157 人	5 人	約 1 / 30
	嘉祐5年	150 人	5 人	約 1 / 30
梓州路	嘉祐3年	63 人	2 人	約 1 / 31
廣南東路	嘉祐3年	97 人	3 人	約 1 / 32
	嘉祐5年	84 人	2 人	約 1 / 42
	嘉祐7年	77 人	0 人	
荊湖南路	嘉祐3年	69 人	2 人	約 1 / 34
	嘉祐5年	69 人	2 人	約 1 / 34
	嘉祐7年	68 人	2 人	約 1 / 34
廣南西路	嘉祐3年	38 人	1 人	1 / 38
	嘉祐5年	63 人	0 人	
	嘉祐7年	68 人	0 人	
利州路	嘉祐3年	26 人	1 人	1 / 26
夔州路	嘉祐3年	28 人	1 人	1 / 28
	嘉祐5年	32 人	0 人	
河東路	嘉祐3年	44 人	0 人	
	嘉祐5年	41 人	1 人	1 / 41
	嘉祐7年	45 人	1 人	1 / 45
荊湖北路	嘉祐3年	24 人	0 人	
	嘉祐5年	23 人	1 人	1 / 23
陝西路	嘉祐5年	123 人	1 人	1 / 123
	嘉祐7年	124 人	1 人	1 / 124

상기 표에서 본 바와 같이 당시 과거제도의 실행과정에서 전혀 합격자가 없거나 단지 한사람의 급제자만 있는 지방이 많이 생기는 취사의 지역적 불균형을 가져왔다. 그는 이 문제점에 대해 이것은 국가의 용인방법이 시부(詩賦)와 논책과 같은 문학에 뛰어난 사람을 중심으로 선발하기 때문에 경사에서 수학한 사람에게 유리하게 작용된 결과로 인해 생긴다고 지적하였다.[368]

그 결과 "사방의 학자들로 하여금 모두 고향과 부모를 등지게 하여 늙은 부모를 고향에 남겨두고 수도에서 늙도록 다시 돌아가지 못하게 하고 있습니다. 그간(경사에 있는 동안) 잘못을 저지르고 옥은 근심을 과감히 숨기지 못해 향리에서 선발된 자들은 왕왕 사사로이 감첨을 사서 출신지를 숨기고 경사에서 취해된 것으로 하였다. 이년에 한 번 과거를 개설한 이래로 먼지방에서 온 거인들은 왕래를 꺼려 경사에 남아 있다가 응시하려는 사람들이 옛날에 비해 더욱 많아졌습니다.[369]"라고 하여 시부와 논책위주의 과거 방법이 경사와 지역으로 먼 곳의 거인들의 사풍(士風)를 해치게 된다고 지적하였다.

또한 국가가 비록 과거를 중시하고 음서를 중시하였으나 매년 과거에서 진사급제(进士及第)한 사람들 대부분이 국자감이나 개봉부에서 해송(解送)된 사람들이었다. 사람 마음에 누가 이것을 버리고 다른 것으로 나아가려 하겠습니까?[370]라고 하여 자연이 경사에 많은 사람들이 집중하게 되고 변방이나 다른 지방은 점차 그 관리진출자가 적어지고 지지세력이 약해지게 된다고 지적하였다.

---

368 『溫國文正公文集』 卷30 章奏15,「貢院乞逐路取人狀」 "國家用人之法, 非進士及第者, 不得美官, 非善爲賦詩策論者, 不得及第, 非遊學京師者, 不善爲賦詩策論, 以此之故." p.262.

369 『溫國文正公文集』, 卷30, 「貢院乞逐路取人狀」, p.262.

370 『溫國文正公文集』, 卷30, 「貢院乞逐路取人狀」, p.262.
"所以然者, 盖由每次科場及第進士, 大率是國子監開封府解送之人, 則人之常情, 誰肯去此而就彼哉."

송조가 추구한 강간약지(强幹弱枝)의 정책이 현실사회에서도 나타나는 지역적인 불균형이 심화되었다. 이것은 북방지역의 인구감소와 관리등용에서의 소외는 민심의 이완과 지지세력의 축소를 가져와 북방유목민족에 대한 견제세력의 약화를 가져오게 된다고 주장하였다.

반면 구양수는 「論逐路取人箚子」에서 당시 시행하고 있던 취사제도가 전대의 취사제도와 비교해서 훨씬 공평하다고 평가하고 사마광이 주장한 의견에 대해 반대였다. 즉 "왕이 천하를 일가(一家)로 여기고 응시자들에 대해 동서남북 어디 출신인지도 묻지 않고 여러 지방의 응시자들을 모두 모아 하나로 합해서 다만 재능이 있는 자는 선발하였습니다. 또한 호명(糊名)과 등록법은 응시자가 어느 지역 출신인지 누구의 자제인지를 모르게 하여 그 간의 애증과 후박이 없도록 하였습니다. 그러므로 의론하는 자들은 과거제도가 비록 옛 방법을 회복하지 못하고 있더라도 현재에 편리해야 합니다. 그러나 조물주의 조화처럼 사정이 없고 저울대처럼 지극히 공정한 것은 조종 이래 쉽게 바꿀 수 없는 것입니다."[371]라고 하였다.

구양수는 당시 변법개혁을 주장하는 사람들은 과거제도 시행에서 나타나는 한 단면만을 보고 바꾸자고 한다고 반박하고 당시 시행하고 있던 호명과 등록법과 같은 방법은 대단히 공정하고 좋은 제도라고 주장하였다.

그는 송조가 시행하고 있던 관리등용법이 전대의 출신가문을 중시하고 권문세가(權門世家)에 의해 주도되던 방법에 비해 실력위주의 평등경쟁의 방법이 어떤 단편적인 모순이 있다고 하여 쉽게 바꿔서는 안된다고 주장하였다.

---

371 『歐陽文忠公文集』, 卷113, 「論逐路取人箚子」,"竊以國家取士之制, 比於前世, 最號至公, 蓋累聖留心, 講求曲盡, 以謂王者無外, 天下一家. 故不問東西南北之人, 盡聚諸路貢士混合爲一, 而惟材是 擇, 又糊名謄錄而考之, 使主司莫知爲何方之人, 誰氏之子, 不得有所憎愛薄厚於其間. 故議者謂國家科場之制, 雖未復古法, 而便於今世. 其無情如造化,至公如權衡. 祖宗以來, 不可易之制也." p.872.

그는 당시 개혁론을 주장하는 추세에 대해 '전에 이르기를 총명함으로 옛 전장제도를 어지럽히지 말라고 하였으며 백가지 이로움이 없으면 법을 바꾸지 말라고 하였습니다. 오늘날 변법을 말하는 사람들은 우연히 한가지 폐단만을 보고 즉시 고칠 것을 의논하고 있습니다. 이것이 신이 구구하게 밝혀 폐하를 위하여 조종의 법을 지키려고 한 것입니다.'[372]라고 하여 새로운 방법은 구제도에 비해 훨씬 완벽해야 개혁할 수 있다고 주장하여 당시 송조에서 전개되고 있었던 과거제도의 개혁에 반대하였다.

구양수는 또한 현행의 취사제도에도 서북지역 사람들은 진사과(進士科)에는 적지만 경학위주의 명경과에는 많이 선발된다고 지적하였다. 그리고 각기 그들의 재능과 성품의 장점을 따라서 등용되어야지 지역안배 위주의 방법은 장점보다 단점이 많다는 관리등용법에 대한 자신의 생각을 밝히고 있다.[373]

한편 진사과에 서북지역 출신을 많이 선발하자는 것은 동남지역 출신들을 줄이자는 것이다. 한편 이 방법이 시행되면 결과는 합격되어야 할 사람이 떨어지고, 재주가 부족하여 떨어질 사람이 합격되는 취사전도의 결과를 가져올 수 있는 폐단이 더 크다고 지적하며 반대하였다.[374]

북방사인에 대한 관리등용문제는 신종 원풍(1078) 소식에 의해 북방사인을 위해 별도의 관리진출의 길을 열어주자는 건의가 있었다. 그는 북방사인을 통치권으로 흡수함으로서 지지세력의 확대와 북방유목민족의 남침위협

---

372 『歐陽文忠公文集』 卷113, 「論逐路取人箚子」 p.872.
"傳日無作聰明亂舊章, 又日利不百者不變法. 今言事之臣, 偶見一端, 卽議更改, 此臣所區區欲爲陛下守祖宗之法也."

373 『歐陽文忠公文集』 卷113 「論逐路取人箚子」p.872.
"臣所謂偶見一端者, 蓋言事之人, 但見每次科場, 東南進士得多, 而西北進士得少, 故欲改法, 使多取西北進士爾. 殊不知天下至廣, 四方風俗異宜, 而人性各有利鈍. 東南之俗好文, 故進士多而經學少. 西北之人尙質, 故進士少而經學多. 所以科場取士, 東南多取進士, 西北多取經學者. 各因其材性所長, 而各隨其多少取之."

374 『文獻通考』, 卷31 選擧4, 「擧士條」 英宗治平3年, pp.291-292.

을 견제할 수 있는 이로운 면 있다고 하였다.

그는 「上皇帝書」에서 지적하기를 "옛적에는 시부로서 취사하였고, 오늘날에는 황제의 경술(經術)로서 인재를 등용하여 비록 명칭은 다르나 모두 문사(文詞)로 인재를 선발하는 것입니다. 등용된 자들을 살펴보면, 吳·楚·閩·蜀 지방출신들이 많습니다. 반면에 경동·경서·하동·하북·섬서 등 5로 지방은 호걸이 많이 배출되는 지역이며 그곳 사람들은 침착하고 용맹스러워서 군사방면의 관직에 등용하여 가히 정사(政事)를 맡길만합니다.[375]

그러나 이들에게 장점이 있는 부분을 버리고 다른 지역 사람들과 같이 글을 짓고 경의를 읽게 하여 다른 지역의 사람들과 같이 짧은 시간에 문사(文辭)의 시험으로 득실을 다투게 한다면 저들은 관직에 나아가기 어렵습니다. 지금까지는 문사의 시험으로 모든 관리를 선발하였기 때문에 5로의 선비가 항상 적게 선발되었습니다. 이것은 한정된 작은 부분의 득실 차이를 가지고 관리를 선발하기 때문입니다. 그러므로 원컨데 황제께서 특별히 5로의 선비들을 위해 별도로 관리진출의 길을 열어주기 바랍니다."[376]라고 하였다.

한편 소식은 송대 중문경무의 풍조가 서리나 아교가 모두 노복이나 용인으로 이루어지는 현상을 가져왔다고 지방관의 경험을 통해 당시 지방의 서리나 아교의 상황을 상세하게 지적하였다. 그리고 그들 중에도 능력 있는 인재가 있다. 그런데 그들이 만약 불만을 품고 난을 일으킬 수 있다. 그러므로 이들에게도 관리진출의 길을 별도로 열어주자고 주장하였다.[377]

---

375 『蘇東坡全集』, 卷11 書37, 「上皇帝書」, p.342.
"昔者以詩賦取士, 今陛下以經術用人, 各雖不同. 然皆以文詞進耳. 考其所得,多吳·楚·閩·蜀之人, 至於京東西·河北·河東·陝西五路, 蓋自古豪傑之場, 其人沈鷙勇悍, 可任以事."

376 『蘇東坡全集』, 卷11, 書37, 「上皇帝書」, p.342.
"然欲使治聲律, 讀經義, 以與吳·楚·閩·蜀人爭得失於豪釐之間, 則彼有不仕而已. 故臣願陛下特爲五路之士, 別開仕進之門."
소식은 송 신종 원풍원년(1078) 서주의 장관으로 재직할 때 군사방면에 장점을 가진 북방 사인에게 별도의 관리진출의 방법을 열어주자고 상소하며 그 결과는 송조에 유익한 점이 많다고 주장하였다.

북방5로의 선비들이 문사에는 장점이 없지만 소박하고 용맹스러운 장점은 가지고 있으므로 그 능력에 따라 적재적소에 등용하여 효율성을 기하고자 하였다. 그리하여 그들이 가지고 있는 군사방면의 장점을 활용하여 국방강화에 일익을 담당할 수 있도록 하여 폭넓은 지역적 지지세력을 배양하자고 주장하였다.

그러나 관리등용과 북방사인의 문제에 대한 사마광과 구양수의 의견은 서로 달랐다. 구양수가 사마광의 개혁안에 반대한 이유를 그의 상소문 「論逐路取人箚子」[378]에 의해 살펴보면 다음과 같다.

첫째 사마광이 한 가지 부분에 편견을 가지고 있다고 지적하였다. 이것은 앞서 설명한 바와 같이 진사과에 치중해서 판단하였지 경학과 진사를 합한 전체 합격자 수를 비교하면 그 수가 균등하다고하여 불가하다고 하였다.[379]

둘째 만약 남성(南省)시험에서 동남출신을 줄이고 서북출신을 증가한다면 이는 이미 억제했는데 또 억제하는 것이며, 이미 가차한 것을 또 가차하는 것입니다. 이것이 불가한 두 번째 이유라고 지적하였다.[380]

당시 동남지방에서 진사과에 응시하도록 선발되는 자들은 이삼천명중에서 단지 이삼십명이 선발됩니다. 이는 1백명 가운데서 1명을 취한 것이니 이는 이미 통렬히 억제한 것입니다. 반면 서북지방 주군에서 진사과에 응시하도록 선발되는 자들은 지극히 많은 곳도 1백명에 불과합니다. 그런데 그곳에서 뽑히는 사람은 10명이나 되니 10명에서 1명을 취하는 것입니다. 라고 구체적인 숫자를 비교 설명하였다.[381]

---

377 前同註

378 『歐陽文忠公集』 卷113,「論逐路取人箚子」 pp.872-873.

379 『歐陽文忠公集』 卷113, 「論逐路取人箚子」 p.872.
"今以進士經學, 合而較之,則其數均. 若必論進士, 則多少不等. 此臣所謂偏見之一端, 其不可者一也."

380 『歐陽文忠公集』 卷113, 「論逐路取人箚子」, p.872.
"若至南省又減東南而增西北, 則是已裁抑者又裁抑之, 已假借者又假借之, 此其不可二也."

셋째 축로취인의 방법을 시행하면 합격할 만한 재능을 가진 사람이 떨어지는 경우가 많아지고 서북출신은 불합격할 사람이 합격되는 경우가 많이 생겨 취사(取士)의 전도가 생기게 되고, 그 결과 능력 있는 사람과 능력 없는 사람이 서로 섞이게 되는데 이것이 불가한 셋째 이유라고 하였다.

구양수는 동남출신 선비는 천명에서 1명을 취하니 처음 선발할 때 이미 정선한 것이다. 그러므로 남성고시에서 탈락한 불합격자가 많습니다. 지금 똑같은 예로 10명에서 1명을 취한다면 동남출신은 합격하면서도 탈락하고 서북지역 사람은 불합격하면서도 합격하는 자가 많게 됩니다. 그리하면 다른 지역에 대해서도 제대로 다스리기 어려울 것입니다.

만약 우연히 한 지역의 합격자가 많을 경우 십일지법(10/1)으로 탈락시키고, 우연히 한 지역에서 합격자가 적을 경우 또 반드시 십일지법으로 충족시켜야 합니다.

이것은 불합격할 사람을 합격시키고 합격해야 할 사람을 떨어뜨리게 될 것이니 선비를 취하는 것이 전도되고 재능 있는 자와 없는 자가 뒤섞이게 될 것 입니다.라고 하여 축로취인을 시행한 결과 나타날 폐단을 제시하며 반대하였다.[382]

넷째 조정에서 오로지 재예(才藝)을 비교하여 사람을 취하는데 재예가 있는 사람을 탈락시키게 되고 재예가 없는 사람들이 지나치게 많이 합격하고 있습니다. 그 잘못을 따지지 않고 단지 여러 지방(路)의 숫자만을 고집하

381 『前同書』 卷113, 「論逐路取人箚子」, p.872.
""東南州軍, 進士取解者, 二三千人處, 只解二三十人, 是百人取一人, 蓋已痛裁抑之矣. 西北州軍, 取解至多處, 不過百人, 而所解至十餘人, 是十人取 一人. 比之東南十倍, 假借之矣."

382 『前同書』 卷113, 「論逐路取人箚子」, p.872.
"東南之士, 於千人中解十人, 其初選已精矣. 故至南省所試不合格者多. 今 一例以十人取一人, 則東南之人合格而落多矣. 西北之人不合格而得者多矣.
至於他路, 理不可齊, 偶有一路合格人多, 亦限以十一落之. 偶有一路合格人少, 亦須充足十一之數, 使合落者得, 合得者落, 取士顚倒, 能否混淆, 其不可者三也."

니 이것이 불가한 이유라고 주장하였다.[383]

즉 능력 여부에 의하지 않고 각 지역의 호구 수에 의해 선발하는 것은 재주 있는 사람이 떨어지고, 재주와 능력이 없는 사람이 많이 합격하는 현상을 생기게 되어 송조가 실시한 과거제도의 기본정신에 위배된다고 지적 한 것이다.

다섯째 개혁을 말하는 사람들은 본래 여러 지역 토착인들을 많이 취하려고 한 것입니다. 이법이 일단 시행되면 개봉에 머물며 응시했던 사람들이 다투어 여러 지방으로 달려 나가게 될 것이니, 오늘날 개봉에 머물며 응시하는 폐단에서 징험해 볼 수 있습니다. 이것은 법이 나타나자마자 옳지 않는 것이 생기는 것입니다. 이것이 불가한 다섯째 이유라고 하였다.[384]

즉 축로취사의 목적은 폭넓은 지방의 토착인사를 많이 선발하자고 한 것이다. 그러나 시행 결과는 경사의 많은 사람들이 편벽하고 고루한 지역으로 이주하는 기존과 반대의 현상이 생기게 되고 사회의 다른 폐단이 생기게 된다는 것이다.

여섯째 조정에서 영외의 풍토병이 있는 아주 변벽한 지역의 사람은 섭관에 임명하는 것도 불편한데 이 법에 의해 허락해야 합니다. 지금 만약 한결같이 여러 지역과 함께 10인중에서 1명을 취한다면 이는 너무 넘치는 것입니다. 또한 서북지역과 비교할 수 없을 정도입니다. 이것이 불가한 여섯째 이유입니다.[385]

---

383 『前同書』 卷113, 「論逐路取人箚子」 p.872.
"且朝廷專以較藝取人, 而使有藝者屈落,無藝者濫得, 不問繆濫. 只要諸路數 停.此其不可者四也."

384 『前同書』 卷113, 「論逐路取人箚子」, pp.872-873.
"且言事者, 本欲多取諸路土著之人, 若此法一行, 則寄應者爭趨而往, 今開 封府寄應之弊可驗矣. 此小委法出而姦生. 其不可者五也."

385 『前同書』 卷113, 「論逐路取人箚子」, p.873.
"朝廷以嶺外煙瘴之人, 不便須籍攝官, 亦許其如此. 今若一例與諸路, 十人取一人, 此爲繆濫, 又西北之比, 此其不可者六也."

이상에서와 같이 그는 단지 서북지역이라는 한 지역의 예를 가지고 모든 지역에 실시하게 되면 이로 인해 발생하는 문제점은 서북상황과는 비교할 바가 없이 커질 수 있다고 지적하였다. 또한 구양수는 축로취사의 방법의 여러 가지 문제점을 지적하면서 만약 새로운 논의가 반드시 시행하게 되면 그 폐단은 헤아릴 수 없이 많이 생길 수 있다고 지적하였다.

한편 그는 구제도를 준수하여 시행의 방법을 지극히 공정하게 시행하여 사방의 선비들이 모두 한결같아 지기를 기다린 뒤에 오직 능력 있는 사람을 선발하면 개혁을 주장하던 사람들이 할 말이 없어질 것이라고 하였다. 이것이야 말로 오늘날 할 수 있는 최선이라고 하였다. 이처럼 관리등용과 북방사인의 문제에 대한 사마광과 구양수의 의견은 서로 달랐다.[386]

구양수는 사마광의 건의에 대해 '매번 진사과 시험에서 동남지역 출신이 진사에 많이 합격하고, 서북출신이 진사에 적게 합격하는 것만을 보았기 때문에 법을 고쳐 서북출신을 많이 취하게 하려는 것입니다.'[387]라고 전제하였다.

구양수는 이 방법은 천하가 지극히 넓어 사방의 풍속이 다르며 사람의 개성도 각기 날카롭고 아둔함이 있다는 것을 전혀 모르는 것입니다. 그런데 동남지역 사인을 반드시 줄이고, 서북사인들 만을 증가하려고 하느냐. 그러면 마땅히 합격해야 하는 사람이 떨어지고 당연히 불합격할 사람이 합격하는 취사전도의 상황이 생길 수 있다고 반대하며 동남지역 출신을 줄이고 서북지역 인사를 증가하자는 것[388]이라고 반대하였다.

구양수는 더 나아가서 동남지역의 풍속은 문장을 좋아합니다. 그러므로

---

386 『前同書』 卷113, 「論逐路取人箚子」, p.873.
"凡此六者乃大概爾. 若舊法一壞, 新議必行, 則弊濫隨生, 何可勝數, 故臣以謂且遵舊制, 但務擇人推朝廷, 至公待四方如一, 惟能是選, 人自無言, 此乃當今可行之法爾."

387 歐陽修, 『歐陽文忠公集』, 卷112, 「論逐路取士箚子」, p.872.

388 同前註

진사는 많은 반면 경학에는 적습니다. 서북지역 사람들은 실질을 숭상하기 때문에 진사는 적으나 경학에는 많습니다. 그 결과 과장에서 선비를 취하는데 동남지역은 진사를 많이 취하고 서북지역은 경학을 많이 취하는 것은 각기 그들의 재능과 성품의 장점을 따르고 각각 그 많고 적음에 따라 취하는 것입니다.[389]라고 사인들의 학문적 경향과 관리들의 출신지역을 분석하여 사마광의 주장에 대해 반대하였다.

또한 그는 송대 과거에서 폐단을 막기 위해 설치한 호명법이나 미봉책을 시행한다면 어찌 지역에 따라 진사인원수를 분배할 수 있겠으며 각기 능력이 다른데 한 가지 방법에 합격자 수가 적다는 이유로 더 많이 배정할 수 있느냐고 반대하였다.

사마광이 '축로취사'의 방법을 통해 북방사인의 관리진출을 주장할 때 왕안석은 명경제과에서 첩경·묵의를 폐지하고 경의를 이용해 진사를 선발하자고 하였다. 이것은 북방사인의 장점이었던 장구주소의 방법인 명경제과를 폐지하고 문자의 기교연구를 통해 관리를 선발하자는 것으로 오히려 북방사인에 대해 과거취사의 길을 제한한 것이다.[390]

그 결과 사마광 자신이 산서(하동로) 사람으로 이 건의는 북방사인을 위해 특별히 주장한 것이고, 이에 대해 강서출신인 구양수는 남방사인의 입장에서 반대를 표시하였던 같다.

이상 서술한 바와 같이 사마광과 구양수는 분로취인(分路取人)의 개혁에 대해 의견이 서로 달랐다. 사마광은 진사급제자 수를 조정하여 경쟁의 풍조를 약화시키고 지역적인 안배와 함께 지지세력을 확대하자는 것이었다.

반면에 구양수는 일에 대한 실상을 중시하여 당시 시행하고 있던 학문에

389 歐陽修, 『歐陽文忠公集』, 卷113, 「論逐路取人箚子」, p.872.
"東南之俗好文, 故進士多而經學少. 西北之人尚質, 故進士少而經學多. 所以科場取士, 東南多取進士, 西北多取經學者. 各因其材性所長, 而各隨其多少取之."

390 金諍(姜吉仲 譯), 『中國文化와 科擧制度』, p.187.

의한 선발방법은 선비들로 하여금 모두 등용되기를 추구하여 분주하게 명예와 이익만을 추구하는 상황을 면할 수 없다. 그러므로 명리추구에 몰두하고 품행이 바르지 못한 사람이 등용되는 오류가 생기는 폐단을 방지하고자 하였다.[391]

사마광과 구양수의 논쟁은 사마광의 주장이 비교적 합리적이었다고 할 수 있다. 왜냐면, 한 정권이 안정되게 유지하기 위해서는 각급기관의 구성원은 각 계층과 지역을 포함하여 광범위한 대표성을 구비해야 한다.

만약 오로지 문사의 시험성적만으로 사람을 선발한다면 학문과 문화가 발전하지 않은 지역의 사인들은 관리에 등용되기가 대단히 어렵고 못하고 기회가 적어지기 때문에 지역적 기반의 한계성과 정권을 공고히 하는데 유리하지 않기 때문이다.

북송과 남송교체기 즉 흠종 정강년간에 금군이 수년간 황하유역을 유린하자 화북지역은 주현에 이르기까지 토지가 황폐되지 않은 곳이 없었다. 그 원인의 하나가 바로 송이 북방사인들과 이 지역민들 사이에 깊은 근저를 이루지 못했던 하나의 원인이 있었다고 할 수 있다. 북방사인에 대한 관리등용의 문제는 구양수의 반대에 부딪혀 사마광이 건의한 방법은 취소되었고 강남으로 남천한 후 300년이 지난 명대초기에 이르러 주원장이 한인 귀족세력의 억제와 왕권강화라는 측면에서 실시한 남북분권제도에 의해 실행되었다.[392]

이상에서 본바와 같이 관리등용법을 포함한 이치법의 확립과 시행은 이 제도의 운용의 결과에 따라 봉건 사회 유지의 근간이 되며 황권강화라는

391 『文獻通考』, 卷31, 選擧, p.2920.

392 金諍, 『中國文化와 科擧制度』, 명대 실시한 남북분권취사의 방법실시는 외형적으로 보기에는 남북방 사건이라는 과거폐단에 불과 하지만 실제로는 주원장에 의해 실시된 남북 귀족세력의 억압과 북방 사인을 등용하여 남방사인세력에 대한 견제를 통해 왕권강화라는 측면이 강하게 내재되어 있다. pp.186-187.

측면과 결부되어 실시되었다고 볼 수 있다.

5) 결론

국가에 의한 분과고시를 통한 인재선발과 관리등용법은 중국 봉건왕조의 선관(選官)제도의 기본이 되었다. 송대에 이르러 과거제도의 진일보한 발전을 거쳐 정형화를 이루었다.

송은 당송변혁기를 통한 경제관계의 변혁을 통해 사회생산력의 증가를 가져와 일시적으로 번영의 기세를 형성하였다. 이러한 경제생산력의 발전은 많은 대지주계층의 출현과 대상인을 낳았다.

그 결과 송대 정책실시 과정에서 그들의 이익 옹호를 요구하였으며 정치상에서도 자신들의 보호를 위한 질서관계를 유지하였다. 그리하여 과거제도 실시과정에서 유학부흥을 통해 정치의 이론적 근거를 찾고자 하였다. 이점이 송대 유학의 발전과 함께 문신관료사회를 형성하는 중요한 요인이 되었다.

관리등용방법은 이처럼 황권강화와 밀접한 관계를 가지고 진행되었으며 개혁이 시도되었다. 인종대 범중엄의 경력신정에서 제창한 관리등용과 이치법 개혁논의를 필두로 신종대 왕안석에 의한 학교제도의 개혁을 통한 관리등용이라는 새로운 방법이 제창되기도 하였다.

북송대 관료 사대부계층을 중심으로 전개된 송조의 제 방면의 폐단에 대한 개혁논의의 핵심이 바로 이치법 개혁이었다고 할 수 있다. 이것은 곧 국가조직의 강화를 통한 정치사회적 안정과 지지세력의 확보라는 황권강화와 관계가 깊은 현안문제였기 때문이다.

본문은 송대 과거제도의 정형화 과정 중 출현하였던 개혁논쟁의 하나였던 사마광과 구양수 간의 축로취사 논쟁을 중심으로 이치법개혁과 송대 관리등용법 개혁을 살펴보았다. 송대는 문신관료들이 정치주체세력으로 황권강화와 밀접한 관계가 있다.

사마광과 구양수라는 당시 송조 관료계층의 최정상에 있었던 사람들에 의해 제기되었던 송조 폐단극복과 부국강병이라는 공통된 명제아래서 각기 제창하였던 그들의 정치적 관점과 이치법에 대한 생각을 살펴보았다.

각 지역의 인구비례에 의해 진사과 합격자 수를 정하자는 축로취사의 방법에 대한 두 사람의 논쟁도 어쩌면 자신들의 정치이상을 실현하기 위한 방법이었을 것이다.

특히 사마광이 축로취사를 제창하였던 근저에는 송조의 지지기반의 확대와 북방 유목민족의 침입에 대비한 지역적 안배라는 점도 있었지만 자신의 정치적 기반의 확보라는 면도 간과하지는 않았을 것으로 보여진다.

반면에 축로취사방법을 반대한 구양수는 반개혁론자의 입장에서 반대한 것이 아니라 관리등용법 개혁실시가 가져올 문제점을 인식하고 반대한 것이다. 그는 역대 시행되던 조종의 방법을 지속시켜 가면서 이미 현실화되고 가시화되었던 관리등용과 용인의 문제점에 대한 개혁을 통해 정치적 안정과 폐단을 제거하고자 하였다.

이처럼 관리등용법과 이치법 개혁을 통한 당시 정치 · 사회 등 제방면의 폐단에 대한 개혁의 실패와 함께 송조사회를 구제하지 못했다. 후일 이러한 연구를 기초로 하여 송대 황권과 관료계층의 중심인 재상권과의 관계규명을 통해 송대 정치체제의 성격을 규명하고자 한다.

6) 참고문헌

專籍

范仲淹『范文正公集』, 四川大學出版社, 成都, 2007.11.

包拯『包拯集校注』楊國宜 校注, 黃山書社, 合肥, 1999.06.

歐陽修『歐陽修詩文集校箋』, 洪本健 校箋, 上海古籍出版社, 上海, 2009.08.

李覯『李覯集』王國軒 校點, 中華書局, 北京, 1981.08.

司馬光『司馬光集』, 四川大學出版社, 成都, 2010.02.

王安石『王文公集』, 唐武標 校, 上海人民出版社, 上海, 1974.07.

蘇軾『蘇式全集』, 孔凡禮 點校, 中華書局, 北京, 1988.03.

李燾『續資治通鑒長編』, 中華書局, 北京, 2004.09.

脫脫『宋史』, 中華書局, 北京, 1985.06.

徐松『宋會要輯稿』, 臺北, 世界書局, 1977.05.

論著

北京圖書館 編,『北京圖書館年譜叢刊』, 北京圖書館出版社, 1999.

吳洪澤 尹波 編,『宋人年譜叢刊』, 四川大學出版社, 2003.

陳植鍔『北宋文化史述論』, 中國社會科學出版社, 1992.

李弘祺『宋代教育散論』, 臺北, 東升出版社, 1980.3.

金諍(姜吉仲譯),『中國文化와 科擧制度』, 중문출판사, 1994.

倪德茂「歐陽修民本思想研究」,『長江師範學院學報』, 2008 24(04), pp.35-40.

陳元 歐陽勇「歐陽修科擧考選思想及其啟示」,『井岡山學院學報』, 2008 29(05), pp.23-25.

姜吉仲「歐陽修的現實認識與吏治法改革」,『真鵬劉共祚教授定年紀念論叢』

慶熙史學會 2003.

姜吉仲「宋代文化形成與人文學的發展」,『歷史文化研究』第35輯, 2010.

姜吉仲「司馬光과 歐陽修의 吏治法改革論爭에 대하여」(慶熙史學22輯)1998年12月.

姜吉仲「司馬光의 現實認識과 經世觀에 대한 연구」(慶尚史學15・16合輯」(2000年12月).

6. 범중엄의 현실인식과 경세관

1) 서 론

송은 건국 후 전대 멸망의 원인에 대한 철저한 분석을 바탕으로 정치·경제·사회·문화 등 제 방면에 대한 개혁을 통해 황권강화를 추진하였다.[393] 송 태조 조광윤은 소위 "배주석병권(杯酒釋兵權)"을 통해 금군(禁軍) 대장군이었던 석수신(石守信, 928-984)과 왕심기(王審琦, 925-974)의 병권을 회수하여 번진(藩鎭)세력을 약화시켰다. 또한 중앙의 관료조직과 권력을 분화하여 균형과 견제를 통해 황권을 강화하였으며, 과거고시제도의 개혁과 정형화를 통해 사대부계층의 관리진출 기회를 확대하여 문신관료체제의 기반을 확립하였다.

그리하여 송대는 당대 정치주체 세력이었던 세습 문벌귀족계층이 해체되고 한문출신지식인계층이 과거시험을 통해 정치의 주체세력으로 등장하여 문신사대부사회를 형성하고 황권을 강화하였다. 또한 토지국유제인 균전제도의 붕괴는 상업과 수공업 등 경제활동 영역의 확대와 사회생산력을 크게 증가하였으며, 서민의 경제사회 수준의 향상과 계층의 활발한 이동을 가져왔다. 또한 송은 서민문화의 발전과 새로운 학문의 전개와 발전을 이룩하여 정치와 학문이 일치를 이루고 유학이 사회의 결집요인으로 작용하는 새로운 단계를 형성하였다.

한편, 송조는 건국 이래 누적된 폐단들이 출현하였으며, 북방유목민족(요, 서하 등)의 건국과 발전은 정치사회에 큰 위협으로 등장되었다. 그 결과 진종 경덕원년(1004) 요 성종의 침략으로 전연의 맹약을 체결하여 잠시 정치 군사적 안정을 취하였으나 인종시기 서하의 이원호가 칭제하면서 또 다른

393 『續資治通鑑長編』,(이하 『長編』, 臺灣, 世界書局, 1983年2月), 卷2, 建隆2年7月戊辰條. "此非他故, 方鎭太重, 君弱臣强而已. 今欲治之, 惟稍守其權, 制其錢糧, 收其精兵, 則天下自安矣." p.18.

남침위협으로 존재하였다.

또한 사회경제적인 변화로 균전제가 해체되어 토지의 매매와 강점을 통한 겸병이 보편화되면서 대토지 소유자가 출현하여 인종시기에는 전국 토지의 70%가 관료와 대지주의 수중에 들어갔다. 일부 부호들과 권문세가들은 관료와 내통하여 부세를 포탈하는 등 많은 폐단을 저질렀다. 그리하여 소농경제체제하의 많은 자경농이 파산하면서 사회모순이 날로 격화되어 민변(民變)이 빈번하게 발생하였다.[394]

그러나 송조가 추진하였던 중문경무(重文輕武)와 수내허외(守內虛外)의 정치외교정책은 진종(眞宗)이래 요와 서하 등 북방유목민족과의 전쟁과 화의가 교체되는 등 국내외적으로 여러 가지 폐단과 위기상황을 노출하였다.

또한, 송 초기 이래 용관(冗官), 용병(冗兵), 용비(冗費) 등 소위 3용(冗)의 폐단은 정치사회 전반에 걸친 문제점으로 대두되었다. 그 중 용관의 문제가 가장 심각하였다. 당대는 관리가 18,805인이었는데 비해 북송대에는 24,000인으로 증가되었다.[395] 호부부사(戶部副使)였던 포증(包拯, 999-1062)은 진종 경덕과 대중상부(大中祥符)년간에서 인종 황우(皇祐)년간까지 증가한 관리의 수가 초기에 비해 3배 이상이 증가하였다고 지적하였다.[396]

---

394 姚兆余「宋代文化的生成背景及其特點」, 『甘肅社會科學』第1期, 歷史研究(2001), pp.74-76.

395 劉篤才, 楊一凡, 「論北宋的冗官问题問題」『學習與思考』第5期(1983), p.76 『通典』, 卷36, -41, 참조.
북송시기 관료기구의 팽창은 관리의 수를 크게 증가시켜 실로 역사상 의뜸이었다. 역사에 의하면, 중국 역대 왕조의 관리 총수는 동한(東漢)567人, 진(晋) 6,836人, 수(隋) 12,576人, 당(唐) 18,805人, 북송(北宋)24,000人으로 전대에 비해 크게 증가하였다. 매 10만 인구 중 평균적으로 포함된 관리 수가 동한은 13인, 진 42人, 수27人, 당35人, 원(元) 27人, 명(明)37人, 북송은 51인으로 역대 가장 많았다

396 包拯, 『包孝肅奏議集』 卷1, 「論冗官財用事」 "今天下州郡三百二十, 縣一千二百五十, 而一州一縣所任之職, 素有定額, 大率用吏不過五·六千員則有餘矣. 今乃三倍其多, 而又三歲一開貢擧, 每放僅千人, 復有台寺之小吏, 府監之雜工, 蔭敍之官, 進納之輩, 總而計之, 不止于三倍." pp.427-92-93.
『長編』 卷167, 仁宗 皇祐元年 12月條,(世界書局, 民國72年, 臺灣) "户部副使包拯言. 臣伏見景德·祥符中, 文武官總九千七百八十五員. 今內外官屬總一萬七千三百餘員, 其未受差遣京官·

다음은 용병문제로 송 태조는 중문경무 정책을 추진하였으나 양병(養兵)을 경시하지 않아서 태조 초기에 금군과 상군(廂軍)이 총 22만이었는데, 태종 지도(至道)년간(995-997)에는 66만을 초과하였으며, 인종 경력(慶曆)년간(1017-1021)에는 크게 증가하여 126만이 되었다. 그리하여 양병에 국가 재정지출의 80-90%에 달 할 정도로 재정의 소모가 크게 증가하는 용비문제가 출현하였다. 특히 인종시기에는 서하의 칭제와 남침위협 같은 국내외적 문제로 인해 더욱 심각해져 국고가 텅 비게 되었다.[397]

송 건국이래 지속된 관료증가와 중앙에서 지방관부에 이르는 대소 관료들과 탐관오리들의 약탈과 부패는 국가재정을 크게 약화시켜 적빈적약의 원인이 되었다. 또한 통치계급의 정치력 부재와 정형화되지 않고 퇴직 년한이 정해져 있지 않은 용병제도의 실시는 전투력의 약화와 함께 병사의 증가를 가져왔으며 군기강도 크게 타락되었다.[398]

이상과 같은 정치상황에서 송조는 관리선발과 등용제도의 개혁, 관학의 건립을 통한 학교교육강화 그리고 과거제도의 개혁과 정형화를 통해 지식인계층과 서족지주 그리고 중소지주계급 등에게 관리진출의 길을 확대 개방하여 광범위한 지지기반의 확대를 통해 황권강화를 이루고자 하였다.

인종시기는 서하 이원호의 칭제와 함께 남침위협에 직면한 시기였다. 인종 경력3년 서하와 전쟁에서 공이 컸던 범중엄이 참지정사에 발탁되면서 그의 경세관이 현실정치에 실현하게 되었다.[399] 그해 9월 범중엄은 「答手詔

使臣及守選人不在數內. 較之先朝, 纔四十餘年, 已逾一倍多矣."p.119.

397 『宋史』 卷131, 食貨下1, 인종 황우원년(1049)(鼎文書局, 民國72年, 臺灣) "入一億二千六百二十五萬一千九百六十四, 而所出無餘."이었다. 영종 치평2년(1065) "內外入一億一千六百一十三萬八千四百五, 出一億二千三十四萬一千二百七十四, 非常出者又一千一百五十二萬一千二百七十八."이었다. p.4353.

398 『宋史』 卷131, 食貨下1 '勢官富姓占田無限, 兼竝僞冒習以成俗, 重禁莫能止.' p.4353. 심지어 천연재해가 들면, 규율과 빈민구제의 방법의 하나로 용병을 모집하기도 하여 노동력 부재라는 또 다른 문제점을 낳기도 하였다.

399 『續資治通鑑長編』, 卷143, 慶曆3年 9月丁卯條. "每進見必以太平責之, 敎令條奏當世務--旣又開

陳十事」를 상소하였는데, 이것이 바로 경력신정의 핵심강령으로 개혁과정에서 추진하였던 명출척, 억요행, 정공거, 택장관 등 개혁안은 지식인계층에 대해 교육, 임용, 감찰, 인사고과, 승천(升遷)의 방법을 통해 관료제도를 개혁하자는 이른바 이치개혁을 주장하였다. 이를 통해 현능한 사람을 등용하고, 기구조직을 간소화하여 용관을 감소하고, 정부관원의 소양을 제고하여 행정의 효율성을 높여 국내외적인 누적된 폐단과 어려움을 극복하자고 하였다.

최근에 들어 송대 관료계층의 정치사상과 경세사상에 대한 관심이 많아지면서 이와 관련된 연구도 적지 않게 발표되고 있다. 특히 북송시기 정치개혁에 대해 언급하면서 신종 희령년간 왕안석에 대한 연구는 다양하게 연구되고 있다. 이에 비해 우리학계는 인종시기 범중엄에 대한 연구는 다양하게 이루어지고 있지 않은 실정이다.[400] 한편, 중국학계에서는 근년에 들어 범중엄에 대한 연구가 그의 학교 등 교육기관의 흥건과 교육사상 그리고 민본사상을 근간으로 한 경세사상과 군사개혁 등 다방면에 걸쳐 상당한 성과를 이루고 있다.[401]

그러나 경력신정의 핵심내용인 관리행정에 대한 정책과 운용 그리고 관리등용방법 개혁 등 북송 인종시기 정치경제 현황과 군사외교 등 전반적 상황을 고려한 현실인식을 바탕으로 한 그의 경세관에 대한 연구는 많이 이루어지고 있지 않다.[402] 이 점에 유의하여 본고에서는 북송시기 문학가이며, 정치

天章閣, 召對賜坐, 給筆札使疏於前." p.1439.

400 拙稿「范仲淹對吏治法的改革論」『慶尙史學11輯』1995, 12.pp.89-122. 이 글에서 범중엄의 인종식기 현실인식과 학교흥건 그리고 과거제도개혁을 중심으로 한 이치법개혁에 대해 살펴보았다.

401 國立臺灣大學文學院,『范仲淹一千年誕辰國際學術研討會論文集』上, 下, 1990, 6. 1990년을 기점으로 범중엄에 대한 국제학술대회가 대만과, 홍콩, 중국 등지에서 연이어 개최되면서 재조명이 이루어지고 있다.

402 북송시기 현실정치와 개혁 그리고 경세사상과 관련된 기존의 연구성과로는 申採湜『宋代政治經濟史研究』, 한국학술정보, 2008. 이와 관련된 연구 논문은 구범진,「李覯(1009-1059) 經濟思想의 構造와 性格」,『서울大 東洋史學科 論集』, Vol.15.1991. 鄭炳碩,「李覯의 經世論的易解釋」,『東洋哲學研究』第22輯, 2000. 李瑾明,「王安石의 집권과 신법의 시행」,『역사문화

가이고 교육가아며 개혁가이었던 범중엄(范仲淹)의 현실인식과 경세관을 그의 『文集』을 통해 살펴보고자 한다.

2) 범중엄의 생애(生涯)와 사상의 형성배경

범중엄(989-1052)은 자는 희문(希文)이며 소주 오현(蘇州 吳縣) 사람이다. 북송시기 유명한 문학가이며 사상가이고, 정치가이며 군사가이다. 그의 선조 범방(范滂, 137-169년)은 후한 여남징창(汝南征羌, 현재 河南郾城)사람으로 청조사(清詔使)의 임명을 받고 뒤에 광록훈주사(光祿勳主事)에 임명되었다. 10세(世) 선조 범리병(範履冰)은 빈주(邠州,현재 陝西邠縣)에서 거주하고 당승상봉각연태평장사(唐丞相鳳閣鸞台平章事)를 역임하였다. 4세 선조 범수(范隨)는 당 의종(懿宗) 11년에 처주여수현(處州麗水縣, 현재 절강성)에서 현승에 임명되면서 가족이 강남으로 이사하였다. 당 말기에 중원 지역이 전쟁이 많아져서 복귀하지 못하고 후세 자손들은 오중 사람이 되었다.

그의 부친 범용(范墉, ?-990)은 송 태종 단공2년(989)에 오월왕 전숙(钱俶)을 따라 송으로 귀순하여 무령군절도초당기(武寧軍節度掌書記)를 담당하고 태사주국공(太師周國公)의 책봉을 받았다. 범중엄은 3째 아들로 2살에 부친을 여의고 모친 사씨(謝氏)에 의해 부양되었다. 모친 사씨(謝氏)는 빈곤하여 치주장산(淄州長山(현재 산동 鄒平縣)의 추관(推官)이었던 주문한(朱文翰)과 재혼하면서 범중엄은 이름을 주열(朱說)로 개명하였으며, 구장산현(舊長山縣, 現,鄒平縣長山鎮)하남촌(河南村)에서 자랐다.

주문한은 범중엄에게 상업기술(商賈技術)을 배우라고 하였으나 독서하는 것을 좋아했다. 『范文正公年譜』에 의하면, 대중상부2년(1009), 당년 21세의

연구』제35집, 2012과 「王安石신법의 시행과 당쟁의 발생」, 『역사문화연구』제46집, 2013. 등이 있다. 이밖에 저자가 기왕에 사마광, 구양수, 범중엄, 소식, 진량, 이구 등의 현실인식과 이치법개혁에 대해 발표한 바 있다.

범중엄이 장백산 예천사(醴泉寺)에서 공부할 때 하루에 죽 한 그릇을 쒀서 4조각으로 나누어 아침저녁에 각기 2조각씩 먹었다. 이 때 그는 소금을 많이 넣어 짜게 하여 죽을 나누어 먹는 등 가난한 생활을 하면서 매일 아침저녁으로 책을 읽고 암송하며 공부에 정진하였다.[403]고 기록하고 있다.

대중상부4년(1011) 응천부(應天府, 현재 하남 상구) 서원에서 밤낮으로 쉬지 않고 수학하였는데, 겨울에는 물이 얼어서 식수도 먹을 수 없는 등 사람이 참기 어려울 정도였으나 범중엄은 고생스럽지 않게 여겼다.[404] 이렇게 5년을 지내고 6경(經)의 지의(旨義)에 크게 통하여 문장을 논함에 반드시 인(仁)이 근본되는 유가(儒家)의 도를 고수하였다.[405]

대중상부8년(1015년), 범중엄은 27살에 주열이라는 이름으로 진사과에 급제하여 광덕군사리참군(廣德軍司理參軍)을 담당하였다. 그는 그곳에 학교를 개설하고 교육을 중시하여 3인의 유명한 명사를 초청하여 가르치도록 하였다. 이에 광덕지역 사람들의 학풍이 날로 번성하여 진사에 급제하는 사람이 처음으로 나타났다.[406]

범중엄은 천희5년(1021)에 태주(泰州) 서계염창(西溪鹽倉)을 관장하면서 서계서원(西溪書院)을 개설하였다. 인종 천성(天聖) 원년(1023)에 범중엄은 구준(寇准, 961-1023)의 탄핵을 상소하였으며, 부필(1004-1083), 등자경(滕子京, 991-1047), 호원(胡瑗, 993-1059) 등과 교류하였다. 다음해에 응천부 이창언(李昌言)의 딸과 결혼하여 장자 순우(純佑, 1024-1063)를 낳았으며, 태주 흥화현의 지사가 되어 현학(縣學)을 개설하였다.[407] 천성3년에 「주상시

---

403 『范文正公集』「范文正公年譜」大中祥符 2年 巳酉. "年二十一歲, 讀書長白山醴泉寺, 是歲改科擧取士. 三年(中略)在長白山醴泉寺僧舍讀書, 日作粥一器, 分爲四塊, 朝暮取二塊, 斷虀數莖入少鹽, 以啗之, 如此三年", p.242.

404 『宋史』, 卷314, 列傳 73 范仲淹列傳, p.10267.

405 『歐陽文忠公集』, p.6.

406 『范文正公集』「范文正公年譜」「廣德軍范文正公祠堂記」, p.241.

407 陳垓 「高郵軍興化縣重建縣學記」, 『范文正公集』 p.568

무서」(「奏上時務書」)에서 과거에 대한 개혁과 무과시험을 회복하여 국방을 강화하고 장수들을 양성하자고 주청하였다.

그는 천성 5년(1027) 안수(晏殊, 991-1055)의 추천으로 응천부서원을 관장하면서 왕수(王洙, 997-1057)와 위불벌(韋不伐, 978-1051) 등과 함께 교학 활동을 하였으며, 만언서(萬言書)을 올려 재상 왕증(王曾, 978-1038)의 칭찬을 받았다. 이시기에 범중엄은 서원교육에 대한 개편을 시행하며 응천부서원도 엄격한 규칙을 제정하여 실시하였다. 예를 들면, 범중엄 자신도 서원에서 학생들과 함께 숙식을 하며 모범을 보이고 수업시간과 휴식 시간을 상세하게 정하고 엄격하게 준수할 것을 요구하였다. 또한 학생들에게 질문하기 전에 반드시 스스로 먼저 그 문제에 대해 생각하고 적당하면 학생에게 물어보았다.[408]

천성 6년(1028) 범중엄은 안수의 추천으로 비서교리(秘書校理)가 되었다. 이 시기를 전후에서 학교건립과 교육 활동을 통한 정치 개혁활동을 주로 진행하였다. 범중엄이 전개하였던 교육활동을 살펴보면, 인종 경우원년(1034)1월에 목주(睦州) 태수로 임명되자 용산(龍山)서원을 건립하고 엄자릉사당(嚴子陵祠堂)을 중수하였다. 6월에 소주(蘇州)로 임직되어 치수사업을 주도하였다. 명주(明州) 장관에 임명되었다가 전운사가 치수에 공이 있었다고 주청하여 다시 소주장관에 임명되었다. 이때 유명한 학자 손복(孫復, 992-1057)을 소주로 초청하여 학생에게 경학을 교수하도록 하였다.[409]

범중엄은 경우2년 남원지(南園地)를 택하여 소주군학(郡學)을 개설하고 유학자 호원(胡瑗) 등을 초청하여 주학(州學)의 교수로 삼았다. 12월에 이부원외랑에 임명되어 개봉부를 담당하게 되었다. 당시 곽황후(郭皇后)가 갑자기 죽었는데, 내시 염문응(閻文應)이 독살하였다는 협의가 있었다. 이에 범

---

408 李勁松「略論范仲淹在應天府書院實施的教育模式及其歷史作用」,『江西教育學院學報』, 2008, 29(4) pp.99-103

409 『范文正公集』「與孫明復」, p.404.

중엄은 염을 탄핵하여 영남(嶺南)지역으로 추방하였는데 가는 길에 죽었다. 이처럼 일련의 정치적 사건이 진행되는 과정에서 경우3년 여이간(呂夷簡, 979-1044)이 범중엄이 경우당쟁(景佑黨爭)에 연류되어 붕당을 야기하고 군신간에 이간을 한다고 배척되어 요주(饒州) 장관으로 폄직되었는데, 임지에 도착하자 군학을 개설하였다. 당시 유명한 학자인 이구(李覯, 1009-1059)가 찾아왔다. 이듬해 부인 이씨(李氏)가 죽고, 소인(小人)배들이 무고를 상소하여 윤주(江蘇, 鎮江)으로 임지를 옮겼다가 영남(嶺南)으로 다시 좌천하였다. 이때 참지정사 정림(程琳, 998-1056)이 적극적으로 구원을 펴서 인종의 오해를 풀게 되었다.

보원(寶元)원년(1038) 1월에 임지인 윤주(潤州)에 군학을 건립하였다.[410] 그 해 3월 서하 이원호(李元昊, 재위 1032-1048)가 칭제하고 남침하려고 하였다. 12월에 송과 서하간에 전쟁이 발발하였다. 다음해에는 이구에게 편지를 보내 월주(越州)에 와서 학생들을 교학해 줄 것을 요청하였다.

강정(康定)원년(1040), 서하 군대가 송의 금명채(金明寨)를 격파하고 연주(延州, 延安)를 포위하여 송의 유평(劉平)과 석원손(石元孫)이 삼천구(三川口, 연안서쪽 약 20킬로 지점)에서 포로가 되자 송조정이 크게 놀랬다. 그해 3월 섬서경략안무사 한기(韓琦, 1008-1075)의 추천으로 범중엄이 천장각시제(天章閣侍制)를 회복하고 영흥군(永興軍)장관에 임명되어 서하와의 전쟁에 참여하게 되었다. 이해 12월 조정에서는 이듬해 정월 상순에 경원(涇原)과 추연(鄜延) 양로에서 동시에 출병하여 서하를 대거 공격하자는 한기와 윤수가 주장한 책략을 채택하였다. 그러나 두연(杜衍, 978-1057)과 범중엄, 구양수 등은 시기와 조건이 아직 성숙하지 않았다고 적극적인 방어를 주장하며 기회를 보아서 소규모 공격을 하자고 하였다.[411]

---

410 中華圖書集成『職方典』, p.728.

411 『范文正公集』.「范文正公年譜」pp.241-259.

경력원년(經曆, 1041) 정월, 송은 서하를 공격하려고 하였다. 범중엄은 잠시 연기할 것을 주청하며 화의의 방법을 찾고자 하였다. 이원호가 범중엄에게 사신을 보내 의사를 타진하자 답서를 보내 휴전을 권유하였다. 2월에 윤수(尹洙)가 연주에 부임하여 범중엄에게 출병을 권유하였으나 응하지 않자 윤수는 20일 동안 머물다가 아무런 성과 없이 돌아갔다.

그 후 원호가 침입하자 진융군(鎭戎軍)을 순시하던 한기가 대장 임복(任福)에게 명하여 군대를 이끌고 서하와 주력전을 폈으나 호수천(好水川)에서 크게 패하여 임복 등 많은 장령들이 항복하였다. 4월 범중엄은 원호와 사통했다고 하여 호부원외랑 관직에서 강등되어 요주(耀州)장관으로 폄직되었다. 한기도 호수천 패배로 인해 관직에서 강등되어 태주(泰州, 감숙성 天水)장관으로 폄직되는 등 당시 신진관료로서 정치개혁사상을 가지고 있었던 사람들이 대거 후퇴하였다.

그러나 경력2년 윤9월 서하의 이원호가 병력을 두 갈래로 나누어 대거 침입해 재차 크게 격돌하였으나 정천채(定川寨)에서 송군이 크게 패하였다. 서하군은 승리한 후 계속 남하하여 반원(潘原)지역을 핍박하자 10월 범중엄이 6천여 군대를 이끌고 빈주와 경주에서 출발하여 구원하자 서하군이 철병하였다. 이로 인해 인종은 범중엄의 군사방면의 재능을 크게 인정하고 추밀직학사, 우간의대부에 추가로 임명하고, 추연로도부서와 경략안무초토사(經略按撫招討使)에 임명하였다.[412]

그 해 11월 인종은 범중엄의 건의를 채택하여 섬서지역에 안무사, 경략(經略), 초토사를 다시 설치하고, 범중엄, 한기, 방적으로 하여금 그 직책을 담당하도록 하였다.[413] 이 때 범중엄이 명령을 중히 여기게 하고 사병들의 사기를

412 『范文正公集』, 「范文正公年譜」 pp.241-259.

413 당시 임명되었던 직책을 보면, 범과 한은 경주(涇州)에 관제(官第)를 설치하고, 문언박(文言博)을 진주(秦州)에 옮기도록 하고. 등종량은 경주(慶州)로 옮겨 통수(統帥)로 삼았고, 장항(張亢)을 위주(渭州)통수에 임명하였다.

크게 진작시켰으며, 이전에 귀부하였던 강인(羌人) 등 이족들에게도 진심으로 대하자 이원호가 칭신하며 화의를 청하였다.

이상과 같이 서하를 비롯한 서북변경지역의 문제 발생과 해결과정에서 범중엄은 인종으로부터 그 능력을 인정받았다. 그리하여 경력3년(1043) 인종은 범중엄을 추밀부사에 제수하고, 구양수와 여정(余靖, 1000-1064), 왕소(王素, 1794-1877)와 채양(蔡襄, 1012-1067)을 간관(諫官, 四諫이라 칭함)에 발탁하여 정치개혁에 대해 동조하는 의사를 표현하였다.

인종은 여러 차례 보신(輔臣)기구를 조정하며 부필과 범중엄 등 신진관료들과 자주 만나면서 현실정치에 대한 시무책(時務策)을 논의하였다. 범중엄은 건국 이래 누적된 폐단은 하루아침에 개변될 수 있는 것이 아니라고 생각하였다. 그러나 인종은 친필 조서를 보내 붓과 벼루(筆硯)를 준비하고 범을 기다릴 정도로 정치개혁에 대한 강한 의지를 표현하였다. 범등은 황공하고 불안해서 조정에서 물러난 후 이른바 「答手詔條陳十事」를 작성하여 인종에게 상소하였다.[414] 이 조문들이 바로 경력신정의 주요한 조치이며 구체적인 방법이다.

경력4년(1044) 범중엄은 인종에게 병둔(兵屯)문제를 재의(再議)할 것과 경사외성(京師外城)을 수리할 것, 토벌계획의 밀정(密定) 등 7가지 일과 재상권을 확대할 것을 주청하여 보신(輔臣)이 군사 업무를 겸임하고 관리 승천에도 관여할 수 있도록 하여 개혁의 폭과 깊이를 더욱 강화하였다.[415]

신정실시과정에서 억요행(抑僥倖)과 엄밀한 마감제도의 실시는 음보(蔭補)제에 대한 실질적인 제한으로 구귀족관료계층의 반대를 불러와 범중엄 등 개혁파에 대해 붕당을 형성하여 정치질서를 해친다는 질책과 비판이 크게 일어났다.

---

414 『續資治通鑑長編』, 卷143, pp.1439-1455

415 『續資治通鑑長編』, 卷143, 公援唐故事, 请以辅臣分總其務。虽嘗降敕, 然其後弗果行。p.1516.

경력5년(1045) 정월 반대여론이 더욱 격렬해지자 범은 스스로 외직인 빈주 장관에 나갈 것을 청하여 참지정사를 파직하고 자정전학사, 빈주장관 겸 섬서서로연변안무사가 되었다. 겨울 11월 범은 병을 핑계로 사로(四路)통수를 사임하고 빈주에 가서 보수파의 공격을 피하였다. 그 후 인종이 급사중(給事中)과 빈주장관에 임명하는 등 범중엄에 대해 각별한 지지와 관심 그리고 신임을 보였으나 부필과 두연 등 신정의 지지자들이 함께 파직되면서 경력신정은 실패하였다. 그 후 구양수가 상소하여 범중엄, 부필, 두연, 한기 등 4사람을 변호하여 다시 관직에 나가게 되었으나 신정은 강력한 지지세력들을 잃어버리고 진행되지 못했다.[416]

경력 8년(1048)에는 형남부 장관이 임명되었는데, 정주사람들이 극구 만류하고, 자신도 정주가 좋아서 주청하여 정주에서 3년 동안 머물면서 백성들이 안심하고 생업에 종사하며 평안한 생활을 하도록 하였으며, 「악양루기」 등 많은 시문을 남겼다.[417]

그 후 황우원년(皇祐, 1049) 범중엄 항주로 임직이 바뀌게 되자 자제들이 은퇴할 의사가 있다고 여겨 전산(田山)을 매매하여 말년을 편안하게 지내라고 하자 범이 거절하였다. 그리고 양전(良田) 천무(千畝)를 출자하여 범씨 의장(義莊)을 만들어 자손대대의 식량으로 삼고 혼상(婚喪), 가취(嫁娶)의 용도로 쓰도록 하였다.[418] 이듬해 호부시랑으로 승진되어 청주(淸州)에 전보되자 겨울철 추위와 병을 이유로 영주(穎州)로 갈 것을 청하였다.

---

416 『宋史』, 卷314 : 然更张无渐, 规摹阔大, 論者以爲不可行。及按察使出, 多所举劾, 人心不悦。自任子之恩薄, 磨勘之法密, 侥幸者不便, 于是谤毁稍行, 而朋党之论浸闻上矣。p.10275

417 樓鑰, 『范文正公年譜』 : 八年戊子, 年六十歲。春正月丙寅. 徒知荆南府。鄭人愛之, 遮使者請留, 公亦願留, 從其請也。有《谢依舊知鄭州表》。公守鄭凡三歲. pp.241-259

418 『范文正公年譜』引『言行錄』云 : 公在杭, 子弟以公有退志, 乘間請治第洛陽, 樹那陽圃以爲逸老之地。公曰 : 人苟有道義之樂, 形骸可外, 况居室乎? 吾今年逾六十, 生且無機, 乃谋治第樹园圃, 顧何待而居乎?吾之所患在位高而難退, 不患退而無居也。且西都士大夫园林相望, 爲主人者莫得常游, 而進獨障吾游者? 豈必有諸己而後爲樂耶? 俸賜之餘, 宜以啊宗族。若曹遵吾言, 毋以爲慮。pp.241-259

황우4년에(1052)에 정월에 영주로 전보되어 가다가 서주(徐州)에 이르러 64세 일기로 병사하였다. 시호는 문정(文正)이다.[419] 태사를 추가로 책봉하였으며, 중서성 겸 상서성(尚書令) 그리고 초국공(楚國公)에 추가로 책봉되었다. 12월 임신에 하남낙양윤번리(河南洛陽尹樊裡) 만안산(萬安山)에서 안장하였다. 이에 인종은 포현지비(褒賢之碑)를 친서하였다.

3) 정치경제에 대한 현실인식과 경세관

(1) 인종시기 정치사회의 국면

범중엄의 생애와 그의 경세사상의 형성과 실행에는 인종 황제와 밀접한 관계를 가지고 있다. 특히 그의 개혁사상을 현실정치에 실행할 수 있었던 배경에는 인종이라는 막강한 지지자가 있었기 때문에 가능하였다. 그러므로 그의 개혁사상의 근간인 경세관도 인종과 관계의 변화를 중심으로 이루어졌다. 경력신정을 기준으로 범중엄과 인종의 관계는 3단계로 변화되었다고 할 수 있다.[420]

인종과 범중엄의 첫 번째 인연은 천성(天聖) 7년 범중엄이 인종의 친정을 주장하면서 시작되었다. 제도에 따르면 수렴청정하고 있던 태후가 20세 성년이 된 인종에게 정권을 반환해야 하였다. 그러나 태후는 점차 제도를 무시하며 광망한 모습을 보였다. 이런 정치 상황에서 범중엄이 인종과 태후 사이에서 위험을 무릅쓰고 인종친정을 상소하였다. 이 사건을 계기로 범중엄은 2차례의 강직(降職)을 받았다. 그러나 인종은 이를 통해 범중엄의 강직한

---

419 범중엄의 謚號인 "文正"이란 시호는 북송 인종조 이후에 나타난 새로운 시호이다. 그 이전에 "文貞"이라고 하였는데 인종의 이름인 趙禎의 글자를 피회하기 위해 文正으로 고쳤다. 또한 "道德博聞曰文", "靖恭其位曰正" 또한 "積文學, 正身行"이라는 해석도 있으나 문정이란 시호는 고대 관료들에 대한 최고의 평가라고 할 수 있다.

420 諸葛憶兵「論范仲淹與宋仁宗之關係」『江蘇社會科學』, 2010(5), pp.222-227.

성격과 능력 그리고 경세관을 높게 인정하게 되었다.

그리하여 인종 경력(慶曆)년간은 두 사람의 관계가 가장 좋은 시기로 범중엄을 크게 신임하여 중용하였으며 그도 역시 주어진 직책과 업무를 훌륭하게 수행하였다. 예를 들어 서하와 전쟁 중에 인종이 범중엄에게 군대를 통솔하는 관직을 수여하자 그는 효율적인 대책을 실시하여 큰 효과를 얻었다. 경력 3년(1043) 범중엄은 참지정사에 임명되어 인종의 적극적인 지지를 배경으로 경력신정을 추진하였다. 그러나 신정운동의 실패로 인해 두 사람의 관계가 점차 멀어졌으며, 범중엄은 항주로 전출되었다.[421]

먼저 인종시기 북송의 정치경제적 국면에서 큰 문제는 소위 용관(冗官)문제를 지적할 수 있다. 북송 건국이래 과거취사를 통한 지속적인 관리등용과 중문경무정책의 실시는 관원의 수가 전대보다 훨씬 많이 증가되었다. 통계에 의하면, 양송 시대에 진사과에 등용된 인원수는 총 115,427명으로 매년 등용한 진사가 당의 5배, 원의 31배이었다.[422]

송대 과거제도는 당대 제도를 계승하여 과거실시과정에서 발생하였던 통방(通榜) 등 폐단이 여전히 존재하고 있었다. 따라서 과거를 통해 선발한 관원들 중에는 실제 능력을 가진 진정한 인재가 많지 않았다. 또한 사대부계층의 학풍(士風)도 크게 악화되어 국가와 사회의 실질적인 위기에 직면해서 영향력을 발휘하지 못하였다.[423]

송대 사대부 관료계층은 정치・경제・사회・문화에 대해 정확한 현실인식을 통해 건국이래 누적된 폐단을 개혁하고 황권강화와 안정을 추구하였다. 그 핵심 부분이 관료체제의 정비와 함께 진행된 교육제도와 과거제도의 개혁을 통한 이치법 개혁논의이다.

범중엄이 활동했던 인종시기는 상하관리의 부패로 인해 백성이 곤궁하며,

---

421 盧晓河 :「從宋夏戰爭看范仲淹的國防意識」,『西夏研究』, 2013, pp.60-65.

422 张念一「宋代科擧制度的特點」,『蕪湖職業技術學院學報』, 2007, pp.75-76.

423 劉興亮, 西北師範大學 碩士學位論文『北宋士風研究』, 2009 pp.14-34.

이적(夷狄)이 창궐하고 구적(寇賊) 횡행하는 쇠퇴기로 기울어가는 시기였다.[424] 그는 정치개혁가로써 현실을 정확히 인식하고 그 원인을 이치의 부패와 인재의 부족에 있다고 지적하고 사대부계층의 각성론과 책임론을 제기하며 개혁을 제창하였다. 이를 위해 그는 학교교육을 통해 관리의 자질을 양성하고 공정한 선발을 제창하였다.

관리의 양성은 이치의 근본으로 관료사회의 성격과 밀접한 관계가 있으며, 정치체제의 방향과 성패를 결정하는 중요한 작용을 한다. 그러므로 인재를 어떤 내용으로 교육하여 양성하느냐 또한 교육받은 내용을 중심으로 관리를 선발하는 것은 향후 관리들의 학문적 성향과 국가의 정치특성 그리고 관료사회의 성격을 결정한다. 범중엄은 누적된 폐단이 노출되며 쇠퇴해가던 전환기였던 시기에 현실을 중시하는 경세정치가의 정확한 통찰력으로 정치사회의 모순과 폐단의 중요한 요인이 이치부패와 인재관리의 결핍에 있다고 지적하였다.[425]

이상과 같은 현실정치에 대한 경세관에서 그는 국가의 걱정거리는 인재가 부족한 것보다 더 중요한 것은 없다고 생각하였다. 인재가 부족한 중요한 원인은 가르침이 격(格)에 부족하고, 그릇(器)이 이루어지 않은데 있다.[426] 즉 교육을 통한 인재양성이 부족하고, 교육은 학교를 떠나서 이루어질 수 없다. 그리하여 범중엄은 학교 건설을 통해 교육을 회복하자고 주장하며, 학교 건립을 크게 강조하여 주군(州郡)에 학교가 없는 곳이 거의 없을 정도였다.[427] 또한, 그는 당대 관각(館閣)을 설치하여 현준(賢俊) 한 인재를 선발하여 임명하였다고 말하며, 관각의 건설을 통해 고급관리를 양성하고자 하

---

424 范仲淹,『范文正公集』政府奏議, 卷上, 答手詔條陳十事, "官壅于上, 民困于下, 夷狄驕盛, 寇賊橫熾" pp.176-177.

425 付捷「范仲淹教育理論的實踐及成效」『南昌教育學院學報』, 第18卷第4期, 2003.4, pp.23-25.

426 范仲淹,『范文正公集』政府奏議「答手詔條陳十事」pp.176-182.

427 『宋史』, 卷167, 職官志7. pp.3971-3972.

였다. 그리하여 송 초기에 보상(輔相)직에 오른 인재들이 대부분 이곳에서 선발되었다.[428]

관리의 양성과 선발은 이치법 운용의 첫 번째 단계로 어떤 내용을 교육하여 인재를 배양하느냐는 정치체제의 성격을 결정할 수 있다. 또한 교육내용을 중심으로 관리를 선발하는 것은 향후 관리들의 정치실행의 방향과 특징을 알 수 있다. 범중엄은 경세정치가의 정확한 통찰력으로 현실 정치사회의 모순과 폐단에 대해 정확한 현실인식을 통해 그 중요한 요인이 인재관리의 결핍을 비롯한 이치법 부패에 있다고 지적하였다.[429]

이를 극복하기 위한 방법으로 범중엄은 관리선발 방법을 확대하고자 하였다. 그는 관리선발에 있어 특별히 현실정치에 대한 경세사상에 대해 특별히 중시하였다. 그는 "천하가 위급하고 곤경한 것은 인재의 결핍이 이렇기 때문인데 장차 어떻게 구제할 것인가? 경제(經濟)의 학문(業)을 가르쳐서 경제의 인재를 선발하여 구제하고 해도 결코 늦지 않는다."라고 하며 실천에서 속수무책인 사람은 결코 등용해서는 안 된다고 하였다.[430] 이러한 인식을 바탕으로 그는 관리선발에 있어서 먼저 공거(貢擧)선발을 개혁하고, 그 다음 제거(制擧)선발을 제창하고, 마지막으로 천거(薦擧)선발을 중시하자고 하였다.

범중엄이 추진한 경력개혁은 조정의 관료집단을 직접 겨냥하여 관료제도의 결함과 선거수관제(選擧授官制)의 문제점 그리고 고핵(考覈)제도의 무질서까지 언급하면서 북송의 정치제도 개혁과 정형화를 연계시켜 말하였다. 범중엄의 최종 목표는 법제도를 수립하여 기강을 다시 진작시켜 행정효율을 극대화 하는 것이었다. 당시 북송 정치상황은 관리와 백성간의 소통이 막혀 백성이 곤궁해지고 이적세력이 날로 성행하며 도적들이 황행하였다. 그리하

---

428 『范文正公集』, 卷7, 「奏上時務書」. 이글에서 관각직에 임명된 관리들은 대부분 청빈하며 능력을 갖춘 인재로 이 제도를 중시하여 인재부족현상을 타개하고자 하였다. pp.58-60.

429 夏其千, 「范仲淹吏治思想初探」, 『韶關學院學報, 社會科學』, 第28卷, 第2期, 2007.2, pp.93-96.

430 『范文正公集』 政府奏議, 卷上, 「答手詔條陳十事」 pp.176-182.

여 송조는 관리의 기강이 날로 무너지고 국내외적으로 심각한 국면에 빠지게 되었으며, 관료집단의 소양과 실질능력이 전체적으로 하락되었다. 이 점은 인종과 범중엄이 두 사람 모두가 공동으로 인식하고 지적한 점으로 국가 통치자가 관료들이 자신들의 눈앞의 안위와 안정만을 중시하고 있으며, 장기적인 계획이나 직무에 대한 능력의 부족함에 대해 우려하고 적극적으로 개혁을 추진하고자 하였다.[431]

범중엄의 정치 개혁은 교육제도와 과거제도의 개혁이 주방향이며 목적으로 관리의 선발과 임명, 고찰(考察) 그리고 상벌(賞罰)의 운용 등으로 나누어 볼 수 있다.

범중엄은 능력 있는 인재선발을 이치의 핵심으로 인식하고 정치개혁 과정에서 이치법 운용과 관련된 내용이 중요한 부분이다. 송대 관리등용방법은 과거 취사를 제외하고 네 가지 등용방식이 있었다. 그 중 중요한 방식의 하나가 소위 은음(恩補, 恩蔭)제도이다. 고급 관원의 자제들은 시험을 통과하지 않아도 은음을 통해서 관료에 진출이 될 수 있었다. 이 방법은 귀족관료계층에게는 합법적인 관리진출의 중요한 방법으로 그들 중에는 재능이 크게 미치지 못하지 사람이 존재하기도 하였다.

또한, 그들은 관계에 진출한 후 붕당을 형성하여 과거시험 등 다른 방식을 통해서 관계에 진출한 인재들이 자신의 재능을 발휘하지 못한다. 그러나 은음제도의 규모와 영향력이 너무 커서 한 순간에 완전히 폐지하려고 하면 너무 힘들고 불가능하였다. 그래서 범중엄은 일단 행정적 수단을 통해서 은음혜택을 제한하고자 하였다. 그는 「答手詔條陳十事」[432]에서 몇 가지 중요한 원칙을 제시하였다.

첫째, 은음혜택의 범위에 대한 제한으로 관리의 직계(直系)친척만 혜택을

431 『范文正公集』 政府奏議, 卷上, 「答手詔條陳十事」 p.176.

432 『續資治通鑑長編』, 卷145, pp.1462-1473 『宋史』, 卷159, p.3729 『范文正公集』 政府奏議, 「答手詔條陳十事」 pp.176-182

받을 수 있도록 하였다. 둘째, 은음혜택의 관직을 감소하였으며, 수혜자들에 대해 시험을 치르도록 하였다. 셋째, 연령에 대한 제한으로 은음 수혜대상의 나이에 대해 일정한 범위를 정하였다.[433]

또한 그는 관리의 재능과 품행을 동시에 중시하였다. 그러나 선발방법의 선후에 있어서 능력을 먼저 고려하고, 품행을 그 뒤에 고려하였다. 그리하여 그가 주장한 과거시험을 통한 인재선발에서 품행에 대한 고찰이 부족한 면이 있어 청렴함을 크게 강조하고 있다.

한편, 그는 관리에 대한 감독과 고찰(인사고과)에 대해서도 몇 가지 원칙이 있었다. 먼저, 그는 감독관을 잘 임명해야 한다고 하였다. 왜냐하면, 감독관이 능력 제대로 발휘하면 관리들도 실무에 있어 적극적이며 효율적으로 대처할 수 있기 때문이다. 또한, 관리에 대한 전면적 감독을 실시하여 지방과 중앙, 중앙 내부 각 부문 간에 상호 감독을 실시하자.

둘째, 분권(分權)사상이다. 모든 권력이 한 두 관리에게 지나치게 집중되면 반드시 부패가 생길 수 있다. 그러므로 위로부터 그 직무와 권한을 연관된 관직을 설치하여 부분적으로 분산시켜 각 부문 사이에 서로 감독할 수 있도록 하자고 하였다.

그리고 관원에 대한 고찰도 범중엄의 정치개혁 경세사상 가운데 중요한 내용이다. 그는 관리의 경력보다는 현실정치 업적을 더 중요시하여 고찰(考察, 磨勘)에서도 업적에 대한 비중을 증가시켰다.

한편, 송대는 관리등용의 또 다른 방법으로 추천제도가 있었다. 추천자는 비추천자의 정치적 표현과 과실에 대해 책임을 지는 방법으로 피추천자가 관리진출 후 나타내는 정치적 업적과 표현에 대해 책임지는 연좌법을 시행하였다. 범중엄은 관리에 대한 상벌을 크게 중시하여 상벌은 신중하게 결정해 해야 하며(愼賞罰), 국가 법령의 위력을 보여주기 위해 상벌을 철저하게

433 王月平 : 東北大學 行政管理專攻 碩士學位論文「范仲淹行政改革思想硏究」2007.

실시해야 한다.(重賞罰) 그러므로 그는 관리의 청렴 문제를 크게 중시하며 이를 관리의 신념으로 삼았다. 그 방법의 하나로 그는 후록양렴(厚祿養廉) 즉 많은 봉록을 주어서 관리의 청렴관을 양성하자고 하였다.

대외관계에 대해 보면, 요와 전쟁이 진종 시대에 거의 끝났지만 인종 시대에 서하의 발흥 때문에 송의 서북 변계도 역시 불안정하게 된다. 서하에게 주는 세폐는 송 그 당시 국가 재정 수입의 미미한 부분인데 이미 곤란한 재정 상황에 대한 악화시키는 요인이 된다. 또는 이와 동시에 요(遼)의 침입도 송에게는 무시할 수 없는 문제가 된다.

이외에 서북방 변경지역에 존치하였던 대규모 군대 그리고 군사 방어공정 등 많은 군비가 필요하다. 그리고 황실의 소비 증가와 관료계층의 고소비 등은 용관, 용병 등과 더불어 용비의 문제가 해결해야 할 중요한 문제로 등장하였다.

범중엄은 군사방면의 개혁에서 군비를 감축하기 위해 소위 정병간정(精兵簡政) 방법을 제창하였다. 즉 군대의 규모보다는 군대의 전투력을 중시하고 병사의 능력과 지휘관의 능력을 더 중시한다. 그리고 평소에 적당한 군사훈련을 중시하고 군대에 대한 보급이 잘 진행되어야 전쟁에서 승리할 수 있다고 하였다.

이상을 총괄하면, 범중엄의 정치개혁의 경세사상은 이치법의 운용에 대한 효율적이며 실용적 제도의 형성이다. 그러나 그가 경력 신정 기간에 제시한 정치개혁 방안들이 하나의 완전한 체제가 형성되지 못해 완비한 제도를 건설하지 못했다.[434] 또한 범중엄은 정치 개혁뿐만 아니라 다른 개혁에서도 제도를 성립하는데 노력하였지만 결과는 인치(人治)에 의해 이루어진다는 문제점을 넘어서지 못하였다. 즉 제도보다 더 강한 관리를 만들고자 하였으

434 楊永亮:「范仲淹政治變革的當代價値」, 吉林師範大學學報(人文社會科學版), 2012, 40(6) pp.79-81.

나 개혁의 주체는 여전히 사람에 의해 결정되는 것을 넘지 못했다.[435]

(2) 경제사회에 대한 현실인식과 경세관

범중엄은 당시 송 정국과 경제상황에 대해 정확한 현실인식을 바탕으로 분석하고 있었다. 그는 송조가 건립한 지 이미 80, 90년이 되어 건국초기와 같은 효과적인 제도의 운용이 이루어지지 않아 점차 해이해지고 무너지고 있었다. 또한, 송초이래 방대한 관료기구와 관리수의 증가, 병사수의 증가. 이로 인한 재정비용의 증가 등 3용(冗)의 폐단이 날로 가중되면서 이미 각종 폐단이 나타났다.[436]

강정(康定) 원년(1040), 범중엄은 권삼사사(權三司使) 섭청신(葉清臣)에게 보낸 서신에서 당시 정치상황에 대해 재정비용의 증가, 모병제의 실시로 인해 병사가 크게 증가되고, 이원(吏員)이 증가되는 등 현실문제, 그리고 이적(夷狄)의 문제, 부고(府庫)의 부족함, 수한(水旱)의 폐단 등 천하에 헤아릴 수 없을 만큼 많은 폐단이 존재하고 있다고 지적하였다.

진종시기 삼사사였던 이사형(李士衡)에게 썼던 지묘문(志墓文) 가운데서 범중엄의 경제사상의 기본방향을 어렵지 않게 볼 수 있다. 그는 이재에 밝은 관리는 천하의 이(利)를 두루 알아서 유통흐름을 지속시켜 막히지 않도록 하여 이원(利源)을 소통시켜 취하나 탈취하지 않아야 한다고 하였다.[437]

본문에서는 그가 추진했던 개혁전반에 대한 검토를 통해 경제사회에 대한

---

435 楊松琳:「范仲淹行政倫理思想初探」 黑龍江大學 行政管理專攻 碩士學位論文 2013 pp.18-25.

436 『全宋文』, 卷382, 「與省主葉內翰書」 一, 上海古籍出版社, 2006年8月, “八九十年間, 朝廷全盛, 用度日滋, 增兵頗廣. 府庫之災, 土木之蠹, 夷狄之食, 水旱之患, 又先王食貨之政, 覇王之略, 變通之術, 不得行於君子, 而常柅於群吏, 則天下之計宜氣難矣.” p.311.

437 『全宋文』, 卷388, 「宋故同州觀察使李公神道碑銘」, “聖王之敎萬民也, 資天地之生以爲食, 籍山海之出以爲貨, 食均于上下, 貨通于遠邇, 則可以供郊廟, 廩卿士.聚兵以征伐, 振民于災害. 然非得絕代能臣, 持變通之數于天下, 則孰與成當世之務哉! 故夷吾作輕重之權以覇齊. 桑羊行均輸之法以助漢. 近則隋有高熲, 唐有劉晏, 皇朝有左丞陳公恕, 是皆善天下之計者也.”p.26.

개혁내용과 추진방향을 살펴보고자 한다. 특히 그의 문집가운데서 「上執政書」, 「奏上時務書」, 「上張右丞書」, 「答手詔條陳十事」 등 상소문과 「稼穡惟寶賦」, 「奏乞將減省諸州公用錢却令依舊」, 「奏乞許變陝西四路經略司回易錢钱帛」 등 주의를 통해서 범중엄의 경제사회에 대한 경세관을 살펴보고자 한다.

범중엄은 당시 토지강점을 통한 대토지소유가 보편적인 상황에서 농업생산에서 소농경제체제를 중시하고 농업생산에 대한 적극적인 장려정책을 실시할 것을 제창하였다. 또한 송대 생산구조의 변화가 가져온 상품경제의 발전도 중시하며 상업도 중시하였다. 그는 정부가 실시하고 있던 차와 염에 대한 전매제도를 해제하여 상업을 활성화하고 상세 수입을 증가하면 국가재정에 일정한 도움이 된다고 하였다.

특히, 경력3년(1043) 9월 인종이 범중엄과 한기, 부필 등에게 당시 정치현안 문제에 대한 시무책(時務策) 논의를 명하였을 때에 범중엄이 현안 정치문제 등에 대한 자신의 생각을 정리한 「답수조조진십사」(「答手詔條陳十事」), 즉 「十事疏」를 상소하였다. 이 상소문의 핵심은 앞서 살펴본 바와 같이 이치정비(吏治整備)가 핵심 내용이며, 정치, 경제, 군사 등 다양한 방면을 포함하고 있다. 그중에서 균공전(均公田), 후농상(厚農桑), 감요역(減徭役)은 경제문제와 관련된 개혁논의로서 범중엄은 중농정책이 경제사상에서 중요한 부분임을 알 수 있다.

그는 선정의 핵심은 백성을 잘 배려하는 것으로 백성들의 걱정거리를 제거하여 백성들이 즐겁게 하는 것이다. 또한 백성들의 옹호를 얻으려면 반드시 민심에 따라야 한다고 지적하였다.[438] 백성을 잘 배려하는 정사(政事)는 농업을 중시하는 것으로 농업이 잘 발전되면 백성들이 그 수요를 충족할 수 있어 사회의 화란(禍亂)도 일어나지 않는다. 이것이 성인의 정치로 농업

---

438 『范文正公集』, 卷20, 「用天下心爲心賦」. "審民之好惡, 察政之否臧, 有 疾苦必 爲之去, 有災害必爲之防, 苟誠意從乎億姓, 則風化行乎八方." p.152.

이 천하 대치(大治)의 근본이다. 즉 농업은 나라의 근본으로 농업을 잘 관리하면 정치안정과 민간생활의 안정을 가져와 도적이 감소되는 등 사회의 안정을 이루어질 수 있다고 하였다.

또한 범중엄은 소농경제체제를 기반으로 하는 농업생산구조를 민생안정과 국가재정을 확보하는 중요한 방안으로 생각하고 여러 가지 조처를 실행하여 소농경제체제의 유지와 발전을 추진하였다. 농업생산에 대한 수리관개시설 건설과 농지개간 그리고 균공전 정책과 같은 실용적이며 적극적인 정책을 실시하였다. 그는 주군(州郡) 이민(吏民)들에게 농상에 이로운 것을 흥하게 하고 해로운 것을 제거하라고 명을 내려 매년 2월에 민공(民工)을 조직하여 하거(河渠)를 개착하거나 제언(堤堰)과 피당(陂塘)을 축조하여 수리시설을 크게 일으켰다. 그리하여 몇 년이 지난 후에는 농업생산에 이로움이 크게 형성되어 백성들이 기아에 빠지는 일이 적어졌고, 곡식이 너무 비싸는 일이 없어졌다.[439]

그는 중농정책을 구호로만 제창하는 것에 그치지 않고 수리관개시설의 개착과 축조와 같은 실질적인 조건을 개선하여 농업생산을 증가하여 민생을 안정시키고자 하였다.

범중엄은 인종 천성(天聖) 5년(1026) 태주(泰州)서계(西溪, 강소성 동태시) 염관(鹽官)으로 입명되었을 때 당대(唐代) 축조를 시작하였다가 북송시기에 중수(重修)한 한해제(捍海提)가 몇 달 뒤에 해조(海潮)가 범람하여 해릉(海陵)과 흥화(興化) 읍 연해지역 제방이 붕괴되어 농업생산에 직접적인 큰 피해를 주는 것을 보았다. 그리하여 그는 근무하는 4년 동안 4만 여명을 동원해 150리에 달하는 대해제(大海提)를 축조하는 공정을 적극적으로 추진하여 조류(潮流)가 범람하는 것을 막아 농업생산에 유리하도록 하여 강북지역 경제발전을 촉진하였다.[440]

439 『范文正公集』 政府奏議 上, 「答手诏条陈十事」, p.180.

경우(景祐)원년(1034) 범중엄이 소주장관으로 임명되어 수리공정을 반대하는 여론을 배척하고 겨울철 농한기를 이용하여 이공진대(以工代賑)의 방법을 채택하여 5개의 하(河)를 송통시켜 태호(太湖)의 물길을 바다로 통하게 하여 태호주변의 농전들이 수환(水患)을 면하고 연연히 풍년이 들게 하여 송대에 '소호숙천하족(蘇湖熟天下足)'이라는 말이 생겨날 정도로 농업생산이 크게 증가하였다.[441]

범중엄은 당시 정치경제상황에 대한 정확한 현실인식을 통해 백성의 경제생활과 밀접한 관계를 갖는 지방관의 선발과 임명에 대해서 특별히 중시하자는 택장관(擇長官)의 방법을 제창하여 이들이 지방관으로서의 책임감을 가지고 백성들의 경제생산활동에 도움이 되도록 하자고 제창하였다.[442] 그리하여 날로 증가해가는 국가재정의 소모에 대응하기 위한 정책과 방법인 지출을 헤아려 수입을 결정하는 방법을 강구하여 수지(收支)의 균형을 이루도록 하자고 제창하였다.

또한, 그는 당시 현실경제에 대해 오늘날 국가에서 권농(勸農)을 추구한다는 명문은 있으나 실제로 권농이 이루어지 않는다. 매년 봄에 군(郡), 현(縣), 향(鄕)에 공문을 보내 명을 내렸으나 향, 현, 군의 관리들이 군령을 속여 보고하여 이해를 살피지 않고, 상하가 서로 숨겨 덮어주고 잘 이행하지 않는데 어찌 조정의 뜻이 실행되겠는가? 만약 현령과 군장이 일시에 바꿔서 유산(流散)된 백성들을 다시 회복하고 공상의 사치를 억제하며 넘쳐나는 사졸(士卒)들을 제거하고 벼를 심고 거두는 근면함을 권하고. 백성의 생활을 안정되게 하면 나라가 견고해진다. 그러므로 백성의 생활과 직접적인 관계를 갖는

440 『范文正公集』, 卷11, 「宋故尉尉少卿分司西京胡公神道碑」, pp.91-93.

441 『续资治通鉴长编』 卷155. pp.1563-1570 『宋史.范仲淹傳』 卷314, 列傳73, "州大水, 民田不得耕, 仲淹疏五河, 導太湖注之海, 募人興作, 未就, 尋徒明州, 轉運使奏留仲淹以畢其役." p.10269.

442 『范文正公集』奏議 上「奏乞擇臣僚令舉差知州通判」, "天下郡邑, 牧宰爲重, 得其人則致化. 失其人則召亂, 推擇之 際, 不可不愼.", p.184.

지방관을 잘 가려 선택해서 백성들의 생활이 안정되고 풍요롭게 되면, 국가는 저절로 안정되고 부유해진다고 주장하였다.[443]

이상과 같이 그는 관리를 신중하게 선택할 것을 주장하였을 뿐만 아니라 경제적으로 제한 조처인 균공전(均公田)을 실시하였다. 소위 공전은 직전(職田)을 칭하는 것으로 지방관의 차견(差遣)에 따라 일정한 수량의 토지를 발급하여 지조수입으로 생활에 도움이 되도록 하였다. 그러나 송대 과거제도와, 은음제도가 크게 흥기하여 관리가 크게 증가함에 따라 직전분배가 점차 적어지게 되어 많은 관리들이 법을 어겨 뇌물을 수수하였으며, 농상을 버려두고 돌보지 않고, 간산한 관리와 호강지주들이 고의적인 약탈을 자행하고 부역이 균등하지 않아 백성들이 크게 해를 입었다.

이런 상황에 대해 범중엄은 정부가 주현에 직전을 발급해 주되 균등하게 분배해주자고 주장하였다. 그리하여 지방관들은 관직의 대소차이에 관계없이 모두 후록(厚祿)을 받아 맡은 직책에 최선을 다하도록 하자. 만약 그래도 법을 어기는 자는 엄하게 징벌하자고 하였다. 이것은 지방관의 선발과 관리에 최선을 다하고 그들에 대해 책임감을 갖게 하여 생산의 발전에 유리하도록 하고자 하였다.[444]

그는 농업생산의 관리를 잘하려면 반드시 부렴(賦斂)을 관대하게 하고, 요역을 감하며 고약(孤弱)자들을 구휼해야 한다고 생각하였다. 북송시기는 소위 아전(衙前), 이정(里正), 호장(戸長), 향서수(鄉書手), 장정(壯丁) 등 여러 가지 명목의 요역이 었었다. 그는 지방기구를 크게 간소화하자고 주장하여 현읍(縣邑)을 줄여서 지출을 절감하여 농민부담을 경감시키자고 주장하였다.

또한 자연재해를 당하면 때에 맞춰 진대법을 실시하여 구제하여 백성들을 안무하여 사회를 안정시켰다. 명도2년(1033) 강회(江淮)일대에 메뚜기떼 재

443 『范文正公集』, 卷8, 「上執政書」, p.63.

444 『范文正公集』 政府奏議 上, 「答手诏条陈十事」, 均公田條, p.180.

해가 발생하였다. 범중엄은 그곳에 가서 안무를 실시하여 즉시 창고를 열어 구제하고 차와 염에 대한 세금을 절감해줄 것을 주청하였다.[445] 그가 연주(延州)장관으로 재직할 때도 백성들이 곡물을 운수하는 데 힘들어 하자 부성(鄜城)에 군(軍)을 건설하여 하중(河中), 동(同), 화중(華中)지역 하호(下戶)들에게 조세를 운반하도록 하여 관중지역 일부 농민의 지이(支移) 부담을 경감시켰다.[446]

이외에 농업생산을 증가하기 위해서 범중엄은 유민들을 초무하는 것을 크게 주의하여 유휴노동력을 토지와 재결합시켜 농업생산을 증가하고자 하였다. 예를 들면, 하동과 섬서지역 일대는 부역부담이 가중됨에 따라 적지 않은 농민들이 농업을 포기하고 유민화되었다. 범중엄은 섬서선문사(陝西宣撫使)에 임명되자 즉시 방을 내려 이전까지 이세(二稅)를 내지 못하거나 탈세한 사람들에 대해 일률적으로 죄를 면제해 주고 본업인 농업으로 돌아가도록 하였다.[447]

당말 농민전쟁은 세습문벌귀족과 관료계층이 점유하였던 토지제도인 균전제도를 파괴하였다. 그리고 오대의 전란을 경과하면서 북송시기 사회계층 질서체제에 현저한 변화가 나타났다. 즉 조전제(租佃制)의 계약관계가 성숙된 봉건생산방식에서 중요한 지위를 점하였으며, 전객(佃客)의 인신예속관계가 점차 약해지게 되었다. 수공업 공장의 장인(匠人)들에 대한 관영공장의 예속관계와 복무도 당대에 비해 감소되었으며, 일종의 고용관계가 점차 증가되어 수공업발전에 유리한 조건을 제공하였다.

국가의 통일은 상대적으로 농업과 수공업의 발전을 가져오면서 경제활동 영역의 확대를 가져와 송대 상품경제발전에 유리한 환경과 조건을 제공하였다. 이러한 당시 사회경제상황은 범중엄의 경제사상에 커다란 영향을 주었

---

445 『宋史, 范仲淹傳』, 卷314, 列傳73, “奏蠲廬,舒折役茶, 江東丁口鹽錢. 且條上救敝十事.” p.10268.

446 『宋史, 范仲淹傳』, 卷314, 列傳73, p.10270.

447 『范文正公集』 奏議卷上 pp.190-191.

다. 그는 초기 유거들과 같이 중본억말(重本抑末)정책만을 추구하지 않고 농업생산발전이라는 전제를 확보하고 상공업발전을 허락하였다. 또한 국가도 공상업을 이용하여 재정수입을 증가할 수 있었다. 그러나 국민생활에 불리한 공상업의 기괴한 활동(독과점, 폭리 등)에 대해서는 제한과 금지 등의 조처를 취하였다.

범중엄의 공상업에 대한 인식은 전대의 관료계층에 비해서 현저한 진전이 있었다. 그는 「四民詩」에서 "선왕이 백성들에게 수공업(百工)을 가르쳐서 천하의 기(器)로 삼았으며, 주공(周公)은 썩지 않기를 바래서 고공기(考工記)를 써서 이롭게 하였다."라고 하여 수공업은 선왕들이 손수 천하 만민들의 생활필수품을 만드는 것을 가르쳐 주어 계속해서 발전해 왔다. 그러나 진한 이후 사치의 풍조가 천하에 유행하였으나 그치게 하지 못했고, 불교와 노자의 풍조가 성행하면서 사치품위주 생산이 이루어졌으며, 백성들의 필수품생산은 적어서 수공업이 계속발전하지 못했다. 그 위해(危害)가 대단히 커서 백성들이 반대에 부딪혀 금지하게 되었다.[448]

범중엄은 상인들이 화물을 원근(遠近)거리를 막론하고 운반하여 일중(日中)에 만나서 천하의 유무(有無)를 균등하게 하여 천하 백성들의 수요를 균등하게 만족시킬 수 있다고 하였다. 그리하여 위로는 국가를 이롭게 하고 아래로는 백성들을 보호해 준다. 사민(四民)은 상적(常籍)이 없이 위(僞)와 진(眞)이 함께 망망(茫茫)하게 되고, 유자(游者)들이 우리의 이익을 훔치고, 타자(墮者)는 우리의 인륜(倫)을 혼란시킨다. 귀(貴)와 부(富)를 뛰어 넘어 사치스러운 형태가 날로 더욱 심해졌다. 이러한 폐단이 오래 계속되어 천지가 가난해졌다. 그러나 상인들이 무슨 죄가 있느냐? 군자가 부끄러워해야

---

448 『范文正公集』, 卷1, 「四民詩, 工」, "先王敎百工, 作爲天下器, 周旦意不朽, 刊之考工記. 嗟嗟 遠聖人. 制度日以紛. 竊窕阿房宮, ---萬態橫靑雲,秦漢驕心起, 陳隋益其侈, 滔滔不能止.可甚佛老徒, 不敢慈儉書, 竭我百姓産, 崇爾一室居. 四海競如此, 金碧照萬里, 茅茨帝者榮, 今爲庶人耻. pp.14-15.

할 일이다.[449]라고 하였다.

그는 상인이라는 칭호를 사용하여 송대 상업이 합리적으로 진행되고 있었다는 사실을 서술하고 있다. 상업은 국가를 이롭게 할 수 있고, 우리 자신을 보호할 수 있으며, 천하에 유무(有無)한 것을 조절하여 국가와 백성이 모두 상업으로부터 분리될 수 없다. 단지 진한 이후 유자(游)자와 타(墮)자들이 토지를 이탈하여 상인 대열에 진입하여 사치품 매매에 종사하여 사회의 순박한 풍속을 나쁘게 변화시켰으며, 농업생산이 크게 파괴되었으며, 상업이 말업(末業)으로 취급되게 되고 상인들도 말업을 추구하는 사람이라고 칭해졌다. 이것은 불합리한 것으로 상인들은 죄가 없다. 그리하여 범중엄은 당시 사회의 사치스럽고 기괴한 물건만을 생산 매매하는 공상활동을 반대하였다.

범중엄은 국가재정의 곤란을 해결하기 위해 수입을 증가하는데 상업을 이용할 것을 주장하였을 뿐만 아니라 관부(官府)도 공상을 경영할 것을 주장하였다. 경력원년(1041) 그가 섬서경력안무사 겸 연주(延州)장관으로 재임할 때국가가 쌀(米)을 관리할 것을 건의하고 연주에서 술을 만들어 군대를 위로하는데(犒軍) 사용하여 국가 지출을 절약하지고 건의하였다.[450]

경력3년(1043) 5월, 범중엄은 섬서연변초토사(陝西延邊招討使)로 재임할 때에도 조정에 건의하기를 서북지역에서 전쟁을 한 이래 변경에서 소비하는 금백(金帛)량이 대단히 많아서 관사(官私)모두 궁핍해지고 충분하게 사용하지 못합니다. 그리하여 신등은 특별히 지휘권을 내려놓고 추연과 환경, 경원, 진봉로 경략안부사사에 명을 내려 해당로(本路)군이 전백(錢帛)을 관할하도록 하고 청렴한 사신과 공인(公人)을 선발하여 회역(回易)에 임명하여 이전(利錢)을 거둬들이도록 하십시오. 그리고 3성의 장부를 명확하게 확인하여 이와 결부된 사람들이 회역을 통해 많은 이식을 얻을 수 있으면 본사(本司)

449 『范文正公集』, 卷1, 「四民詩, 商」, p.15.

450 『范文正公集』, 卷1 「四民詩」 pp.14-15.

에 위임하여 모두 보명(保明)문주(聞奏)하도록 하여 특별히 이를 헤아려 수고에 따라 보상을 해주십시오. 귀한 모든 것은 군비에 충당하여 민력을 최소화 하십시오. 라고 하였다.[451]

범중엄 자신도 경주(慶州)에 있을 때 군고전(軍庫錢)을 빌어서 회역(回易)을 통해 이식(利息)2만여관(貫)을 얻어 군비의 공용(公用)에 충당한 적이 있었다.[452] 이것은 국가 수입의 이익과 중농정책에서 고려하여 공업장의 이익에 대해 어느 정도 제한을 두자고 주장한 것이다.

경력년간에 조정에서 차염의 금지를 완화하고 상세를 인하하자는 논의가 한차례 이었는데, 범중엄은 즉시 반대하였다. 그는 차염 상세의 수입은 상인의 이익을 분리 감소시키는 것이다. 상인들에게 이를 시행하면 그 해가 이보다 심한 것이 없다. 오늘날 국용(國用)이 감소되지 않고 세입이 이를 채우지 못해서 산택과 상인에게서 취하지 못하면 반드시 백성들에게 취해야 한다. 그리하여 농민에게 미치는 해로움을 무엇 때문에 상인에게서 취하는가? 오늘날 이를 계산해 보니 무엇 보다 먼저 국용을 절약해야 하며 국용이 여유가 있으면 반드시 먼저 부역을 가볍게 해준 연후에 상고를 가볍게 해야 하는 것으로 상고를 가볍게 하는 것이 먼저는 아니다고 하였다.[453]

결론적으로 그는 공상업에 대해 적극적인 태도를 가지고 있었지만 중농사상이 경제사상의 중심이다. 이런 상황은 송대 상품경제 발전에 어느 정도 제한적인 상황이 존재하였다는 정치경제적 상황과 일치한다.

송대는 사회생산이 크게 증가하면서 상업과 수공업의 발전을 가져왔다. 특히 상업은 국내상업 뿐만 아니라 해외무역이 크게 발전하여 육로를 통한 북방유목민족, 요와 서하 그리고 금조와 공무역 장소인 각장(榷場)을 통해 교역이 진행되었으며, 해로를 이용하여 고려와 일본 등과도 시박사(市舶司)

---

451 『范文正公集』, 卷1「四民詩」pp.14-15.

452 『范文正公集』, 奏議 卷下「奏雪滕宗諒.張亢」p.213.

453 『夢溪筆談』, 卷12.中華書局 2009年 10月, 1版 pp.147-148.

를 설치하여 교역을 관장하도록 하였다.[454]

그는 가난하고 힘든 생활을 경험하고 장기간 고생하며 수학했던 역정은 그로 하여금 견인불발(堅忍不拔)하고 실지불투(失志不渝)의 성격을 형성하였으며, 천하에 대한 책임론과 각성론을 가지고 국가를 부흥시키는 중임(重任)을 담당할 태도와 정신을 갖추게 하였다.[455] 특히 그는 왕왕 죽조차 먹지 못할 정도로 어려운 환경에 처했을 때도 여전히 『맹자』 '양혜왕편'의 '생활이 안정되지 않으면 바른 마음을 견지하기 어렵다'는(無恒産而無恒心) 관념을 견지하였다. 여기서 항심(恒心)이란 장기간에 걸쳐 수학한 유가경전으로부터 체득한 민(民)이 국가의 근본이라는 유가가치개념이다. 또한 범중엄은 통치자들이 백성에게 지나치게 많이 세금을 거둬들이는 것은 근본을 상하게 하는 것이므로 백성이 이로움을 얻을 수 있도록 해야 최종적으로는 국가가 이롭게 된다고 하였다.[456]

이상에서 범중엄이 강하게 견지하였던 민본(爲民)사상을 근본으로 한 우민우국(憂民憂國)의 개혁사상이 잘 나타내 보이고 있다. 그는 국가 재정을 충족하고 부유하게 하려면 반드시 백성들에 대한 조세 수탈(搜刮)을 경감해야 한다고 제창하였다.[457]

범중엄의 재정과 경제사상에서 가장 핵심 부분은 국가와 국민에게 모두 이롭게 하는 정책(國民兩利)이다. 그는 백성이 부유하는 것이 국가의 진정한 부유라고 생각하였다. 국가는 부유한 백성에게 충분한 세금을 부과할 수

---

454 拙稿 「北宋과 高麗間의 貿易과 文化交流關係」, 『인문학연구』2, 1996, pp.104-146.

455 『范文正公集』, 卷7, 「南京書院題名記」, "至于通 『易』之神明, 得 『詩』之風化, 洞 『春秋』褒貶之法, 達禮樂制作之情, 善言二帝三王之書, 博涉九流百家之說者, 蓋互有人焉. 若夫廊廟其器, 有懮天下之心, 進可爲卿大夫者, 天人器學, 能樂古人之道, 退可爲鄉先生者, 亦不無矣." pp.56-57.

456 『范文正公集』, 卷5, 「易義」, "夫益上則損下, 損下則上其本也, 是故謂之損, 損上則益下, 益下則故其本也, 是故謂之益.", p.42.

457 『范文正公集』, 卷5, 「易義」, "下者上之本, 本固則邦寧. 今務於取下, 乃傷其本矣, 危之道也. 損上則益下, 益下則固其本也. 是故謂之益. 本斯固矣. 干斯茂矣. 源斯深矣. 流斯長矣. 下之益上, 則利有竭焉. 上之益下, 則固其利而利之, 何竭之有焉?", p.42.

있음으로 국가의 재정도 역시 부유하게 될 수 있다고 하는 선부민후부국(先富民後富國)의 경세관을 가지고 있었다. 그리고 국가재정을 잘 관리하기 위해 이재(理財)관련 전문적인 인재가 등용되어서 불필요한 부과세, 과도한 세금 그리고 요역을 감축해서 백성들이 때에 맞춰 농업생산활동에 종사하여 더 많은 생산을 가져오도록 해야 한다고 하였다. 이상에서 보면 범중엄의 정치경제에 대한 현실인식과 경세관의 추진에도 바로 인치를 중시하며 인재를 중시하였다.[458]

4) 과거제도와 인사관리에 대한 경세관

범중엄이 관계(官界)에 출사했을 시기는 송은 건국 이래 누적되었던 각종 모순과 폐단이 노출되어 정치투쟁이 계속되면서 통일국가로서의 국세가 크게 손상되었다. 예를 들면, 송 진종시기 대형의 도관(道觀)건설 사업과 동봉서사(東封西祀)로 국가재정을 크게 낭비하여 국고가 텅비게 되었다. 또한 송초 이래 적빈적약(積貧積弱)의 현상과 관리에 대한 관리행정인 이치운용의 모순으로 정치적 위기가 고조되는 등 국력이 크게 쇠퇴하였으며, 북방유목을 비롯한 대외관계에서도 열세에 처하는 등 각종 문제점이 인종의 친정(親政)시기에는 이미 나타나기 시작하였다.

송대 정치와 경제사회의 모순이 격화되어 가는 인종시기에 관리에 진출한 범중엄은 정확한 현실인식과 파악을 통해 이를 극복하기 위해서는 인재양성과 효율적인 인재등용과 임용 그리고 명상벌을 기반으로 하는 정확한 마감제도를 실시하여 관리의 승진과 파출을 실시하는 이른바 이치법(吏治法) 운용에 대해 자신의 의견을 피력하고 실행하고자 하였다.

그는 흥학교(興學校)와 교육운동을 전개하여 흥학풍조의 조성과 사대부

---

458 王月平 :「范仲淹行政改革思想硏究」東北大學 行政管理專攻 碩士學位論文 2007. pp.19-24.

계층의 학풍을 개선하여 학문과 정치를 일치시켜 송대 학술사상의 형성과 발전에 커다란 작용을 하였다.

범중엄은 천성5년(天聖, 1027)「상집정서」에서 교육을 돈독하게 실시하고 선거(選擧)를 신중히 하자는 학교교육위주의 관리양성 방법을 제창하였다. 그는 국가의 걱정거리는 인재가 부족한 것보다 더 중요한 것은 없다. 인재가 부족한 중요한 원인은 가르침(教)이 격(格)에 부족하여 그릇(器)이 이루어지 않았다고 하였다.[459] 그러므로 그는 학교의 흥건을 통해 학교교육을 회복하여 현실정치에 인재의 부족함을 극복하자고 하였다. 특히, 그는 관각(館閣) 설립을 크게 중시하고, 관각에서 고급관리를 양성하도록 조정에 적극 건의하였다.

그리하여 범중엄은 경력3년(1043) 9월, 당시 정치경제를 비롯한 북송의 여러 가지 문제와 폐단에 대한 개혁을 제창하였다. 그 가운데 정공거(精貢擧), 흥학교, 억요행, 택장관 등 과거고시제도의 개혁과 학교건설을 통한 교육강화를 통해 덕과 재를 겸비한 우수한 인재를 양성하고 보증(保證)과 추천을 통해 인재를 선발하는 방법을 추진하자고 하였다. 그는 제로(路)의 주부(州府)와 군감(軍監)에 학교를 설립하도록 명령하였고, 만약 한 지역학교에 입학하여 수학하는 사람이 2백인을 초과하면 또 현학(縣學)을 설립하도록 허락하였다.[460]

또한, 제로(路)의 주부와 군감(軍監)학교의 입학조건을 규정하였다. 처음에 군학(郡學)에 입학한 사람은 반드시 성(省)에 도착하여 거인(擧人)은 본향인사 혹은 오래 동안 기거(寄居)하거나. 불효부제(不孝不悌)하지 않고 유람(逾濫)한 행위를 하지 않은 두 사람의 보증을 받아야 하였다. 즉 범죄를 저질러서 형벌을 받거나 이에 연루되지 않으면 입학할 수 있었다. 그리고『宋會

459 『范文正公集』 卷8, 「上執政書」, pp.62-72.

460 『宋會要』, 卷108, 選擧3之24. 「諸路州府軍監除舊有學校外, 其餘并各令立學---在學教授, 候及三年, 無私過, 本處具教授人數并本人履業事狀, 保明聞奏, 當議第第特授恩澤.」 p.4273.

要』, 選擧3之24, 25에 의하면, "해시에 참가하고자 하는 응시자는 학교에 입학하여 300일 이상 학습해야 하며, 이전에 해인(解人)된 사람은 100일 이상 학습해야 응시할 수 있었다. 집안에 늙은 부모가 있어 형제 등이 부양할 수 없으면 별도로 관원 한 사람에게 명하거나 성(省)에 도착한 거인 3명에 위임 보호하도록 하면 역시 응시하도록 허락하였다.[461] 마지막으로 거인들은 반드시 상호 보증을 서서 관련 있는 관원들이 엄한 조사를 하면 그 행실을 명확하게 보증해야 한다.[462]

시험방법과 내용은 먼저 책론(策論)으로 과락(科落)을 정하고, 간단히 시부(詩賦)로 시험치루고 제과는 대의(大義)를 묻는 방법을 취하자고 하였다. 진사고시는 책과론 시부 3장(場)으로 분류하고, 첩경과 묵의를 폐지하고, 선책론후시부를 실시하였다. 해시(解試)는 3장(場) 모두 시험으로 거류(去留)를 정하고, 성시는 시험때마다 거류를 정했다.[463]

범중엄은 관리선발 방법을 확대하여 실제 나라를 다스리는데 필요한 경세사상을 특별히 중시하였다. 그는 "천하가 위급하고 곤경한 것은 인재의 결핍이 이렇기 때문인데 장차 어떻게 구제할 것인가? 경제(經濟)의 학문(業)을 가르쳐서 경제의 인재를 선발하여 구제하고 해도 결코 늦지 않는다."라고 하며 실천에서 속수무책인 사람은 결코 등용해서는 안된다고 하였다.[464] 이러한 인식은 그의 관리선발 사상에 잘 나타난 것이다. 먼저 공거(貢擧)선발

---

461 『宋會要』, 卷108, 選擧3之24, 25, 「應取解, 逐處在學本貫人, 并以入學聽習至秋賦投狀日前及三百日以上, 舊得解人百日以上, 方許取應. 內有親老別無得力弟兄侍養, 致在學日數不足者, 除依例合保外, 別召命官一員或到省擧人三名委保指實, 亦許取應.」 p.4273.

462 『宋會要』 卷108, 選擧3之24, 25.진사와 제과 거인들은 매 3인이 일보(一保)로 삼았다. 보(保)의 업무는 7가지가 있었다. 1)隱憂匿服, 2, 曾犯刑責, 3.不孝不悌. 迹狀彰明. 4., 故犯條憲.兩經贖罰, 或未經贖罰, 爲害鄕里, 5.籍非本土. 假戶冒名. 6.祖, 父犯十惡四等以上罪, 7.身是工商雜流及曾爲僧道者, 并不得取應. p.4273.

463 『宋會要』, 卷108, 選擧3之25, 「(解試)進士并試三場, 先試策三道, 一問經史, 二問時務, 次試詩.賦各一道. 三場皆通考去留. 舊試帖經, 墨義, 今并罷. 詩賦論於九經. 諸子史內出題. 其策題卽通問歷代書史及時務,并不得於偏僻小處文字中. p.4274.

464 『范文正公集』 政府奏議, 卷上, 答手詔條陳十事 pp.176-182.

을 개혁하고 그 다음 제거(制擧)선발을 제창하고, 마지막으로 천거(薦擧)을 중시하자고 하였다.

먼저 송대 공거(貢擧)는 당대를 계승하여 오로지 사부(辭賦)로 진사를 취하고, 묵의(墨義)로 제과에서 선발하였다. 이 방법에 대해 범중엄은 대도(大道)를 버리고, 소도(小道)를 추구하는 것으로 조정에 사람들이 가득차 있어도 재주 있는 사람을 구하려고 하나 열중 한 두 명뿐일 정도로 적다고 하였다.[465] 그리하여 앞서 언급한 대로 범중엄은 진정으로 경전의 지의에 통하고 도에 밝은 실용적인 인재를 선발하기 위해서 과거시험에서 진사(進士)과는 선책론후시부(先策論後詩賦)방법을 제창하였다.[466]

이렇게 경의(經義)와 시정(時政)을 측정하는 선발방식은 실용적인 인재를 선발하는 방식으로 분명히 유용하다. 그 다음으로 제거는 묵의 이외에 경전의 의의에 통하도록 했다. 제거는 특수한 관리를 선발하는 것이 목적으로 사인들을 선발하는 것이다. 그러므로 그 시험은 대부분 책론(策論)에 치중되어 응시자들에게 숙련된 경사(經史)지식의 응용 능력을 요구하였고, 통치자들에게 귀감을 제공하도록 하였다. 이러한 선발방식은 그 자체로 실용인재를 선발하고자 한 뜻을 갖추고 있었다.

그러나 대중상부 원년(1008) 관료들이 제거가 시의에 합당하지 않다고 상소하여 폐지하였다. 그러나 범중엄은 제거회복을 적극적으로 주장하며 국가가 사람을 교육시켜 인재를 구하고, 학문을 가르쳐서 경전의 지의를 밝히고 왕패의 술(術)을 익숙하게 하여 열 가지를 물으면 열 가지를 답할 수 있게 하자고 하였다. 이렇게 십수년간 진행하면 뛰어난 인재가 조정에 가득차게 될 것이라고 하였다.[467]

---

465 前同註

466 『范文正公集』 政府奏議, 卷上, 答手詔條陳十事"考校進士, 以策論高, 詞賦次者爲優等, 策論平, 詞賦優者爲次等, 諸科經通者爲優等, 墨義通者次等. 以上進士, 諸科, 并以優等及次等者及選注官, 次等及第者守本科選限." pp.176-182.

또한 범중엄은 관리의 천거(薦擧)선발을 중시하여 관리 선발과 등용 의 권한이 고도로 집중된 상황에서 관리의 재능을 깊게 이해하기 어렵기 때문에 신하된 자로서 능력있는 자를 선발하여 충성을 다할 수 있도록 해야 한다고 하였다. 그러므로 천거는 필요한 것으로 신하가 국가를 위해 재주있는 자를 선발하여 충성을 다하는 의무를 갖도록 하자고 하였다.[468] 더욱 중요한 것은 천거는 재주와 능력있는 사람을 추천해야 한다. 그리하여 범중엄도 천거를 중시하고 자신도 부필, 손복, 장재 등 많은 명인들을 추천하였다.[469] 동시에 부실한 천거를 방지하기 위해 연좌제를 실시하여 피추천인이 선정을 베풀면 상을 주고, 가혹한 정치 등 악정을 베풀면 그와 함께 같은 죄로 다스렸다.[470]

범중엄은 북송이 점차 이치문제가 심각해지는 것에 주의하여 여러 차례 상주하여 인종에게 지인(知人)을 통해 잘 등용하자는 용인(用人)원칙, 즉 관리임용의 원칙을 제창하였다.

먼저, 범중엄은 사람의 재능은 서로 다르므로 그 재능과 능력을 잘 헤아려 등용하고 각기 가진 능력에 따라 맞는 관직에 임명해야 한다고 생각하였다. 왜냐하면 만약 가진 능력은 적은데 임무가 막중하면, 권력을 마음대로 행하여 법질서를 어지럽혀 정치적 과오를 증가하고 간웅들이 설치게 된다.[471] 반대로 능력은 큰데 임무가 가벼우면 능력이 압제 당하여 적극성을 좌절시킬 수 있다. 그러므로 모든 사람들의 재능유형이 서로 다르기 때문에 개개인의 장점에 따라 임용하고, 재능과 관직이 서로 부합하지 않은 사람은 크게 임용하지 말자고 강하게 주장하였다.[472]

---

467 『范文正公集』 卷9, 「上時相議制擧書」 pp.73-74.

468 『范文正公集』 卷19, 「乞召還王洙及就遷職任事札子」 pp.147-148.

469 苗書梅 『宋代官員選用和管理制度』, 開封, 河南大學出版社, 1996. p.269.

470 『范文正公集』 奏議卷上, 「奏乞擇臣僚令擧差知州通判」. pp.184-185.

471 『范文正公集』, 卷8, 「上執政書」 pp.62-72.

472 朱熹, 『宋名臣言行錄』, 卷7, 四庫全書, 臺北, 臺灣商務印書館, 1986. 구양수등이 석개(石介)를

둘째, 인재를 구하는 데 지엽적이고 대수롭지 않은 일에 구속받지 말자고 하였다. 범중엄은 진정한 인재는 얻기가 어렵다. 그러므로 실제로 쓸 만한 인재에 대해서는 과오를 저질은 적이 있었더라도 진실로 뛰어난 인재는 중용하자고 주장하였다. 손위문(孫威文), 등달도(滕達道), 장원(張元) 등은 모두 이와 같은 연유로 등용되었다.

범중엄이 섬서변경지역에 관리로 있을 때 용맹군(龍猛軍)이라는 군대를 조직하였는데, 그들 대부분이 죄를 저질은 적이 있는 사람들이었다. 그러나 이 부대는 후에 크게 유용하게 사용되어 누차에 걸쳐 전공을 세웠다. 또한 범중엄의 친한 친구 등자경(滕子京)이 변경지역 관직으로 재직할 때 과도하게 재정을 사용한 돈이 16만관에 달해 적청(狄靑), 종세형(種世衡), 갈종고(葛宗古) 등 다른 변경지역 장수들에 까지도 영향을 미쳤다. 그는 후에 옥고를 치르고 조사를 거치면 단지 3천관 만 초과 사용했다고 결론났으나 강직되고 후에 재차 등용되지 않았다. 이에 대해 범중엄은 작은 과오 때문에 변경의 막중하고 중요한 일을 그르치지 말자고 여러 차례 상소하여 등자경 이외에 기타 변경지역 장수들은 보호를 받았다.[473]

그는 당대사람 장설(張說, 667-730)의 말을 인용하여 "살인자들 가운데서 살아난 사람은 죽기 살기로 보은한다. 욕자(辱者)가운데서 영예롭게 된 사람은 반드시 절개를 다하여 부끄러움을 씻고자 한다.[474]고 해석하였다. 즉 크고 작은 잘못은 있지만 능력있는 사람을 등용하면 분투노력하며 쇄신하여 조정에 보답한다는 것이다.

또한, 범중엄은 태조시기에 변경지역의 안전을 도모하여 외족이 침범하

간관으로 추천하였는데, 범중엄은 석개가 강정(剛正)하다는 것은 천하가 다 아는 일이다. 그러나 특이한 것을 좋아하여 간관으로서는 부적합하여 군주를 질책하게 한다고 하며 반대하였다. pp.610-612.

473 『范文正公集』 附錄, 「言行拾遺錄一」 pp.272-276.

474 『范文正公集』 附錄, 「言行拾遺錄一」 pp.272-276.

지 못한 중요한 원인은 변경지역 장수들에 대해 은혜를 두텁게 베풀어 살피고(優恤), 작록(爵祿)도 후하게 주고, 공용전(公用錢)을 많이 주었기 때문이다고 지적하였다.[475] 그는 변경지역 장수들뿐만 아니라 기타 관리들에 대해서도 먼저 은혜를 베풀어 주어야 비로소 책망도 효과가 있고 바로잡는 데에 효과가 있다고 하였다.

범중엄은 상소한 「答手詔條陳十事」에서 "현자를 양성하는 방법은 반드시 먼저 후한 녹봉을 주는 것이다. 후한 녹을 준 후에 청렴한 정치와 편안하게 직책을 수행하여 책임있는 정치와 공을 책망하고 독촉할 수 있다고 하였다. 함평(咸平) 이후에 물가가 오르고 봉록이 계속되지 못하자 사인(士人)가정이 곤궁해지는 현상이 뚜렷하게 출현하였다. 범중엄은 이러한 상황이 계속되면 법을 어기고 뇌물을 받으며, 백성과 이익을 다투는 것은 이상한 현상이 아니라고 생각하였다. 그리하여 그는 미지급된 것은 지급하고 균등하지 못한 것은 균등하게 하여 의식을 충족시켜 혼가(婚嫁)상장(喪葬)의 예가 폐지되지 않도록 하자고 하였다.[476]

한편, 관리에 대한 감독과 평가는 관원의 이치에서 중요한 부분이다. 이것과 이치운용은 긴밀한 관계를 가지고 있다. 범중엄이 생활하던 시대는 이치가 부패하고 감독과 평가 에 대한 집행할 힘이 없었고, 형식적이어서 그 본래 의미가 작용되지 못했다. 범중엄은 이치정돈의 목적에서 출발하여 관리에 대한 감독과 평가를 중시하자고 주장하였으며, 아울러 두 가지가 건전하고 완전하게 실시되는데 공헌하였다.

감찰관에 대해 엄격한 요구와 관리를 제창하였다. 감찰관은 감찰행위의 주체이며 집행자로서 그 소양의 질은 엄격한 법집행 여부와 감찰의 효과가 정상적으로 발휘되었는가와 직접적인 관계를 갖는다. 그는 간관(諫官)은 풍

475 『范文正公集』 卷5, 「答竊議」 pp.48-49.

476 『范文正公集』, 奏議, 卷上, 「答手詔條陳十事」 pp.176-182.

부한 학식과 예민한 통찰력을 갖춰야 할 뿐만 아니라 강권(强勸)을 두려워하지 않고 관건의 시기에는 생사를 도외시하는 정신을 가져야 한다. 그리하여 조정에서 간관을 선발할 때 반드시 신중해야 하며 부족하더라도 넘치지 않아야 한다고 주장하였다.

또한 각급 관리들에 대한 전면적인 감찰관리를 강화하는 동시에 방식상에서 다양한 감찰을 주장하였다. 그 중요한 것으로 대간감찰(臺諫監察)이었다. 대간은 전문 감찰기관으로 재상이하 백관에 이르기 까지 임의적으로 일을 행사했는지 일이 잘못행해지지 않았는지 모두 간정(諫正)하는 책임이 있었다. 오늘날의 국가가 오히려 크게 중시하지 않아서 극언직간하여 황제의 용안을 찡그리게 한 자가 위태롭다. 함구한 자는 안정되어 약석(藥石)이라 하는 것은 허언(虛言)이고, 세밀한 일을 펼쳐서 직책에 임명하게 된다.[477] 이에 대해 범중엄은 간관어사부터 이 항목의 감찰을 중시하여 순찰관을 파견하여 감찰하자고 하였다. 조정에서 양제(兩制)이상에 대해서 비밀리에 현명한 사람을 선발하여 "제도(諸道) 지주, 통판(通判), 모자(耄者), 나자(懦者), 탐자, 학자(虐者), 경박하고 무법자, 타락하고 무정(無政)한 자 등에 대해 감찰하여 강등을 상주할 수 있도록 하자."[478]고 하였다.

송대는 언로가 크게 개방하여 구중대궐에 쌓여 있는 황제가 관리들의 선악과 능력 소유여부를 잘 알지 못한다고 생각하고 관원들이 상소하는 것을 격려하였다. 그 중에는 자연히 관리들의 불법행위를 폭로하는 것이 많았다. 그리하여 이로부터 상호 감찰작용이 이루어졌다. 마지막으로 관리에 대해 종합적인 평가와 고찰이 이루어져야 한다. 송대 고과(考課)제도의 발전은 진종시기에 이르러 문관은 3년에 한번 천(遷)하고, 무직(武職)은 5년에 한번 옮기는데 이를 마감(磨勘)이라 했다. 내외직에 한정하지 않고 일의 경중을

---

477 『范文正公集』, 卷7, 「奏上時務書」: "以进药石爲虛言, 以陈丝髮为供職。"p.59.

478 『范文正公集』, 卷7, 「奏上時務書」 陳絲發爲供職 p.59.

묻지 않고 시행하여 현자와 불초한 자가 함께 나아갔다.[479] 이러한 고핵(考覈)제도는 평가가 격려하는 작용을 하지 않았을 뿐만 아니라 관리를 관리하는 부담을 가져주는 영향을 가져왔다.

이에 대해 범중엄은 먼저 관리들의 자질과 근무 기간을 개혁하자고 주장하였다. 당시 송대 마감기간은 단지 관리계급의 승진 연한만을 지적할 뿐으로 주로 문무관료들의 관리 품계(官階)의 고저에 따라 결정되었다. 그리하여 중요한 것은 근무연한이 마감기준에 일치하면 되는 것이었다.

차견(差遣)연한은 관원이 실제 직무를 담당한 임기를 말하는 것으로 평가의 주조건이었다. 마감과정 중에 왕왕 마감년한 만을 중시하고 차견의 연한을 중시하지 않는 경우도 있어서 관직에 임명되자마자 평가를 받는 경우도 있었다. 이러한 사실에 대해 범중엄은 아무런 근정(勤政)도 없이 법규에 의해 천개(遷改)되면, 사람들이 모두 낡은 인습에 젖어 분투노력하지 않는다고 지적하였다.[480] 이 같은 문제점을 개혁하기 위해 실제 차견한 연한을 고핵(考覈)의 중요한 조건으로 삼자고 주장하였다. 또한 그는 경조관(京朝官)가운데 대(臺), 성(省), 관각 등에 재직하는 사람은 반드시 임기 3주년을 마치도록 하자고 건의하였다. 원해서 수도에서 차견한 사람은 반드시 5년이 경과되어야 마감을 할 수 있도록 하였다.

그리고 관리들의 실제 업무 실적을 중시하자고 하였다. 송대는 매번 관원이 외지에 임명될 때 정부에서 인지(印紙)와 경력(歷子)을 모두 발부하여 임기내 실적의 결과와 업적에 대한 평가의 증빙서로 삼았다. 그러나 마감제도가 크게 발전함에 따라 업적고과의 효과와 명분에 빠져 실질업적을 추구하는 의의가 크게 하강하였다. 또한 상소에 대한 대답(批書)의 내용도 부실해지게 되었다.

---

479 『范文正公集』 政府奏議, 卷上, 「答手詔條陳十事」 pp.176-182.

480 「同前註」

이런 문제점에 대해 범중엄은 마감과정에서 업적에 대한 평가를 크게 중시하고 외임(外任)한 관리가 선정(善政)으로 소문이 자자하고 풍속을 교화하거나 거듭되는 송사(訟事)도 무리없이 원망을 가라앉히거나 5차의 추천마감에도 아무런 송사의 번복이 없고, 농상을 권장하고 과세하여 큰 이익을 얻거나 경성의 창고를 실하게 하는데 최선을 다해 큰 폐단을 개혁하고 수요를 절약하여 거만(巨萬)에 이르는 자 등 규범에 부합하는 사람은 새로운 관직을 별도로 제수하여 마감에서 소홀히 하지 말자고 주장하며 구체적인 표준을 제창하였다.[481]

한편, 송대 문무관료들은 마감을 통해 직급을 승진하는 것 이외에 추천(薦擧)에 의해 이루어졌다. 인종 경력이전에는 단지 사람을 선발하는 것(選人, 幕職州縣官)에 국한되어서 경조관(京朝官)의 마감은 추천자를 필요로 하지 않았다.[482] 그리하여 무능하고 품행이 좋지 않은 어리석은 자들에게도 경조관에 승진될 수 있는 문이 크게 열려있었다.

이런 문제에 대해서 범중엄은 경조관의 마감 방법에 대해 그 추천자 관직과 사람 수(人數) 및 마감연한에 대해 모두 상세한 조건을 요구하였다. 예를 들면, "조관(朝官)에서 원외랑(員外郎)으로 전환하려면, 반드시 자력으로 조관(朝官)으로 승진한 후에 이루어졌다. 안무전운사, 제점형옥, 청망관(淸望官) 5인이 같은 죄로 보거(保擧)하여 3년 내에 사사로이 죄가 없으면 마감을 하고. 만약 거주가 부족하면 2년을 증가하였다.[483]

한편 범중엄은 인사행정과 이치운용의 과정에서 황제의 중요한 작용은 상벌을 신중하고 분명하게 하는 것이다. 상벌은 이치의 중요한 방법의 하나

---

481 『范文正公集』, 「答手詔條陳十事」, "外任善政著聞有補風化, 或累訟之獄能辨寃沉, 或五次推勘無翻訟, 或勸課農桑大獲美利, 或京城庫務能革大弊, 惜員鉅萬." pp.176-182.

482 『范文正公集』, 「答手詔條陳十事」 "3년에 한번 승진되므로(遷) 앉아서 경감(卿監)과 승랑(丞郎)에 이르는 자들이 줄을 이었다." pp.176-182.

483 李燾 『續資治通鑑長編』, 卷143, 慶曆3년, 9月丁卯. p.1439.

로 국가의 정책과 법규의 집행여부와 결과 그리고 성과에 따른 실질적인 결과라고 하며, 상벌을 중히 여기고 신중히 집행하자고 하였다.[484]

그는 신중하고 분명한 명상벌 제도의 기초위에서 공이 있는 사람은 밉더라도 반드시 상을 주고, 죄가 있는 사람은 비록 사랑스럽더라도 반드시 벌을 주어야 한다는 중상벌(重賞罰)을 제창하였다.[485] 이에 비해 국가유공자에 대해서는 특별 은혜와 승진 그리고 마감의 제한을 받지 않고 특별승진하자고 주장하였다.[486] 이와는 상반되게 범중엄은 재주 없고 불법적인 관리에 대해 엄격하게 처벌하고 결코 가볍게 처리해서는 않다고 주장하였다. 그가 참지정사에 있을 때 양반의 장부(班薄) 중에서 매번 이러한 관리를 보면 즉시 붓으로 표시해두었다.[487]

또한 범중엄은 황제가 이치를 정돈하는 작용에 주의하여 일련의 건의를 제출하여 더 좋은 이치운영의 전개를 추진하고자 하였다.

먼저 범중엄은 관료조직에서 행정명령을 중히 여겨 시행해야 한다. 그러나 오늘날에는 오늘날에 이르러 국가에서 매번 선칙(宣勅)을 내릴 때 번거로워하며 믿지 않고 경시여기고 보고하지 않고 있다. 특히 관리들이 그 명령을 잘 알지 못하는데 지키게 하여 정책의 집행에 불리하여 임금의 뜻을 가볍게 생각하게 된다. 그러므로 범중엄은 선왕은 그 법령을 중시하여 시키면 감히 동요하지 않았다고 인식하고 황제에게 명령을 내리기 전에 반드시 중서추밀

---

484 『范文正公集』, 卷8, 「上執政書」. "賞罰者, 天下之衡監也, 衡監一私, 則天下之輕重, 姸丑從而亂焉." p.63.

485 『范文正公集』, 卷7,「奏上時務書」 pp.58-59.

486 『范文正公集』, 卷5, 「答竊議」. 예를 들면, 서하의 이원호(李元昊)가 칭제하자 송 조정에서 사람을 파견하여 복색을 하사하며 특별한 우애와 은총을 나타내려고 하였다. 만조 백관들 중 한사람도 감히 가려고 하지 않았으나 장자석(張子奭)과 왕륜(王倫) 두 사람이 생사를 예측할 수 없는 지역에 가고자 하여 사명을 받고 가서 공을 세우자 정례적인 마감 절차에 의해 승진시키지 않고 두 단계 승진시켰다. pp.48-49.

487 朱熹, 『宋名臣言行錄』 卷7, 부필은 이르기를 '一筆焉知一家哭矣?'라 하며 파기할 것을 요구하였다. 그러나 그는 '一家哭何如一路哭耶, 遂悉罷之.'라 하였다.

원 등에 위임해서 살펴보도록 하고 어느 정도 경과하면 시행하도록 하자고 하였다.[488]

그리고 관료계층의 사치를 억제해야 한다고 하였다. 소위 위에서 좋아하는 것은 아래에서 숭상하며 따르게 된다. 그러므로 황제를 비롯해 관료계층들이 과욕 절용하여 백성들의 방양(榜樣)이 되어야 한다고 하였다. 또한 관료사회에 아첨하는 신하를 구별하여 간사함을 단절하자고 하였다. 범중엄은 "자고로 제왕이 아첨하는 신하와 함께 천하를 다스리면 천하는 반드시 난이 일어난다. 충신과 함께 다스리면 천하가 반드시 안정된다. 간사함의 나쁜 점은 이적(夷狄)의 걱정 보다 심하다."[489]고 하였다.

한편, 범중엄은 "신하들이 간언하는 것을 즐거워하지 않는 것은 군도(君道)의 유무와 관련 있고, 군이 간언을 따르지 않으면 신하의 마음은 표현할 수 없다. 그러므로 황제는 고대 현명한 것을 모델로 삼고 충간(忠諫)을 거역치 마십시오. 그러기 위해서 황제는 충간에 소통이 물 흐르듯이 개방하여 온공(溫恭)하게 순종하면 상하가 궐정(闕政)에 기울지 않음이 없고 대소관료가 모두 좋은 계책을 다할 것이다."[490]라고 하였다.

범중엄은 이상에서 서술한 바와 같은 인재관의 인식을 바탕으로 기존의 과거제도에 대해 개혁을 실행하여 새롭게 정형화를 시도하였다.[491]

범중엄은 기존의 단지 사람의 품행과 문학능력 그리고 경전에 대한 암기능력만 고찰하는 방법으로는 진정한 인재를 선발하지 못한다고 생각하였다. 그리하여 국가의 정치, 경제, 문화, 군사 등에 대한 적응과 개혁 능력이 바탕인 실용적 학문인 경세치용 사상을 제창하였다. 이런 실용적 정치학문을 가진 인재의 양성하고 선발하기 위해 몇 가지 면에서 개편이 있어야 한다고

---

488 『范文正公集』 卷8, 「上執政書」. '先王重其命令, 使其無敢動搖' '煩而無信, 輕而弗稟'. p.63.

489 『范文正公集』, 卷7, 「奏上時務書」 pp.58-60.

490 『范文正公集』, 卷7, 「奏上時務書」 pp.58-60.

491 劉晓筝「范仲淹的教育思想與教育實践」, 河南大學 教育史專攻 碩士學位論文, 2007. pp.50-52.

주장하였다.[492]

먼저, 그는 학교건립과 학교교육을 통한 인재양성을 주장하였다. 과거시험에 참가하고자 하는 거자(擧子)들은 반드시 태학에서 300일 이상 학습해야 시험에 참가할 수 있었다. 그리고 학교교육 내용도 현실생활에 실용적인 학문을 교학하였다.

둘째, 과거고시제도에 대한 개편이다. 진사과 고시내용이 본래 시부(詩賦) 문학 위주의 내용으로부터 실용성이 강한 책문(策問)위주로 개혁하고자 하였다. 이외에도 범중엄은 다른 전문 분야의 인재의 양성도 중시하였다. 예를 들면 산학(算學), 무학(醫學), 무학(武學), 수리공정 등 전문적 기술학문도 등 과목도 태학에 설치하여 학생을 양성시키자고 하였다.[493]

이상에서 보면, 범중엄은 학교교육을 통해 인재를 양성하는 인재의 중요성을 강조한다. 예를 들어 정치 개혁, 재정 관리, 군사, 교육 등 개혁을 진행하는데도 예외 없이 인재를 선발하여 진행하자고 주장한다. 범중엄은 교육을 통해 인재를 선발하여 당시 관리에 대한 이치법을 개혁하여 정치혁신을 이루고자 하였다.

범중엄은 중앙에서는 태학을 개혁하고 지방의 주, 현에는 학교를 개설하여 전국을 하나의 교육 체제로 건설하기 위해 노력하였다.

범중엄은 일생동안 교육에 적극적이어서 지방행정장관에 임명되었을 때 뿐만 아니라 변방지역 군사를 지휘하거나 혹은 중앙정치에 참정하여 정부의 중추기관(樞機)을 장악하였을 때나 모두 학교흥기를 중시하고 서원을 건립하여 인재를 배양하였다. 그의 적극적인 제창과 실천은 경력신정시기 흥학운동에 직접적인 영향을 주었으며, 송대이후 중국 지방교육의 규모와 체계를 확립하였다.

---

492 张勇「論范仲淹的教育思想--兼論其對慶曆興學的影响」,『運城學院學報』, 2005(2) pp.87-89.

493 范國强「范仲淹文化教育改革的基本思想與方略」,『貴州社會科學』, 2010(5), pp.94-98.

구양수는 『文集』, 「吉州學記」의 경력(慶曆) 흥학조(詔)에 이르기를, "벼슬아치와 백성이(吏民) 감열(感悅)하며 분주하고, 집사(執事)들이 뒤를 따르는 것을 부끄러워한다. 각 지방에서 분분히 조서를 받들어 학교를 건립하였다. 이에 주군에 학교가 설치되지 않은 곳이 드물었다."[494]고 하였다.

송대 지방에도 학교가 우후죽순처럼 건립되었다. 강서(江西)지방 한 곳만 하더라도 경력년간에 건립한 학교가 길안부학(吉安府學), 무주(撫州)부학, 건주(虔州)부학, 려릉(廬陵)부학, 숭인(崇仁)현학(縣學), 남풍(南豐)현학, 귀계(貴溪)현학, 덕화(德化)현학, 서창(瑞昌)현학, 대유(大庾)현학, 상유(上猶)현학, 안원(安遠)현학 등이 있었으며, 그 밖에 적지 않은 서원(書院)이 있었다.[495] 통계에 의하면, 송대 강서(江西)지역 각 주현에 거의 모두 학교가 건립되었으며, 주현의 학교가 모두 81개소로 그 중 56개소는 경력개혁 이후에 건립 발전된 곳이다.[496]

섬서지역 서북변경지역은 서하와 군사력이 대치하는 곳이었다. 그러나 봉상(鳳翔)부학(府學), 한중(漢中)부학, 동주(同州)주학(州學), 영강(寧羌)주학, 포성(褒城)주학, 낙양현학(縣學) 등 적지 않은 학교가 건립되었다.[497]

이상과 같은 학교 건립현상에 대해 구양수는 흥분하여 말하기를: 「송이 흥기한지 84여년 천하의 학(學)이 시작되어 크게 이루었으니 이 어찌 아름다운(盛美) 일이 아니리요.」라 하였다.[498] 이 밖에 윤수(尹洙)의 「岳州州學記」, 범중엄의 「建州學記」와 「饒州新建學記」, 왕안석의 「虔州學記」에도 모두 각 지역에 흥학교(興學校) 현상이 성황(盛況)이었던 것을 기록하고 있다.

범중엄의 교육에 대한 중시와 교육체제의 조직은 우리에게 많은 시사를

494 歐陽修, 『歐陽文忠公文集』, 「吉州學記」, 四部叢刊本 p.298.

495 雍正, 『江西通志』, 卷15. 學校. pp.17-55.

496 鄧廣銘, 程應繆, 『宋史研究論文集』, 上海古籍出版社, 1982. p.664.

497 雍正, 『陝西通志』, 卷27.學校. p.24, p.44, p.35.

498 歐陽修, 『歐陽文忠公文集』, 卷39, 「吉州學記」 p.298.

준다.

경력신정은 전체적으로 이치정돈을 중심으로 한 정치개혁이라 할 수 있다. 이를 실현하기 위해 과거취사와 학교교육을 결합하고자 하여 경제의 업을 가르치고, 경제에 재주가 있는 인재를 취하고자 하였다. 과거에서 책론을 중시하여 선책론후시부를 실행하여 경세치용의 학을 수학한 인재를 선발하였다.

경력신정시기 범중엄의 과거개혁은 북송시기에 커다란 업적을 남겼다. 또한 그 영향은 신종시기 왕안석의 희령변법의 과거개혁에도 크게 미쳐 경력개혁의 연속이라 할 정도로 여러 방면에 크게 영향을 주었으며, 좀 더 철저하고 급진적이었다. 이 두시기 개혁간에 존재하였던 연계성은 후대에 계승되어 송대 과거개혁을 학교선사(選士)와 과거취사를 병용하는 새로운 단계로 진입하게 하였다. 경력과거개혁은 역사적으로 한차례 진보적인 의의를 가진 개혁이며, 당시 생산력의 발전과 사대부계층의 발전을 추진하는 발전의 원동력이 되었으며, 인류문명사에서 찬란한 문화형성과 발전의 계기가 되었다.

범중엄이 추진한 경력개혁은 관료집단을 직접 겨냥하여 관료제도의 결함과 선거수관제(選擧授官制)의 문제점 그리고 고핵(考覈)제도의 무질서까지 언급하였다. 사관들은 이 문제에 대해 언급하면서 북송정치제도의 개혁과 완성을 연계시켜 말하였다. 범중엄의 최종 목표는 법제를 수립하여 기강이 다시 진작시키는 것이었다.

다시 말하면, 당시 북송 정치상황은 관리의 소통이 막히고, 백성이 곤궁하며 이적세력이 날로 성행하고 도적들이 횡행하였다. 이런 상황이 계속되면서 관리기강은 날로 무너져서 관료집단의 소양과 실질능력이 전체적으로 하락되어 국내외적으로 어려운 국면에 빠지게 되었다. 이 점에 대해 인종과 범중엄이 모두 공동으로 인식하고 지적하였다. 그리하여 관료들이 눈앞의 안정에 만족하고 직무에 대한 실제 처리능력이 부족함을 우려하고 개혁을 적극적으로 추진하고자 하였다.

경력3년초기 인종은 수구파관원 여이간과 하송(夏竦, 985-1051), 왕거정(王擧正, 미상) 등이 파면되고, 범중엄과 부필, 한기(韓琦), 구양수 등이 관계에 진출하여 적극적으로 개혁방법을 모색하였다. 당시 범중엄이 관료조직에 대한 정리와 개혁을 추진하였던 중요한 내용은 다음과 같다.

첫째, 재능의 우열을 선별하여 진현(進賢)과 출용(黜庸)을 실시하였다. 당시 송대 정치의 특징이며 가장 큰 문제점은 과거합격자의 확대와 은음제도의 범람으로 관리 수의 증가로 인해 정치조직을 확대하는 것이었다. 포증(包拯)은 인종 황우년간(皇祐, 1049-1054)에 상주한 문장에서 경덕(景德), 대중상부(大中祥符)년간 문무관료의 총수는 약 97,815여명이었는데, 오늘날 내외관료 총수는 173,000여 명이다고 기록하였다. 이 수에는 차견을 제수받지 못한 경관(京官)사신과 과거고시 등 새롭게 선발한 사람(守選人) 1만명을 포함한 수로 전대와 비교해서 겨우 40여년 밖에 지나지 않았는데, 거의 1배를 넘었다.[499]

이런 상황에 대해 범중엄은 "오늘날 기강이 쇠퇴하고 무너져서(凋殘) 공사(公私)가 곤핍해져서 급한 것은 모두 관리의 용람(冗濫)자가 많기 때문이다."라고 하였다. 이로보아 북송시기 용관(冗官)의 문제는 경력초기에 이미 심각한 정치사회문제가 되었다는 것을 알 수 있다.[500]

송대 관리에 진출하는 방법은 대체로 공거(貢擧), 은음(恩蔭), 섭서(攝署), 유외(流外), 종군(從軍) 등 5가지 종류였다. 이외에 송대 과거제도에 특주명(特奏名)제가 있었는데, 이것은 은과(恩科) 또는 은방(恩榜)이라고 칭하기도 하였다. 이 제도는 사인들이 진시과 6번(擧), 제과(諸科) 9번(擧)이상 불합격자에게 특주명 신분을 획득하도록 하였다. 이것은 황제가 특별히 일종의

499 張田,『包拯集』,「論冗官財用等」, 卷1 "食祿者日增, 力田者日耗, 則國計民力安得不窘乏". p.140.
500 劉篤才, 楊一凡,「論北宋的冗官問題」,『學習與思考』, 1983年第5期. pp.76-80.

은례(恩例)를 하사하는 것으로 태조 개보(開寶) 3년에 시작되어 인종 경우(景祐)원년(1034)에 제도화 하였다. 특주명 출신들은 대체로 나이가 들었고 재주도 뛰어나지 못해 직무의 효율성도 떨어져서 송대 용관을 이루는 폐단의 하나가 되어 많은 지적과 함께 반대의 여론이 컸다.[501]

또한 은음제도의 확대도 용관형성의 중요한 원인이 되었다. 송대는 은음의 대상을 종실(宗室), 외척 중고급 문무관원과 전왕조 황실 혹은 명신들의 후예로 까지 확대하였다.[502] 은음자는 기본적으로 부조(父祖)의 영광에 의지하여 과거출신자와 능력이나 자질면에서 크게 차이가 있어 관원들의 자질을 하락시켜 행정실무에서 많은 폐단과 저하를 가져왔다.

용관의 문제를 해결하기 위해서 관리진출 방법을 정밀하게 하는 것이 무엇보다도 중요하였다. 범중엄이 개혁신정에서 추진한 억요행, 정공거, 택장관 등 3가지 정책이 이문제 해결을 위한 핵심개혁내용이었다. 억요행은 요행으로 관리가 되는 것과 승관하는 첩경이 되는 것을 제한하였다. 즉 은음의 대상에 대해 엄격하게 제한하였으며,[503] 또한 훈척자제들이 입사하는 첩경의 방법이었던 은음제에 대해서 은음혜택을 받는 범위를 축소하고, 은음되는 나이도 자손(子孫)은 반드시 15세 이상이 되어야 하며, 제질(弟侄)은 반드시 20세를 초과해애 한다고 규정을 설립하여 제한을 가하였다. 한편, 양부(兩府)와 양성(兩省) 등 고급관원의 은음은 취소할 수는 없으나 음자(蔭子)에 대한 제한은 두었다.[504]

---

501 劉立夫,「論北宋的冗官問題」,『華中理工大學學報』, 社會科學版. 1997, 4. pp.44-48.

502 白文固,「北宋文武官員恩蔭制度探究」,『史學月刊』, 2002, 3. pp.24-29.

503 李燾『續資治通鑑長編』, 卷145, 慶曆3년10月癸未. "自京見任前任兩府及大兩省以上官不得陳乞子弟親戚館職并讀書之類, 進士三人以上一任內無過犯者, 許進著述召試, 取優等者, 遇館職缺取曾有兩府二人, 兩省三人同罪擧充者, 仍取著述看詳試補." p.1464.

504 은음을 받는 제질(弟侄)자들은 균등하게 전형(試銜)을 치루었으며, 고찰(考察)을 받았다. 합격이후에 비로소 관직을 제수받았다. 이것은 범중엄이 이치법 개혁에 대한 첫 번째 시도로서 무능하며 열등적인 은음출의 용관들부터 개혁을 시작하여 핵심 관료계층에 까지 전개하였다.

한편, 공거(貢擧)제도를 더욱 엄밀하게 실시하고자 하였다. 송대 과거제도가 시부묵의(詩賦墨義)위주 취사를 실행해서 진사과는 성운(聲韻)에 힘써서 대부분 고금(古今)의 정치실무에 밝지 못했다. 명경과는 암기에 능하고 박통하나 그 의리(義理)는 배워도 무용하였다. 과거에서 전적으로 사부(辭賦)로 진사를 취사하고 묵의로 제과를 취하여 지식인계층이 모두 대도(大道)를 버리고 소도(小道)를 추구하여 조정에 관리가 가득 차 있으나 실제 재주 있는 사람을 구하기가 열에 한두 명에 지나지 않았다.[505]

범중엄이 이런 형식의 취사제도 개혁을 위해 진사과에서 선책론후시부를 제과는 묵의이외에 경전지의(旨義)에 통하는지 여부와 동시에 고권(考卷)에 사용하던 미봉과 등록법을 폐지하였으며, 시험생의 품덕수양과 치국행정의 실무능력을 고찰하도록 하였다.

이외에 송대 고도로 중앙집권화 되어있는 상황에서 범중엄은 관리를 추천하고 선발하는 방법에 대해 추천자가 피임자(被任者)를 전면적으로 이해하기 어려워서 관원들은 인재를 추천하는 의무를 가지게 된다고 생각하고 자신도 부필과 장재와 같은 명인들을 추천하였다.

마지막으로 관원의 임명에 있어서 지방관의 임명에 크게 주의하였다. 지방관원은 일반백성과 직접 관계가 있는 관원으로 어떤 사람이 임명되느냐에 해당지역의 정치가 크게 좌우되었기 때문이다. 송대 지주(知州), 지현(知縣) 등 양급(兩給) 지방장관의 직권범위는 군정, 민정, 재정, 형법 등 제반 업무에 두루 미쳤다. 또한 각자 관할 구역내에서 부세징세장관으로서 역할을 담당하게 되어 일반백성들의 생활은 그들의 행정능력과 직무태도에 달려있었다. 그러나 실제는 능력있는 인재가 선발되지 않고 비재(非才), 탐탁(貪濁), 노유(老儒)자들이 대부분 임명(例除)되었다. 그리하여 현(縣), 주(州), 로(路)에 이르기까지 천하가 모두 그러하였다. 그 중에 양리(良吏)는 백 명 중 한 두

505 『范文正集』, 奏議, 卷上, 「答手詔條陳十事」. pp.176-182.

사람에 지나지 않았다."[506]

그 결과 북송은 용관이 범람하면서 관료들의 부패현상이 심화되고 도적이 횡행하며 민변이 부단히 발생하게 하였다. 이를 위해 범중엄은 여러 도(道)의 장관(知州)과 통판(通判) 가운데 "늙거나 나약한 사람(耄者懦者), 탐자학자(貪者虐者), 경(輕)하고 무법(無法)한 자, 타락하고 무정(無政)한 사람은 모두 출강(黜降)을 주청할 수 있도록 하자고 건의하였다.[507]

특히 지방의 현령(縣令)과 군수(郡守)의 인선에는 더욱 신중한 선별(選別)을 진행하고 추천자(擧主者)를 신중하게 선발해야 한다. 즉 중서(中書)와 추밀원 신료(臣僚)들에게 위임하여 각각 조신(朝臣)들 중에서 거주(擧主) 3인을 추천하여 충당하였다. 그 후 그들에게 통판내에서 자질이 있는 한명을 선발하여 지주(知州)에 충당하고, 지현 내에서 자질이 좋은 사람 한명을 추천하여 통판에 충원하고 부위(簿尉)중에서 3번 이상 고시에 응시한 출신(出身)을 추천하고 4(考) 이상자로 출신이 아닌 사람을 한명 추천하여 지현(知縣) 직관(職官)에 충당하거나 영록중(令祿中) 직관에 충당하며, 5고(考)이상인 사람을 추천하여 경관(京官) 지현에 충당하였다.[508] 이렇게 주현의 관리를 신중하게 선발하여 임용하면 당연히 백성들의 생활이 좋아지며 도적들은 자연히 사라진다.

한편, 정부행정의 효율성을 제고하기 위해서는 관료조직에 대한 감찰과 인사고과를 강화하는 것은 필연적인 수단이다. 송대 문무관원들은 입사한 이후 진퇴와 승강(昇降) 영욕과 부침(浮沈)은 주로 심관원(審官院)에 의해 결정되었다. 태종 순화3년(992) 경조관을 마감하는 기관과 막직주현관(幕職州縣官)원을 설치하여 인사고과(考績)를 담당하게 하고 각기 조례를 두었다.

진종 함평4년(1011) 4월 교은천관(郊恩遷官)을 폐지하고, 마감경조관법

506 『續資治通鑑長編』, 卷144, 慶曆3年 10月丙午. p.1458.

507 『范文正集』, 奏議, 卷上「奏乞擇臣僚令擧知州通判」pp.184-185.

508 『范文正集』, 奏議, 卷上「奏乞擇臣僚令擧知州通判」pp.184-185.

(磨勘京朝官法)을 실행하였다. 송대의 특색 있는 관원의 고적법인 마감제도(磨勘制度)를 확립하였다. 이것은 근무년한(年資)을 관원 승급의 중요한 요소로 삼는 소위 고적법이라 하였으며, 얼마 세월동안 일했느냐를 근간으로 삼아 친소(親疎)관계를 가지고 하는 것과 별로 다르지 않았다.[509] 즉 조정관리들에 대해 정치업적을 따지 않고 재능도 따지지 않고 3년과 5재(載)가 되면 규정에 따라 큰 결함이 없으면 승급하였다. 그 결과 현자와 우자가 혼재하고 탐욕스러운 자와 청렴한 자가 혼재하여 선악을 구별할 수 없게 되었다.[510]

이러한 이치현상에 대해 범중엄과 그의 추진자들은 관료의 감찰과 고적(考績)을 강화하는 관료조직의 정돈을 착수하였다. 먼저 간관(諫官)들의 자질을 제고할 것을 요구하였다. 범중엄이 보기에는 간관은 학식이 깊고 박식하며 통찰력이 예민하였다. 또한 감찰직책의 도덕을 굳게 지키고 권세에 두려워하지 않고 과감하게 추진할 것을 요구하였다. 한편, 조정이 간관에 대해 은혜를 베풀 것을 요구하고 간관과 탐욕하고 부패한 자들과 투쟁하는 것을 격려했으며 불법적인 신료들과 연결하는 것을 방지하고자 하였다.

다른 한편, 관원에 대한 업적평가와 고찰(考績)을 관원에 대한 감찰을 강화하는 중요한 수단으로 삼았다. 먼저 연한이 되면 직무 실적의 공과(功過)에 관계없이 승진하는 마감제도에 대해 개혁을 가하여 범중엄은 어사대(御史臺), 삼성(省), 관각(館閣) 등에 근무하는 경조관(京朝官)들은 반드시 만 3년이 되어야 하며, 재경(在京)에 차견(差遣)을 원하는 사람은 반드시 5주년 동안 임지에서 근무하고 마감을 받아야 하였다. 이렇게 경관(京官)에 대한 마감연한을 연장하여 수도의 용관의 수량을 줄이고자 하였다.

마감의 내용에 있어서 범중엄은 외임(外任)시에 선정을 베푼 것이 널리

---

509 蘇轍『欒城集』, 卷27. pp.362-365.

510 『續資治通鑑長編』, 卷140, 慶曆3年4月壬戌. p.1415.

알려지고 풍속을 교화하고 누적되는 송사(訟)의 죄의 유무(獄)에 대해 원통함과 잘못된 점(寃沉) 능히 판단하거나, 5차례 추감(推勘)에도 사람이 아무런 송(訟)사의 번복이 없고, 농상(農桑)의 공과(功課)가 커서 이익을 크게 얻었고, 경성의 창고가 가득차면 폐단을 크게 개혁할 수 있다고 주장하였다.[511]

이렇게 관리의 고핵(考覈)을 점차적으로 개혁하는 과정에서 폐단을 근절하고 실효적인 감찰기구조직을 실행하여 관원들의 덕과 재주의 소질(능력)을 제고시켜 관료조직상에서 과거의 인습만을 추구하는 풍조를 없애고 북송 정치무대에 새로운 바람을 불어 넣었다.

5) 결론

북송 인종시기는 3용(冗) 폐단의 모순 격화와 서하의 칭제 등 국내외 각종 모순이 격화되면서 정치경제 및 사회 그리고 군사 등 제방면에 심각한 위기에 직면하게 되었다. 이 시기에 범중엄은 사대부계층의 각성론과 책임론을 제창하며 현실정치에 대한 정확한 인식과 분석을 바탕으로 개혁을 제창하였다. 그가 제창하였던 경력신정은 관리의 양성과 선발 그리고 임용과 감찰 그리고 인사고과에 이르는 이치정돈을 정치개혁의 핵심으로 제창하였다. 그중에는 오늘날 우리가 귀감으로 삼을 만한 가치 있는 부분이 많이 있다.

범중엄이 웅대한 계획을 펼칠 수 있었고, 관직에서 누차 좌절하였던 것도 그리고 경력신정을 포기하게된 것도 모두 인종과의 관계 변화와 밀접한 관계가 있었다. 인종과 범중엄간의 군신관계를 논하게 되면 북송시기 군주전제정치치제의 특징을 더욱 깊이 있게 규명할 수 있을 것이다.

범중엄의 경세사상은 정치경제, 사회문화, 군사 그리고 교육 등 제 분야에 대한 종합적인 경세관을 배경으로 하고 있다. 그의 경세사상을 총괄적으로

---

511 『范文正公集』, 奏議, 卷上, 「答手詔條陳十事」 pp.176-182.

보면, 첫째, 범중엄은 사회분야에 대한 개혁은 부족하거나 폐단이 있는 부분적인 보수나 개혁이 아니고 기존의 제도와 정책에 대해 좀 더 체계화하거나 새로운 제도를 건설한 것이다. 범중엄이 이미 존재하고 있는 제도는 사람이 관리하는 것보다 더 효율적이고 안정적인 것으로 인식되었다. 그리하여 그는 관원에 대한 감독과 감찰제도에 대해 체계화적인 재정비 및 교육과 과거에 대한 제도화를 실시하였다.

둘째, 그는 인재에 대해 대단히 중시하였다. 학교교육을 통해 출사한 인재들을 사회 필요한 곳으로 보내고 그들의 힘에 의해 정치사회 등에 대한 개혁을 시도하였다. 범중엄은 정치의 효율성과 안정적 발전과 유지를 위해서는 인재가 반드시 필요하다고 인식하였으며, 그들에 의해 현실정치사회에 필요한 효과적인 개혁 방안이 실시된다고 보았다.

범중엄의 정치신정은 오늘날 정치개혁과 추진에 유익한 경험과 교훈을 주고 있다. 정치개혁은 완벽한 계획안을 가지고 순서에 따라 추진하는 마스터플랜이 필요하다. 범중엄과 그의 추종자들은 북송사회의 문제점에 대해 그 근원을 정치제도의 결함과 관리에 대한 이치법 부재에 있다고 지적하였다. 특히 특주명제, 은음제도, 관료에 대한 고적(考績)을 평가하는 마감제도의 불충분과 모순으로 발생한 용관으로 인해 조성된 행정의 비효율성을 지적하였다.

범중엄 등이 지적한 이치법 개혁은 경력신정의 중요한 내용으로 관원의 배양과 선발, 임용과 고핵(考覈) 그리고 승진과 퇴출을 포함하는 관리에 대한 관리(管理)제도에 대한 개혁이다. 그는 현실정치에 필요한 경세사상을 지닌 인재를 중시하고 덕과 재능 그리고 청렴(淸廉)이 관리선발의 표준이었다. 또한 그는 지방의 기층관원이 친민(親民)이라는 점에서 중요성을 크게 인식하였다. 지방장관은 일반백성이 국가 정치와 가장 처음 직접적으로 체험하게 되는 대상이기 때문에 그 관원의 자질과 청렴함을 제고하는 것을 중요하게 여겼다. 이것은 오늘날 적극적으로 귀감으로 삼아야 할 의미 있는 부분이다.

정치개혁은 사회발전과정에서 관리의 부패와 행정효율의 저하 그리고 내외모순이 격화되는 정세에 직면하면 어느 시기를 막론하고 피할 수 없는 상황이다. 정치운용과 개혁 과정에서 누가 주도적으로 진행하느냐라는 인적 요인은 대단히 중요하다. 왜냐하면 인적요인이 각 계층의 이익과 직간접으로 영향을 주는 등 중요한 요소이기 때문이다.

범중엄은 학교를 건설한 목적을 인재를 교육시켜 양성하여 선발하고 그 인재들로 하여금 국가 행정을 담당하여 집행하기 위한 것이었다. 그는 실제 능력을 가진 필요한 인재는 제도를 초월하여 승진시켜 현실정치 업무를 담당하도록 권력과 책임을 부여하자고 하였다. 그러나 경력4년 4월 무술, 인종은 붕당사건과 관련하여 범중엄을 최고통치자로 부터 질의(質疑)를 받게 되면서 신정의 미래가 순식간에 사라질 운명에 놓이게 되었다. 6월(임자, 22일) 범중엄은 조정을 떠나 섬서, 하동로 선무사(宣撫使)로 갔다. 그 후 반년내에 경력신법은 조정 반대파의 큰 저항에 부딪혀 점차 폐지되고 실패하였다.

또한 그들은 실제적인 정치개혁에서 특권이나 이익을 잃는 계층들에게 그에 상응한 안배나 배려를 하지 않고 단지 자신들의 역량과 최고통치자의 지지를 배경으로 추진하고자 하였다. 한편 그들은 인치(人治)사회에서 인성(人性)의 복잡성을 소홀히 인식했고, 제도의 정비와 제정의 중요성을 소홀함으로서 기득권층의 강력한 비판과 반대에 부딪혀 신정의 효과와 추진에 강한 저항을 받아 실패하였다. 그러나 신정 실시자들이 가졌던 우국충정의 정신은 이후 정치에 커다란 영향을 주었다.

범중엄이 주재한 경력신정은 이치개혁을 추진하고 관료계층의 소질과 정부행정의 효율성을 제고하기 위해서 정치변혁운동을 전개한 것이었다. 그는 사대부계층의 천하에 대한 책임감과 각성론을 제창하며 북송초기 누적된 폐단을 개혁하고자 한 경력신정은 1년여라는 짧은 기간 밖에 실시되지 못해 실제 큰 효과를 가져오지는 못했지만 북송중기 정국에 커다란 영향을 주어 사대부계층을 중심으로 부단히 개혁을 통한 정치안정과 황권강화를 추진하는 학풍의 개선과 발전에 중요한 요인이 되었다. 그 결과 주지하는 바와 같이 송 신종년간 왕안석에 의해 진행된 희령변법에 상당부분 계승되어 실시되었다.

6) 참고문헌

專書

李燾, 『續資治通鑑長編』(『長編』), (臺灣, 世界書局, 1983年2月).

包拯, 『包孝肅奏議集』(『包拯集校註』)(安徽古籍編纂委員會 黃山書社 合肥 1999년 6월)

徐松, 『宋會要輯稿』, 臺北, 世界書局, 1977.

脫脫 等, 『宋史』, 鼎文書局, 臺灣 中華民國72年(1983년)

范仲淹, 『范文正公集』, 江南圖書館 藏, 明翻元刊本.

歐陽修, 『歐陽文忠公集』, 江南圖書館 藏, 明翻元刊本.

『全宋文』, 四川大學古籍研究所 編(上海辭書出版社, 2006년 9월).

沈括, 『夢溪筆談』, (中華書局, 2009년 10월).

朱熹, 『宋名臣言行錄』, (臺北, 臺灣商務印書館 1986年).

(淸)于成龍 等 修撰, 『江西通志』.

(明)趙廷瑞 馬理 吕柟 等 修撰, 『陝西通志』.

蘇轍, 『欒城集』(臺灣商務印書館, 中華民國 57年, 1968年 9月).

蘇軾, 『蘇東坡全集』上·下, 臺北, 世界書局, 1985.

黃宗羲, 全祖望 『宋元學案』, 臺灣商務印書館, 1988.

胡瑗, 『安徽通志·松滋縣學記』, 中國古代教育史資料, 北京, 人民教育出版社, 1985.

馬端臨, 『文獻通考』, 臺北, 新興書局, 1965.

王安石, 『臨川集』,臺北, 國學基本叢書, 臺北, 臺灣商務印書館, 1968.

王栐, 『燕翼詒謀錄』, 中華書局, 1981.

歐陽脩,王闢之, 『澠水燕談錄』, 木鐸出版社,1981.

鄭樵, 『通志』, 中華書局, 1995.

李覯,『李覯集』, 臺北, 漢京文化事業有限公司印行, 1983.

范王梓材, 馮雲濠撰, 張壽鏞校補,『宋元學案補遺』, 世界書局, 2009. 仲淹,『范文正公集』, 臺北, 臺灣商務印書館, 1955.

著書

申採湜,『宋代政治經濟史研究』(한국학술정보, 2008년).

苗書梅,『宋代官員選用和管理制度』苗書梅 開封(河南大學出版社 1996年).

鄧廣銘, 程應繆,『宋史研究論文集』(上海古籍出版社, 1982年).

程應镠,『范仲淹新傳』(上海人民出版社, 1986年).

李弘祺,『宋代教育散論』, 臺北, 東昇, 1979.

姜國柱,『李覯思想研究』, 北京, 中國社會科學研究所, 1984.

陳榮照,『范仲淹研究』, 三聯書店, 1987.

楊樹藩,『中國文官制度史』, 臺北, 三民書局, 1965.

金諍(姜吉仲譯),『中國文化와 科擧制度』, 중문출판사, 1994.

陳植鍔,『北宋文化史述論』, 中國社會科學出版社, 1992.

李弘祺(姜吉仲譯),『宋代官學教育과 科擧』, 경상대학교 출판부, 2010.

論文

姚兆余,「宋代文化的生成背景及其特點」,『甘肅社會科學』第1期, 歷史研究(2001).

劉篤才・楊一凡,「論北宋的冗官问题問題」,『學習與思考』第5期(1983).

鄭炳碩,「李覯의 經世論的易解釋」,『東洋哲學研究』第22輯(2000).

李瑾明,「王安石의 집권과 신법의 시행」,『역사문화연구』제35집(2012).

李瑾明,「王安石신법의 시행과 당쟁의 발생」,『역사문화연구』제46집(2013).

李勁松, 「略論范仲淹在應天府書院實施的教育模式及其歷史作用」, 『江西教育學院學報』 29(4)(2008).
諸葛憶兵, 「論范仲淹與宋仁宗之關係」, 『江蘇社會科學』 5(2010).
盧晓河, 「從宋夏戰爭看范仲淹的國防意識」, 『西夏研究』 3(2013).
张念一, 「宋代科擧制度的特點」, 『蕪湖職業技術學院學報』 2(2007).
劉興亮, 「北宋士風研究」, 西北師範大學 碩士學位論文(2009).
王月平, 「范仲淹行政改革思想研究」, 東北大學 行政管理專攻 碩士學位論文(2007).
楊永亮, 「范仲淹政治變革的當代價値」, 『吉林師範大學學報(人文社會科學版』 40(6)(2012).
楊松琳, 「范仲淹行政倫理思想初探」, 黑龍江大學 行政管理專攻 碩士學位論文(2013).
劉晓箏, 「范仲淹的教育思想與教育实践」, 河南大學 碩士學位論文(2007).
夏其千, 「范仲淹吏治思想初探」, 『韶關學院學報,社會科學』 第28卷 第2期(2007.2).
张勇, 「論范仲淹的教育思想--兼論其對慶曆興學的影响」, 『運城學院學報』 2(2005).
范國强, 「范仲淹文化教育改革的基本思想與方略」, 『貴州社會科學』5(2010).
劉篤才・楊一凡,「論北宋的冗官問題」, 『學習與思考』(1983年第5期).
劉立夫, 「論北宋的冗官問題」, 『華中理工大學學報』(社會科學版, 1997. 04).
白文固, 「北宋文武官員恩蔭制度探究」, 『史學月刊』(2002. 3).
金中樞, 「北宋科擧制度研究」 『新亞學報』, 第6卷 第1期, 第2期,1964.
葉國良 「宋人擬經改經考」 『文史叢刊』55, 臺灣大學文學院, 1980.6.
李弘祺, 「宋代地方教育職事考」, 『史學評論』, 第8卷, 1984.
付勝國, 羅伽祿, 「李覯的人才思想」, 『撫州師專學報』 第3期, 總第26期, 1990.
葉坦, 「宋代社會發展的文化特徵」, 『社會學研究』,1996年 第4期.

陳峰, 「宋代科擧考試制度」, 『歷史教學』, 1998年第1期.
石靜, 「論北宋的科擧改革」, 『南通師專學報』, 第14卷第3期, 1998.9.
李希運, 「三蘇與北宋進士科擧改革」, 『山東大學校(哲社版)』 第2期, 1999.
饒國賓, 陳大勇,饒國順等, 「論李覯的治國構想」, 『南昌航空工業學院學報(社會科學版)』, 2003年 6月第17卷第2期.
虞云國, 「略論宋代文化的時代特點與歷史地位」, 『浙江社會科學』2006年第3期.
姚思陟, 「宋代市民文化本體特徵的分析」, 『求索』 2006.
金霞, 「論李覯的經世思想」, 『蘭臺世界』, 2007.8 上半月.
張念一, 「宋代科擧制度的特點」, 『蕪湖職業技術學院學報』, 2007年第9卷第2期.
朱保書, 「輝煌的宋代文化」, 『開封大學學報』, 第22卷, 第4期, 2008.
張淸改, 「略論宋代文化兩向發展的具體表現及原因」, 『赤峰學院學報』, 第29卷第6期, 2008.
申採湜, 「王安石 改革의 性格檢討 : 특히 新法의 保守性에 관하여」, 『동양사학연구』 51, 1995.
梁種國, 『宋史特奏名의 成立과 社會的의 意義』, 『歷史學報』, 148輯 1995.
李瑾明, 「『宋史筌』에 나타난 王安石과 王安石의 개혁」, 『중앙사론』 36, 2012.
李瑾明, 「王安石 新法의 시행과 黨爭의 발생」, 『역사문화연구』 46호, 2013.
姜吉仲, 「北宋과 高麗間의 貿易과 文化交流關係」, 『인문학연구』 2(1996).
姜吉仲, 「范仲淹對吏治法的改革論」, 『慶尙史學11輯』(1995年12月).
姜吉仲, 「歐陽修의 現實認識과 吏治法改革」, 『眞鵬劉共祚教授定年紀念論叢』, 慶熙史學會, 2003.
姜吉仲, 「宋代文化形成과 人文學의 發展」, 『歷史文化研究』, 第35輯, 2010.
姜吉仲, 「蘇軾的吏治法改革論」, 『中國歷史學會史學集刊』, 第23期, 2011.
姜吉仲, 「李覯의 現實認識과 이치법 改革論」, 『東洋史學研究』第120輯, 2012.

7. 王安石의 현실인식과 경세관

1) 서론

송 초기는 정치사회적 모순을 완화하기 위해서 중앙집권화를 위한 일련의 조처를 추진하여 정치적 안정을 바탕으로 경제발전을 촉진하였다. 그러나 점차 누적된 정치사회모순이 노정되면서 심각한 폐단이 출현하였다. 그 중요한 원인의 하나가 토지겸병으로 많은 토지가 소수의 지주계층에게 고도로 집중되어 국가재정수입이 크게 감소하였다.

중기에 이르러 관리가 부단히 증가하였으며 토지겸병도 더욱 가열해져서 농민들이 토지와 유리되어 직업군인의 대열에 참가하면서 군대의 규모가 방대해지고 군비지출도 크게 증가하였다. 또한 통치계층의 사치와 낭비는 국고를 대량으로 소모하는 등 재정위기가 발생하였다.

인종 경력(慶曆)년간에 이르러 토지겸병과 3용의 문제 등 제모순이 더욱 심각해졌다. 당시 참지정사였던 범중엄은 부필, 구양수 등과 함께 폐정에 대한 개혁신정을 추진하여 대부분이 인종에게 채택되어 전국적으로 반포되었다. 그러나 개혁의 많은 부분이 귀족과 보수파의 이익을 침범하거나 충돌하면서 강력한 반대에 부딪혀서 1년 후 폐지되었다. 그러나 계급모순이 완화되지 않는 등 개혁이 필연적인 상황이 계속되었다.

그 후 신종시기 왕안석이 여전히 토지겸병이 전개되고 3용의 폐단과 경력신정실패 등 복잡한 정치사회적 배경에서 제방면에 대한 개혁을 추진하였다. 그의 변법은 사회생산발전방면에 어느 정도 성과를 거둬 국가의 재정을 크게 증가하였다. 그러나 왕안석은 신법을 실행하는 과정에서 과도하게 급진적이고 조급함을 추구하였고, 용인의 부당함과 하급관리들의 행정집행능력을 소홀하였으며, 변법의 실시과정 중에 관료계층과 지주 그리고 상인 등 다양한 계층의 이익과 충돌하면서 강력한 반대에 부딪혀 실패하였다.

왕안석의 자는 개보(介甫)이며 강서임천(江西臨川)사람이다. 진종 천희 5년(1021)에 출생하였고 소년 때부터 부모님에게 엄격한 교육을 받아서 향후의 뛰어난 문학적 성공에 대해서 중요한 영향이 있었다.

경력 2년(1042)에 왕안석은 진사에 제 4 등으로 급제하여 첨서회남동로절도판관청공사(簽書淮南東路節度判官廳公事)에 임명되면서 관리에 진출하였다. 경력 7년(1047)에 그는 근현(鄞縣)에 전근하여 현지의 농업생산을 대대적으로 발전시켰다. 수리공정의 성공여부는 농민의 생산과 긴밀한 관계가 있다. 농사가 흉년이 들면 농민에게 대출을 제공하어 농업생산의 안정을 보장해 주었다. 이것이 청묘법과 농전수리법의 시작이다.[512]

또한 그는 민중에게 과도한 형벌을 실시하는 것을 반대하며 당시 절강동로전운사(浙江東路轉運使)에게 민중에게 강요를 반대한다고 하였다.[513]

황우 3년(1051)에 왕안석이 통판서주(通判舒州)로 임명되었다. 일이 바쁘게 되었으며 어려서 습득하였던 학문을 현실에 사용하였다.[514] 즉 재난이 발생하면 왕안석이 이재민에게 음식을 제공하기 위해 창고를 열었다.

치화원년(1054)에 군목판관(群牧判官)을 거쳐 가우 2년(1057)에 상주(常州) 장관에 임명되었다. 당시 현지에서 수도와 멀어서 관리가 잘 안 된다. 땅이 황무하고 지방의 장군이 몇 차례 바꿨다. 관청의 간부들도 법을 무시하고 마음대로 일하고 있었다.[515] 이상과 같이 농업생산 관리가 혼란한 상황에 대해 왕안석은 먼저 운하의 개발을 제기하였으나 상관은 충분한 인력을 제공하지 않았다. 게다가 폭우 때문에 공사가 지연되고 장인(匠人)들이 병사하여 운하의 개발이 중단되었다. 이 사건은 향후 왕안석의 정치적 생애에 큰

---

512 『宋史』, 卷327, 「王安石傳」「起堤堰, 決陂塘, 為水陸之剎; 貸穀與民, 出息以償, 俾新陳相易, 邑人便之。」, p.14545.

513 王安石 『臨川先生文集』, 卷76,「上運使孫司諫書」, p.907.

514 『臨川先生文集』, 卷71, 「先大夫述」, p.750.

515 『臨川先生文集』, 卷71, 「知常州上中書啟」, p.836.

영향을 줬다.

가우 3년(1058)에 제점강남동로형옥(提點江南東路刑獄)으로 임명되었다. 왕안석이 현지에서 관리를 등용하자 비평을 받았다. 왕안석은 이를 반박하기를 예가 없는 세상이 아니고 예가 쓰이지 않는 뿐이다. 법을 쓰지 않는 세상이 아니고 법으로 권장하지 못한 일이 있다.[516]고 하였다. 따라서 그는 예와 법의 결합을 주장하였다.

가우 4년(1059) 그는 조직집현원삼사탁지판관(詔直集賢院 三司度支判官)에 임명되어 국가재정을 관리하였다. 그는 재정관료는 국가의 모든 재부를 관리하고 있는 직무를 담당하는 사람으로. 합당한 사람을 적당한 법에 의해서 관리와 활용을 잘해야 한다고 하였다. 만약 재정에 밝은 사람의 편이 되면 임금의 자리가 위험해질 수 있다. 적당한 사람에게 이 직무를 위임해야 분쟁이 적고 국가의 안정도 이루어질 수 있다.[517] 왕안석은 이의이재(以義理財)를 주장한 사람이다. 당시 지방 세력과 토호세력을 국가재정의 적으로 설정하고 사회안정과 재정수입의 확대를 위해 이들 세력의 성장을 억제하자고 주장하였다.

그 후 왕안석이 「上仁宗皇帝言事書」에서 관원의 양성, 선발, 임용과 인사고과 등 이치운용을 상세하게 설명하고 개인의 경력과 함께 동일 업무에 오래 있어야 심사할 때 효과가 있다.[518]는 새로운 심사방법을 제시하였다. 당시 북송은 관원들이 한 자리에 오래 동안 임명되면 자신의 세력을 키우는 폐단이 발생할 수 있다고 관리의 빈번한 전근을 실시하고 있었다.

또한 그는 당시 상품유통에 대해 자유매매를 주장하고 전매제도 실시를 반대하였다. 정부가 전매제도를 실시하여 밀무역이 오히려 크게 성장하였다. 그러므로 상업에서 민간의 이익도 고려해서 시장을 개방해야 한다. 그런

516 王安石, 『臨川先生文集』, 卷72, p.761.

517 『臨川先生文集』, 卷82, 「度支副使廳壁記」, p.860.

518 『臨川先生文集』, 卷39, 「上仁宗皇帝言事書」, p.410.

데 전매제도는 아주 세세한 재부까지도 관여하고 있다고 하였다.[519]

왕안석은 당시 정치사회의 폐단에 20 여년의 관료 경력을 가지고 정확한 현실인식과 분석을 하였다. 그 후 그는 재상에 임명되어 그 경험과 분석을 바탕으로 개혁을 진행하였다. 그는 희령 2년(1068) 우간의대부 참지정사(右諫議大夫 參知政事)에 임명되어 제치삼사조례사(制置三司條例司)를 설치하여 수장을 겸임하고 신법의 제정과 실시를 시작하였다. 그 개혁의 내용은 크게 2가지 로 나눌 수 있다. 하나는 재정과 사회방면의 개혁이다. 예를 들어 농전수리법, 균수법, 청묘법, 면역법, 시역법, 방전균세법 등이다. 하나는 군사제도 개혁으로 예를 들어 보갑법과 장병법 등이다.

당시 개혁을 반대하였던 사람들은 왕안석 개혁내용 중에서 잘못된 부분과 과도하게 급진적인 부분에 주목하고 반박하였다. 이 때문에 신종의 강력한 지지를 받던 그는 희령 7년에 재상에서 해직되었다가 다음해 2월, 신종이 다시 그를 재상에 임명하였다. 이 때 신종은 구법파와 일종의 타협을 맺고 왕안석에 대한 지지도 약화하였다. 그 결과 왕안석의 개혁도 쉽게 추진하지 못하였고, 아들의 죽음은 그에게 큰 충격을 주어 희령 9년(1075)에 수도를 떠나 강령(江寧)으로 갔다. 그 후 10여 년 동안 왕안석은 정치에 관여하지 않다가 철종 원우 원년(1086)에 세상을 떠났다.

2) 정치사회와 시대적 배경

송을 건국한 조광윤은 중앙집권화를 통한 황권강화를 추구하고 선남후북(先南後北)의 통일정책을 실시하여 태종대에 이르러 안정된 통일국면을 이루었다. 태종은 선황의 정책을 계승하여 요(遼)와 전쟁을 진행하면서 사대부 중심의 문치(文治)를 통해 중앙집권을 강화하였다. 그리하여 정치사회와 경

519 『臨川先生文集』, 卷39, 「議茶法」, p.413.

제, 특히 상품경제와 문학예술의 발전이 대대적으로 실현되었다.

한편, 송대 과거의 정형화와 음보제도의 실시 및 증가된 관료기구의 설치는 관원수가 대대적으로 증가되었다. 또한 이들 관리에 대한 연봉 지출은 재정의 큰 부담이 되었으며, 불교와 도교의 번영은 이와 관련된 건축 공사와 제사 등에 종교행사 경비를 증가하여 재정적 부담이 더욱 증가되었다. 이 삼용의 폐단은 송의 적빈적약(積貧積弱)의 국면의 원인이 되었다. 특히 태종 옹희 3년(986) 요와 전쟁에서 패배한 이후 대북방 유목민족관계에서 전략적으로 방어정책을 취하면서 국내에는 잠재적인 위기가 시작하였다.

인종시기에 이르러 사회경제, 특히 상품경제의 번영과 학술문화의 발전에 적극적인 국면을 보이며 북방 유목민족과 관계도 대체적으로 평화를 유지하였다. 그러나 정치경제적 폐단이 이미 심화되어 그 폐단이 심각하였다. 한편, 음보제도의 실시도 이전에 비해 그의 범위가 더욱 확대되었을 뿐만 아니라 그 기준도 용이하게 이루어져 관리의 수가 크게 증가하였다. 또한 증가된 관료기구 조직의 설치는 관리의 수를 과거에 비해 몇 배 증가하게 하였다.

또한 요와 서하에게 주는 세폐와 종교행위와 황실의 고정비용은 감소되지 않았다. 이러한 요인 때문에 인종시기는 사회경제가 발전되었고 재정의 수입도 증가되었으나 증가된 재정적 지출을 충당하지 못하고 소위 적빈적약의 국면을 형성하였다. 그 중 경력년간에 송과 서하의 전쟁은 재정과 사회상황의 악화에 결정적인 영향을 주어 전후의 대치와 국가안보를 유지하기 위해 더 많은 재정지출이 요구되었다. 그 결과 변경지역의 경제를 파괴할 뿐만 아니라 국내경제에도 크게 영향을 미쳤다.

이상과 같은 정치경제와 사회군사적 상황이 계속되는 동안 송대 문신사대부들은 당시 모순과 폐단에 대한 개혁조치와 방안을 제창하였다. 진종시기 형부시랑(刑部侍郎)과 양주장관을 역임한 왕우칭(王禹偁)은 용관과 용비에 대한 개혁을 상소하며 요와 서하의 관계 회복, 변경방어 강화, 관료기구

감축, 군대 규모 축소, 인재선발방법 개혁과 통제, 무능자 퇴출, 승진 조건 및 수량통제, 소인과 간신 구별유의, 능인과 현인 임명 등에 관한 의견을 제출하였다.

인종 보원 2년(1039)에 송기(宋祁)는 용병과 용비폐단에 대해 음보(蔭補), 유외(流外), 공거에서도 정원의 축소를 실시해서 관리수를 감소하자고 하였다. 또한 요충지가 아니 곳에는 절도사의 설치를 금지하며 절도사가 있는 곳의 막료관청의 수량을 감소하여 용비의 문제도 해결하자고 하였다.[520]

같은 해 참지정사였던 범중엄은 「明黜陟, 抑僥倖, 精貢舉, 擇官長, 均公田, 厚農桑, 修武備, 減徭役, 覃恩信, 重命令」 등 10조의 개혁안을 상소하였다. 그 대부분 내용은 이치개혁과 관련된 내용으로 범중엄이 주도한 경력신정에서 큰 영향을 받았다.

그러나 범중엄의 개혁은 당시 대관료와 대지주 계층의 이익과 배치되면서 큰 반발을 불러 일으켜 개혁이 마무리되지 못하였다. 그 후 일부 지방에서 자발적으로 실시한 개혁도 있지만 효과가 크지 않았다. 신종시기 왕안석에 의해 진행된 희령변법은 전면적이며 최대 규모의 개혁변법운동이다.

3) 왕안석의 현실인식과 경세관

(1) 인재론

왕안석은 문학적으로 당송 8대가 중의 한사람으로 그가 개창하였던 "荊公新學"은 인순(因循)에 젖어 있던 북송학계에 경세치용의 새로운 학문영역과 활력을 주입하였다. 심지어 주희도 사실은 왕안석 신경의(新經義)를 추구하였던 사람이었다.[521]

---

520 『長篇』, 卷142, 「三班審官院內諸司, 流內銓明立限員, 以為定法。其門蔭, 流外, 貢舉等科實置選限, 稍務擇人, 俟有闕官, 計員補吏, 三冗去矣……請自今地非邊要, 州無師屯者, 不得建節度; 已帶節度, 不得留近藩及京師, 則三費節矣.」, p.1445.

정치적인 면을 보면, 그가 추진하였던 신법에 대해 양계초는 국사(國史)상, 세계사상 가장 명예로운 사회혁명이라고 하였다.[522] 또한 왕안석은 풍부한 혁신사상을 가지고 있었으며, 그 혁신사상체계 중에서 인재건설사상이 가장 중요한 부분이다.

중국 고대사회에서 시행한 개혁의 내용과 방향은 대체로 탁고개제(托古改制)의 방법에 습관화 되어있다. 이 고(古)는 전적으로 고대 성왕(聖王)의 도를 말한다. 내적으로 고성왕의 도(古聖王之道)를 포함하는 기본정신의 전적(典籍)은 의심할 것 없이 유가에서 말하는 경서(經書)이다. 이 경서의 주석(注釋)을 통해서 행위의 합리적인 근거를 찾을 수 있다. 거기에 융합할 수 있고 자신의 정치견해에 사람들의 견해와 생각을 주입할 수 있었다. 왕안석도 『시경』, 『상서』, 『주례』 등 경서의 주석을 통해서 변법이론상의 탁고문제를 해결하였다. 또한 변법 실천의 기초로 삼아 경학통일사상을 추구하였으며, 경술을 이용하여 인재양성의 목적을 달성하려고 하였다.

소위 경학(經學)이란 경서학습을 통해서 고대 성왕의 성명(性命)의 리(理)를 실천하는 것이다.[523] 왕안석은 『虔周學記』에서 선왕이 소위 도덕이라고 말하는 것은 성명의 리이다. 선왕의 도덕은 성명의 리에서 나온다. 그리고 성명의 리는 인심(人心)에서 나온다고 하였다. 『시경』과 『서경』이 능히 이를 좇아 달성할 수 있다고 하였다.[524]

또한 왕안석은 도덕이 전사회공동의 도덕표준과 행사규범으로 성립되기를 주장하였다. 그는 「進字說表」에서 서적이 세상에 이용된 지 오래되었으며 성왕이 학을 세워 가르쳤으며, 관리를 두어 이를 달성하고자하였고, 사관(史)을 두어 깨우치도록 하였다. 무릇 같은 도덕으로 회귀하는 데 한 가지

---

521 錢穆, 『國史大綱』 北京, 商務引書館, 1996. p.54.

522 梁啓超, 『飮氷室合集專輯』(제7집) 北京, 中華書局, 1989. p.540.

523 李祥棱, 『王安石學術思想硏究』, 北京, 북경사범대학출판사, 2001.

524 王安石, 『臨川先生文集』, 卷82, 「虔周學記」, p.858.

명분을 지키는 것뿐이라고 하였다. 그는 당시 학자들이 경학을 이해할 때 한사람이 각기 한 가지 뜻을 가지고 있어 열 명이면, 열 가지인 상황을 지적하였다. 당시 송 신종과 왕안석이 보기에는 단지 천하의 이가 모두 한가지라고 여기고 조정의 응집력을 가지고 강하게 취합하면, 정령(政令)도 효과적으로 관철할 수 있다고 여겼다.

왕안석은 고대 성왕의 경세치용의 술(術)이 장구전주학(章句傳注學)에 만 있는 것이 아니라고 여겼다. 「答姚辟書」중 왕안석은 "대저 성왕의 술은 그 몸을 닦고 천하국가를 통제하여 위급한 난을 안정되게 하는데 있지 장구와 명수(名數)에 있는 것이 아닐 뿐이라고 하였다.[525] 그 이유는 그가 「除佐僕射謝表」에서 장구의 문장으로 배양한 인재는 경의에 전력을 다한다. 그러므로 무문(無問), 무사(無思)하여 결과는 해수를 거듭하여 천수년을 지나도 성인의 경(經)은 끝나는 것이 불명한데 학자들이 어찌 그것을 현세에 실행한다고 말할 수 있겠는가? 하였다.

왕안석은 경학의 작용은 경세치용에 있다고 인식하고 경학의 수사방식은 반드시 경세치용의 실효(失效)를 가져오며 사무(事務)를 경영할 수 없다. 경학의 경세치용의 방법이 사무를 경영하는 효능을 발휘하지 못하면 경술도 그 존재의 기초를 잃어버린다고 하였다. 또한 그는 「進字說表」에서 경술이란 세무(世務)를 경하는 것이다. 만약 경세무하는 것이 부족하면 경술이 어떻게 임무를 감당할 수 있겠는가? 통치자들이 오랫동안 모두 장구전주를 이용한 속학(俗學)으로 선비를 교육하여 선비들이 속학에 오래 동안 빠져있다고 크게 통탄하고 한탄하였다.[526]

『長篇』에는 그와 신종사이의 한차례 담화(談話)가 기록되어 있다. 그가 말하기를 구양수문장이 오늘날 정말 탁월하다면 경을 모르고 의리를 알지

525 『臨川先生文集』, 卷75, 「答姚辟書」, p.797.

526 王安石, 『臨川先生文集』, 卷56, 「進字說表」, p.608.

못하며 주례가 아니고 계사를 훼손하여 중간에 학사들이 그것을 오해하여 오늘날 크게 나빠졌다고 하였다. 이에 왕안석은 경학이 경술을 발휘하지 못하는 현상을 개혁할 것을 주장하여 장차 경술을 학교에서 전파하자고 하였다. 또한 오랫동안 속학에 빠져있던 학사들로 하여금 선왕이 마음을 다스리고 몸을 지키고 천하를 경영(經理)하는 뜻을 익히도록 하자고 하였다. 그리하여 경술의 현실적인 효과, 즉 경술로 사(士)를 만드는 결과를 실현하자고 하였다.

경학통일사상은 경술을 이용하여 인재를 양성하고 그 인재들이 지도사상을 만들어 현실정치에 적용하여 개혁에 추진력을 얻고자 하였다. 왕안석은 인재는 국가의 동량으로 인재의 득실은 국가의 흥망과 관련된다고 하였다.

그러나 현실의 용인상황은 관직에 있는 사람들 중에는 부재하고 구차하게 안일함을 추구하고 탐욕스럽고 허물이 많은 사람들이 있다고 지적하였다. 그리하여 조정내외에 역시 임명할 만한 재주를 가진 사람들이 적어서 조정은 안으로 사직을 걱정하지 못하고, 외적으로 이적을 두려워하지 않을 수 없다. 그러면 오늘날 위급함은 인재들에 달려있을 뿐이다. 인재문제의 해결은 일조일석에 이루어지는 것은 아니며 반드시 계책을 고려하고 생각하여 그 수를 계산하여 점차적으로 시행하는 과정을 거쳐야 한다. 왕안석은 교지(教之), 양지(養之), 취지(取之), 임지(任之)의 인재관리를 주장하였다.[527]

교지(教之)란 인재를 배양하는 방법이다. 왕안석은 인재배양의 문제를 해결하기 위한 원두(源頭)를 잘 잡았을 뿐만 아니라 제도적으로 보장해주었다. 먼저 그 근원을 파악하고 해결하는 것을 학교교육으로 삼았다. 그는 학교를 인재배양의 기초기지로 삼고 교육은 인재를 만드는 근본 방법으로 생각하였다. 그리하여 학교를 개혁하여 흥기하지 않으면 인재를 얻을 수 없다고 하고 기존학교제도에 대한 개혁과 정리를 실시하였다.[528]

---

527 『臨川先生文集』, 卷39, 「上仁宗皇帝言事書」, p.410.

왕안석은 학교교육은 천하국가를 위해 사용할 수 있는 학문을 배우는 곳이며 일상생활 중에 예악형정(禮樂刑政)이 모두 학교에 있다는 실용성원칙을 견지하였다.[529] 그 가운데 특히 중요한 것은 문무(文武)간의 관계문제이다. 그는 선왕 때에 선비들이 배운 것은 문무의 도라고 생각하였다. 그리하여 문무를 함께 중시하기 위해서 선비는 안에 머물면서는 예악을 습득하고 나아가서는 전벌(戰伐)의 실용성 교육을 습득하도록 해야 한다. 그러므로 기사(騎射)와 행진 은 학교 교육의 필수과목으로 삼고 선비가 집병(執兵)하는 것을 부끄러워하고 강위국대사(疆衛國大事)를 지키는 것을 간한무뢰(奸悍無賴)한 사람에게 맡기는 위험한 국면을 바꿔야 한다고 하였다.

다음으로 근본을 바로 잡기위해서는 제도적으로 인재의 배양을 보장해야 한다. 왕안석은 비록 한자(閑者)가 관직에 있고 능자(能者)가 직책을 맡고 있으나 불초한 사람과 무능한 사람이 함께 있어 아무것도 이룰 수 없는 현실상황을 크게 통탄하였다. 그는 이 모든 것이 과거제도 취사원칙에 문제가 있어서 화근이 생긴 것이라고 맹렬하게 비판과 공격을 가하였다. 특히 현실정치에 소용없는 학문을 배우는 것은 결국 천하를 크게 훼손시킨다고 하였다.[530] 그리하여 왕안석은 적극적으로 취사표준과 방법에 대해 개혁을 진행하여 실질인재를 등용할 수 있는 기회를 보장하고자 하였다.

양지(養之)란 인재관리문제이다. 왕안석은 그들에 대해 생활상 관심을 갖는 것(즉, 饒之以財)와 정치적으로 엄격한 요구, 즉 약지이리(約之以禮(理))와 재지이법(裁之以法)을 요구하였다.

요지이재(饒之以財)란 관리에 대해 물질적인 대우를 제고하는 것이다. 왕

528 『臨川先生文集』, 卷42, 「乞免修實錄箚子」, "古之取士, 皆本與學校---自先王之澤竭, 教養之法無所本, 士雖有美才而無學校師友以成就之, 議者之所患也." p.450.

529 陳邦瞻 『宋史紀事本末』 卷37, 북경, 중화서국 1997. p.450.

530 馬端臨, 『文獻通考』, 卷31, "若爲科法已善, 則未也. 今已少壯之時, 正當講求天下正理, 乃閉門學作詩賦, 給其入官, 世事皆所不習, 此科法敗壞人才, 致不如古." p.298.

안석은 재물이 부족하면 탐욕스럽고 구차하게 되는 것이 인지상정이라고 생각하였다. 당시 관리의 봉록은 크게 낮고 각박하였으며 대개 6-7년 후에 3년의 록을 받는 등 시기에 맞춰서 배급하지 않았다. 이런 상황은 관리들의 정상적인 생활도 할 수 없었으며 안심하고 치도(治道)를 이야기할 수도 없게 하였다. 그 결과 대관(大官)이 왕왕 뇌물을 주고 자산을 경영하여 탐오(貪汚)의 훼(毀)를 부(負)하였으며, 소관(小官)들은 죽을 팔거나 구걸하는 등 하지 않은 일이 없을 지경이었다. 이외에 왕안석은 인성의 각도에서 이 문제를 고찰하고, 각급관리들에게 적합한 봉록을 제공해야 관리로서 염치를 기르고 자긍심을 가지게 된다고 주장하였다.[531]

약지이례(約之以禮)는 도덕적 각도에서 인재에 대한 요구를 제출하였다. 왕안석은 예는 치국과 나라를 안정시키는 근본이라고 생각하였으며, 예(禮)를 사회신분 등급의 표식으로 보았다. 그러므로 관리대우의 문제를 해결한 이후에 반드시 약지이례해야 한다. 왜냐하면 인정(人情)은 재물이 충족해야 나오고 무례를 절제할 수 있으며, 방벽사치가 나타날 수 없기 때문이다.

재지이법(裁之以法)이란 법제각도에서 약지이례를 진행하는 것을 보장하는 것이다. 왕안석은 관리들의 물질적인 대우방면의 걱정(後顧)을 해결해야 한다고 생각하고 한 가지 명확한 행위규범을 제정한 후 만약 관리가 역시 불사교(不師教), 불순례(不循禮), 불임사(不任事)하면 반드시 법으로 제재를 가해서 소인들이 요행으로 관리에 남는 등 불합리한 것을 방지하고자 하였다. 이외에 왕안석은 일을 행함에 반드시 법에 따라 엄격하게 진행해야 한다고 인식하였다. 특히 집정자들은 진실로 측은지심을 가지고 최선을 다해 집행해야 대신이 법을 침범하는 일들이 적어진다고 하였다.

취지(取之)는 인재를 선발하는 문제이다. 왕안석은 인재의 선발을 대단히 중시하였다. 그는 「取材」에서 말하기를 성인이 나라에 있으면 반드시 먼저

531 王安石, 『臨川先生文集』, 卷68, 「性說」, p.727.

그 현능함을 가려내고(遴柬) 그 명실을 단련하고 추구하도록 한 연후에 임명하여 일을 처리하도록 한다. 고로 취인의 도는 급히 힘써야 하는 것이다. 자고로 문을 지키는 군주는 누가 이것에 뜻을 두지 않겠는가? 그는 인재를 선발하기 전에 한 가지 형식이나 규제에 구속되지 말자는 지도사상을 요구하였으며, 택술지선(擇術之先)의 선발방법을 제창하였다.

형식에 구속받지 말자(不拘一格). 왕안석은 수당 이래 취사제도를 계승한 것은 인재선발의 좋은 방법은 아니라고 생각하였다. 왜냐하면, 이 제도는 어떤 때는 공경에 이를 인재를 얻을 수 있으며, 불초한 사람도 역시 조충전각(雕虫篆刻)의 재주로 공경에 이르는 자가 있을 수 있기 때문에 많은 공경의 재주를 가진 현능한 사람들이 오히려 관리에 나아가지 못하고 조야 묻히게 된다고 하였다. 왕안석이 크게 비판한 것은 은택제자(恩澤弟子)문제로 그들은 학교에서 도의를 교육 받지 못했으므로 관사(官司)들이 그 재능을 묻지 못하고 부형(父兄)들은 그 행의(行義)를 보장하지 못한다. 그러나 조정은 그들에게 관직을 제수하고 임용한다.

왕안석은 인재선발의 표준은 역시 재덕이고 문벌과 권문세가라는 출신성분이 아니라고 였다. 그리하여 정말 높은 재학과 품덕을 가진 사람을 선발하자는 택술위선(擇術爲先)을 강조하였다. 특히 공경(公卿)과 같은 고급관료는 더욱 신중해야 한다고 하였다. 그는 현자들이 공경벼슬을 하면 그들과 같은 부류들을 지방 주군의 관리로 임명하며, 불초한 자들이 위에 쓰이면 그들과 같이 부패한 풍조가 만연되는 영향을 미치게 된다고 하였다. 이러한 인식에서 그는 중앙정부의 고급관리와 공경에서부터 정택(精擇)의 방법을 사용해야 한다고 하였다.[532]

왕안석이 말하는 택술이란 추천과 고찰을 상호 결합하는 방법이다. 그는

532 『臨川先生文集』, 卷39, 「上仁宗皇帝言事書」 "夫古之人有天下者, 其所以愼擇者公卿而已. 公卿旣得人, 因使推其類以聚于朝廷, 則百司庶物, 無不得其人也. 今使不肖之人, 幸而至乎公卿, 因得推其類聚之朝廷---朝廷之不肖, 又推其類以備四方之任使, 又各推其不肖以布于州郡." p.410.

불능한 사람을 추천하는 것은 한사람의 말을 듣고 이루어진 것이며, 한 두사람 대신들이 현자라고 여겼을 뿐이다. 국인이 모두 현하다고 하면 오랫동안 시켜보아야 한다. 오랫동안 시키는 것은 상하가 모두 책임을 지는 원칙이 필요하다. 그런 후에 무릇 일을 만나면 그 일을 처리하고 책략을 계획하여 이해관계를 얻고, 치국하면 나라가 안정되고 이롭게 된다. 사람이 현능하며 그 덕의 대소에 따라 재주의 고하에 따라 관직을 임명하여 일하도록 하자.[533]

임지(任之)는 인재의 합리적인 사용문제를 말한다. 왕안석은 국가의 흥망성쇠에도 인재선발과 등용이 직접 관계가 있다고 하였다.[534] 그리하여 그는 임지적의(任之適宜)의 총원칙을 제출하였을 뿐만 아니라 '임지전(任之專), 구기임(久其任) 그리고 득행기의(得行其意)'의 구체적인 조작방법을 제출하였다.

왕안석은 전통적인 방법인 자서(資序)를 표준으로 임인(任人)하는 방법을 반대하였다. 그는 이런 표준방법은 그 현능함을 충분히 알지 못하고 임명할 수 있다고 생각하였다. 그러므로 임지적의(任之適宜)한 가를 먼저 살펴 무능함과 불초함을 분별하여 직무를 담당하게 하거나 물러나게 하여 현자와 불초자가 함께 직무를 담당하는 폐단을 막아야 한다고 하였다.

그는 근무 년수에 따라 승진하는 임인의 방법은 구차하게 구습만을 따르는 악습이므로 개혁을 주장하며 합리적인 용인방법을 추구하자고 하였다. 그는 사람의 재덕의 후박은 다르므로 그 담당하는 소임도 그에 따라 달라야 한다. 그러므로 각자의 구체적인 재덕 능력상황에 따라 관직을 임명하자. 후덕하고 재주가 높은 자는 그 장점에 따라 임명하고 후덕하나 재가 낮은 사람은 그에 따라 상관을 보좌하도록 하여 가히 임명할 만하면 임명하고, 멈춰야 하면 멈추도록 하는 등 그 장점을 취하고 그 단점을 묻지 말자. 그리

533 同前註.

534 王安石, 『臨川先生文集』, 卷69, 「興賢」, p.735.

하여 대자(大者), 소자(小者), 장자, 단자, 강자, 약자 등 모두가 그 소임에 적당하지 않은 것이 없도록 하자. 그렇지 않으면 천하의 뛰어난 재주와 걸출한 지혜를 가진 자를 얻었다 하더라도 썩고 말라죽은 노(朽槁之挺)와 다를 바 없다고 하였다.[535]

왕안석은 고대 사람들이 맡은 바 업무에 오로지 충실하게 그 재주를 다하였던 것을 대단히 추숭하였다.[536] 당시는 문학으로 관리에 진출하여 재물을 다스리고, 기왕에 재물을 다스리는 사람을 전옥(典獄)을 담당하도록 전보하며, 전옥을 담당하는 사람을 예를 담당하도록 전보하고 있었다. 이처럼 한사람이 백관(百官)의 업무를 모두 담당하도록 준비해야 하는데 그런 사람을 구하기가 무척 어렵다고 지적하였다. 그리하여 왕안석은 사람의 재주가 하나에 오로지 하여 이루며 여러 가지 하면 이루지 못하고 무너진다고 하며 관리를 한 직무에 오랫동안 임명하자고 주장하였다.

또한 왕안석은 관리에 대해 고적지법(考績之法)을 실행하여 직무수행결과에 대한 평가를 통해 현능자와 불초자를 구별하자고 하였다. 또한 그는 임지적의(任之適宜)의 인재등용을 해결하기 위해서는 임지전(任之專), 구기임(久其任)을 하여 직무결과를 살펴 해결하자고 하였다. 그를 위해 용인하면 의심하지 말고 관리가 주관적인 판단과 집행을 충분히 발휘하도록 하자. 그리하여 진정한 인재여부는 단지 법으로 제한하면 함부로 득행기의를 하지 못한다고 하였다. 그는 기왕에 용인하면 그 능력과 충성심을 믿고 그 진위(眞僞)를 의심하지 말아야 인재가 가지고 있는 능력을 충분히 발휘할 수 있다고 하였다.[537]

이상과 같이 인재의 문제는 본질적으로 정치문제이다. 왕안석이 주장한 임인유현(任人唯賢)과 임인유재(任人唯才)는 인재를 쓰는데 특정한 격식에

535 同前註.

536 王安石, 『臨川先生文集』, 卷74, 「上執政書」, p.782.

537 同前註.

구속받지 말자는 것이었다. 비록 최종 목적이 국가의 전체이익과 장기적인 이익을 추구하는 것이지만 그것에 지나치게 구차하게 얽매이지 말자고 하였다. 왕안석개혁은 먼저 인재등용제도에 시험삼아 실행하여 그들의 이익에 손해를 주게 되자 그들의 강력한 반대에 부딪히게 되었다. 이것은 바로 기득권이익에 간섭과 반대로 인해 임용제도는 신정이 함께 실패하게 되었다.

그러나 반드시 긍정해야 하는 것은 왕안석이 추진한 임용제도의 개혁은 실패하였지만 그가 인재문제에 대해 제기한 독특한 견해는 부정 할 수 없다. 그의 인재사상은 후세의 인재선발과 등용에 커다란 영향을 주고 귀감이 된다. 예를 들면, 요지이재(饒之以財)는 후대 양렴제도 형성에 큰 영향을 주었고, 치불승임지죄(治不勝任之罪)는 현대 독직(瀆職)제도의 형태를 말한다. 특히 중시하였던 것은 그의 작은 착오를 범하는 것을 윤허하고 전체적으로 문제를 보려고 했다는 점이다.[538]

왕안석의 인재관도 단지 통치계급에 복무하는 사대부계층에 국한하며, 인재등용에 있어서 득행기의의 문제를 제기할 때 법과 재의 관계를 해결하지 못했다. 그의 사상 중에는 전제적인 색채가 농후하여 그가 지적하고 채택하는 것만 추구하고 나머진 폐지하고자 하였다. 이러한 개인의견과 추구하는 바에 따르는 사람만 용인하는 방침 등은 독단의 극단적인 면을 보여주고 있었다.

(2) 정치론

일반적으로 정치인들은 개인의 이상과 신념을 가지고 정치생활을 하고 있다. 왕안석도 예외는 아니고 그가 정치무대에 출사하여 실시한 여러 가지 조치와 정책을 통해 그가 가지고 있었던 정치적 이상과 신념도 알 수 있다.

---

538 『臨川先生文集』, 卷74, 「上執政書」, p.782.

왕안석 자신의 말로 「옛날에 있었던 현인과 명신처럼 자신이 습득한 지식과 능력에 의해 나라를 위해 일한다.」[539]는 것은 그의 정치 목적이다.

희령 2년에 왕안석이 신종과 상의를 할 때 내가 원하는 것은 폐하 옆에 폐하의 소원에 도움을 제공할 뿐이다. 또한 그 전에 인종 가우 4년에 왕안석은 인종황제에게 보내는 상소에서 현재 국내의 상황과 대외의 상황은 모두 양호하지 않았다. 나라의 재정능력은 시간이 자나면서 점차 떨어지고 있는데 조치를 취해야 이 국면을 구조해야 한다.[540]고 인종에게 개혁을 권하였다. 신종 희령원년에 신종에게도 비슷한 말을 하였다. 재정의 절약이 실현되도 민간이 부유해 지지 못한다고 하였다.[541] 그는 정치의 목적을 민간을 부유하게 하는 것이라고 생각하여 다른 사대부와 관료들에 비해 정치적 포부와 이상이 더욱 크게 보인다.

왕안석이 가진 정치에 대한 태도와 성향도 다른 사람과 다르다. 그는 자신의 정치적 생각을 현실로 실현할 수 있는 용기를 가지고 있는 사람이다. 가장 높은 곳에서 서 있다면 구름 때문에 자신의 시야를 차단하는 것도 걱정하지 않다.[542]고 말하는 것과 같이 그는 개혁을 실시하는 과정에서 강력한 신념과 이상을 가지고 보수파의 공격과 반박을 모두 명확한 태도와 결단을 가지고 대응하였다. 예를 들어 당시의 언관(言官) 이상(李常)이 신종에게 상소를 보내 왕안석 변법의 조치를 반박하자 신종도 왕안석을 불러 문제점을 지적하였다. 그러나 왕안석은 구차하게 응답하지 않고 당당하게 자신의 주장과 결과만을 얘기하자 신종은 더 이상 왕안석을 의심하지 않았다. 이처럼 왕안석이 반대자들 앞에서 자신의 주장을 용감하게 제시하였다.

송대 유가사상은 국가의 지배사상으로 정치체제뿐만 아니라 사회 전방면

539 『臨川先生文集』, p.32.

540 王安石, 『臨川先生文集』, 卷39, 「上仁宗皇帝言事書」 p.410.

541 『臨川先生文集』, 「本朝百年無事札子」, 卷41. p.444.

542 『臨川先生文集』, 「登飛來峰」卷34, p.373.

에 대해서 모두 커다란 영향을 미쳤다. 유가사상에서 민본사상은 국가를 다스리는 사람들에게 가장 주목 받고 있는 부분이다. 왕안석도 국민은 국가의 기본이라고 주장하였고, 모든 정책의 출발점도 국민의 이익을 고려해서 제출한 것이었다.

왕안석은 민본사상을 바탕으로 현실정치에 대해 여러 가지 구체적인 주장을 제창하였다. 먼저 민본사상을 실현할 수 있는 사람을 관직에 등용해야 한다. 왕은 하늘이 선택한 사람이다. 민간의 안정을 위해 관은 왕이 선택한 사람이다. 민간의 안정을 위해 신중하고 정밀하게 선발해야 한다.[543] 또한 왕은 백성을 우대하면서 자신의 용도를 절약해야 한다. 구체적인 정책을 정할 때 민간에게 악행을 한다면 하늘이 민을 대신해서 벌을 실시한다. 따라서 왕이나 관은 민심을 위반하는 일을 하면 안 된다.[544] 중국은 군은 신하에게 우대를 주고 신하는 군에게 충성을 지킨다는 군신관계를 존중하였으나 시대의 변천과 발전 그리고 사회의 수요에 따라 전통의 군신관계에 새로운 변화가 형성되었다. 그는 의(義)는 군신관계의 기준이다. 왕과 신하는 모두 의를 지켜야 서로 간에 의심이 없고 공동적으로 나라와 민간의 복지를 위해 노력할 수 있다고 하였다. 왕안석이 말하는 소위 의는 왕과 신하의 신분 차이는 있지만 서로의 균등한 관계를 말하는 것이다. 왕은 신하에게 우대를 제공하여 신하는 이를 보답하기 위해 왕에게도 충성을 갖고 일해야 한다. 또한 신하들 사이에 파별이 형성되면 왕에 대한 충성을 충분하게 하지 한다.[545] 왕도 신하에게 공정한 대우를 제공해야 한다. 사람들이 고생한 일을 모두 하고 싶지 않다. 고생한 일을 하는 신하들의 생활도 쉬운 일이 아니다. 왕은 항상 신하의 공을 기억해야 신하의 존엄과 대우를 보장해야 한다고

---

543 程元敏. 三经新义辑考汇评(一)－尚書IM]. 国立编译馆, 中華民國七十五年. p.210. 「天之所以立君, 君之所以設官分職者, 凡以安民而己」

544 王安石,『臨川先生文集』,「洪範傳」, 卷65, p.685.

545 邱漢生,『詩義鈎沉』, p.24.

상호관계에 대해 언급하였다.[546]

이상에서 보면, 왕안석의 현실인식은 다른 사람에 비해 독특하다는 것을 알 수 있다. 그는 다른 사람들이 사회의 폐단과 백성의 고통을 인식하고 편파적으로 백성에 유리한 정책을 주장하였으나 왕안석은 정치 윤리와 원칙을 존중하며 국과 국가, 신하와 왕의 이익을 모두 고려하는 개혁을 실시하는 것이다.

중국 고대 정치의 윤리와 원칙은 중요한 것이지만 왕안석의 말대로 시대의 발전과 변화에 따라 새로운 상황도 생길 수 있기 때문에 현실에 따라 정책의 활용을 해야 한다. 송대 사회의 중요한 폐단은 앞에서 지적한 3용의 폐단으로 개괄할 수 있으며, 지막에 용비의 폐단, 즉 국가재정문제에 집중되었다. 왕안석은 국가재정 부담의 감소를 위해 정치면에서 관원의 선발을 비롯하여 청렴과 용도의 절약을 주장하였다. 이처럼 한 가지 문제점을 해결하는데 한 가지 방법이나 측면에서 개혁하거나 폐단을 해소하는 것이 아니고 상호간에 유기적인 해결방법이 필요하다는 것이다.

왕안석이 정치를 행함에 있어 관리들의 청렴을 강조한다. 사대부가 염치(廉耻)를 알고 원칙을 지킨다면 종묘사직이 안정되고 나라가 잘 다스려진다.[547] 송대는 관리들 사이에 청탁은 상당히 보편적인 일이었다. 왕안석은 이것을 부적당하다고 인식하고 다른 사람이 준 물품을 절대 받지 않았다. 어느 날에 왕안석의 목에 질병을 걸렸는데 속관 중에 왕안석에게 홍삼을 준 사람이 있었다. 이에 그는 평소에 홍삼을 안 먹었는데 오늘날까지 살고 있다.[548]고 하고 거절하였다. 신종황제가 이일을 알고 왕안석에게 청렴을

546 (明) 胡廣, 『詩經大全』 四庫全書本 經部3, 卷9, p.36.
「人情所患, 莫切於行役之勞饑渴之害。故中心傷悲而莫有知其哀者, 則幾於不得其所而無所告訴。今歌詩遣之, 述其勤苦, 則人不知其哀, 上知之。此君子能盡人之情, 故人忘其死也」

547 王安石, 『臨川先生文集』 p.184.

548 园彭乘, 『墨客挥犀』中華書局, 2002年. p.392.

지키기 위해 자신의 몸도 주의하지 않는 사람은 진짜 청렴한 관료다.[549]고 칭찬하였다. 당시 송대는 관리들에 대한 청렴을 국가와 백성의 명운과 관련된 일로 여길 만큼 중시하였다.

또한 송조는 관리과 황실의 과도한 낭비 때문에 재정의 부담도 증가되었다. 이에 대해 왕안석은 사회의 현실과 적빈적약의 재정 상황을 고려해 관료와 황실은 용도의 절약을 건의하였다. 본인도 화려한 화장과 옷을 좋아하지 않고 용모에 대한 관심도 거의 없다. 이 때문에 현인이라고 칭했다.[550] 그는 관리 개인 용도의 절약을 강조 할 뿐만 아니라 재정의 절약도 강조하는 것이었다.

(3) 사회경제론

왕안석의 개혁내용과 방향은 20여년 관직생활을 통해 풍부한 현실정치 경험과 지식을 활용하여 경제 발전과 재정 관리에 대한 개혁제언이 주를 이루었다. 그는 국가는 합리적인 재원이 필요할 뿐만 아니라 재정분배의 방식도 효율적으로 해야 한다고 생각하였다. 그는『上仁宗皇帝言事書』에서 국가의 재정은 국민의 생산활동에서 나오므로 국민의 생산증가와 부유가 먼저 실현되어야 재정수입도 보장할 수 있다고 하였다.[551] 이러한 이재 관리 사상은 재정을 생산하고, 축적하고, 쓰는 것의 세 측면을 포괄하고 있다. 즉 자본으로 재물이 생기게 하는 것, 의(義)로 이재하는 것, 겸병을 억제함으로써 농업을 최우선으로 하는 것, 재정기구를 개혁하는 것, 재정을 보장하는 법을 세우는 것 등을 실현시키고자 하였다.

「以資生財」라는 것은 일부의 자본(資源)을 투입해서 새롭게 재화를 생산

549 『長篇』, p.5113.

550 『宋史』 p.10550.「性不好華膚, 自奉節儉, 或衣垢不瀚, 面垢不洗, 世多稱其賢」.

551 『臨川先生文集』,卷39,「上仁宗皇帝言事書 p.410.

하여 거두는 것이다. 구체적으로 말하면 농업과 상업의 발전을 격려하여 재정의 수입을 확대시키는 것이다. 생재(生財)는 국가경제의 재원이며, 국가사회 번영의 기초라고 할 수 있다. 당시 존재하였던 위기의 원인은 근본적으로 생산력이 풍족하지 않아서 생긴 것이다. 그러므로 그는 국가를 부유하게 하기 전에 국민이 부유하도록 실천과 격려가 필용하다고 주장하였다.

그는 「上仁宗皇帝言事書」에서 천하의 역량을 통해 재물이 생산된다. 예로부터 치세는 힘이 부족하면 천하의 고난이 닥치지 않게 된 적이 없다. 천하의 재물을 취함으로써 천하의 소비에 충당하니, 우환은 치재(治財)의 방도가 없게 되었을 때라고 치재의 중요성을 강조하였다. 그는 재정이 궁핍한 원인은 생산의 방법을 잃어버린 것이다. 곧 상인의 수가 지속적으로 증가하여 이익에 대해 적극적으로 추구하는 수탈을 통해 국고를 채울 수 있을 뿐이며, 재산을 모두 가져가도 부유한 사람으로 생각하지 않는다. 그는 국민에 대한 끊임없는 수탈을 반대하고 국가가 부강해지는 것은 사회의 생산력을 발전시키는 것에 있다고 하였다.[552] 그는 사회생산력 증가를 통해 백성들의 경제규모를 발전시키면 재정의 재원이 확대되어 재정수지를 개선할 수 있다고 하였다. 그러므로 사회생산력을 제고하여 먼저 백성들의 생활을 안정시키자고 하였다.

그는 확실한 이재의 방법은 나라의 부유를 실현하기 전에 국민의 부유를 먼저 실현해야 한다. 이를 통해 사회재부의 증가를 이룩하고, 천하의 부를 구하는 것이 자연적이라고 하였다. 개괄해서 말하자면 첫째, 합리적으로 인력자원을 이용하여 천연자원을 개발생산하고 재부를 만들어 국가재정의 지수를 개선하는 것이다. 둘째는 이재를 재부의 생산과 분배 그리고 유통 등에 집중하여 조직과 관리를 진행하고 재정 지출을 통제하는 것이다. 셋째로는 법률 수단을 통해 관리와 통제하고 경제에 대한 황권의 전면적인 장악을

552 『臨川先生文集』, 卷39, 「上仁宗皇帝言事書」, p.410.

실현시키는 것이다.

왕안석은 「以義理財」의 재정관리 원칙을 주장하였다. 이 사회에 팽배하고 있었다. 왕안석은 보수파를 압박하기 위한 고대 귀의천리(貴義賤利) 즉 의(義)를 중시하여 사상을 가지고 의리(義理) 의 변(辨)을 해석하였다. 그는 의와 이재가 공존하는 합리성을 강조하였으며, 이재는 의의 개념과 합치하는 것이며 이재가 의를 거슬러서는 안 되는 것으로 생각하였다. 그는 이재정책의 시행을 통해 국가의 부를 증진시키고 사회경제와 문화의 번영을 촉진하고자 하였다.

왕안석은 이재(理財)는 취재(取財)와 용재(用財) 두 가지로 나뉜다고 하였다. 취재(取財)에 관해서는 재정의 수입 측면이라 할 수 있으며, 이재는 생산력의 제고를 통해 재정수입을 증가시키는 것이다. 왕안석은 의가 이재와 결부되는 구체적인 배경 아래서 생산을 제고하는 것은 농업생산을 발전시키는 방법뿐이라고 보았다. 경제는 재정의 기초이며 농업생산과 상업발전을 제고하는 것은 재정을 증가시킬 수 있고 그에 상응하는 세수입을 늘릴 수 있다고 생각하였다.

왕안석은 용재(用財)는 재정지출 측면으로 의로써 이재하는 것은 안위를 구제하고 생산을 보조하는 것에 있다고 보았다. 동시에 생산을 더욱 잘 보조하기 위해 수리시설을 증설하고 유지하는 것은 인력을 아끼는 것이라고 하였다. 그리하면 백성의 수입뿐만 아니라 실질적인 혜택을 주는 것이다.

그가 추구하였던 사회경제에 대한 핵심적인 경세론은 농업생산력의 발전이다. 이를 위해 그는 부호들의 토지겸병을 억제하고자 하였다. 송조는 건국 이래 무장들의 세력을 견제하고 병권을 포기하게 하려고 경제적인 혜택을 주었다. 동시에 이들은 호신(豪紳)계층으로 토지를 겸병하고 면세를 받는 특권을 가지게 되었다. 그러나 송조는 짧은 시간 동안 안정을 얻을 수 있었으나 대토지가 소수에 집중되는 결과를 가져와서 소농민계층이 파산하는 지경에 이르렀다.

북송 중기에 이르러 부유한 지주계층들의 토지에 대한 강점이 심화되고 심지어 왕공대신들도 토지겸병이 지나칠 정도였다. 이에 대해 왕안석은 중앙집권을 강화하여 관리와 부호 그리고 거상들의 특권에 제한을 두고 재정을 증가하는데 이용하자고 주장하였다. 그는 겸병을 억제한다는 것은 부호들의 재산을 국가가 제한 관리하는 것이며, 세금이나 전매를 통해 겸병을 억제하고자 하는 것이다. 국가가 사회경제 발전의 통제하는 방법으로 왕안석이 추진하였던 청묘법과 농전수리법이 있다. 이 방법은 각각 다른 측면에서 농민의 경제적 어려움을 해결해주고자 한 것이라고 할 수 있다. 방전균세법도 납세의 균등부담을 실행하는 것으로 면역법, 균수법, 시역법 역시 겸병과 빈부격차의 해소를 위한 방책이라고 할 수 있었다.

이러한 정책은 농업생산을 통해 사회 재부를 늘릴 뿐만 아니라 첫째 노동력을 보존하여 생산력을 안정시키며, 둘째 자본을 확충하며, 셋째 농업 시설을 건설하여 농업생산력을 풍부하게 하였다. 이를 실현하기 위해 재정기구에 대한 개혁을 추진해야 하였다.

북송 초기와 중기의 재정규모는 이미 극도로 커져 있었으며 군주전제와 중앙집권의 요구와 제도간의 모순은 갈수록 첨예화되어 그 갈등이 심해졌다. 왕안석의 재정기구 개혁을 통해 국고를 풍부하게 하는 것이었다. 정책결정의 권한은 삼사(三司)를 벗어나 중앙에서 그 영향력이 강화되었다.

왕안석은 송조의 안정은 재정에 관건이 있으므로 국가의 법령을 정비하여 사회를 관리하고 경제를 발전시키고자 하였다. 그는 경제개혁조처로 청묘법, 방전균세법, 면역법과 농전수리법 등 구체적인 개혁안 제창하였다. 이들 개혁안에 대한 구체적인 논술은 생략하고 그의 현실인식을 통한 경세론을 중심으로 서술하고자 한다.

청묘법의 실행 범위는 호족의 겸병을 막고 물가를 안정시키는 것에 있었다. 그리하여 그들의 이권에 영향을 미쳐서 청묘법에 불만을 가지고 지속적으로 반대와 논쟁을 벌였다. 그러나 이러한 압력에도 불구하고 청묘법은 시행되었다. 국고와 식량창고의 저장 식량을 백성에게 저렴한 이자로 빌려주니 농민들은 자원해서 정부의 식량을 빌리고자 하였다. 청묘법의 효과는 시장경제에도 영향을 미쳤으며 국가의 곡식을 풀어 물가를 안정시키는 등 좋은 효과를 가져왔다. 이로 인해 자금이 원활하게 유통되어 농업 생산을 촉진하였으며, 농민의 생활고를 해결할 수 있었다. 청묘법에서 농민의 호등을 기준으로 대출해 주었다. 그러나 대출을 강요하고 실정과는 맞지 않는 대출기준을 설정하는 등의 역효과도 있었지만 물가를 안정시키는 효과적인 정책이었다.

북송 초기에는 국가가 토지조사를 하지 않아서 많은 토지가 등록되지 않은 상태로 존재하였다. 그리하여 세금이 제대로 부과되지 않았으며 재정이 악화되는 원인이 되었다. 왕안석은 방전균세법을 통해 토지조사를 통해 빠짐없이 등록하여 안정된 세수(稅收)를 얻고자 하였다. 그 결과 적지 않은 새로운 토지에서 세수가 새롭게 산출되었다. 그가 시행한 방전균세법은 측량방식을 개량하여 조사하고 토지의 등급을 일률적인 기준으로 책정하였으며 160보의 정방형을 일방(一方)으로 삼아 매년 각 토지에 대해 재측량을 진행하였다. 토질에 따라 다섯 등급으로 나누고 매 농민의 토지 등급에 따라 세금을 납부하도록 하였다.

농민들 역시 토지의 등급에 따라 경작하였으며 전호가 토지를 구매하고자 할 때도 반드시 관의 허가를 받은 후에 구매하도록 하여 비밀리에 토지가 경작되는 것을 방지하고자 하였다. 방전균세법의 시행은 국가세수에서 유실되는 분을 크게 감소시켰으며 국가재정 수입을 크게 의 증가하였다. 왕안석은 지방관을 역임한 경험으로 지방사정에 대해 밝았으며 토지문제가 북송재정의 중대한 문제임을 인식하고 있었다. 그리하여 지주가 농민에게 주는 악영향에 대해서도 파악하여 이 문제를 토지분배의 개선을 통해 풀고자 한 것이다.

면역법은 희령4년에 시행되었는데 세호(稅戶)가 자신의 등급에 따라 정부에 면역할 수 있는 금전을 납부하도록 하는 것이다. 이러한 세호는 자신의 재산에 따라 등급이 정해졌으며 만약 부유한 사람이라면 더 많은 돈을 내야만 면역이 가능하였다. 반대로 재산이 적은 사람은 적은 돈으로 역을 면할 수 있었다. 국가는 거둬들인 면역전으로 군대의 봉록을 지급하여 국가재정의 부담을 줄일 수 있었다. 또한 역으로 인한 농민의 부담을 줄이는 효과도 있어 사회발전에 도움이 되기도 하였다.

농전수리법은 황무지를 개간하고자 하는 목적에서 반포되었다. 수력을 활용하기 위해 제방과 저수지 등의 건설과 수리가 이루어졌으며, 농민에게 거두어들인 청묘전을 재원으로 하여 농전수리법에 필요한 자금을 충당하였다. 수리시설로 인한 이익이 증가하였으며, 안정적인 농업 생산이 가능하게 되어 농가수입이 증가하였다. 개간토지가 증가하여 국가의 세수 확보에 도움을 주었다.

또한 왕안석은 재정수입의 확대를 위해 균수법과 시역법의 실시가 필요하다고 제의하였다. 균수법은 수도에 필요한 물자를 충당하기 위해 실시한 법으로 조세 수송의 수량과 효용을 제고하기 위한 것으로 부세를 늘리지 않고 그 효과를 극대화하기 위해 시행되었다. 또한 이 법은 물가를 안정시키는 것에도 초점이 맞추어져 있으며, 농민의 부담을 줄이고 수도에까지 물자를 수송하기 위한 것이다. 이 법이 처음 시행되었을 때 법의 취지를 모르는 사람들도 있었지만 왕안석이 적절하게 설명하여 이해를 도운 바가 있다.

균수법의 장점 가운데 하나는 의(義)로써 이재한다는 사상에 적합하다는 것으로 왕안석은 균수법의 세 가지 목적에 대해 말한 바 있다. 첫째, 합리적인 운송방식을 채택하여 운송비용을 절감하는 것. 둘째, 상인들의 불법행위를 방지하여 모두에게 이익이 될 수 있도록 하는 것. 셋째, 정부가 개혁을 통해 얻은 수입으로 국가수입을 증진시키고 경제적 위기를 어느 정도 완화시킬 수 있다는 것이다.

시역법의 내용은 상호(商戶)가 모종의 원인으로 인해 물자를 비축해두어야 하는 경우 관에서 물건을 구매하고 다음에 관에서 이러한 물건을 필요한 다른 상호에게 전달하는 것으로, 물건이 판매되면 일정 금액의 비용을 관에 지불하거나 혹은 정부 각 기구에서 상호에 요구하는 물건으로 충당하게 하는 것이다. 분배를 통해 경제 활동을 촉진하는 작용을 기대할 수 있으며 상인이 자금난을 겪을 경우 자금을 융통해주고 금전 혹은 다른 재화로 갚게 해주는 것이다. 정부 역시 보증 및 운송의 대가로 상호로부터 수익을 얻으니 국가 재정에도 도움이 되었으며, 상업 자본시장을 확대시킬 수 있었다. 그러나 시역법은 보수파의 반대를 불러왔으며 변법파와 충돌과 갈등이 심각한 국면에 이르러 결국 왕안석이 사직하게 되는 원인이 되었다.

4) 결론

왕안석에 대한 연구와 평가는 대부분 그의 개혁 활동에 주목하고 있다. 그의 개혁 경세론은 중국 고대사상의 내용이 풍부하게 내재하고 있으며, 그의 개인적 생각과 경험이 결합되어 있다. 그는 당시 정치사회의 현실을 정확히 인식하고 국민들이 실제생활에서 필요한 요건을 충중심으로 여러 가지 개혁안을 추진하였다. 그리하여 왕안석의 개혁은 추진함에 있어 겉으로는 일시적으로 중앙과 지방의 창고가 충실해지는 국가의 재정상황이 호전되는 효과가 있었다고 할 수 있다. 그러나 왕안석이 추구하였던 개혁의 목표는 모든 정책과 방법을 충분히 동원하여 국가의 재부를 황제 일인에게 집중시켜 필요한 곳에 집중적으로 투입함으로서 정치경제와 사회문화의 발전을 추진하는 것이었다. 국가는 정치행정권력에 의해 사회경제와 관료조직 등 모든 면을 관장하고 조정하며 국가 자원을 효율적인 이용을 추진하고 감독하여 발전과 번영을 추구한다. 그러나 왕안석은 현실정치 상황에 필요한 개혁조치를 제창하고 추진하였지만 추진과정에서 생긴 여러 가지 모순과 반대로 인해 개혁은 실패로 돌아갔다.

모든 개혁의 목표는 반드시 위국위민을 기초로 해야 하며 눈앞의 이익과 장기적 이익을 모두 고려하여야 한다. 그리고 개혁을 추진하는 과정에서 최고 정책결정자의 절대적인 지지가 반드시 필요하다. 그래야만 개혁추진의 완급과 범위를 조절할 수 있으며 성과를 기대할 수 있다. 그러나 왕안석이 추진하였던 변법개혁은 사회문제를 해결하지 못하고 백성들의 생활을 더욱 곤란하게 하였다는 점이 지적되었다. 그의 변법 중에는 국고를 충실히 증가하면 관리의 정치적 업적을 좋게 평가한 경우가 있었다. 그러나 이 조처는 백성을 수탈하여 더욱 곤궁하게 하여 국가는 부유하나 백성은 더욱 가난해지는 현상을 가져왔다. 이 점도 변법실패의 하나의 원인이 되었다.

국부(國富)의 기초는 당연히 국민이 부유해야 하는 것이다. 개혁은 민부민자(民富民資) 방면에 획기적인 방법을 사용하여 국민 대다수가 부유하고 개인권력이 존중받고 의무가 존엄하게 준수되어야 한다. 또한 개혁은 실제에서 출발하여 합리적으로 정책을 결정하고 순서에 따라 점진적으로 추진하여 급진적으로 추진하여 가져오는 실패를 피해야 한다. 그러므로 개혁을 실시하기 전에 정밀하게 계획을 세우고 추진할 부서를 나눠서 합리적인 목표를 세워 그 방안에 따른 책략과 순서를 정하여 완급을 조절하여 눈앞의 큰 이익을 위해 성급하게 추진하여 큰 해가 없도록 해야 한다.

왕안석개혁의 중심방향은 선부국(先富國)을 강조하는 국가주의 위주이었으며, 백성은 국가의 명령에 따라 움직이는 존재로 인식하여 후부민(後富民) 정책이었다. 그리하여 경제분야 개혁을 추진하는 과정에서 앞서 살펴 본 바와 같이 청묘, 시역, 균수, 모역법 등 일부 계층의 저항과 반대에도 불구하고 적극적으로 추진하였다. 이 과정에서 권력자인 신종황제의 강력한 지지는그의 자신감의 근원이 되었다. 이러한 상황은 정치와 교육분야의 개혁추진에도 영향을 미쳤다. 태학삼사법 실시를 통해 태학교육을 개혁하면서 자신의 경전 해석서인 『三經新義』을 교과서로 삼고 과거고시에서 중요한 참고서로 사용하도록 하여 자신의 개혁추진의 동조자를 양성하여 선발하고자 하였다.

이상의 추진과정과 방법은 왕안석이 정책추진과 학술사상 등 모든 면에 있어 지나치게 통일을 지향하였다는 지적을 받는 원인이 되었다. 사회는 이전이나 현실사회 마찬가지로 다양하게 다원화되고 개방되어 있다. 송대 사회도 마찬가지로 사회의 발전과 변천하는 과정에서 그 어떤 시기의 시회보다도 개방되고 다양화 되었던 사회였다. 이런 시기의 한사람의 생각으로 통일을 추구한 것은 문화적 충돌을 야기한 중요한 원인으로 지적할 수 있다.

한편, 인사관리를 고도로 중시하여 인재를 적극적으로 배양해야 한다. 왕안석신법이 실패한 요인의 하나는 용인(用人)이 부당하여 사람들의 마음을 얻지 못한 것이 중요한 요인이다. 변법파 중에서 왕안석 자신은 더 말할 필요 없으며 여혜경 이하 채경에 이르는 1천 여 명 모두 개인적인 품성에 많은 문제가 있었다.

치리(治理)의 도는 민생을 안정시키는 것 보다 급한 것이 없다. 안민(安民)의 요(要)는 오직 이치(吏治)가 핵심이다. 인사는 개혁과 발전의 관건이며, 개혁가운데 가장 활발하게 추구해야 할 자원이다. 그러므로 인재들이 재주를 다하도록 조건을 만들어야 하며 재주가 쓰임을 다할 수 있는 기구조직을 만들어 인재를 양성하고 선발 등용해야 개혁을 성공을 할 수 있다.

또한 개혁 추진자 자신들이 수양을 쌓아 역량을 제고해야 한다. 그들은 사회변형을 진행할 특별한 위치에 있어서 자신들의 소양을 제고하는 것을 강화하는 것이 가장 중요하다.

결론적으로 왕안석이 인재관리를 비롯한 이치개혁 등 많은 방면에서 신법을 추진하여 단기적으로 송대 정치사회의 발전에 양호한 영향을 주었지만 자신의 인재등용과 추진과정에서 모순으로 인해 반대파의 강력한 비판에 부딪혀 실패하였다. 그러나 왕안석변법의 경험과 교훈은 오늘날 개혁을 추진하는 데 중요한 귀감이 되고 있다. 사회는 개혁을 필요로 하고 국가와 국민은 부강을 요구한다. 중국은 1978년 이후 30여 년 간의 개혁개방을 통해 결과가 부의 축적과 빈부격차 그리고 사회질서 유지 등 문제점이 나타나면서 정책의 복잡성과 종합성이 날로 가속화되고 있다. 이것은 개혁을 추진할 때 전후좌후와 상하 등 전반적인 것을 고려하여 세밀하게 사회에서 형성되는 다른 의견을 더 많이 수렴해서 추진해야 한다는 교훈을 주고 있다.

5) 참고문헌

專書

脫脫,『宋史』, 中華書局, 北京, 1985.06.

徐松,『宋會要輯稿』, 臺北, 世界書局, 1977.05.

馬端臨,『文獻通考』(武英殿本)臺北, 新興書局印行, 1965.10.

李弘祺,『宋代官學敎育與科擧(韓語版)』姜吉仲 譯, 慶尙大學校出版部, 2010.08.

王安石,『王文公集』唐武標 校, 上海人民出版社, 上海, 1974.07.

吳洪澤, 尹波 編『宋人年譜叢刊』, 四川大學出版社, 2003.

論著

魏嬌嬌,「王安石社會敎化思想硏究」, 河南大學, 2009.

胡昊宇,「論王安石的行政法治思想」, 西南政法大學, 2009.

李旭然,「王安石政治思想硏究」, 西北大學, 2008.

劉寧,「王安石人才敎育思想硏究」, 東北師範大學, 2007.

陸明明,「王安石行政倫理思想初探」, 黑龍江大學, 2014.

牛思仁,「北宋仁宗朝的太學及其學風 文風」,『西北師大學報』, 2015 52(4) pp.33-41.

姜吉仲,「北宋吏治法改革論議之硏究」,『華岡文科學報』(中國文化大學) 第21期, 臺灣, 1997.3.

李瑾明,「王安石의 집권과 신법의 시행」,『역사문화연구』, 제35집(2012).

李瑾明,「王安石신법의 시행과 당쟁의 발생」,『역사문화연구』, 제46집(2013).

申採湜,「王安石 改革의 性格檢討 : 특히 新法의 保守性에 관하여」,『동양사학연구』51, 1995.

梁種國,『宋史特奏名의 成立과 社會的의 意義』,『歷史學報』, 148輯 1995.

李瑾明, 「『宋史筌』에 나타난 王安石과 王安石의 개혁」, 『중앙사론』, 36, 2012.
李瑾明, 「王安石 新法의 시행과 黨爭의 발생」, 『역사문화연구』, 46호, 2013.
梁濤, 「王安石政治哲學發微」, 『北京師範大學學報』, 2016, 255(03) pp.96-107.

8. 포증(包拯)의 현실인식과 경세관

1) 서론

포증(包拯, 999-1062)의 자는 희인(希仁)이고 북송 시기 노주(廬州, 現安徽合肥) 사람이다. 진종 함평(咸平) 2년(999)에 출생하여 인종 가우(嘉祐) 7년(1062)에 사망하였다. 동시대 인물인 구양수(歐陽修, 1007-1072)는 포증을 어렸을 때 효행을 행한 사람으로서 고향(鄉里)에 널리 알려졌으며, 나이 들어서는 곧은 절개가 있다고 조정에 알려졌다고 하였다. 사람들은 그를 포노인(包老人), 포공(包公)이라고 칭하였다.[553]

인종 천성 5년(1027) 진사에 급제하고 대리평사(大理評事)직을 제수받아 건창현(建昌縣)에 취임하였다. 그 후 10년 동안 부모를 모시다가 경우(景祐) 3년(1036)에 천장현(天長縣)에 취임하였다. 그 후 단주지주(端州知州), 노주(廬州)지주와 하북전운사(河北轉運使) 등 지방관직을 역임하였다. 가우(嘉祐)3년(1065)부터 3년 동안 우사랑중(右司郎中)으로 개봉부에서 취임하였다. 그 후 중앙에서 감찰어사, 지감찰원(知監察院), 삼사사(三司使), 추밀부사(樞密副使) 등 관직을 역임하였다.

가우 7년(1062) 64세로 세상을 떠났고, 사후 예부상서의 추봉을 받았으며 효숙(孝肅)의 시호를 얻었다. 황우 2년(1050)에 천장각대제(天章閣待制), 4년(1052) 용도각직학사(龍圖閣直學士)의 봉호가 있어 민간에서 그를 포대제(包待制)라고 칭하였으며, 『包孝肅奏議』 10권을 남겼다. 포증 『문집』 가운데 주의(奏議) 187편 중 절반 이상이 당시 정치사회의 폐단과 부패한 관원 등에 대한 지적이 상당히 많다. 예를 들면, 그는 왕규(王逵, 992-1072)를 탄핵하기 위해 그가 처벌을 받았을 때까지 7 차례 상소를 계속할 정도로 원칙을 지키고 올바르다고 생각한 일은 끝까지 견지하였다. 이처럼 그는 공무를 처리함

553 歐陽修, 「輪包拯除三司使上書」 張國華 著 『包拯身前身後事』, 中國經濟出版社 2002 p.317.

에 사적인 이익보다 공적인 이익을 우선 고려하여 추진하였다.

주지하는 바와 같이 송조는 초기부터 당쟁이 시작되어 영종시대에는 더욱 격렬해졌다. 그러나 포증은 당파나 당쟁에는 관심이 없어 어느 편에도 가입하지 않고 자신의 원칙을 지키면서 정의와 공평한 입장을 견지하며 황권의 위엄과 사회의 안정을 최우선으로 하였다. 당시 정치적 상황에 대해 그는 당파간의 투쟁문제가 해결되지 않으면 국가에 유용한 인재들이 사라질 수밖에 없으며, 모든 일을 당파의 입장에서 판단하면 진정한 인재라도 자신의 능력을 충분히 표현하지 못한다고 하였다. 또한 당파싸움으로 명예에 충격을 받거나 일을 제대로 이루어 지지 못하는 등 모두 나라에 큰 피해가 될 수 있다. 폐단을 과감하게 지적하고 분명히 권계(勸誡)하지 않으면 이것이 국가의 대환(大患)이라고 하였다.[554]

포증은 많은 주의(奏議)에서 국가의 안정과 국민의 복지를 추구하는 정책을 제창하였다. 당시 현실정치에는 관리의 수가 많고 백성에게 부과되는 세금이 과중하였다. 이런 상황에서 포증은 관료의 감축과 정치효율의 제고를 주장하였다. 또한 그는 불필요한 기구조직의 축소와 폐지 등 인정(仁政)을 베풀어야 한다고 제창하였다.

포증의 26년 관직 생활은 주로 송대 정치의 변혁 시기인 인종시기에 이루어졌으며, 감찰직과 재정직의 대신을 역임하였다. 그는 이러한 정치적 경험과 교훈을 기반으로 국가와 백성의 복리 증진을 위해 노력하여 「포청천」이라는 별칭이 얻었다.

본고에서는 포증이 당시 정치경제와 사회문화 그리고 국제관계에 대해 가졌던 현실인식과 경세관을 그의 『문집』을 중심으로 살펴보고자 한다.

---

554 楊國宜 包拯集編年校補 合肥 黃山書社 1989(이하 『包拯集編年校補』) 卷1, 「論取士」 「臣伏聞近歲以來 多有指名臣下為朋黨者 期間奮不顧身 必曰朋黨相助 退一庸才 必曰朋黨相嫉 遂使正人結舌 忠良息心 不敢公言是非 明示勸誡 此最為國之大患也」, p.4.

2) 吏治法 運用에 대한 經世觀

북송은 북방유목민족과 충돌과 화의의 교체 속에서 167여 년 동안 9명의 황제가 존재했던 역사상 중요한 시기라 할 수 있다. 또한 중국 봉건왕조체제가 쇠퇴의 단계에 접어들어 통치자들은 국가의 위기를 극복하기 위해 다양한 방법과 대책을 추진하며 중앙집권화를 추진하였다. 그 결과 행정기구조직이 대대적으로 증가하였고 다양한 행정조직의 운용을 통해 황권의 강화를 추진하였다. 또한 지방의 행정조직도 정비하여 당대 주, 현 체제가 송대는 로(路), 주, 현 체제로 바꿨다.

송대 관리의 선발과 관리(管理)는 과거고시, 천거, 음보 등 다양한 방법으로 이루어졌다. 과거고시제도는 관리 등용의 가장 핵심적인 방법으로 영종시기(1032-1067) 이후 정형화되면서 지식인들이 관리에 진출하는 중요한 방법이 되었다. 그 후 관리정원의 확대에 따라 관리의 수가 크게 증가되었으며, 황실과 구귀족 관리들의 친족들은 음보를 통해서 관계에 직접 진출할 수 있어서 부단히 관리가 증가하는 또 다른 원인이 되었다.

관리에 대한 심사와 고찰은 소고(小考) 1년 1회, 대고(大考) 3년 1회 실행하였다. 기본적으로 나이와 경력은 인사고과 심사와 고찰의 중요한 기준으로 임기 동안 큰 과실이 없으면 승진될 수 있었다. 이 때문에 구습에 젖은 관리들이 직무에 적극적이 않고 책임감도 없어 관료조직에 부패의 분위기가 만연하였다.

송대 관료체제는 관(官)과 직(職)은 서로 분리하고 명(名)과 실(實)은 서로 달랐다.[555] 이러한 관리임용제도는 중앙집권에는 유용하지만 전체적으로 부정적인 영향도 대단히 많다. 구체적으로 보면 기구의 중복과 직능의 복잡성 그리고 제도의 혼란 등을 그 폐단으로 지적할 수 있다. 중대한 국정에 대해 의견을 제시하는 사람은 없고 책임을 물을 때 책임 질 사람도 없다. 다들

555 『包拯集校注』, 卷1, 「論取士」, 「官與職分 名與實殊」, p.3.

과실이 없는 관원이 좋은 관원이라고 생각하고 시간이 지나면 승진이 되며 개편과 개혁에는 전혀 관심이 없었다. 관원에 대한 상벌제도도 초기에는 엄격하게 실행한 적이 있었지만 폐지되었다. 이러한 당시 정치적 배경은 포증의 현실정치에 대한 인식과 이치법운용 등 그의 경세사상 형성에 영향을 주었다.

국가 행정기구의 효율성은 관리의 직무수행의 성과 여부와 긴밀한 관계가 있다. 포증은 현명한 인재와 청렴한 관료는 국가의 중추세력으로 황제가 안정되고 효율적인 정치를 하려면 뛰어난 관리의 보조가 반드시 있어야 정상적으로 이루어질 수 있다고 인식하였다. 또한 황제는 모든 일을 다 관장할 필요가 없이 원칙과 관건만 제시하여 권장하고 나머지 일은 현명한 신하에게 맡기면 더 좋은 결과가 나올 수도 있다. 그러므로 재능이 있는 사람을 관리로 등용해야 한다고 제창하였다.

관리선발에서 재능이 있는 사람을 선발하려면 그에 따른 적당한 방법이 필요하다. 고대이래로 덕행은 선관의 기초이지만 사람의 덕과 행은 즉시 알 수 없고 시간이 지나야 판단할 수 있다. 포증은 충성심을 기반으로 관료에게 황제를 보좌하는 방법을 교육시켜 관리의 덕과 능력을 판단하여 그에 따른 적당한 관직을 부임하자고 하였다.[556] 이 방법은 그의 원칙이고 선관할 때 자신의 경험을 바탕으로 충성과 덕행에 의해 사람을 선발하였다.

포증은 등급에 따라 인재를 선발하는 구체적인 방법을 주장하였다. 문과 무 또는 품계로 인재를 구별하는 것은 반드시 할 일은 아니다. 사람마다 능력과 품행이 다르기 때문에 더욱 효율적인 방법이 필요하다.[557] 그는 인종에게 상소를 올려 자격과 계품에 따라 선관하지 말고 능력에 의해 등용하자고 하였다. 변계(邊界)에 주둔할 장군을 선발할 때 전략과 전술적인 면의

---

556 『包拯集校注』, 卷1, 「論取士」, 「以賢知賢 以能知能 知而用之之謂也」, p.4.

557 『包拯集校注』, 卷2, 「請罷同州韓城縣鐵冶務人戸」, 「用人之道 不必分文武之異 限高卑之差 在其人如何耳 若得不進次用 則必有成效」, p.106.

능력을 심사하고 품행을 고려한 다음에 관건인 점에 문제가 없으면 등용할 수 있다.[558] 감찰어사는 관직에 맞는 능력의 소유 여부를 기준으로 하면 적당한 사람을 선발할 수 있다.[559] 자격과 나이에 제한이 없고 능력에 의해 선발하는 방법은 관료제도에 있어서 일종의 개혁이었다.

중국 고대 관리선발에는 여러 가지 방법이 있었다. 주나라 때부터 선관제도의 초기형태가 나타나서 한(漢) 나라에 이르러서는 이미 상당한 단계로 발전되었다. 한대와 위진남북조를 거치면서 찰거제도와 구품관인법의 시행 그리고 수당시대에 과거제도가 등장하였고 송대에 이르러 다양한 방면에 대한과 개혁과 발전을 통해 과거 고시제도의 정형화가 이루어졌다. 포증은 「論取士」에서 당 현종(玄宗, 742-756) 천보(天寶)년간의 과거제도를 크게 찬성하였다.[560]

앞서 언급한 것과 같이 과거제도는 수당시대에 시작하여 중국 선관제도의 핵심이 되었다. 그러나 여러 가지 요인으로 인해 제대로 실행되지 못하였다. 송대 초기에도 실행 방법과 제도 그리고 법률의 완비가 부족하였기 때문에 그 효율성이 보장되지 못하였다. 포증은 당시 과거제도의 폐단에 대해서 다음과 같은 의견을 제시하였다.

송대 과거제도에서 호명과 등록법은 공평성을 보장하기 위해 사용한 방법이다. 호명법은 미봉(彌封)이라고도 하며, 감독관이 응시자의 이름을 모르게 하여 시험지를 평가하는 방법이다. 등록법은 감독관이 응시자의 필체를 모르는 상황에서 시험지를 평가 하는 방법이다. 이에 감독관과 응시자 간의 부정적인 소통을 방지하는 효율적인 방법으로 과거고시의 정상적인 질서와 의미를 지킬 수 있도록 하였다. 그러나 포증은 당시 과거시험에서 이러한 법이 제대로 실행되지 않았다고 지적하며, 과거고시에서 호명(糊名)과 등록

558 『包拯集校注』, 卷1, 「奏許懷德上殿陳乞」, 「取人之要 無大於此」, p.49.

559 『包拯集校注』, 卷3, 「論委任大臣」, 「秩序差淺 用人不次 必無畏避」, p.217.

560 『包拯集校注』, 卷1, 「論取士」, pp.3-7.

(謄錄) 제도의 회복하여 과거의 절차가 더욱 완벽하게 이루어지고 고시의 공평을 지킬 수 있고 그의 효율성도 보장해주고자 하였다.[561]

또한 그는 봉박(封駁)제도의 회복을 주장하였다. 봉박은 한(漢)대에 실시한 제도로 수당에 이르러 제도화되었다. 송대는 전대의 제도에 의거해「門下封駁司」를 설치하였다. 그러나 당직 관원들의 부정행위 때문에 실제로 실행되지 못하는 등 과거제도에 대해서 미친 영향이 컸다. 이에 대해 포증은「請復封駁」에서 제도의 회복을 주장하였다.[562]

송대는 관리임명에 있어서 관(官)과 직(職)을 분리 실행하였다. 과거를 통과하여 정식으로 관직을 제수 받은 사람을 차견을 받았다고 하였다. 당시 용관이 많이 발생한 상황에서 모든 관직에 관리를 임명할 때 반드시 부족한 경우에만 실시하자는 보궐(補闕) 제도에 대한 개혁을 제창하였다.[563]

또한 송대에도 여전히 음보제도가 선관의 한 방법으로 실시되고 있었다. 세습제도와 다르지만 관원의 자손들은 과거를 통과하지 않아도 관리에 진출할 수 있는 방법이었다. 그러나 용관발생의 근본 원인의 하나이며 과거제도에 대해 악영향과 폐단이 발생하자 음보의 후보자들에게도 시험을 실행하자는 의견이 제창되었다. 그리하여 송대는 사대부의 자제들도 학문에 대한 관심과 의욕이 많아졌다. 이런 현상에 대해 그는 나라에서는 인재를 배양하는 것보다 사대부 집안의 인성을 키워야 하며 이를 인재를 양성하기 위해 근본적인 방법이라고 하였다. 그러나 정상적으로 실행되지 못하고 폐지하고자 하였다. 이에 포증은 심각한 고려가 없는 소리라고 상세한 규정을 정하여 옛날처럼 실행하자고 인종에게 건의하였다.[564]

그 후 포증은「請選廣南知州」에서 진일보해서 말하기를 관원 집안의 자제

561 『包拯集校注』, 卷1,「請依舊封彌謄錄考校擧人」, p.15.

562 『包拯集校注』, 卷3,「請復封駁」, p.220.

563 『包拯集校注』, 卷1,「請令審官院以黜狀定差遣先後」, p.216.

564 『包拯集校注』, 卷1,「論取士」,「未之熟思爾, 乞只令有司詳定 依舊頒行」, pp.3-7.

들은 어려서부터 관의 신분을 가지고 있어 공부를 하지 않은 경우에도 지방관에 임명된다. 지방 일에 아직 익숙하지 않는 상태에서 또 다른 관직에 임명된다. 상황이 이런데 국가의 중대한 임무를 어떻게 그들에게 위임할 수 있겠느냐. 관원의 자제는 관이 될 능력과 교육이 부족하기 때문에 빠르게 승진되는 것은 통제가 필요하다고 주장하였다.[565]

한편, 송대 천거도 중요한 선관제도였다. 중앙관료와 지방의 전운사는 모두 추천의 권한을 갖고 있었다. 포증은 단주에서 있었을 때 어사중승 왕공진의 추천을 받아서 감찰어사를 담당하였다. 그는 천거제도의 부정행위를 예방하기 위해 연좌제 실시를 주장하였다.[566] 포증 자신도 이 규칙을 잘 지켰다. 그가 치화 2년(1055) 불초한 사람을 추천하였는데 지방으로 좌천을 요구하는 등 연좌제를 요구하면서 관료제도의 분위기가 좋아졌다.

북송시대 특히 경덕(1004-1007), 대중상부(1008-1016)시기에 문관과 무관의 인원수는 9,785명이었는데 인종시기에 이르러 인원수가 17,300여명을 넘었다. 40여 년 동안 그 수가 2배 정도 증가하였다.[567] 관리의 수가 증가하면 반드시 재정지출의 거액증가가 필연적으로 재정의 악화를 가져오고 적빈적약의 풍조를 형성한다. 그러므로 포증은 관원의 수를 감축하여 재정지출을 축소하자는 주장을 상소하며 인재의 등용은 왕의 중요한 품덕이라고 하였다.

당시 관료 중에는 탐오부패가 매우 심하였으며, 심지어 황제가 임명하고 싶은 관리에 대해 서로 작당하여 무고한 혐의로 비판하기도 하였다. 이 때문에 재능이 있는 많은 관료들이 적재적소에 임명되지 못하는 인재 손실의 폐단을 가져왔다. 포증은 이런 현상이 지속적으로 이루어진다면 인재들은 모두 무고혐의 때문에 등용되지 못하고 그렇지 못한 사람들이 이 기회를

565 『包拯集校注』, 卷1, 「論取士」, pp.3-7.

566 『包拯集校注』, 卷1, 「請重坐舉邊吏者」, p.44.

567 『包拯集校注』, 卷3, 「論冗官財用等」, p.140.

이용해서 등용이 된다.[568] 역사의 경험과 교훈을 통해 용인의 방법을 학습하여 재주와 능력에 맞는 자리에 부임시키자고 하였다.[569]

또한 송대 관리의 고과(考課)와 승강(升降)방법은 마감수관(磨勘授官)의 방법을 실행하였다. 그 규정은 문관은 3년에 1 질(秩, 차례), 무관은 5년 1질이었다. 4선7사3최(四善七事三最)[570]를 고과표준으로 삼았지만 임직기간과 과실이 없는 사람들은 모두 승진하였다. 그리하여 정치실무 업무업적은 더 이상 승진의 근거가 되지 않았으며, 오직 경력(資序, 자격)이 승진과 발탁의 관건이었다.[571] 이런 자서(資序)를 중시하고 정치업적을 경시하는 고과제도는 결국 북송시기 관리들을 공실(功實)을 추구하지 않고 세월만 기다려서 승진하여 죽지만 않으면 누구들 공경이 되지 않겠느냐고 하며, 송대 마감제도가 각급관리들의 진취적인 업무정신과 의지를 약화시켰다고 하였다.[572]

경력신정 실패 이후 개혁파 관료들은 붕당의 죄명으로 비판을 받게 되었다. 포증은 붕당이란 죄목은 대부분 충성한 관료에게 모함하는 죄명이다. 고대 이래 선관제도의 성공여부는 사회의 안정과 국가의 발전을 실현하는 중요한 조건이다. 그러므로 그는 작은 과실이 있는 진정한 인재는 기회를 줘서 등용하자는 포용적인 태도를 취하며 과거의 과실 때문에 한 사람 전체

---

568 『包拯集校注』, 卷1, 「論取士」, 「有才者以形跡而不敢用 不才者以形跡而或行」, p.7.

569 『包拯集校注』, 卷3, 「論茶法 一」, 「知人用人之道」, p.143.

570 송대 관리의 고핵의 내용과 방법은 직무에 따라 달랐다. 宋代考核官吏的内容因职务而异, 据《宋史 · 职官三》记载, 四善은 덕의(德義)로 소문나고, 청근(清谨)明著、공평(公平)하다 칭할 만하고, 각근비해(恪勤匪懈)를 말하고, 七事는 고핵감사(考核监司)로 "一日举官当否, 二日劝课农桑、增垦田畴, 三日户口增损, 四日兴利除害, 五日事失案察, 六日较正刑狱, 七日盗贼多寡"②《宋史》卷163《职官三》。。②《宋史》卷163《职官三》。。三最为"狱讼无冤、催科不扰为治事之最；农桑垦殖、水利兴修为劝课之最；屏除奸盗、人获安处、振恤困穷、不致流移为抚养之最"《宋史》卷163《职官三》。据《宋会要 · 职官》10之20载, 이 "三最"는 神宗熙寧元年(1068年) 정해진《守令四善四最》考课法, 그 법을 "四最"라 칭하였지만 내용은 단지 "三最"에 불과하다.

571 李心傳, 『建炎以來繫年要錄』, 卷100, "有善最者不賞, 有過嚴者者無."

572 『宋史』, 卷155, 職官志1.

를 부인한 것은 과도한 반응이라고 하였다.[573]

또한 포증은 「七事」에서 명예와 실무는 대립하는 관계가 있다. 진명(進名)은 명예를 구하기 위한 것으로 인재들이 이 때문에 곤란한 상황에 빠질 수도 있다. 진정한 명예를 구하는 사람은 왕의 은혜에 보답할 마음을 가진 사람이다. 그렇지 않으면 허무한 명예를 추구한 사람으로 실무를 제대로 하지 않는 관료가 허무한 명예에 관심을 갖는다고 하였다. 또한 공자는 군자는 자기의 명예보다 세상을 걱정한다. 가의(賈宜, BC 200~BC 168)는 용사들은 명예를 위해 죽는다고 하며, 사람은 명예를 중시할 수밖에 없으며 실무는 명예의 기본이라고 지적하였다.[574]

그러나 당시 관료사회에서는 명예를 추구하는 사람에게 부정적이어서 부패한 관료계층의 문화와 사인의 기풍이 더욱 악화해졌다. 포증은 관료들은 실무와 왕에 대한 충성에 집중해야 진명(進名)의 집착에서 탈출할 수 있다. 또한 의심을 가지면서 사람을 등용하면 부적절하다. 정말 의심스러운 사람은 등용시키지 말아야 한다고 하였다.[575]

포증은 이치(吏治)는 황권의 안정과 밀접한 관계가 있으므로 엄격한 법에 의해 관리해야 하며, 관리들의 청렴을 유지하기 위해서 덕과 법 두 가지 방법을 제창하였다.

당시 정치사회의 상황은 이미 폐단이 노출되는 등 위기가 출현하기 시작하였으며, 탐오하고 부패한 관료사회는 정치사회에 큰 위험으로 제기되었다. 포증은 관료 생애 동안 지방 장관을 여러 차례를 담당한 적이 있으며, 감사어사, 어사중승 등 감찰관료도 경력이 있었다. 이 때문에 포증은 당시 관료제도의 폐단에 대해서 정확한 인식을 갖고 있었다.

---

573 『包拯集校注』, 卷3, 「七事」「吹毛求其疵點, 洗垢出其瘢痕, 是詞其細而忽其大, 從而使無任才之便, 有塞才之害.」「使功不如使過」, pp.203-208.

574 『包拯集校注』, 卷3, 「七事」, 「君子疾沒世而名不稱焉, 烈士殉名」, p.203.

575 『包拯集校注』, 卷3, 「七事」, p.203.

포증은 엄격한 법률과 제도를 통해서 탐오부패 등 부정행위를 처벌해야 국가의 안정과 백성의 복지를 보장할 수 있다고 생각하였다. 그는 「論星變」에서 탐오한 관리의 수가 많은 이유 중에는 법률의 관용이 그 하나라고 지적하였다. 그리하여 그는 인종에게 더욱 엄격한 법률과 적용이 필요하다고 상소하였다. 송대 장전(張田)이 편찬한 『包拯集』에는 187편의 상소가 수록되어 있다. 그 중에 35편의 상소에서 61명의 탐오한 관료들을 지적하였다. 탐오행위는 9명, 민간에 침범은 7명, 성적이 없는 13명, 무용한 사람 18명, 사적인 보복은 11명, 무단돌발은 3명이 있다. 다음과 같은 문장을 통해서 포증의 이치사상을 알 수 있다.[576]

포증과 관한 이야기에서 그가 탐오한 관료에 대한 처벌을 얼마나 중시하였는가를 알 수 있다. 장요자(張堯佐)가 삼사사를 담당하였을 때 포증은 간의대부를 담당하고 있었다. 장씨는 황실 친족으로 탐오하고 부패를 저질러서 이로 인해 많은 농민들이 아사(餓死)하였다. 포증은 장씨를 탄핵하기 위해 인종에게 몇 번의 상소를 올렸으나 장씨의 신분 때문에 결과가 없었다.

그리나 이를 계기로 장씨를 탄핵하자고 주장하는 관료가 많아져서 인종은 장씨의 본직을 해임하고 그에게 宣徽南院使 淮康軍節度使 景靈宮使 群牧制置使로 전임(轉任)하였다. 이에 포증은 계속 상소를 보내 지적하여 장씨가 절도사를 사직하였다. 가우 원년에 포증이 개봉부윤을 담당하였을 때 홍수가 발생하였다. 당시 하천공정에서 탐오의 현상이 있다고 판단하고, 백성의 권리를 보장하기 위해 하류 옆에 있는 부당한 건물을 모두 제거하였다.

이치의 관리는 법률이 필요할 뿐만 아니라 현명한 인재들도 없으면 안 된다. 관료의 개인적인 수양은 이치의 운용과 관리에서 중요한 조건이다. 포증은 탐오 현상을 예방하기 위해서 덕행이 선관과 이치의 기준이라고 주장하였다. 포증은 덕행 선관에 대해서 현인을 구하는 것은 혼란한 세상을

---

576 楊國宜, 『包拯集校注』, 卷3, 「彈張堯佐 一」, p.173.

구하는 것이며, 청렴 여부의 기준으로 현인을 평가하고 등용한다.[577]

관료는 황제와 백성사이의 중개인이다. 황제는 충성을 하고 정치를 잘 할 수 있으며 품행이 나쁘지 않는 사람을 뽑아야 한다. 그는 「天章閣對策」에서 정부가 용감하고 정치력이 있고 책임감이 있는 사람을 찾아야 한다. 이런 사람에게 일을 안심하고 부탁할 수 있다고 하였다. 그러나 그는 당시의 과거제도로는 이런 인재를 충분히 뽑을 수 없어서 품행도 심사해야 결과가 더욱 좋아질 수 있다고 지적하였다. 당시의 공거는 이미 그의 목적과 멀어졌으며 실질적인 인재를 선발할 수 없었다. 과거에서 품행에 대한 심사를 추가해야 하고 공거에서 추천인의 책임도 명시해야 한다고 주장하였다.[578]

송대에는 덕행의 기준 밑에 청렴, 공평, 노력 등 4가지 자세한 기준이 있었다. 또한 이와 관련 된 기구를 설치하여 관원에 대한 심사를 구체적으로 실시하였다. 그러나 실제로 법률과 규정이 제대로 실시되지 못해 정치와 사회에 미친 영향이 컸다. 포증은 법을 잘 지킨 사람은 무능한 사람으로 인정하고 법을 지키지 않는 사람을 유능한 사람으로 생각하는 당시 상황에 대해 포증은 감찰권의 강화를 통해서 개선해야 하며, 황제는 벌을 명확하게 실시하는 것이 중요하다고 하였다. 또한 상을 과도하게 주면 안 되고 벌은 꼭 실시해야 한다. 충성한 사람은 반드시 등용해야 하고 부정적인 사람은 반드시 퇴출해야 한다. 그리하여 상벌이 명확해져야 관료와 백성들은 모두 공을 세우기 위해 노력하고, 큰 과실을 하지 않는다.[579]

한편, 포증은 황제가 어떤 사람을 등용하여 어떤 임무를 담당케 하느냐가 중요하다고 하였다. 인재는 정치적 안정 여부의 관건이다. 현명한 인재는 출신가문과 자격은 중요하지 않고 어떤 면에 뛰어난지 어떤 일을 담당하게

---

577 『包拯集校注』, 卷3, 「請選用提轉長吏官」, p.211.

578 『包拯集校注』, 卷2, 「天章閣對策」, 「臣謂謹之切務者, 在擇政府大臣敢當天下之責, 獨立不懼, 而己安危為己任者。委以經制四方, 庶幾可弭向者之患, 而紓陛下之憂矣」, p.113.

579 『包拯集校注』, 卷1, 「請依舊封彌謄錄考校舉人」, pp.15-21.

하는지 가 중요한 일이다고 생각하였다.

그는 감찰관료의 선발에 주목하여 감찰 기구를 설치한 이유는 조정의 규칙과 황제의 이목이기 때문이다.[580] 그러므로 어사대의 책임은 매우 크며, 법률의 집행과 감독은 그들의 직무였다. 또한, 송대 전운사, 안찰사, 제형사와 상평사는 지방의 감찰관으로 관리과 민간에 대한 감독과 관리 그리고 재정의 운송 등[581]이 중요한 직무였다. 감찰관료들의 능력은 국가의 안정과 발전에 직접적인 영향을 미친다. 중앙의 감찰관료는 특별한 이유가 없으면 경솔하게 임명하면 안 된다. 지방도 마찬가지로 청렴하고 유능한 사람에게 이 직무를 위임해야 한다.[582]

이상과 같이 송대 관리들에 관리, 즉 이치가 구습과 인순에 젖어 있었으며 이로 인해 조성된 3용의 폐단에 직면하여 문신관료 사대부들은 부단히 개혁을 통해 흥리제해(興利除害) 하여 기강을 진작하자고 건의하였다.[583] 그는 인종 강정원년(1040)에서 가우(嘉祐) 7년(1062)사이에 용인(用人), 선관(選官), 고과(考課), 승출(升黜) 등 관리에 대한 관리(管理)제도에 대해 많은 개혁을 주장하며 비교적 계통적인 관리제도를 형성하고자 하였다.

그는 인재선발과 임용에 있어 무재(無才)한 사람이 등용되는 누적된 폐단을 지적하고 인재를 선발하여 적소에 임용해야 한다고 하였다.[584] 그리고 용인의 도(道)는 문무(文武)의 차이를 구분하는 것이 아니고 고비(高卑)의 차이를 제한하는 것으로 그 사람의 능력이 어떠하냐를 구분하는 것이다. 무관은 마땅히 어떻게 적을 제압할 수 있느냐 변방을 안정시킬 생각을 묻고 말투가 환기(環奇)한가를 살피고 거동이 가볍지 않은 자를 등용하는 것이

580 『包拯集校注』, 卷1, 「請重斷張可久」「朝廷用之為紀綱 人君委之如耳目」, p.32.

581 『包拯集校注』, 卷1, 「乞斷向綬 一」, 「察官吏之能否, 辨獄訴之冤濫, 以至生民利病, 財賦出入, 莫不蒞焉」, p.78.

582 『包拯集校注』, 卷1, 「論取士」, 「非端劲特立之士, 不当轻授」, p.4.

583 『包拯集校注』, 卷3, 「清選內外計臣,第一章」, p.162.

584 『包拯集校注』, 卷4, 「請罷知雄州劉兼濟」, "方今不患王材, 但患不能用耳." p.233.

취인의 요체로 이것 보다 중요한 것은 없다고 하였다.[585] 이사과 같이 관리선발에 더욱 신중을 기하여 엄선하자, 그렇지 않으면 단지 잘 다스리는 못할 뿐 만 아니라 해롭게 하는 것을 막지 못하게 된다고 하였다.[586]

예를 들면, 대간기관은 조정의 눈과 귀의 기관으로 그 관리들이 맡은 책임은 다른 관리들 보다 중요하다. 그러므로 그 선임(選任)에 신중을 기해야 한다. 포증은 간의대부(諫議大夫)와 어사대가 정치득실과 조정기강 확립 등 각기 맡은 바 업무에 충실해야 하고, 재정과 사법의 중임을 맡은 전운사와 제점형옥사도 그 권한 대단히 중요함으로 책임도 크다 그러므로 반드시 신중하게 업무를 처리하고 절대 가볍게 행하지 않아야 한다고 하였다.[587] 포증은 인재라 해도 모든 것이 완전할 수 없다 중요한 것은 버리지 않고 사용하는 것으로 그들이 가진 장점을 사용하고 단점을 버리자고 하였다.[588] 결론적으로 그는 구현(求賢)의 성공적인 경험을 기초로 지인선임(知人善任)을 강조하였다.[589]

또한 송은 관리에 대한 고과(考課)와 승출(陞黜)은 1년 1소고(小考, 단편적인 평가), 3년 1대고(大考)로 문관은 3년 1임(任), 무관은 5년 1임의 방법으로 4선7사3최를 내외관리에 대한 고과의 표준으로 삼고, 상중하 3등으로 고과를 분리하여 그 우열을 정하였다. 송초에는 심관원(審官院)과 마감사(磨勘司) 등 기구를 설치하여 고과의 책임을 부여하였다. 그러나 송은 너무 지나치게 근무연한(資序)을 중시하여 연로한 사람이 계속해서 승진하게 되고 진정한 재주를 가진 사람이 연한 부족으로 승진에서 탈락하는 경우가 발생

585 『包拯集校注』, 卷1, 「論邊將, 第一章」, p.56.

586 『包拯集校注』, 卷3, 「論委任大臣」, "若任而不擇, 擇而不精, 非止不能爲治, 抑所以爲害矣.", p.216.

587 『包拯集校注』, 卷3, 「論委任大臣」, p.216.

588 『包拯集校注』, 卷3, 「精選用提轉長吏官」, "所擧之人, 或才有合格, 以微文不用, 故不才者往往進焉, 乃是詞其細忽其大, 恐非任才之意也." p.210.

589 『包拯集校注』, 卷3, 「論委任大臣」, "若知而不用, 用而不能盡其才, 何以致理哉!" p.216.

하였다.

이상과 같은 인재를 억압하는 제도에 대해 포증은 격렬하게 비판하고 간의대부등 관리들이 나서 줄 것을 요구하였다. 그는 이 폐단을 개혁하기 위해 관리의 승진과 탈락을 평가하는 데에 먼저 실적(實績)을 중시하고 근무연한을 고려하자고 주장하였다.[590]

다음으로 탐관과 간험(奸險)한 무리에 대해서 그는 염(廉)자는 백성의 표상(表)이고, 탐(貪)자는 백성의 적이라고 하며, 자주 악한 일을 하는 사람을 마치 원수와 같이 여겨 공평하고 정직하게 정정당당하게 정치해야 한다고 하였다.[591]

그는 당시 재용이 부족하여 창고가 고갈되고 사졸(士卒)들이 교만하고 게을러서(驕惰) 곤경에 빠진 상황에 직면하여 현실은 이미 곤란하다. 동시에 기율을 진작하고 붕점(崩漸)을 두절할 수 있는 대호기라고 하였다. 이를 위해 조정에서 이 기회를 잘 이용하여 현자를 등용하여 도움을 받아 정치체제를 바로 잡고 경계하는 데 도움으로 삼자고 하였다.[592]

또한, 포증은 날로 증가하는 용관과 용병으로 인해 형성된 용비의 문제에 대해서 정감(精減)을 강하게 주장하였다. 그리하여 관리들의 업무효율과 군대의 전투능력을 증강하자고 하였다. 또한 관리들에 대해 감독을 강화하고 언로를 확대 개방하여 불법을 저지른 관리에 대한 탄핵을 허용하여 경계를 삼도록 하자. 이를 통해 국가재용의 지출을 크게 감소하지 않으면 아무리 좋은 계책이 있어도 구제할 수 없다고 하였다.[593]

마지막으로 포증은 북송의 치사(致仕)제도에 존재하였던 여러 가지 문제

---

590 『包拯集校注』, 卷3, 「精選用提轉長吏官」, “先望實而後資序, 則所得精矣.” p.210.

591 『包拯集校注』, 卷3, 「乞不用贓吏」, p.230.

592 『包拯集校注』, 卷3, 「論冗官財用等」, “今若以廉直退讓有才之士, 擇焉而用, 置諸左右, 則何日之失立可矯正, 而邪諂苟且忌刻奸險之徒當不令而去矣.” p.140.

593 『包拯集校注』, 卷3, 「論百官致仕」,“冗官耗于上, 冗兵耗于下, 欲救其弊, 當治其源, 在乎減冗雜而節用度. 若冗雜不減, 用度不節, 雖善爲計, 亦不能救也.” p.182.

에 대해 정확하고 구체적인 개혁안을 건의하였다. 송 제도 규정에 의하면, 나이 만 70세의 관리들은 반드시 퇴직해야 하고 알맞은 관리를 다시 치사하였다. 송대는 이들에 대해 특별히 사록관에 임명하여 수도와 지방의 도교궁관(道教宮觀)내에 배치하고 일정한 업무를 담당하도록 하여 이를 핑계로 풍부한 봉록을 수령하였다.

또한 유공자들에 대해 조정에서 왕왕 음서혜택을 가산해 주는 등 대단히 우대해 주었다. 그리하여 치사년령이 만기되어 퇴직해도 여전히 녹위(祿位)를 가지고 있어 스스로 퇴직을 원하지 않아서 관리의 연로화가 이루어지는 등 새로운 관리등용과 임명 등 이치법 운용에 중대한 장애가 되었다. 이에 대해 포증은 「論百官致仕」에서 크게 반대하며 강제라도 퇴직시켜 조정의 명이 엄하게 실행하여 관리의 행정효율을 제고하자고 하였다.[594]

포증은 관리(官吏)에 대한 관리(管理), 즉 이치법운용에 대해 개혁건의와 주장을 제출하였다. 북송의 3용폐단이 노정되는 현실에서 자신의 정치경험을 통해 얻은 객관적인 현실인식을 바탕으로 경세관을 제창하였다.

3) 포증의 사회경제에 대한 경세관

민본사상은 유가사상의 중요한 부분이다. 그러나 역대 왕조의 통치자들은 시대와 개인적 경세관의 차이로 민본사상에 대한 생각과 태도가 계속 변하였다. 북송 인종시대에 이르러 정치사회적 상황이 건국초기와 비해 이미 크게 달라졌다. 용관, 용병, 용비 등 소위 3용의 폐단으로 지칭되는 문제점이 점차 악화되어 정치경제를 비롯한 군사 및 대외관계 등 전반적인 위기를 초래하였다. 이에 대해서 포증을 비롯한 많은 문신관료사대부들은 이치법 개혁, 재정의 절약과 세금의 감소를 통한 민생안정과 사법제도의 개혁

594 『包拯集校注』, 卷1, 「彈張若谷」. p.12.

등 다양한 의견을 제시하였다. 그들의 주요한 의견과 주장은 유가의 민본사상의 표현이며 개혁을 통한 현실적인 경세사상이었다.

송대는 조광윤이 군사적 행동을 통해서 건국한 국가로 발전 과정에서 대규모 봉기와 반란 등이 끊이지 않았다. 이 때문에 송조 통치자들은 민간의 역할을 충분하게 인식하지 못하고 귀족과 관료들의 이익을 주로 배려하는 경향이 있었다. 이에 대해 청대 사학자 조익(趙翼)가 지은 『廿二史札記』에서 「과도한 봉록, 과도한 진급 제도, 과도한 음보제도, 과도한 은사제도, 관에 대한 배려가 과도하고 민에게 과도한 세금을 요구」[595]한 특징을 개괄하였다. 문언백은 송대는 「민간과 같은 편이 아니고 사대부와 같이 천하를 다스린다.」[596]고 하였다.

관료에 대한 과도적인 배려와 민에 대한 과도적인 박탈은 마지막에 삼용의 폐단 등 일련의 사회적인 문제를 가져왔다. 이 때문에 인종 시기에 사대부들은 민심의 중요성이 알게 되었다.

유가사상의 민본사상의 이론적인 기반은 「성선론(性善論)」이다. 그들은 백성을 국가의 나라의 근본이며 백성이 안정하면 국가도 안정된다고 하였다.[597] 또한 하늘은 민에게 선(善)의 성격을 부여하니까 선은 민간의 근본적인 성격이다.[598] 맹자는 사람의 착한 성격은 물의 흐름과 비슷하다. 물은 모두 밑으로 흐르고 착한 성격도 인간의 기본적인 성격이다.[599] 이 때문에 인간에게 동정과 관심을 가져야 한다. 소위 사람은 모두 동정과 배려한 마음

---

595 趙翼, 『廿二史札記』, 上海商務印書館 國學叢書本, 1958.
「宋制祿之厚", "宋祠祿之制", "宋恩蔭之濫", "宋恩賞之厚", "恩逮於百官者惟恐其不足", "財取于萬民者不留其有餘"」

596 李燾 『續資治通鑒長編』, 上海 上海古籍出版社 1986, 「與士大夫治天下, 非與百姓治天下也」 p.1143

597 蔡沈, 『尚書集解』, 上海 世界書局 四書五經本 1936, 「民為邦本 本固邦寧」, p.39.

598 蔡沈, 『尚書集解』, 「惟皇上帝, 降衷於下民, 若有恆性」, p.45.

599 『孟子』 南京大學出版社, 1993 p.414.
「人性之善也, 猶水之就下也；人無有不善, 水無有不下」

을 갖고 있다고 하였다.[600]

포증은 백성에 대한 관심과 배려를 주장하였다. 소위「인정의 품덕(仁慈之德)」,「애민의 마음(愛民之心)」,「걱정한 마음(慢民之心)」,「배려하는 마음(珍恤生靈)」,「구조하는 마음(矜憫之心)」등 표현이 있다. 구체적으로 보면 민간에게 과도한 부담을 주면 안 된다고 말하였다. 예를 들어 과도한 부세를 요구하지 말라. 사람은 모두 밥을 먹어야 하는데 세금 때문에 사람들이 정상적인 밥을 먹을 수 없으면 도독들과 간신들이 나타나서 민간인은 더 이상 군과 같은 편에 서 있지 않다.[601]

포증은 어렸을 때부터 전문적인 유학교육을 받았다. 그는 인종에게 보낸 상소에서 어렸을 때부터 경전을 배우고 성인들의 행적을 매우 숭배하며, 황제에 대한 충성을 지키며 성인들의 교훈을 실현하고 싶다고 하였다.[602] 관료진출 이후에도 포증은 수학했던 내용을 자신의 관료생애와 결합해서 실제 운용하였다.

포증은 경제적 면에 대해서는 크게 관심이 없었다. 반면에 그는 항상 빈곤한 백성들과 이야기하고 그들의 경력을 듣고 실제 생활에 대한 이해와 인식을 강화하였다. 그는 관료에 진출하자 백성의 부담을 감소하기 위해 세금의 축소를 주장하였다. 즉 하북 지방의 사람들은 재난 때문에 이미 고생하고 있는 상황인데 그들에게 더 이상 세금을 요구하면 도망하는 유민의 수가 증가될 밖에 없다고 하였다.[603]

이러한 상황에서 정부는 천하의 재부들을 모두 갖고 있기 때문에 백성들

600 『孟子』 南京大學出版社, 1993 p.289.
「人皆有不忍人之心, 皆有惻隱之心」

601 『包拯集校注』, 卷3,「請救濟江淮饑民」, p.199.

602 『包拯集校注』, 卷3,「請救濟江淮饑民」「早從宦學, 盡信前書之載, 竊慕古人之為, 知事君行己之方, 有竭忠死義之分, 確然自守, 期以勉循。」p.195.

603 『包拯集校注』, 卷3,「請救濟江淮饑民」, p.199.
「伏望聖慈體念河北人戶累值災傷, 流亡未複, 豈忍更奪其衣食, 俾之失所, 有傷和氣, 無益仁化」

에게 배려를 해줘야 한다. 그는 상소하여 더 이상 민간에게 과세하지 말고 인정을 실시해야 민간들도 휴식을 하면서 생산과 생활의 질서가 점차 회복할 수 있다고 하였다.[604]

한편 포증은 백성에게 경제활동을 경영할 수 있는 기회을 줘야 한다고 주장하였다. 재정은 모두 민으로부터 나오는 것으로 민간의 번영은 국가의 안정과 긴밀하게 관련된다.[605] 민에게 과도한 세금을 부과하는 것보다 그들에게 경영의 기회와 계획을 주면 오히려 경제의 발전과 세금의 증가가 더욱 쉽게 이루어질 수 있다.[606] 반면에 단기적인 이익만 주목하고 장기적인 전략을 잃으면 향후 어려운 날이 기다리고 있다.[607]

당시 농업은 국가의 경제발전과 사회의 안정을 이루어지기 위해 기본적인 조건이다. 포증은 이 방면에 대해서 세금 감소, 요역 감소, 재난 구조(薄賦斂, 寬力役, 救荒饉)의 경제발전 대책을 주장하였다. 포증은 「論歷代并本朝戶口」에서 양한부터 송 인종시대까지 삼대 호구의 수는 당이 한을 뛰어 넘었으나 오늘날의 성함과는 비하지 못한다. 이것은 명주(明主)는 그 연유를 안다. 즉 세금과 요역을 감소 또는 재난은 반드시 구조해야 한다는 것을 안다. 이 세 가지 점을 잊지 않고, 어려서 교육받고 늙도록 이 점을 잊지 않으면 요궐(夭闕)의 상(傷)과 용조(庸調)의 고통이 없다.[608]고 하였다.

포증이 삼사사를 담당하였을 때 절변(折變)과 과매(科買) 등 농업에 대한

---

604 『包拯集校注』, 卷2, 「言陝西鹽法 一」, pp.132-138.

605 『包拯集校注』, 卷3, 「請罷天下科率」, 「民者, 國之本也。財用所出, 安危所系, 當務安之為急」 p.259.

606 『包拯集校注』, 卷2, 「請出內庫錢帛往逐路糴糧草」, 「財用一出民間, 當今之際切在安而勿擾之。安之之道, 惟在不橫斂, 不暴役。若誅求不已, 則大本安, 『包拯集校注』, 「所固哉」, p.99.

607 『包拯集校注』, 卷2, 「言陝西鹽法 三」, 「輕信橫議, 不究本末, 圖目前之小利, 忽終久之大計, 竊恐難以善其後也」, p.135.

608 『包拯集校注』, 卷2, 「論歷代并本朝戶口」, 「臣以謂三代戶口之目, 三代以降, 跨唐越漢, 未有若今之盛者也。……是故明主知其然也, 則必薄賦斂, 寬力役, 救荒饉。三者不失, 然後幼有所養, 老有所終, 無夭閼之傷, 無庸調之苦」, p.136.

부세의 종목이 많았다. 절변은 송대의 중요한 과세 종목으로 정부의 수요에 따라 과세의 대상과 내용이 항상 변하기 때문에 절변이라고 하였다. 또한 정부는 더 많은 세금의 수입을 보장하기 위해 과세 비례를 설정할 때 민간의 이익을 무시하고 관청의 재정만 주목하였다. 이 때문에 백성들의 이익을 보장할 수 없을 뿐만 아니라 경제적인 중대한 손해가 발생하였다.

이에 대해 포증은 「請免江淮兩浙折變一」, 「請免江淮兩浙折變二」, 「請免江淮兩浙折變三」, 「請免江淮兩浙折變四」, 「請免陳州添折見錢」 등 주의(奏議)를 상소하여 회남, 정강, 호북 지방의 절변을 폐지하라고 호소하였다. 그 구체적인 내용은 올해 여름의 과세 속에 제 1 등, 2 등호들에게 옛날처럼 절변을 과세하지만 제 3 등 및 이하의 호적 또는 객호에게 절변세를 징세하지 말고 그들에게 일반 세금만 징수하자. 충분한 휴식을 보장하기 위한 일이다.[609]

송대 사회의 안정과 경제의 발전은 인구수를 크게 하였다. 인종시기에 이르러 호적의 수가 1,200만이 초과하였으며 사회생산력이 크게 제고되었다. 객호의 비례는 35%를 초과하였으며 지주와 정부의 탄압 때문에 그들의 부담감이 많았다. 호적 등급에서 제 4, 5 등은 하호(下戸)이다. 자경농 계층은 소수한 땅을 보유하고 있었다. 국가의 5등 호 중에서 평균 수준 이상의 호적은 1/5의 비례였다. 4, 5등의 비례는 9/10이었다.[610] 따라서 제 4, 5등 또는 제 3등의 부유한 농민의 비례는 85%이상이다. 그 중에 대부분 사람들은 지주에 의지해서 생활하며 과도한 세금을 부담하고 있었다. 이 때문에 포증은 세금의 감축을 주장하였다. 그는 「請罷里正只差衙前」에서 「리정(里正)은 관청에서 중대한 임무를 부담하고 있는 관직이다. 임무를 수행할 때 문제가

---

609 『包拯集校注』, 卷2, 「論歷代并本朝戸口」, 「權且停罷……今年夏稅諸色錢等. 除第一、第二等戸各令依舊折納外, 其第三等已下並客戸。特與免去諸般支移折變。只令各納本色, 庶使重困之前稍獲蘇息」, p.136.

610 張樂平『樂全集』卷21, 「論天下州縣新添置弓手事宜」『長編』卷131, 「天下州縣人戸, 大抵貧多富少, 逐縣五等戸版籍, 中等以上戸不及五分之一, 第四第五等戸常及十分之九」.

나타나면 책임자로 된다. 특히 징세 때문에 농민에게 준 피해가 높은 수준이다.」[611] 이 때문에 포증은 「이정을 폐지하고 지방의 1 등 호 속에 경제력과 지략이 뛰어난 사람을 선발하고 순환으로 임무를 수행시킨다.」[612]

포증이 삼사사 호부 부사를 담당하였을 때 「請差災傷路分安撫」에서 재난 구조에 대한 생각을 제시하였다. 당시 절강, 호북, 강소 지역에 홍재(洪災)와 한재(旱災)가 매우 심하여 물가가 상상하지 못할 정도로 올랐다. 포증은 이에 대해서 「구황을 철처히 해야 한다. 이것은 국가의 기본적인 임무이다. 이러한 상황에서 「아사와 도둑들이 출현하여 사회문제가 나타나고 간신도 출현할 수 있다. 그러므로 법률적인 처리가 중요하다고 하였다.[613] 또한 구황을 할 때 생필품의 공급을 보장해야 할 뿐만 아니라 도둑의 봉기도 예방해야 한다. 인종은 포증의 의견을 받아들여 현지의 공물을 감소시켰다.[614] 또한 포증은 「請支義倉米賑給百姓」에서 지방의 의창을 열고 백성에게 직접적으로 양식을 제공한다.[615]는 의견을 주장하였다.

포증은 농업의 발전과 구황제도를 제창할 뿐만 아니라 상공업의 발전에 대한 적극적인 지원도 주장하였다. 그는 당시 실시하고 있던 전매제도에 대한 개혁을 주장하였다. 당시 송은 전대의 제도를 바탕으로 상공업과 수공업에 대한 생산과 소비 그리고 유통에 이르는 전과정에 대해 전매제도를 수립하였다. 또한 송대는 삼용폐단이 심해지고 재정 적자가 크게 증가하자 재정문제를 해결하기 위해 전매제도의 실시를 더욱 강화시켰다.

---

611 『包拯集校注』, 卷4, 「請罷里正只差衙前」, 「備見諸州軍所差裡正, 只是準備衙前, 其秋夏二稅, 並是戶長催驅, 重役之中, 裡正為甚。每縣或無上等, 即以中等戶充, 家業少有及百貫者, 須充衙前應副, 重難之役, 例皆破蕩。其逃亡非命者, 比比皆是, 怨嗟愁苦, 所不忍聞」, p.250.

612 『包拯集校注』, 卷4, 「請罷里正只差衙前」, 「今若依韓琦起請悉罷裡正。如衙前有缺, 即委令佐于一縣諸鄉第一等中選差物力最高者充役；如有更缺, 亦如此輪差」, p.250.

613 『包拯集校注』, 卷2, 「請差災傷路分安撫」, p.107.

614 李燾『長編』, 卷171, 皇佑3年1月, 「減今年上供米百萬」

615 『包拯集校注』, 卷1, 「請支義倉米賑給百姓」, 「若一一取候朝廷指揮。往復數月。當此艱食之際, 恐無所及。欲望特降指揮。下逐路轉運司勘會轄下元系災荒州縣」, p.19.

송대는 상공업이 크게 발전한 시대로 전매정책의 실시는 재정에 큰 효과가 있었으며, 차, 염, 술 등 중요한 유통 화물이 모두 전매정책의 대상이었다. 송대는 전매정책을 통해 재정부족의 상황은 어느 정도로 해결하였지만 상품경제의 발전에 대해서는 부정적인 영향을 주었다. 정부는 자본과 제품의 자유적인 유통을 보장하지 못하였으며 백성의 이익도 보장하지 못하는 등 사회경제의 안정과 발전도 추진하지 못하였다.

이에 대해 포증은 「言陝西鹽法」에서 전매 제도는 경력 2년 아사(餓死)의 출현과 병사들 반란의 중요한 요인으로 생각하였다. 그는 염법(鹽法) 때문에 부유한 가족이라도 부담하지 못하였다. 이런 시기에 구법을 회복하면 민간의 부담이 많아지며 작은 이익을 위해 큰 피해를 초래한 일이다. 그러나 상공업을 발전시키면 1, 2년 동안 과세의 수입이 적어지지만 장기로 보면 사회의 안정과 상업의 발전을 실현할 수 있다. 이것은 작은 대가로 큰 이익과 교환할 것이라고 하였다. 포증은 섬서(陝西)지방에서 구법을 폐하고 전매제도를 폐지하자고 요청하였다. 그리하여 그는 신법에 대해서 신중하게 검토한 후 실시하자고 주장하였다.[616]

포증의 상공업 사상은 고대의 중농사상과 차이가 있었다. 포증은 상공업의 발전은 국가 재정에 대해서 적극적인 효과가 있다고 다른 사람보다 상공업의 역할에 대해서 크게 평가를 하였다. 또한 상공업의 발전에 따라 민간의 이익을 보장하고 확대시킬 수도 있어서 장기적으로 보면 나라의 안정과 발전에 대해서도 좋은 일이다. 그리하여 그는 과도한 전매제도에 대해서 매우 반대하는 이유이다.

포증의 경제사상의 핵심은 민본정책으로 민간의 생산활동에 대해서 충분한 자유와 조건을 제공해야 한다고 주장하였다. 한편 정부는 재정의 절약과 과세의 합리성을 중요시하였다. 특히 인종 시대에 이르러 심해진 삼용문제

616 『包拯集校注』, 卷2, 「言陝西鹽法」, p.131.

때문에 정부의 과세가 많아진 배경에서 그의 경제, 재정사상은 특별한 의미가 있었다.

송대는 초기부터 중앙집권을 강화하기 위해서 정치, 경제, 군사 등 제방면에 실시한 여러 규제와 집권 정책으로 인해 용관, 용병과 용비의 삼용(3冗)의 폐단이 형성되었다. 인종 시기에 이르러 이러한 폐단들은 중대한 사회적인 문제로 악화되었으며 국가의 미래에 대해서 심각한 부정적인 영향을 줬다.

포증은 삼용의 문제에 대해 용관 때문에 조정에 피해가 발생하였고, 용병 때문에 민간에서 피해가 발생하였다. 폐단의 본원을 처리하기 위해 재정의 절약을 실시해야 한다. 재정의 낭비를 처리하지 않으면 다른 방법도 실현하지 못한다고 하였다.[617]

그러나 국가 재정문제를 잘 해결하지 못하면 사회 안정과 국가의 미래에 상상하지 못한 부정적인 영향을 줄 수 있고 심지어 국가의 근본을 동요되는 사례도 있었다. 포증은 이에 대해서 구체적인 방안을 제시하였다.

「황제가 밑에 사람들의 부담과 고생을 항상 주목해야 한다. 관원수가 너무 많으면 선관과 진급의 면에서 개혁이 필요하다. 군대의 규모가 너무 방대하면 병사의 초래와 전역 등 면에서 개혁해야 한다. 급한 일이 아니면 공사를 실시하지 말고 과율(科率)을 폐한다. 불필요의 재정상의 지출은 절약한다. 이렇게 개혁을 실시하면 나라의 안정과 발전을 보장할 수 있다.」[618]

이상의 사회경제 문제를 해결하기 위한 포증의 주장은 다음과 같이 몇 가지로 나누어 볼 수 있다.

첫째, 포증은 방대한 관료조직과 관리의 감축을 위해 먼저 선관제도의

---

617 『包拯集校注』, 卷2, 「天章閣對策」, 「臣以為冗吏耗於上, 冗兵耗於下, 欲救其弊, 當治其源, 在乎減冗雜而節用度。若冗雜不減, 用度不節, 雖善為計, 亦不能教也。」 p.113

618 『包拯集校注』, 卷5, 「請罷天下科率」, 「伏望上體祖宗之成憲, 下坷生靈之重困。謂設官太多也, 則宜艱難選擧, 澄汰冗雜 謂養兵太眾也, 則宜罷絕招幕,揀斥老弱 土木之工不急者悉罷之, 科率之出無名者並除之 省禁中奢侈之潛, 節上下浮枉之費。當此承平之代, 建長久之治。…… 條此數事而力行之, 則天下幸甚。」, p.259.

개혁을 주장하였다. 관료진출의 기준을 더욱 엄격하게 하여 관리의 증가를 억제하여 연봉지출을 절약하여 재정적인 지출을 축소하자. 그는 「論明堂覃恩」에서 관료는 나라에게 중요한 임무를 갖고 나라로 부터 연봉을 받고 있는 사람이다. 그들의 선발은 신중하게 진행해야 한다. 그들의 임용을 경솔하게 결정하면 국가의 규칙과 근간이 흔들릴 수 있다.[619] 또한 포증은 무능한 관료의 축출과 해임에 대해서 국가의 재정과 미래를 고려해서 채택해야 한다. 안정된 시대에 관료의 승급과 퇴출에 대해 관대하게 실시하면 국가의 지속적인 안정된 발전과 미래를 보장할 수 없다고 하였다.[620]

둘째. 송대 재정의 중대한 문제를 조성한 요인으로 용병(冗兵)을 들 수 있다. 포증은 이에 대해 2가지 해결방법을 제시하였다. 먼저 새로운 병사의 입대를 중단하자. 또한 그는 「天章閣對策」에서 불필요한 병사에 대한 전역을 실시할 것을 주장하였다.

노약한 병사들은 긴급한 상황에서 사용할 가치가 없으며. 재정이 부족한 현재 병사에 대한 군비지출이 재정의 부담이 된다. 만약 군수품의 제공을 보장하지 못하면 변란이 생길 수 있다. 각 지방에서 노약한 병사들의 전역을 실시하고, 강한 병사들을 소집하여 전문적인 군사 훈련을 시켜 군대의 전력을 제고시키자고 하였다.[621] 인종은 황우원년(1049)에 포증의 의견을 받아서 군대의 개혁을 실시하였다.[622]

셋째, 포증은 불필요한 토목공정에 대해서 중단을 주장하였다. 상청궁(上

---

619 『包拯集校注』, 卷3, 「論明堂覃恩」, 「竊以爵祿者, 天下之公器, 而邦國之大柄也。惟士之有功與德, 所以處之, 非此者, 不可濫與。夫人君者,固宜慎之惜之。苟輕用之, 則壞公器而失大柄, 一綱或紊, 百目皆票 雖善為治者, 亦未如之何」, p.167.

620 『包拯集校注』, 卷2, 「天章閣對策」, p.113.

621 『包拯集校注』, 卷2, 「天章閣對策」, 「而老弱者眾, 緩急又不可用。當此艱食之際, 供費寖廣, 萬一糧儲不繼, 勢必生變。望令本路轉運、安撫司揀退老病冗弱, 以寬物力, 且老弱去, 則精銳者勇物力寬, 則贍養者足」, p.113.

622 李燾, 『長編』, 卷166, 轉運司議省冗官及汰軍士之不任役者以聞。」, p.1443.

淸宮)은 선황들이 무위(無爲)의 덕행을 추숭하기 위해 건축한 곳이다. 폐하는 이러한 덕행을 추숭하는 마음을 표명하기 위해 새로운 공사들보다 민간에게 좋은 일만 하면 충분하다. 또한 불필요한 공사에 대해서 국가는 문제가 아직도 많이 있다. 재정적 문제, 군사적 문제는 모두 중요한 일이다. 폐하는 선황의 제사나 하늘의 제사를 진행하려고 한다면 옛날에 있는 장소로 충분하다. 백성들의 고생과 부담을 이해해야 하고 불필요한 공사를 중단하면 좋겠습니다라고 하였다.[623]

넷째, 송대는 고정된 시간, 대상, 비례가 없는 과세를 과율이라 말한다. 과율의 폐지는 포증의 경제 사상 중에 중요한 구성부분이다. 그는 「請罷天下科率」에서 과율의 폐단을 설명하였다. 즉 수시로 행하는 과세 때문에 백성의 부담이 몹시 증가하여 이미 고갈되었다. 지방의 관원들은 과율을 징수할 때 과세의 대상, 종목, 비례를 마음대로 정하고 구각(苛刻)경쟁하는 듯 하였고 탐관이나 교활한 관리들은 서로 연락하여 구하며 가렴주구를 하였으나. 감독관도 이를 모른 척하고 있었다.

이상과 같은 당시 사회경제상황에 대해 포증은 자신만의 해결 방안을 제시하였다. 삼사사가 이 모든 작업을 관장하고 지방관청에게 징수의 내용과 규정을 하달하고 지방관청이 징수한 세금을 통일하게 접수하고 관리하고 수요에 따라 징수한 세금을 일정한 비례로 나누자고 하였다.[624]

4) 결론

이상에서 보면, 포증이 활약하였던 시기는 정치사회와 재정위기가 날로 심해지고 있었다. 이러한 국면에 직면하여 포증은 기본적으로 민본사상을

623 『包拯集校注』, 卷2, 「天章閣對策」, p.113.

624 『包拯集校注』, 卷5, 「請罷天下科率」, p.259.

기반으로 인종에게 이치, 법률, 경제, 재정정책 등 위민위국의 정책을 건의하였다. 그는 백성은 국가의 근본이며 재정이 그들로부터 나오며 국가의 안위도 그들과 연계가 있다.[625] 이것은 그가 백성이 국가에서 지위와 작용을 충분히 인식하였음을 알 수 있다. 그는 당시 무거운 세율과 각박한 징세현상이 날로 심해지는 상황에 직면하여 사회를 안정하게 하는 방법은 오직 마음대로 세금을 부과하지 않고 함부로 과도한 역을 부과하지 않는 것이라고 지적하였다.

북송 시기 전부(田賦)는 명복이 번다하여 부가하는 전부와 임시로 부과하는 잡세가 매우 많았다. 그 중 지이(支移)와 절변(折變)이 백성에 대한 주박(誅剝)이 가장 심해서 송조의 세정(稅政)에서 가장 특출한 폐정(弊政)의 하나였다.

소위 지이는 납세민호에게 장차 국가에서 필요 하는 물건에 대비하여 의무로 세량(稅糧)과 세물(稅物)을 납부하게 하여 무상으로 다른 주현의 창고로 운송하는 것이다. 심지어 어떤 경우에는 국내의 수천리를 지이하여 변경지역에 도달하게 하는 경우도 있어서 실제로 일종의 노동역(勞役)이었다. 소위 절변은 부세(賦稅)를 지적하는 것으로 원래 정했던 세수의 전물(錢物)을 다른 전물로 바꿔서 징수하는 방법이다. 어떤 시기에는 여러 차례 절변을 실시하여 백성들의 부담이 수배로 증가하였다. 풍년든 해에 백성들은 그 고통을 감당하지 않을 수 없는 일이지만 일단 재황과 기근을 만나면 지이와 절변은 더욱 설상가상이 되는 것이었다. 포증은 이런 절변의 이름으로 횡포와 폭정의 행정에 대해 크게 불만을 가지고 여러 차례 지방관의 자행을 상주하여 조정에서 더욱 엄격하게 제지할 것을 요구하였다.

포증은 인종에게 올린 주의에서 진종과 인종시기 전국 재부(財賦)에 대해 비교하여 진종시기 세입은 4천9백 74만 필관석량(匹貫石兩, 각종 실물 종합

625 『包拯集校注』, 「天章閣對策」, 卷2, p.92.

절변화폐수)이고, 인종경력8년 진종시기 부터 약 40여년 지난 시기 세입은 1만 3백59만 필관석량으로 증가하였으며, 지출은 8천9백31만 필관석량으로 증가하였다. 납세호적은 마찬가지로 크게 증가하지 않았으며, 토지와 생산물은 이전에 비해 오히려 감소하였으나 세입은 결국 1배 이상 증가하였는데, 이것은 무슨 도리인가?

포증은 이런 현상은 결국 백성들의 부담을 가중시켜 노약자들을 구렁텅이에 빠뜨리게 하고 소장자(小壯者)들을 도적으로 내몰게 된다. 그러므로 박부렴(薄賦斂), 관역역(寬力役), 구황기(救荒飢), 그리고 백성들의 곤란함을 해소하는 것부터 시작하여 재정을 정돈하는 하는 것이 상책이라는 위민정책을 최우선시하여 민심을 안정시켜 황권을 강화하고자 하였다.[626]

또한 송대는 주지하는 바와 같이 대토지소유에 대해 억제하지 않아 소수가 대량의 가경농지를 소유하여 사회상에 유휴노동력이 대량으로 발생하고 생산영역의 확대로 수송업과 상업이 발생하였다. 그러나 봉건왕조유지에는 여전히 농업생산이 국가 재정의 근본이다. 그러므로 국가가 목축지나 황무지를 경전(耕田)으로 개량하여 농민들에게 돌려주어 농업생산력의 회복과 사회안정을 유지하자고 하였다.

송은 대량의 군대를 모집하여 많은 양전(良田)을 말을 기르는 목장으로 사용하였다. 그리하여 정부의 부세수입을 감소하였을 뿐만 아니라 많은 농민들이 생활의 근거를 잃어버렸다. 이에 대해 포증은 하북지역의 군량을 조달하라는 명을 받고 가서 장하(漳河)일대는 수초(水草)가 무성하고 토지가 비옥하지만 많은 경작지가 말을 기르는 목초지로 변해 있다는 것을 이해하게 되었다. 특히 인종이후 전마(戰馬)를 기르도록 하여 많은 많은 전호(佃戶)들을 이년이내에 이주하도록 하였다. 이러한 결정에 대해 포증은 크게 불안해 하며 인종에게 다시 상소하여 이미 폐지된 마감(馬監)을 회복하지 말도록

626 『包拯集校注』「論取士」卷1. p.3.

하였으며 그 이폐(利弊)를 설명하였다.

한편, 포증은 염법(鹽法)과 철정(鐵政)의 개혁을 주장하였다. 송대 염을 통한 이익수입은 중앙재정수입에 중요한 비중을 점하였으며 가장 많을 때는 전체 부세수입의 2/1을 차지하였다. 이 수입은 관리 봉록, 황실경비 등 각종 부분에 이용되어 황제부터 신민(臣民)에 이르기 까지 모두 염법에 대해 대단히 관심을 가지고 있었다. 그리하여 인종 경력4년(1044) 태상박사 범상(范祥)이 염법에 대한 개혁을 제창하였다. 이에 대해 포증은 적극적으로 찬성하며 백성과 국가가 모두 이롭게 하는 방법을 추진하자고 하였다. 즉 백성들을 관대하여 국가를 이롭게 하자는 생각으로 철정(鐵政)에 대해서도 개혁을 주장하였다. 송대는 철화(鐵貨)에 대한 야연(冶練)은 관부가 독점 장악하였다. 대부분 철이 생산되는 주현에 철야무(鐵冶務)를 설치하여 관리하였다. 포증은 차역(差役)방법을 변화시킨 철정(鐵政)개혁을 제창하였다.[627]

또한 용잡(冗雜)을 도태시켜 용도(用度)을 절감하자고 하였다. 그는 근본적으로 백성들의 부담을 절감하기 위해서 지출을 절약하는 등 적극적으로 조정에서 절감해야한다고 주장하였다. 그는 당시 송조가 재정위기를 발생하였다고 생각하고 근본 원인은 지출의 팽창이라고 생각하였다.[628]

그는 과거에 특진(特進)을 설치하지 말자고 하였으며, 은음혜택을 받는 자제에 대해서도 과거를 실행하여 고시를 통과한 합격자만 선발하여 차견(差遣)하자고 하였다.

진종시기 경조관, 사신, 막료, 제로군대 등을 절감한 것을 모방하여 모두 폐지하고 궐원만 보충하였다. 용병문제에 대해서 포증은 당시 군대 모집제와 직접관계가 있다고 인식하고 가장 효과적인 방법은 전면적인 모병제 금지와 당대의 민병제(民兵制)을 모방하여 실시하자고 하였다.

---

627 『長篇』, 卷157. p.1440.

628 『包拯集校注』, 上.

포증은 관료의 선발과 임용 그리고 고적(考績)평가와 같은 인사관리에 대해서 독특한 생각을 갖고 있었다. 특히 과거제도에 대한 개혁의 의견은 인종과 신종 시기에 진행된 과거고시를 통한 선관제도의 개혁에 대해서 중대한 영향을 줬다.

그는 관직에 재임했던 대부분 시간을 판관의 신분으로 활동하였던 사람이다. 그러므로 그는 법률에 대한 이해와 개인의 경험을 결합하여 새로운 법률사상을 형성하였다. 그는 법률의 목적은 위민(爲民)이며 법률의 실천도 민의 이익을 보장하기 위한 일로 생각하였다.

이상과 같이 포증은 관민이국(寬民利國)이 그의 경세관의 기본 사상이다. 그러나 포증이 중시했던 민(民)은 단지 민은 국가의 치(治)의 작용을 하며 천하태평의 근본에서 보면 민은 국가의 주인으로 신분을 상승하는 것은 불가하다. 그러므로 그의 정치목적은 봉건통치 옹호하는 것이었으나 그의 관민이국의 경세사상은 당시 안정된 정치사회와 생산발전에 대해 소기의 영향을 준 것은 소홀히 할 수 없다. 그리하여 그의 관민정책은 결국 민본정책으로 오늘날까지도 높이 평가받고 있다.

마지막으로 포증은 인종시기를 전후하여 삼용의 폐단을 중심으로 한 정치사회의 부패에 대한 근원에 주목하여 원인을 분석하고 관원의 축소, 병사의 전역, 공사의 중단 또는 과율의 폐지 등 4가지 의견을 제창하였다.

사실상 포증 뿐만 아니라 동시대 관료인 범중엄, 이구 그리고 사마광과 구양수, 왕안석 등은 문신관료사대부 계층의 대표들은 당시 송조의 정치, 경제, 군사 등 제방면에 대한 정확한 현실인식을 바탕으로 개혁을 주장하였다.

5) 참고문헌

專籍

包拯 (楊國宜整理)『包拯集編年校補』, 卷2, 合肥 黃山書社 1989.

包拯『包拯集校注』楊國宜 校注, 黃山書社, 合肥, 1999.06.

范仲淹『范文正公集』, 四川大學出版社 成都, 2007.11.

李燾『續資治通鑒長編』, 中華書局, 北京, 2004.09.

脫脫『宋史』, 中華書局, 北京, 1985.06.

徐松『宋會要輯稿』, 臺北, 世界書局, 1977.05.

趙翼『廿二史札記』, 中華書局, 北京, 2001.

論著

北京圖書館 編『北京圖書館年譜叢刊』, 北京圖書館出版社, 1999.

吳洪澤 尹波 編『宋人年譜叢刊』, 四川大學出版社, 2003.

金諍(姜吉仲譯),『中國文化와 科學制度』, 중문출판사, 1994.

諸葛瑞強「包拯司法思想研究, 湘潭大學, 2007.

周家榮「包拯吏治思想研究」, 安徽大學, 2014.

姚兆余「包拯經濟改革思想雛論」,『甘肅社會科學』, 1992 03, pp.75-77.

史愛君「略論包拯寬民利國的思想」,『開封教育學院學報』, 1999 19, (04) pp.9-10.

王基「論包拯的經濟思想」,『河南財經學院學報』, 1994 02, pp.90-96.

李曉娟「試論包拯的財政思想」,『東北師大學報』, 1992 06, pp.41-43.

楊國宜「略論包拯的民本思想」,『安徽師範大學學報』, 2002 30 (01), pp.75-82.

劉強 汪漢卿「試論包拯的執法思想」,『安徽農業大學學報』, 1998 15, (03) pp.56-59.

夏陽 郭世東「試論包拯的吏治思想」,『中外法學』, 1999 65, (5).
孟昭君「包拯的經濟思想」,『綏化學院學報』, 2012 32 (01), pp.62-64.

9. 진량(陳亮)의 현실인식과 경세관

1) 서론

송조는 전왕조(前王朝)의 폐단과 모순의 결과를 교훈으로 삼고, 자유평등 경쟁원칙에 입각한 과거고시제도를 근간으로 하는 문신관료제도를 건립하여 황권강화를 추진하였다. 그 일환으로 관리의 취사범위를 확대한 과거고시를 통해 등장한 사대부계층을 중심으로 중문경무(重文輕武)정책을 근간으로 한 관료체제를 건립하였다. 이러한 정치적 변화는 지식인 계층에게 사회신분의 유동성을 보장하면서 학문연구에 대한 관심을 고조시켜 학술사상의 새로운 전개와 발전을 이룩하는 계기가 되었다.[629]

송은 건국 이래 북방유목민족과 전쟁과 화의를 교체하면서 동아시아체제하의 국제질서유지에서 주도적인 위치를 상실하였다. 그리하여 진종 경덕(景德) 원년(1004)에는 요(遼)와 전연의 맹약을 맺고 막대한 세폐(歲幣)부담과 국방비지출 등으로 인해 재정상 큰 부담을 안게 되었다.

또한, 송은 지속적인 과거제도의 실시로 인한 용관의 현상과 모병제로 인한 용병의 문제와 막대한 재정소모인 용비(冗費) 등 이른바 삼용(三冗)의 폐단을 가져왔다. 당시 진행된 정치경제와 사회문화 등 제모순의 격화는 사대부들의 각성을 촉구하여 인종 경력(慶曆) 년간(1043-4) 범중엄의 개혁운동과 신종 희령(熙寧) 년간 왕안석의 변법신정이 추진되면서 부국강병, 민생안정, 관리등청(官吏登淸) 등 제분야에 걸친 변법개혁이 추진되었다.

그러나 과거를 통해 진출한 신진관료계층과 문벌귀족관료계층간의 당쟁을 야기시켜 정치적 혼란과 송 조정의 무능함과 부패상을 드러내 보였다.

629 송대 학술사상의 전개과정에서 인간의 심성(心性)연구를 중심으로 하는 인문학적 경향을 띠는 이른바 성리학(性理學), 이학(理學), 주자학이라 불리는 신유학(新儒學)이 발전하였다.

그 결과 관료들은 자신의 지위확보와 유지에만 급급하고 북방민족과 관계에서 화의를 최우선으로 하는 외교정책를 추구하였다. 인종시기 서하의 흥기와 남침위협에 직면하자, 요가 중재에 나서면서 세폐의 증가를 요구하여 재정의 부담을 더욱 가중시켰다.[630]

북송 말기 송의 국책문제 가운데 하나였던 연운16주 실지회복을 위해 요를 공격하고자 금과 해상맹약을 체결하고 요에게 바치던 세폐를 금에게 주기로 하였다. 이는 송조 자체의 흥기를 위한 외교라기보다 관료계층의 현실안위에 급급한 외교정책이라 할 수 있다.

이 시기에 여조겸, 진부량, 진량을 중심으로 하는 이른바 영가학파(永嘉學派)가 출현하여 당시 사상체계를 지배하고 있던 이학과 관료층의 누적된 폐단을 비판하고 현실사회의 개혁과 실사실공의 경세치용을 주장하였다.[631] 이들의 주 학술활동 지역이었던 절강지방은 송초 이래 상업이 발달한 지역으로 남송의 경제중심지였다.[632]

특히 남송이 항주(臨安)로 수도를 남천하면서 강남지방은 정치경제 · 사

630 이러한 경제적 손실을 통한 정치적 안정을 찾는 외교정책으로 송조는 主和에 있어서『祖宗之地, 尺寸不可與人』기본원칙이 유지되어 왔다. 즉 財帛(경제손실)을 가지고는 화의를 할 수 있으나 割地(국토상의 손실)의 방법은 할 수 없다. 이러한 예로는『續資治通鑑長編』雍熙二年 丙戌條 :『敵人貪受, 陷之以利可耳, 割地基非良策. 脫每思之. 不覺歎惋.』.594. 이라하여 오대의 후진고조가 거란에 할지하여 구원을 청한 사실을 예로 들고 있다. 그러나 송眞宗 景德元年(1004) 송요간의 전연의 맹약에서 송은 매년 은 10만량과 견 20만필, 차 5만근을 세폐로 바치는 경제적 손실을 통한 정치적 안정을 추구 하였다.

631 여기서 전통적으로 영가학파라고 지칭한 사람들 중 여조겸 · 진부량 · 당중우 · 섭적 등과 진량의 사상은 서로 약간 다르다. 이들 永嘉學派에 대한 연구로 張元,「南宋永嘉學派的經世思想」, 國立臺灣大學, 歷史硏究所畢學業碩士論文 1968, 周夢江,「洛學與永嘉學派」, 中州學刊 1985年5期. 曹在松「葉適經世思想硏究」國立臺灣大學 博士論文, 1989. 近藤一成「宋代永嘉學派 理財論-葉適을 중심으로」, 史觀92, 1979. 中央硏究院 近代史硏究所編『近世中國經世思想硏討會論文集』臺灣商務印書館, 1984. 臺灣商務印書館編「中國歷代思想家」卷30. 陳亮, 1987年候外盧主編,『中國思想通史』, 第四卷下, pp.692-739. 勞思光(鄭仁在 譯),『中國哲學史』,「宋明編」, 探求堂(1989), pp.406-421. 등이 있다.

632 張家駒,『南宋經濟中心的南移』(1957, 湖北, 인민출판사).

회문화 그리고 인구의 중심지가 되었고, 상업의 발달과 함께 화폐유통의 중심지가 되었다. 이 지역을 중심으로 형성된 영가학파의 사상형성과 정치 경제와 사회문화 등 제반 변화와 발전에 지역적인 영향을 받고 공리주의적인 경제사상이 주를 이루었다.

본고에서는 영가학파 중에서 실용주의적이며 경험론적인 독특한 학술사상체계를 이룩한 진량(陳亮, 1143-1194)을 중심으로 그의 사상체계와 당시 정치사회에 미친 영향을 그의 문집 『진량집』(『陳亮集』)가운데서 유명한 상소문인 작고론(酌古論), 중흥5론(中興五論), 상효종황제삼서(上孝宗皇帝三書) 등을 중심으로 정치사회 그리고 군사와 대외관계에 대한 그의 경세사상을 고찰하고, 이를 바탕으로 그가 남송의 제 모순에 대해 시도한 개혁내용과 영향을 중심으로 현실정치에 대한 경세론을 살펴보고자 한다.

2) 진량의 사상형성의 배경

진량(1143-1194)은 원명(原名)은 여능(汝能)이며, 후에 량(亮)으로 개명하였다. 자(字)는 동보(同甫) 호(號)는 용천(龍川)으로 용천선생이라로 칭했다. 절동(浙東) 무주(婺州) 영강(절동성 영강현)사람으로 병서를 논하기를 좋아하였으며 독서를 즐겼다. 남송 효종 건도(乾道)년간에 무주에서 해두(解頭)로 천거되었으나, 「중흥오론」을 상소하고 나아가지 않았다. 순희(淳熙) 5년(1178) 상소하여 국사를 논하였다가 두 차례 무고로 옥고를 치뤘다. 광종 소희(紹熙)4년(1193) 장원 급제하여 첨서건강부판관공사(僉署健康府判官公事)에 제수되었으나 출사하지 못하고 죽었다. 남송대 사상가이며 개혁가이고 문학가로 문집으로 『진량집』(『陳亮集』)이 있다.

그가 출생하고 자란 지역인 절강성 일대는 상업이 발달하고 새로운 성격의 도시가 출현하였으며, 출판인쇄술의 발달로 서적의 보급이 확대되어 송대 학술문화의 발달에 중요한 지역 중 하나이다. 당시 송대 학술사상의 주류를 이루고 있던 주자와 육구연 등의 유심주의사상을 비판하고 현실을 중시하는 실용학문을 중시하는 경세치용의 사공학(事功學)을 중심으로 한 영가학파(永嘉學派)가 주류를 이루고 있었다.

영가학파는 여조겸(呂祖謙), 설계선(薛季宣, 1134-1173), 진량, 진부량(陳傅良), 섭적(葉適) 등이 중심이 된 학파로 경전과 제도연구를 통해 현실상황의 극복과 대처를 주장하는 사공학을 주장하였다. 이들 영가학파는 설계선으로 부터 시작된다고 할 수 있다. 설씨학문은 원개(袁溉, 道契)로 부터 수학하였으며, 일반적으로 원개는 정이천에게 수학하였고, 후에 설계선이 원개에게서 수학하였다고 한다. 설계선은 영가지방출신으로 원개가 전하는 학문을 바탕으로 사공의 학을 왕성하게 말했으며 영가학파의 길을 열었다.[633] 영가학파의 사공학은 설계선에서 진부량과 진량 그리고 섭적에 이르는 동안에 북방유목민족과 실지회복 등 현실문제에 대한 관심의 고조와 사회경제의 발전과 출판인쇄술의 확대와 서적의 보급으로 새로운 학술사상의 요구에 부합하여 형성된 학문의 한 유파(流派)로 보아야 할 것 같다.[634]

이상과 같은 배경에서 진량은 강남의 경제발전을 경험한 성장 배경과 다양한 독서를 통해 공리추구라는 독특한 사상을 얻었다고 할 수 있다.[635]

---

633 黃宗義, 『宋元學案』, 「卷首」, 「宋元學案序錄」; 「永嘉之學統遠矣笑, 其以程門袁氏之傳爲別派者, 自艮齋薛文憲公始. 艮齋之父學于武夷, 而艮齋又自成一家, 亦人門之盛也. 其學主禮樂制度, 以求見之事功」 p.10. 또한 『동서』「동조」에; 「永嘉諸子, 皆在艮齋師友之間, 其學從之出, 而又各不同.』이라 하여 그 원류를 밝히고 있다.

634 『宋元學案』, 卷54 「水心學案」에 이르기를 乾道 淳熙년간(1165-1189) 老儒들이 죽자 학술의 모임은 모두 朱陸二派가 되었으나 水心이 분연히 일어나 그 사이 에서 마침내, 鼎足의 형세를 이루었다. 周夢江 「洛學與永嘉學派」, 中州學刊 1985年 5期, p.58에서 영가학파의 진정한 사상체계를 확립하고 정주학을 비판하며 사공을 주장한 사람은 설계선이라고 하였다.

635 진량의 『文集』 중에 『伊洛正源書』(주돈이 · 장재 · 이정자의 글을 모은 것), 『伊洛 禮書補亡』(정이의 예에 관한 학설), 『三先生論事緣』(정호 · 정이 · 장재) 에 서문을 썼고, 『伊洛遺禮』, 『伊川先生春秋傳』의 拔文을 썼고, 『伊洛正源書』는 곁에 두고 보았다고 그 서문에서 말한다. 이로 보건데 그의 친구였으며 동학이였던 영가학파의 영향을 받아 이정자와 장재의 글을 자주 익혔던 것 같다.

『宋元學案』, 卷首에 의하면, 영가학파는 나라를 다스리는 경제(經制)로서 사공을 말하였는데 근원을 보면 정씨(程氏)에게서 학통을 얻었다고 생각된다. 그런데 영가학파(永康學派)는 오로지 사공만을 언급하여 계승할 후계가 없었으며 그 학문은 조잡하고 거칠었으며 특이하여 후일에는 현실과 더욱 적합하지 못하다고 여겼다.[636]라고 하여 진량의 사상이 진부량과 · 여조겸 그리고 섭적 등 영가학파의 기본사상과 서로 달랐음을 밝히고 있다.

진량은 학술사상적으로 일정한 사승관계를 연계하지 않았고, 주희와 여조겸 그리고 장식(張栻) 등 여러학자들과 학문을 논하였다. 그리하여 자득에 의한 사공을 중시하는 사상을 형성하여 그 자체로 일가(一家)를 이루었으며, 실사실공의 사공학을 바탕으로 주희를 비롯한 도학가들을 맹렬히 비판하였다.

그는 문집에서 일생 동안의 학문 수학에 태도에 대해 '천하의 호걸지사가 쓴 책을 얻어 읽어 보니 그들의 탁월한 경지가 눈에 두드러지게 드러난다. 그러나 윤리의 어긋남이 나를 미혹시킬 수는 없다'라 하여 그의 학문이 일가에 집중하지 않고 자기의 생각과 같으면 받아들이고, 틀리면 배척하는 태도를 취하고 있었다. 그의 학술사상의 표준은 '천하에 뛰어난 공을 이루는 것'에 있다고 볼 수 있다. 이 점에서 실용주의적인 그의 사상의 근원을 엿볼 수 있다.[637]

진량의 학술사상 연원(淵源)을 살펴보면, 진량은 18, 9세부터(1161-1162) 고노향인(故老鄕人)을 따라 주유하였는데, 그 고노향인들은 모두 진량을 알아주지 않았다. 陳聖嘉 · 應仲實 · 徐子才 등은 유독 인정해 주었다. 진성가는 남과 교분하는데 특징이 있었고, 응중실은 스스로 자처하는데 특징이 있고, 서자재는 세속에 구애됨이 없이 자신의 신념대로 행동하는데 특징이 있었

636 『宋元學案』, 卷道, 「宋元學案序錄」, 「永嘉以經制言事功, 皆推原以爲得統于程氏. 永康則專言事功而無所承, 其學更粗承莽魁, 晩即尤有慚德.」 p.11.

637 『陳亮集』, 卷11,(中華書局, 北京,1987.1), 「子房賈生孔門魏徵何以學異端」, pp.126-127.

다, 이 모든 것은 내가 배우고자 하는 바의 학문이다. 만년에 일세의 호걸에 대해 서로 의논하였는데, 세 사람에 대한 생각이 매번 떠나갈 줄 몰랐다. 이것은 단지 옛 교분이 있어서 만은 아니었다.[638] 라 하여 진량이 고노향인들과 진성가·응중실·서자재 등 여러 사람의 학술정수를 스스로 체득하여 사상형성에 큰 영향을 받았음을 나타내고 있다.

또한 그는 남송정국을 분석하면서 옛사람의 용병술과 정책실시의 성공과 실패에 대해 상세히 분석하고 『작고론』에서 자신의 생각을 표현하면서 학문 성취과정도 밝히고 있다. 그는 소흥(紹興) 辛巳와 壬午(1161-1162)년간에 병사(兵事)에 대해 자주 논하여 공신(公臣)들이 해야할 바를 밝혔다. 도리어 중용과 대학의 이치에 대해 수학하고는 나는 알지 못하였다. 다시 고문(古文)으로 스스로 책망하면서 도덕과 성명(性命)의 학도 점차 나타나게 되었다. 또 다시 4, 5년 후에 당시 조정의 관리였던 廣漢 張拭敬夫, 東萊 呂祖謙伯恭이 서로 도덕과 성명에 대해 우열을 논의하였다. 주희(元晦)는 무이(武夷)에서 강론하고 주장을 확립 반대하였다. 마침내 그 학설이 세상에 행해져 막을 수 없게 되었다.(중략) 온 천하의 학사와 사대부들은 현함과 불초함에 따라 복종하느냐 그렇지 않느냐의 문제에 얽매여 비록 마음속으로는 진실로 좋아하지 않으면서 겉으로는 좋아하는 것처럼 행동하였다. 나의 경우는 그러한 추세에 어울리기를 바라지 않는 것은 아니나, 내 능력을 등급매긴다면 그다지 높다고 할 수 없다.[639]라 하여 진량은 자신의 학문능력이 그다지

638 『陳亮集』 卷24, 「送徐子才赴富陽序」, 『亮自十八. 九歲, 或從故老鄉人游, 故老鄉人莫余知也, 而陳聖嘉, 應仲實, 徐子才獨以為可, 聖嘉之與人交, 仲實之自處, 子才之特立, 皆余知所學也, 晚與一世豪傑上下其論, 而三人者每每不能去心, 非值以交舊之而已.』 p.265.

639 『陳亮集』 卷36, 「錢叔因墓碣銘」 『紹興辛巳, 壬午之間, 余以極論兵事, 為一時明公臣, 臣之所許, 而反授以中庸, 大學之旨, 余不識也, 而復以古文自詭, 於時, 道德性命之學, 亦漸開矣, 又四五年, 廣漢張拭敬夫, 東萊呂祖謙伯恭, 上下其論, 而皆有列於朝, 新安朱熹元晦講之武夷, 而強力不反, 其說遂以行而不渴止, 齒牙所至嘘枯吹生, 天下之學士大夫賢不肖, 往往繫其意之所向背, 雖心誠不樂, 而亦陽相應和, 若余非不願附, 而第其品級不能高也.』 pp.482-483.

크지 않다고 평가하고, 여러 사람들의 학문을 취하였으며 관심분야가 일반 도학가들과는 다르다고 자평하고 있다.

한편 「同文集」에 의하면,

왕시(往時)에 광한 장경부(張敬夫). 동래 여백공(呂伯恭)이 천하 의리에 대해 논함에 있어 스스로 그 정교하고 미묘함을 지극히 하였다고 말했다. 세상 사람들도 또한 이 점을 가지고 그들을 추장(抽獎)하였다. 비록 선배라도 나는 능히 그들보다 앞설 사람은 없다고 생각하였다. 나는 오히려 이 두 사람을 만나 강론하는 것을 듣고 점점 그 정밀함과 심오함을 알게 되었고, 물정에 대해서도 극진함을 더하지 않은 바가 없었다. (중략) 말년에 신안 주원회(朱元晦)가를 옛 성현의 마음 쓰는 것이 평이하고 간략하며 바르다고 논하여 기존의 학설을 뒤흔드는 것을 보았는데, (중략) 경문에 있어서 평이하고 간략하고 바르지 않으면 내버려 두고 거기에 대해선 논하지 않았으며, 이것이 성현의 본 뜻이 아니라고 생각되면 깎아서 없애 버리는 듯 했다. 나는 이 때문에 천지의 대의에 대해 감개하고, 진·한 이래 여러 군자들에 대하여 크게 불만스럽게 생각하였다. 그래서 그 심고(沈痼)함을 벗어나려고 생각하여 신안 주원회의 뜻을 다르려고 했지만 아직 그렇게 되지 못했다.[640]

이상에서 살펴본 바와 같이 진량은 자신의 학술 연원에 대해 장경부와 여백공 그리고 주희의 학설 등 여러 사람의 학설을 독창적인 체험과 독서를 통해 얻은 후 어느 한 사람의 학설을 전적으로 따르지 않아 일정한 사승관계는 없다고 밝히고 있다. 그러나 진량은 18·19세 무렵에는 진성가·응중실, 서자재 등 3인과 비교적 마음의 뜻한 바가 투합되어 있었다. 『문집』가운데 『병공고연석지구』(『芮公固研席之舊』)와 『모지사우영가정공』(『某之師友永嘉鄭公』)문장에서 보면, 병욱(芮煜), 정경망(鄭景望, 1124-1181)과 관계가 있음을 알 수 있다.[641]

---

640 『陳亮集』, 卷23, 「跋朱晦庵送寫照郭秀才序」 pp.256-257.

그 후 진량은 하자강(何子剛)에게 사숙(私塾)하였으며, 무주군수 주규(周葵, 1098-1174)의 추천으로 학술계에 등장하였다. 성년이 된 후에는 장식, 여조겸, 주희 등 3인과 많은 학문의 논의를 하였다. 이 세 사람 중에서 진량과 가장 밀접한 관계를 가진 사람은 여조겸이었다. 여는 송 효종 순희2년(1175) 4월 아호사(鵝湖寺)의 회(會)를 열어 주희와 육상산 형제의 학문적 접근을 시도하는 등 송대 학술사상을 다방면에서 접촉한 사람으로 진량에게 반주자학적인 학문의 영향을 주었을 것이라 생각된다.

진량의 『문집』에 의하면, 그는 평생 다른 사람과 강론하지 않았다. 유독 백공과는 한가한 시간에 서로 즐거이 왕래하였다. 진량도 서로 아는 바를 느낄 뿐, 그 언어의 참뜻은 알지 못하였다. 백공이 죽자 이 일도 끝났다.[642] 이처럼 진량은 여조겸과 관계를 통해 다방면의 학술을 접할 수 있었으나 학술상의 차이와 경향은 크게 달랐다.

여기서 진량과 주희와의 만남 또한 여조겸을 통해 이루어 졌음을 알 수 있으며 이것을 계기로 두 사람간의 유명한 학문의 논쟁인 의리왕패의 논쟁을 가져왔다.[643] 이처럼 진량은 정백웅, 설계선, 진부량, 섭적 등과 왕래가 있는 등 그의 학술연원관계는 대단히 복잡하다. 그러므로 학술사상의 형성

---

641 『陳亮集』, 卷15, 「送三七叔祖主筠高安簿序」, 『某聞尚書郎芮功. 劉公, 方將漕江外, 芮公固研席之舊, 而劉公則素厚, 某者大帥龔公之賢, 宇內所聞, 當不以貴賤尊卑窮達而相忘, 而某之師友永嘉鄭公, 朝暮來總風憲囊, 固當加惠於公矣.』, pp.263-264.

642 『陳亮集』 卷28, 「丙午復朱元誨秘書書」: 『亮平生不曾會與人講論, 獨伯恭於空間時喜相往復, 亮亦感其相知, 不知其言語之盡, 伯恭既死, 此事盡廢.』 p.354. 또한 『同書』, 卷28, 「又甲辰答書」: 『伯恭晚歲於亮好, 蓋亦無所不盡, 箴切誨戒, 書尺具存.』, p.335이라 하여 진량과 여조겸과의 관계를 설명하고 있다.

643 소위 '주희와 진량의 논쟁'은 '義利王霸論爭'이라하는데, 즉 개인적인 도덕수양의 측면으로 나갔던 당시 도학자들을 경멸하고 현실사회의 문제를 중시 현실상황 타개를 위해 실제의 일에서 실제의 결과(功)를 따진다. 그는 역사적인 사실을 따질 때도 바로 이 '사공'을 기준으로 본다. 어떤 역사전인 인물이 그가 처한 상황에서 어떻게 문제를 해결하여 안정과 질서를 가져왔는가를 본다. 이에 대해 주희는 역사적 인물이 한 행위가 정당하고 바른 것이었는 가를 '의리'(도덕률)에 맞는가를 따진다. 이러한 견해의 차이에서 두 사람의 논쟁이 일어난 것이다.

에 있어서 이들의 학문과 사상을 어느 정도 영향을 받았다고 할 수 있으나 특정한 학파를 계승했다고 할 수 없고, 그들을 통해 여러 가지 학문을 주관적인 해석을 통해 독자적인 사상체계를 이루었다고 할 수 있다. 진량은 도학가의 한 사람이라고는 할 수 있지만, 그의 사상은 결코 도학의 계속이라고 할 수 없다. 『송사』에서 영가학파를 「유림전」에 넣고 있는 것으로 보아 도학과는 다른 계통으로 취급하고 있음을 알 수 있다.[644]

3) 진량의 현실인식과 경세관

(1) 정치개혁과 경세관

진량의 사공학을 위주로 한 실용주의 사상 중에서 정치적인 면에서 가장 뛰어난 부분은 민본사상이다. 그는 당시 전통적으로 강조하고 있던 도통론(道統論)과 왕천하(王天下)의 전통봉건인식에 반대하고, 실공(實功), 실리(實利)정책을 기본으로 민이 권력중심이라는 주장을 하였다. 그의 정치적 경세사상의 구체적인 조처는 군권의 제한과 권력 분산 그리고 백성에 대한 배려 등이 중요한 내용으로 군권의 제한을 통해 민권을 강화하여 사회경제의 발전을 가져오자고 하였다.

진량이 군권을 제한하자는 정치개혁사상은 당시 극단적인 중앙집권으로 조정이 농단하던 남송의 정치경제와 사회 상황에 대해 비판을 가한 것으로 전통적인 민본사상의 수준을 초월하여 초보적인 민권사상을 제기하였다고 보는 학자도 있다.[645]

---

644 이러한 점은 남송시대에 도학의 창궐에 대해 진량을 이단으로 본 사람도 있었는데 喬行簡은 『文集』「卷首」「奏請謚陳龍川箚子」; 『陳亮-皇帝王霸之略, 期於開物成務, 酌古理今, 其說蓋近世儒者之所未講.』이라 하였고, 『宋元學案』 卷56, 『龍川學案』에도 『永嘉之學, 薛(季宣). 鄭(伯熊)俱出程子, 是時陳同甫亮又屈興永康, 無所承接.』 이라하여 영가학파의 설계선. 정백웅 등 모두 정자에게서 나왔지만 진량은 영가에게 나왔으며 사승관계가 없다고 말하고 있다.

645 朱曉鵬, 「陳亮思想的特質及其意義」, 『浙江學刊』 2009, 第1期, 2009, p.46.

또한, 송조는 중앙집권정책을 통해 지방세력의 활거를 방지 하고 통일을 이룰 수 있었지만 고질적인 병을 가져왔다. 그것은 정책을 실시할 때마다 그 일에 맞는 인재를 등용하는 등 왕의 독단이 아닌 것이 없었기 때문이다[646]라 하여 군주독재 정치의 폐단을 지적하였다.

이러한 그의 경세사상은 금과 군사적 대치관계를 유지하고 있던 남송이 처하고 있던 정치외교적 배경 속에서 실질적이며 현실적인 조처였다.

당시 송조가 추진한 '중문경무'와 '강간약지'의 정책은 북방유목민족과 충돌에 효율적으로 대처하지 못하고 흠종(欽宗) 정강(靖康)원년(1125) 정강의 변을 초래하여 북송이 멸망하게 되었다. 그 결과, 송은 정치, 경제, 사회 등 제 방면에 폐단이 속출하고 농민생활이 궁핍해지는 등 사회 혼란을 가중시켰다. 이처럼 어려움에 직면한 당시 상황에 대해 섭적(葉適)은 다음과 같이 적절하게 지적하고 있다.

태종(976-997)과 진종(998-1022) 초기에는 자급자족하여 재정이 걱정이라는 것은 듣지 못했다. 祥符(1008-1016), 天禧(1017-1021) 이후에는 국내에 축적되었던 것이 소진되어 텅 비었고, 인종 명도(1032-1033)와 경우(1034-1037)에는 천연의 재해가 끊이지 않았고, 서하와 분쟁이 5~6년간 지속되어 안정될 수 없었다. 인종년간에는 지극히 편안하고 성대했던 시기라고 말하지만 재정이 크게 궁핍해져서 천하의 의론이 분분했으니 모두 재용 때문에 걱정하게 되었다. 천하의 큰 재물을 모으더라도 한해의 저축이 되지 않는다. 그래서 소금, 차 등 전매물품에 노력하더라도 재물을 얻지 못했다. 희령(1068-1077)년간에 사농(司農)의 임무를 중시하고, 상평법을 바꾸어서 겸병과 독점을 배제하고 재리를 일으킬 신하를 사방으로 파견해 살펴보게 하였다. 사람들이 많이 모이는 시장이나 관문, 나룻터 같은 길목은 물론 작게는 소상인이나 천민 노예에 이르기까지에서 열배 백배를 거두었다. 대

646 『陳亮集』 卷2, 「中興論」「論執要之道」 p.27.

체로 재물이 가우와 치평 때보다 궁핍한 때는 없었고 재리(財利)를 말하는 것은 희령과 원풍때보다 더 심한 때가 없었다. 그들은 선왕의 말을 빌어서 학설을 내세웠고 리로써 상하를 받들었다. 그래서 광막하게 그 풍속을 크게 변화시켰다[647]라고 하였다.

진량은 송초기 부터 왕안석의 개혁에 이르기까지 재정상태를 논하고, 그 가운데 인종시기 국방비 지출의 증가 요인 등 재정의 고갈현상을 지적하였다. 당시 정치경제적 어려운 상황에 직접적인 도움이 되지 못하는 유심주의적인 이학을 비판하고 현실을 중시하는 경세치용의 실용주의 사상인 사공학을 제창하였다. 그리하여 진량을 비롯한 여조겸, 진부량, 섭적 등 공리주의 사상가들은 당시 정치, 경제중심의 남천으로 인한 인구집중 및 상업의 발달과 교자 등 화폐의 남발로 인한 사회경제 혼란 등 각종 폐단의 출현은 봉건제도 자체의 모순을 지적하였다.

특히, 진량은 이러한 사회상황의 출현배경과 원인에 대해 당시 학술사상의 주류를 차지하고 있던 이학에도 문제가 있다고 비판을 가하였다. 비판의 이론적 근거는 실제의 공로와 효과를 주장하는 실사실공을 기본으로 하는 공리설(功利說)이었다. 진량은 「경세치용」학을 목표로 공자와 맹자를 존경하고 있다. 그는 공자가 천하를 주류한 것은 동주(東周)의 이상국가 실현에 대한 동경과 포부가 있었기 때문이라고 보았다. 또한 공자는 내재하는 품덕의 함양과 왕도정치 실현을 중시하고 있었는데, 주희를 비롯한 당시 유학자들은 내재적 함양만을 중시하고 있다고 지적하였다.

그리하여 진량은 도덕의 함양을 통해 백성에게 혜택을 주는 것이 중요하며, 존경받는 성현들은 백성들이 어려울 때 절실하게 걱정하는 마음으로 백성의 고충을 구제해야 하는데 어떻게 내심의 도덕함양 만으로 능히 이룰 수 있느냐고 생각하였다.[648]

---

647 葉適, 『水新先生文集』 卷4 「財總論二」;(法人文化社, 史部叢刊正編, 1989.) pp.49~50.

진량이 맹자를 존경하는 관점도 이 점으로 “대우(大禹)의 공(功)은 맹자의 덕업(德業)인데, 나는 평생 몽매하였다[649]라 하여 맹자의 덕업은 전국시대 제후가 왕도정치를 행함으로써 백성을 구제하려 하는 것으로 파악하고 있다. 그러나 맹자도 개인의 내적 함양을 통해 천하를 선하게 하려고 하였지, 그 스스로만을 선하게 하려고 하지 않았다고 보았다. 이러한 진량의 생각은 주희에게 보낸 서신 속에 잘 나타나 있다.

즉, 『龍川集』「又甲辰答書」에 의하면

자하는 유학의 한 방면인 문학에서 나뉘어져 나왔지만, 유가라 부른다. 사람을 완성시키는 도는 마땅히 여기에 지극한 것은 아니다. 그러므로 후세 사람들이 소위 재주는 있으면서 덕은 없고, 지혜와 용기는 있으면서 어질고 의로움이 없는 자들이 모두 유학가의 입에서 나온다고 한다. 그러므로 저는 학문하는 자는 배워서 다른 사람을 완성시키는 것인데, 유자 또한 한 방면 중의 큰 것일 뿐이다. 보내주신 서신에는 사람을 완성하는 도는 가르쳐 주시지 아니하고, 순유(醇儒)로서 스스로 규율할 것을 가르치시니, 어찌 스스로 그 분수와 국량(局量)을 헤아리면서 여기서 그치겠습니까? 저는 그래도 승복하지 못하겠습니다.[650]라고 하였다.

여기서 주희가 주장하는 순유는 진량의 입장에서 보면 실제생활을 떠난

648 『陳亮集』, 卷16「三國紀年序」, 『初周室東遷而霸道興, 當孔子時, 天下幫君猶知有王, 而弗克事也, 故孔子有東周之志焉, 魯周之宗國也, 孔子嘗三得其幾矣.』 p.176.

649 『陳亮集』, 卷15, 「贈術者載生序」, 『夫大禹之功, 孟子之德業, 余平生之夢寐在焉。』 p.274.

650 『陳亮集』, 卷28, 「又甲辰秋書」; 『子夏所以分出一門, 而謂之儒也, 成人之道, 宜未盡於此, 故後世所謂又才而無德, 有智勇而無仁義者, 皆出於儒者之口, 才. 德雙行, 智勇交出而竝見者, 豈非諸儒有以引之乎!故亮以為學者為成人, 而儒者亦一門戶中之大者耳, 秘書不教以成人之道, 而教之醇儒自律, 豈揣其分量, 則止於此乎, 不然, 亮猶如遺恨也』 p.341. 여기서 「醇儒」라는 말은 전적으로 학문만 추구하고 현실은 경시하는 사람을 말함.

공리공담적일 뿐 세상일에는 전혀 관여되지 않는 지식인일 뿐이고, 사회의 혼란과 병폐를 개혁 또는 중흥시킬 능력은 전혀 없는 사람으로 보고 있다. 그러므로 진량은 사람은 학이성인(學以成人)[651]을 이상으로 삼아야 한다고 하였다. 그가 지칭한 성인은 당시 도학가들이 존중한 순유가 아니라 정정당당하고 정의감 있고, 현실적이며 어려운 문제를 해결할 수 있는 능력과 실천을 갖는 사람을 지칭하였다. 즉 개인가치와 사회가치 그리고 도덕가치와 사공가치를 함께 갖춘 사람을 말하였다.[652]

진량은 학문과 교육의 목적은 사회에 꼭 필요한 사람 "비상한 재능을 가진 비상한 인재"를 양성하는 것이다. 그는 비상한 사람이 되어야 비상한 공(功)을 세울 수 있다고 하였다.[653] 비상한 인재는 반드시 일세(一世)를 추도(推倒)할 수 있는 지용과 만고를 개척할 수 있는 심흉과 풍우운설(風雨雲雪)을 교발(交發)하고 병지(併至)하며, 용사호표(龍蛇虎豹)로 변해 보이고 출몰하는 능력과 성격을 가진 사람이다. 이런 사람은 수양을 통해 이룰 수 있는 고차원적 수양목표를 달성한 성인(成人)을 말한다. 이들 성인이 말로 영웅의 기개와 세상을 구제하려는 뜻을 갖추고 있다고 보았다.[654]

진량은 순유는 다만 의리(義利)의 정미(精微)를 연궁(研窮)하고, 고금(古今)의 동이를 변석(辨釋)하고, 심(心)의 묘홀(秒忽)을 원(原)하고, 분촌(分寸)의 예를 비교하고 누적하여 공으로 삼고 함양하는 것을 정(正)으로 삼는 사람인데 사회의 변화와 발전과는 의미가 별로 크지 않다.[655] 이것은 진량과

---

651 曲愛香,「陳亮"成人之道"思想及其現代價値」,『甘肅社會科學』, 2013年 第3期, pp.40-43. 여기서 '成人'이라 함은 의리(義利)와 이욕(利欲)에 일체이며, 인(仁), 용(勇), 지(智)을 겸비한 덕성을 가지고 있고 강렬한 사회에 책임감과 도덕사명감을 가진 인격이 완성된 사람을 지칭한다.

652 『陳亮集』, 卷20,「又書」;「閉眉合目, 朦瞳精神, 以自附於道學.」pp.1171-697. 勞思光『宋明編·中國哲學史』, p.416. 참조.

653 『陳亮集』, 卷1「戊申再上孝宗皇帝書」, "有非常之人, 然後可以建非常之功." p.15.

654 『陳亮集』, 卷28「又甲辰書」, "推倒一世之智勇, 開拓萬古之心胸", 風雨雲雷交發而併至, 龍蛇虎豹變見而出沒", pp.339-340.

주희를 중심으로 한 이학자 사이에서 학문과 인재의 양성과 인재관 등에서 중요한 차이다.[656]

진량은 이런 비상한 인재 또는 사회에서 유용한 인재를 양성하기 위해서 독특한 인재 양성방식을 제시하였다. 그는 이학가로서 유가경전을 비롯한 경전과 고전을 중시하였다. 그러나 이학자들이 다만 경서의 내용만 극단적으로 중시한 데 비해 경서 내용의 실제적 의미와 운용을 더 강조하였다. 또한 진량은 유가경전 이외의 역사 저작에 대한 공부를 제창하였다. 그는 고대의 경험과 교훈을 참고하여 천하의 변화를 살펴보면 원류(源流)는 견(遣)할 수 없다. 득실을 교연(較然)하면 가히 관할 수 있고, 가히 법(法)할 수 있고, 가히 계(戒)할 수 있어, 크게는 왕도가 흥하고, 작게는 적이 쳐들어오게 된다.[657]고 하였다.

또한, 진량은 제자백가의 학문도 중시하였다. 예를 들어 산천지리, 천문성상, 병법전략, 도량권형 등 실용적인 다양한 지식을 공부를 주장하였다. 진량이 소위 비상한 인재를 양성할 수 있다고 주장하며, 학습을 통해 누구나 요순임금처럼 될 수 있다고 하였다.[658] 진량이 농사를 짓는 것으로 공부를 비유하였다.[659] 사람의 능력과 성격은 태어났을 떼 결정된 것이 아니고 향후에 공부 및 사회의 경력을 통해서 점점 변화가 생길 수 있는 것이다.[660]

또한 진량은 『龍川集』「壬寅答朱元晦密書」에서 "천하는 커다란 것이다.

---

655 『陳亮集』, 卷28「又甲辰書」"研窮義理之精微, 辨釋古今之同異, 原心之秒忽, 較禮於分寸, 以積累爲功, 以涵養爲正" p.339.

656 孫偉儿, 「陳亮的教育思想」[期刊論文]-『寧波高等專科學校學報』 2003(3), p.100.

657 『陳亮集』, 卷5「酌古論序」"觀天下之變", "有源有流, 不可遺也", "使得失較然, 可以觀, 可以法, 可以戒, 大則興王, 小則臨敵." p.50.

658 『孟子』, 〈告子章句下〉 "曹交问曰: '人皆可以爲堯舜, 有诸?' 孟子曰: '然.'"

659 『陳亮集』, 卷10, 「耕齋銘」"人皆可以爲堯舜""士之於學, 農之於田, 朝斯夕斯, 舍是奚安……工貴其久, 業貴其專。凡二君子, 相與勉旃." p.111.

660 『宋元學案』, 卷56「龍川學案」"人只是這個人, 氣只是這個氣, 才只是這個才。譬之金银铜铁, 只是金银铜鐵, 煉有多少则器有精粗, 豈其于本質之外換出一般, 以爲绝世之美器哉"

모름지기 자신의 힘으로써 주관하여 움직이고, 끼고서 돌 수 있다면, 천하의 지력은 나의 지력이 아닌 게 없고 추구하는 이익과 형세가 서로 같아져서 비록 다른 짐승이라 할지라도 구속하지 않아도 저절로 따르게 할 수 있다. 만약 편안히 앉아서 사람들을 감동시키려 한다면, 종래의 여러 군자들이 진실로 이미 한 쪽에 치우쳐서 실패한 것입니다. 지금 또 예전에 하던 것을 인습적으로 따라서 시행하고자 한다면, 나중에 여러 군자들이 다시 번쇄해서 실패하지 않겠습니까?[661]라 하였다.

진량은 주자를 비롯한 내적함양만을 추구하는 이학가의 학문으로는 세상 사람을 감동시켜 시국을 구하려는 것을 실행할 수 없다고 지적하였다. 또한 시국을 구하는 방법은 형세를 장악하는 것이 중요한 문제이며, 사공 즉 실제의 공효를 동시에 추구하지 않아야 한다고 주장하고 있다.

또한 진량은 당시 시국에 대해 금(金)과 화의를 맺은 이래 안일함에 빠지고 사치스런 생활을 하는 등 날로 나태해져 이전의 복수심이 사라지고 국가가 점차 약화되어 가는 등 국토 실지회복에 의지와 기회를 잃어버리고 있다고 하였다. 그는 문집에서 지적하고 있다.

오늘날에 크게 혁신하여 임금의 뜻을 돌이키지 못한다면, 비록 지혜로운 자라 할지라도 그 뒷일을 잘 감당하지 못할까 두렵습니다. 이것은 깊은 식견을 가진 자가 아니더라도 할 수 있는 것인데, 모두가 이것을 생각할 줄 모르는 것은 어째서 입니까? 이런 일을 생각하는 자는 실재 일을 담당하지 않고, 실재 일을 담당하는 자는 이런 일을 생각하지 않기 때문입니다. 그렇다고 해서 어찌 천하의 일을 끝내 할 수 없겠습니까? 오직 그 인물에 달려 있을 뿐입니다.[662]

661 『陳亮集』, 卷20, 「壬寅朱元誨秘書」; 『天下大物也, 須是自家氣力, 可以斡得動, 挾得轉, 則天下之智力, 無非吾之智力, 形同趨而勢同利, 雖異類, 可使不約而從也, 若只欲安坐而感動之, 向來諸君子固已失之偏矣, 今欲鬪飣而發施之, 後來諸君子, 無乃又失之碎乎!』 p.333.

또한 진량은 「中興論」「論執要之道」에서 "신이 바라 보건데 폐하께서 왕위에 등극한 이래로 직접 궁중의 일을 돌보시고, 만리 밖의 일을 정확하게 살피시되, 한 가지 정무를 말하고 한사람을 등용해서 쓸 때에도 독단적인 판단이 아닌 것이 없으니, 아래로는 조정의 관직이 낮은 신하의 직무에서부터 지방의 사소한 정사에 까지 모두 보고되어 폐하를 수고롭게 하고 있습니다."라고 지적하였다.[663]

그는 남송정부의 전반적인 정치 상황에 대해서 황제의 독단성과 관리들의 나약함이 만연되어 생긴 것이라고 비판하였다. 이 생각은 섭적의 생각과 상당히 접근하고 있다. 섭적은 송대가 추진한 강간약지(强幹弱枝) 정책을 통한 중앙집권정치는 이로움 보다 해가 더 크다고 하며, 현실주의적인 정치가 중요하다고 하였다. 이처럼 국가정책과 실행이란 그 장점과 단점을 잘 파악 합리적으로 운영해야 하지 어떤 한 곳에 큰 이익이 집중되어서는 안된다고 주장하였다.[664]

『宋史』, 「陳亮傳」에 의하면 진량의 상소가 효종에게 전달되자 효종은 발끈 성내고 놀라면서 조정에 방을 붙여 군신들을 격려하고 중방을 등용한 고사를 인용하여 진량을 등용하고자 하였으나 좌우 대신들은 그것을 알지 못하였다.[665] 한편, 대신들은 진량이 왕 이름을 직접 사용한 것(直言)을 두고 피휘(避諱)하지 않은 잘못을 범했다고 지적하면서 도당에서 검사하라고 명

662 『陳亮集』, 卷28, 『又書』, 「當今之世, 而不大更化以回天意, 恐雖智者無以善其後, 此不待深見遠識而後知, 然而皆不知慮, 何也? 慮者不當,而當者不慮, 是豈天下之事終不可為乎? 亦在其人而已矣.」 p.335.

663 『陳亮集』, 卷2, 「中興論」, 「論執要之道」, p.27.

664 葉適, 『水心先生文集』 卷4, 「始論1·2」, pp.43~44. 및 「同書」. 「財務論1·2」(法仁文化社 四部叢刊) pp.43~44. pp.48~50. 『水心別集』 卷10, 「外篙史議二」 등 주로 당시 남송 정국에 관한 시사(時事)문제에 대해 언급하고 있다.

665 중방은 송대 사람으로 자는 逸이고, 호는 雲溪醉侯로써 낙양사람이다. 그는 어머니를 모시고 종남산에 은거하였는데 함평년간에 工部侍郎에 제수되었고, 진종때에는 左司諫에 임명되었으나 어머니의 명을 좇아 종남산에 은거하였다.

령을 내렸다. 재상이 상지(上旨)하는 바에 따라 그 연유를 물어보니 모두 서로 용납하지 않고 배척하므로 또 받아들여지지 못했다.[666]

그 후 진량은 「上孝宗皇帝三書」에서 당시 송조가 추진한 강력한 중앙집권 제도에 대해 이 제도는 태조가 개국 초에 당말 오대 번진세력의 할거국면을 방지하기 위해 정치행정 및 군사와 재정 등 모든 권력을 왕의 직속 하에 두었던 제도로써 통일을 위해 필요한 제도였다.[667] 그러나 후대 통치자들이 태조가 삭번정책을 실시한 진정한 의도를 알지 못하고 계속해서 중앙집권제도를 실시하고 심지어 그 제도에 구속되었다. 그 결과 지방이 약화되어 군현이 텅비고 본말(本末)이 모두 약화되는 결과를 가져와 조정이 약해지는 국면을 가져왔다고 비판하였다.[668]

이상에서 본 바와 같이 진량은 관리들이 현실정치에 대한 올바른 식견을 갖지 못하고 자신의 지위 유지에 급급한 나머지 정세변화에 적절히 대응하지 못하는 정치현실을 걱정하고, 주희를 비롯한 이학가들을 움직여 실제의 공효를 추구하고자 하였다. 이에 대해 주희는 새로운 이론은 기이하고 뛰어나고 범상하지 않으며 참으로 창조적인 견해입니다. 놀랜 마음에 아직 판단이 서지 않아 감히 제 주장을 내세울 수 없어 당신의 뒷얘기를 더 듣고자 합니다. 다시 말씀을 주시기를 청합니다.[669]라 하여 진량의 생각에 관심을

---

666 『宋史』卷436, 列傳195, 儒林6,「陳亮傳」;「書奏, 孝宗赫然震動, 欲牓朝堂以勵群臣, 用種放故事,詔令上殿, 將擢用之, 左右大臣寞知所為, 惟曾覿知之, 將見亮, 亮恥之, 踰垣而逃, 覿以其不詣己, 不悅, 大臣尤惡其直言無諱, 敎沮之, 乃有都堂, 審查之命, 宰相臨以上旨, 問所欲言, 皆落落不少貶, 又不合.」pp.12938~9.

667 『陳亮集』 卷1,「上孝宗皇帝第三書」p.12.

668 『陳亮集』 卷1,「上孝宗皇帝第三書」「國家之規模, 使天下奉規矩準繩, 以從事群臣救過之不給, 而何暇展布四體, 以救濟度外之功哉, 故其勢必至於萎靡, 而不振五代之際, 兵財之柄倒持於下, 藝祖皇帝東之於上, 以定禍亂, 後世不原其意, 東之不已, 故郡縣空虛, 而本末俱弱, 今不變其勢, 而求恢復, 雖一旦得精兵數十萬, 得財數萬萬計, 而恢復之期愈遠, 就使敵人盡擧河南之地, 以還我亦恐不能守耳.」pp.13-14.

669 『朱子大全』, 卷36,「答陳同甫書」;「新論寄偉不常, 真所創見, 驚魂未定, 未敢遽下語. 俟再得餘論, 乃敢請益耳.」pp.622-623.

나타내고 있다.

그 후 주희는 또 서신을 보내 진량의 생각을 크게 칭찬하고 현실정치에서 사공(事功)학이 크게 작용하기를 바라는 것들이었다. 『朱子文集』「陳同甫書條」에 의하면, 저에게 보여주고 가르쳐주신 뜻에 매우 두려움을 느낍니다. 그러나 제가 어찌 그런 인물이겠습니까? 분명한 것은 여기에서 실언의 누를 면치 못할 것입니다.[670]라 하여 주자가 결국 사공을 추구하지 않고 이학(理學)이 학문연구의 중심이었음을 밝히고 있다.

주희 자신도 처음에는 어느 정도 사공에 뜻을 가지고 있음을 볼 수 있다. 그는 자신이 관리에 진출한 후에 처음의 정치적 뜻을 펴지 못한 사정과 그 후 자신이 강학활동에 종사한 연유를 밝혔다. 그 후 주희는 진량의 서신에 담겨 있던 사공학에 대해 직접적인 비판을 가하고 있다. 그는 지난해 당신이 주장한 열 가지 의론(議論)은 대의에 있어 물에 빠진 형수를 건져 주어야 한다는 뜻이 너무 많아 남녀 간에 직접 주고받아서는 안 된다는 예를 보존할 수 없을 듯합니다. 따라서 삼강오륜의 정도를 모르는 후진들이 갑자기 이 학설을 듣게 되면, 그 폐해가 구제할 수 없게 될 것입니다. 그러니 현명하신 당신께서 그 점을 되돌려 주시길 바랍니다.'[671]라 하여, 진량이 당시 시국을 구원하기 위해 주장한 것은 모두 한 방편이지 정상적인 상리(常理)는 아니라는 점을 강조하고 학문에 대한 자신의 생각을 밝히고 있다.

또한 주희는 계속해서 진량은 예법을 잘 지키지 않는 버릇을 가지고 있다고 이론 자체에 대한 비판에서 진량의 인물됨으로 전환하여 비판하고 있다.[672] 그러나 진량의 문제의식은 시대를 구제하고 혼란을 평정하겠다는 것

---

670 『朱子大全』, 卷36, 「答陳同甫書」; 「示喻見子之意甚厚, 然僕豈其人乎? 明者於是乎, 不免失言之累矣.」 p.621.

671 『朱子大全』, 卷36, 「答陳同甫書」; 「去年十論, 大意亦恐援溺之意太多, 無以存不親授之防耳, 後生輩未知三綱五常之正道, 遽聞此說, 其害將有不可生救者, 願明者之反之也.」 p.622. 勞光思, 『宋明編·中國哲學史』 卷36, p413.

672 『朱子語類』 卷123, 「陳君擧附葉正則條」에 "才高氣粗"라 되어있고, 『朱子大全』 卷36, 「答陳同

으로 처음부터 끝까지 하나의 중점 부분을 가지고 그것을 이루자는 것이었다. 이것은 다만 당시 현실의 상황문제를 해결하는 것이 중요하다는 것으로 어떤 시대 어떤 상황에 모두 적용되고 실현되어야 하는데 그러한 선험적인 법칙성은 없다고 보았다. 이처럼 두 사람은 생각과 뜻이 달라 수차례에 걸친 서신왕래를 통해 의견 교환에도 불구하고 합치될 수 없었다.

(2) 사회경제개혁과 경세관

1127년 정강(靖康)의 변으로 북송이 멸망하고 정치경제와 사회문화 등의 중심이 임안(杭州)으로 남천하면서, 절동(浙東)과 복건(福建)지역을 중심으로 한 강남일대의 경제가 신속하게 발전하여 상업이 크게 번성하였다. 이러한 배경아래 학술사상계에도 무실(務實)을 추구하고 실공(實功)을 중시하는 학자들이 등장하였다. 앞서 서술한 바와 같이 그들 가운데서 현실을 중시하고 실용을 강조하는 이른바 사공학을 종지로 삼은 진량, 섭적 등을 중심으로 한 영가학파(永嘉學派)가 그 대표이다.

당시 남송정국은 이미 정치군사적으로 많은 모순을 노출하며 곤경에 빠졌으며 대북방민족 관계에서도 주화(主和)론이 대세를 점하고 있었다. 그러나 진량은 주전론을 주장하며 남송정세를 분석하고 구차하게 타협과 안일함만을 추구하는 주화정책을 비판하고 중흥을 통해 금(金)에 복수의 대업을 성취하자고 하였다.

진량은 순희 5년(1178) 남송 정국에 대해 분석을 통해 자신의 의견을 개진한 상소를 5차례 올려 남송중흥과 부국강병을 주장하였다. 그 중 대표적인 것이 유명한 효종 『상효종황제제일서』(『上孝宗皇帝第一書』)이다. 그는 이 글에서 송의 두 황제(휘종과 흠종)이 포로가 된 국가 치욕은 반드시 설욕해

甫書」, 『聖人詞氣之際, 不應如此之粗, 而鄙也.』라 하여 비판하고 있다.

야한다. 그러기 위해서는 국가중흥을 통해 사기를 진작하고, 국가조직의 정비와 행정집행에 반드시 규칙이 있어야 하며 관리의 임무를 수행도 규정에 합치되어야 한다고 지적하였다.

그는 송조는 유교입국의 본래 취지가 상실되어 왕을 비롯한 두·세 사람의 대신에 의해 정책이 결정되고 시행되어 폐단이 노출되고 있다. 이를 극복하기 위해서는 재주와 능력을 가진 인재를 등용하여 그들의 장점이 발휘할 수 있도록 하는 관리등용방법의 개혁을 제기하였다. 이와 함께 상인들의 이익(利) 추구도 인정해야 하며, 실제의 공효를 가져오는 사공주의 정신과 정책이 실행해야 한다고 주장하며 남송의 경제정책에 대해서 비판하였다.

또한 그는 백성들을 부유하게 하려고 하지만, 부자들도 창고에 5년의 식량을 축적하지 못하고, 세금을 무겁게 하지 않지만, 대상들도 창고에 많은 재물을 쌓아두지 못한다. 이것은 국력이 날로 고갈되고 있다는 것이다.[673]라고 하였다. 이것은 전반적인 개혁이 요구되는 남송정국의 중요한 문제들이었다.

진량은 기본적으로 국가가 농업을 근본으로 삼고, 백성은 농업을 중히 여긴다. 중농(重農)은 나라를 건립할 수 있고, 부민(富民)해야 강국이 될 수 있다고 하였다.[674] 그러므로 사회생산력을 발전시키려면 농업생산 노동력을 가진 농민을 보호해야 한다. 농업을 말하면 농민을 말하지 않을 수 없으므로 민이 국가의 근본이라는 사상은 역대 통치자들과 사상가들이 주의했던 부분이다. 진량은 농업은 국가수입의 중요한 원천이며, 부국의 근본으로 농업발전이 부국을 실현하는 중요한 방법이라 여겼다.[675]

송은 건국 이래 겸병을 억제하지 않아서 대지주들의 토지들은 천백(阡陌)에 달하는 등 전제(田制)가 바로 서지 않았다. 남송에 이르러 토지겸병의

673 『陳亮集』 卷1, 「上孝宗皇帝第一書」, pp.6-7.

674 『陳亮集』 卷17, 「漢論, 文帝條」, pp.195-196.

675 『陳亮集』 卷18, 「漢論, 明帝條」, pp.201-202.

풍조가 더욱 치열해져서 중소지주와 자경농이 급격히 줄어들고 분분히 전호로 몰락하였다.[676] 그러나 송조는 오히려 농민들에게 가렴주구를 일삼고 가중한 조세를 부과하였다. 이에 대해 진량은 농민이 안심하고 농경에 종사하여 농업이 발전하게 되고 국가의 안정을 추구할 수 있다고 한(漢)왕조가 흥성하게된 것이 농업을 중시했기 때문이라고 하였다.[677]

진량이 생활했던 시기는 대부분의 양전(良田)들은 관료지주들이 대량으로 점거하는 등 토지겸병문제가 대단히 심각했던 시기로 많은 농민이 전농(佃農)으로 전락하고 생활이 극히 곤궁했다. 이 문제를 해결하기 위해서 선정을 베풀어야 한다고 하였다고 통치자들에게 경고하였다.[678]

이상과 같이 그는 중농사상을 기반으로 한 사회경제에 대한 경세관은 자신이 살았던 절동 동남연안지역은 공상업이 크게 발전했던 지역으로 그의 사공(事功)사상은 농상을 함께 중시하자는 구호로부터 출발하였다.[679]

진량의 실사실공사상은 정치와 사회경제에 대한 독특한 관점에서 출발하였다. 그는 전통의 민본사상을 기반으로 정치권력이 백성에게 있다는 초보적인 민권사상을 언급하였다. 그는 통치자의 정치권력은 신으로부터 받은 절대 권력이 아니므로 바꿀 수 없는 것은 아니며, 백성들의 추천으로 결정한 것으로 백성들의 욕구를 충족시켜야 한다고 하였다.[680]

진량은 행복을 추구하는 것은 자연스러운 욕망이며 사람들의 천성(天性)은 누구나 같은 것이다. 한편, 정치의 결과에 대한 평가의 척도는 그것이 사람들의 보편적인 행복에 대한 행동의 결과를 보면 된다. 그러므로 최대

---

676 『陳亮集』 卷14, 「問兵農分合」,p.163.

677 『陳亮集』 卷17, 「漢論, 文帝條」, pp.195-196.

678 『陳亮集』 卷14, 「問兵農分合」, "今兼并爲農患,而 國用困于兵, 兵又不足賴, p.163. 卷29, 「與周子充參政書」, p.379.

679 『陳亮集』 卷11 「四弊」, "商籍農而立, 農賴商而行, 求以相輔, 而非求以相病."(中略) "官民一家也. 農商一事也, 上下相恤, 有無相通." p.127.

680 『陳亮集』 卷11 「廷對」, p.113.

다수의 최대행복을 만족시키면 좋은 정치이고 그이외에 어떠한 다른 정치원칙은 없다.[681]

진량은 실용주의적인 사회경제사상을 기반으로 국가를 안정시키려면, 먼저 안민(安民)하고 부민해야 강국이 될 수 있다는 정치이념을 제창하였다. 그는 학문수양과 정치의 최종 목적은 당연히 국계민생(國計民生)에 있다고 강조하고 적극적으로 국가와 백성을 위해 실공과 실리를 추구해야 한다고 하였다.

또한 진량은 이학가들이 정치를 성인들의 마음을 전하는 도통론과 천하를 군왕의 사유로 보는 것을 부정하고 신성불가침의 군주전제권에 대해 강한 부정과 공격을 가하였다. 그리고 군권의 제한과 행정의 간소화를 제창하며, 국가의 근본은 백성으로 흥국(興國)의 방법도 백성에 관용을 베풀고, 민생을 두텁게 하고 백성의 힘을 중시해야 한다고 하였다. 진량이 농상을 함께 경제의 근본이라고 거론한 것은 농업과 상업은 대립적인 것이 아니라 상호보완 촉진하며 유무에 따라 서로 유통해야 경제의 정성작인 발전과 사회번영을 추진할 수 있다고 하였다.[682]

이상에서 보면, 진량은 비교적 자유로운 경제정책을 실행하여 사람들이 이익과 욕망을 추구하는 행위에 대한 합리성을 인정하자고 하였다. 그리하여 백성들이 각종 경제행위를 통해 재부를 축적하여 풍족한 생활을 추구할 수 있도록 하자고 하였다. 이를 위해서 정부는 특별히 상인도 하나의 인재로 인정하여 보호하자. 왜냐하면, 성공한 상인은 그 재능이 과거지사(科擧之士)에 비해 전해 손색이 없기 때문이다. 특히 품행이 단정하고 합법적으로 거부가 된 부상들은 국가에 크게 공헌하였기 때문에 마땅히 합리적인 사회적 지위를 획득해야 한다. 그러므로 상업을 경영하는 것도 일종의 합법적인

681 侯外廬, 『中國思想通史』 第 4卷(下), 北京, 人民出版社, 1960, pp.738-739.

682 『陳亮集』 卷11 「四弊」, "官民農商, 各安其所而樂其生, 夫是以爲至治之極." pp.127-128.

생활을 방법이며, 각종 부당한 방법과 수단을 사용하는 것과 분명히 구별해야 한다고 하였다.[683]

또한, 진량은 통치자들의 잘못은 겸병과 상고(商賈)들을 억제하는 것이라고 강조하면서 상인들이 자유롭게 상업을 경영하여 발전시키자고 하였다. 즉 국가는 겸병을 억제하고 부상대고를 제한하는 방법을 통해서 사회빈부의 격차와 분화문제를 해결하려고 강제적인 조처를 해서는 안 된다고 하였다.[684]

한편, 송조는 중앙집권정책을 실시하여 지방세력 활거를 방지하고 통일을 이룰 수 있었지만 한 가지 정책을 실시할 때마다 그 일에 맞는 인재를 등용하는 등 왕의 독단이 아닌 것이 없었다.[685] 그러므로 왕이 중앙과 지방의 모든 일을 혼자 옳고 그름을 가리고 제재를 가하니, 대신은 하는 일 없이 자리만 채우고 있고, 서리는 앉아서 내리는 법령만을 시행하니, 백관들은 모두 책임을 회피하고, 인재들은 나날이 용렬해지고 천해진다. 그리하여 구습에 젖어 안일함과 현실지위 유지만을 추구하고 새로운 정책을 추진하지 않은 모순이 격화되었다고 주장하였다.[686]

이상과 같은 송조 정치현실에 대해서 진량은『中興五論』에서 인종대의 고사를 인용하여 다음과 같이 건의 하였다. 인종조에 한 권신이 있었는데 인종이 그 권병(權柄)을 거둬들여서 모든 정사가 왕으로 부터 나오게 하여 신하들이 위복(威福)을 명령할 수 없게 되었다. 인종이 말하기를 경(卿)의 말이 참으로 옳다. 천하의 일을 조처하는데, 왕 한 사람으로부터 나오게 하고 싶지 않다. 만약 왕 혼자에게서 나와 모든 것이 옳으면 가능하나 하나라

683 朱曉鵬,「論陳亮思想的特質及其意義」,『浙江學刊』, 2009年第1期, pp.45-46.

684 『陳亮集』 卷13,「問漢豪民商賈之蓄蓄」, p.153.

685 『陳亮集』 卷2,「中興論」「論執要之道」 p.27.

686 『陳亮集』 卷1,「上孝宗皇帝書」;「聖斷裁制中外, 而大臣充位, 胥吏坐行條令, 而百司逃責, 人才日以茸。」, p.7.

도 그르면 고치기 힘들어 공의(公議)에 붙여 재상이 행하는 것만 못하다. 재상이 천하를 다스리는데 바르지 않으면 대간(臺諫)이 그 실책을 공개하여 고치기는 쉽다[687]고 하여 관리들에게 권한과 책임을 주어 행정의 실효를 이루자고 하였다.

진량은 인종시대의 정치를 예로 들면서 황제 한 사람에 의한 독재정치가 아닌 모든 정사를 공의에 붙여 중앙정부 각 부분 관리와 지방의 관리들이 자신들의 역량을 충분히 발휘할 수 있어야 한다고 하였다. 이른바 육경(六卿)의 권한을 무겁게 하여 국가 대강을 총괄하게 하고, 현명하고 능력 있는 자에게 임무를 맡겨 관리 기강을 바로 잡고, 훌륭한 장수를 변경에 두고 총괄하게 하여 전적으로 맡겨두면, 변방군대의 수비가 절로 강화될 것이다. 그러면 변방의 이익이 절로 흥하게 된다고 하였다.'[688]

남송 건국 이후 고종은 금과 화의를 위해 항전세력을 약화시키고 중앙집권을 강화하였다. 그러나 진량은 이 정책은 태조의 중앙집권정책과는 성질상 다른 것이라고 지적하고, 금과 항전을 적극 주장하였으며, 남송의 위기국면을 구제하기 위해서 효종 스스로 주화주의를 버리고 항전필승의 정책을 견지하는 정책실현에 앞장서야 한다고 하였다.

진량은 「상효종황제제일서」(「上孝宗皇帝第一書」)에서 주화파들이 정권을 장악하고 있어서 가져오는 남송정국의 폐단에 대해 지적하였다. 그는 만약 군신상하가 구차하게 눈앞에 보이는 안일한 만을 도모하여 한 구석에 마음을 쉬게 한다면, 그들이 마음을 쓸 적에 모든 생각을 중국의 밖에 두게 될 것입니다. 예컨대 원기(元氣)가 한 쪽 팔다리에만 편중되고 그 밖의 다른

687 『陳亮集』 卷2, 「中興論」「論執要之道」, 『臣聞之故老言, 仁宗朝有權, 仁宗以收攬權柄, 凡事皆從中出, 勿令人臣弄威福, 仁宗日, 卿言固善, 然措置天下事, 正不欲專從朕出, 若自朕出皆是則可, 有一不然, 難以遽改, 不若付之公議, 令宰相行之, 行之而天下, 不以為便, 則臺諫公言其失, 改之為易, 大哉.』 p.28.

688 『陳亮集』 卷2, 「中興論」, p.23.

기관이 퇴화되어도 자각하지 못한다면, 이른바 원기를 받은 그 한쪽 팔다리는 무엇을 믿고서 오래도록 보존할 수 있겠습니까?[689]이라 하였다.

「同書」, 「同條」에 의하면, "남도(南渡)초기에는 군신 상하는 모두 대단히 근심하고 상심하여 적들과 함께 존재하지 않기로 맹세하였다. 마침내 싸움에서 패하여 달아나고 남은 병사들로써 백전노장의 적과 싸워 승리하였다. 진회(秦檜)가 사의(邪議)를 일으켜 그것을 저지하고, 충신의사들을 남쪽지방으로 배척하고 죽이자 천하의 기운도 나태해지게 되었다."[690]라 하여 당시 안일함을 추구하고 화의를 주장하는 주화파에 대해 백년대계의 국가정책 결정에는 도움을 주지 못했다고 비판하였다.

또한, 「上孝宗皇帝第二書」에서 진회가 20여 년 동안 전권을 휘둘러 동남쪽은 이런 상황에 의지해 별일이 없었다. 그러나 천하의 아동 부녀가 같은 뜻으로 도모하지 않았지만 모두 국가의 적으로 여기고 있습니다. 또한 그는 군부(君父)의 원수를 잊고 나라를 도외시하였으니 하늘과 사람의 마음을 어긴 것 또한 심합니다.[691]라고 당시 주화파의 우두머리인 진회를 비판하고 민심의 회복을 통한 실지회복과 중흥을 주장하였다. 진량은 구차하게 평화를 구한 것은 오래 가지 못한다고 생각하였다. 만약 송조가 구차한 안정만을 추구한다면 반드시 다른 힘의 역량으로 이 국면을 타개해야 할 것이다. 그러므로 송조 스스로가 역량을 배양해서 국가의 치욕을 회복해야 한다고 주장한 것이다.

그러나 진량도 그러한 역량을 배양하는 것이 무엇인지는 정확히 밝히지 못하고 단지 누적되어 온 것을 천명으로 여기고 있었다. 이런 생각은 남송정세를 안정하게 오랫동안 유지할 수 없다. 이것은 천명을 부정하는 의미로

---

689 『陳亮集』 卷1, 「書疏」「上孝宗皇帝第一書」, p.1.

690 『陳亮集』 卷1, 「書疏」「上孝宗皇帝第一書」, 『方南渡之初, 君臣之下痛心疾首, 誓不與敵俱生, 卒能以奔敗之餘, 而勝百戰之敵, 及秦檜倡邪議以沮之, 忠臣義士斥死南方, 而天下之氣惰矣.』 p.2.

691 『陳亮集』 卷1, 「書疏」「上孝宗皇帝第二書」, p.12.

군사개혁에서 주장한 바와 같이 계획을 세워야 한다고 주장하였다.[692]

반면, 진량은 당시 남송정국의 모순과 폐단을 타개하는 방법을 주화와 항전을 비교하여 설명하면서 주전을 강력히 주장하였다. 화의(和)와 전쟁(戰)은 서로 다른 결과를 가져온다. 그는 화와 전에 대한 다른 인식을 지적하면서 하나는 인재는 등용해 보아야 그 능력 여부를 알 수 있으며, 군량은 사용해 보아야 충분한지 여부를 알 수 있다고 하였다. 여기서 용(用)과 대립되는 안좌(安坐)를 설명하는데 편안히 앉아서 능한 사람을 쓰는 것은 믿을 만한 것이 못되고, 가만히 앉아서 충만한 것은 믿을 만하지 못하다고 주장하였다. 화의(通和)는 상하간의 일시적인 편안함을 추구하는 까닭에 어리석고 용렬함을 가져오는 두 토대라고 지적하고 실천을 강조하였다.[693] 즉 실천과 사용의 두 가지를 비교하는 것이 관건이며, 여기서 새로운 방법을 찾아낼 수 있다고 보고 있다.

또한, 진량은 『中興五論』에서 임인지도(任人之道)라 하여 인재등용의 방법과 도리를 밝히고 있다. 관리를 임용하는데 의심나면 등용치 말고 일단 등용한 후에는 의심하지 말고 전적으로 책임을 위임하자고 하였다.[694] 그는 남송의 관리임용의 도가 무너져서 천하의 기세가 이미 바르지 않다고 설명하고 있다.

첫째 송조가 유교입국(儒敎立國)을 추구함으로써 과거를 통해 관리를 등용하는데 단지 유교경전의 암송만을 중시하여 사대부들로 하여금 유가경전의 문장(經文)만을 중시하게 하여 사공(事功)에 대해서 알지 못하며 형세의 운용에 대해서도 모르고 있다고 하였다.[695] 이러한 관리등용방법은 결국 재

---

692 『陳亮集』 卷1, 「書疏」「上孝宗皇帝第一書」『祖宗積累之深,以為天命之心, 可以安坐而久繫也.』, p.3.

693 『陳亮集』 卷1, 「書疏」「上孝宗皇帝第一書」, pp.3-4.

694 『陳亮集』 卷2, 「中興論」「論開城之道」, pp.26-27.

695 『陳亮集』 卷1, 「上孝宗皇帝第三書」『故本朝以儒立國, 而儒道之振獨優於前代, 今天下之士爛熟萎靡, 誠可厭惡, 正在主上與二三大臣反其道以教之, 作其氣以養之, 使臨事不至乏才, 隨才皆足

능있는 사람이 배척되고 재능 없는 자가 등용되어 유용(懦庸)하고 위쇄(委鎖)한 사람들이 조정에 가득 차게 된다. 이처럼 실질적인 현실학문이 결핍된 관리를 등용하면 실용적인 직무수행을 성실히 할 수 없고 사리사욕에 눈이 어두워 국가가 유사시에 처해도 의견만 분분하게 제기할 뿐 실천능력과 의지가 결핍되어 국정을 도탄에 빠뜨리게 된다.

또한 관리에 대한 불신을 들 수 있다. 관리를 추천하는데 사심 없이 능력 위주로 추천하여 등용해야 하는데 현실사회는 그렇지 못했다. 당시 군주들은 관리등용에 대해 제한과 금지조항을 많이 시행하여 영웅호걸들이 조정에 등용되지 못했다. 이 점에 대해서 진량은 먼저 사람을 실제업무에 종사시켜 보아야 능력의 우열을 알 수 있다. 그러므로 관리의 능력을 십분 발휘하여 책임있는 행정실무를 할 수는 기회를 주어야 한다는 독창적인 관리등용원칙과 방법을 주장하였다.[696]

당시 남송정국의 모순과 부패를 진량은 『再上書』에서 조정대신들이 전권을 농단함으로써 능력 있는 사람들이 관리에 진출하여 국가의 중흥과 복수의 과업을 추진하는데 참가할 수 없다.[697] 조정 대신들의 역할이 중요함에도 불구하고 책임정치와 효과적인 정책수행이 이루어지지 않았다고 비판하였다.

진량은 남송시기의 전란과 정국 불안정이 인재의 양성과 등용을 방해하였다. 그러나 자고이래로 전쟁 중에 왕왕 기발한 재주를 가진 사람이 배출되었다고 전제하고, 집정자들이 인재를 중시하고 그들이 가진 능력을 십분 발휘하도록 해야 한다고 주장하였다.[698]

또한, 진량은 실제와 사공 그리고 공리(功利)가 현실생활에서 중요한 의의

有用, 則立國之規模不至戾藝祖皇帝之本旨.』, p.14.

696 『陳亮集』 卷2, 「中興論」 「論開城之道」, pp.26-27.

697 『陳亮集·上孝宗皇帝再上書』 卷1, pp.1-9.

698 『陳亮集』 卷22, 「中興遺傳書」, 「自古離亂戰爭之際, 往往奇才輩出, 嶄然自赴功名之會, 如建炎. 紹興之間, 誠亦不少, 雖或屈而不用, 用不大, 大或不終。」, p.242.

와 작용을 갖는다고 하였다. 그는 사공과 실제를 중시하는 기반위에서 이(利)는 의(義)에 의지하여 존재하는 물질적인 기초로 이의 결핍은 있어서는 안 된다. 동시에 인의도덕(仁義道德)의 공허한 말을 핑계로 백성들의 재물이나 이익을 빼앗아서는 안 된다고 하였다.[699] 이런 생각은 『사폐』(『四弊』)에서 관(官)·민(民)·농(農)·상(商) 등 네 계급을 나란히 병렬시키고 네 계급 간의 관계는 옛날처럼 서로 상호보완적이어야 한다. 오늘날 관에서 많은 착취를 하면서 법제도만으로 제한하고 있어서 네 계급사이에 서로 반목하고 있다. 그러므로 각기 자기 위치에 안분하고 본업에 충실하게 살 수 있도록 해주는 것이 가장 중요하다고 하였다.[700]

한편, 그는 『송구수주종경서』(『送丘秀州宗卿序』)에서 이 네 계급 간에는 "각각 자기 힘을 다해 본업에 힘쓰고 기쁘고 슬픔을 함께하고 자기에게 있고 없는 것을 서로 유통하며 의지할 곳 없는 사람도 살 수 있도록 해야 한다[701]라 하여 만약 이 네 계급이 능히 진일보하게 발전하면, 백성은 안정되고, 예의가 이로부터 생겨나게 되고, 사회전체가 왕성하게 발전할 수 있다고 하였다.

이상에서 진량은 상인을 관민농과 동등하게 놓고 상인을 중시한 이유에 대해 칠협(漆俠)은 『송대경제사』(『宋代經濟史』)에서 중국봉건사회의 역사발전과정에서 보면, 진한시기의 상인(수공업자포함)들은 제한과 압박받는 위치에 있었고, 봉건국가는 지주계급의 이익을 대표하여 상인을 천히 여겼

---

699 『陳亮集』 卷24, 「贈樓應元序」, p.272. 漆俠은 『宋代經濟史』에서 진량이 '財者人之命'이라는 말을 긍정한다고 보고 있는데, 이는 잘못된 것과 같고, 오히려 진량은 이런 공리공담적인 것으로 보았다. 그러나 이 말은 인정에 참으로 가까운 말이나, 너무 각박하게 한 말이라고 하였다. 즉 어떻게 해야 仁 이고 어떻게 해야 義 라는 것을 먼저 밝혀야 된다고 하였다. pp.1172-1173.

700 『陳亮集』」, 卷12 「四弊」, pp.140-142.

701 『陳亮集』 卷24 「送丘秀州宗卿序」, 「使之各力其力以業其業, 休戚相同, 有無相通, 無告者得伸…民是用寧, 禮義是用興。」, pp.262.

다. 위진남북조시기에는 상업이 크게 부진하였고 상인 및 수공업자들은 사회에서 경시받았다. 당 중엽이후 상품경제와 도시의 발달로 인해 수공업자와 상인의 사회적 지위가 크게 제고되어 일정한 지위까지 얻게 되었다.

송대 사회경제 발전이 진행되는 상황에서 진량은 상인과 관민농을 동등하게 여겨 상인의 지위가 향상되는 것은 사회경제의 발전과정에서 필연이라는 생각을 반영한 것이다. 이러한 생각은 명대 양명학의 형성과 발전에 영향을 미쳐 왕간(王艮)은 백성일용지학(百姓日用之學)을 도(道)라 하여 도를 일상생활에서 찾을 수 있다는 보편화 개념과 인간의 욕망을 긍정하였다. 왕용계에 이르러 현성양지(現成良知)를 기반으로 한 만가성인(滿街聖人)이라는 학문의 대중화를 이루는데 영향을 미쳤다.

또한 진량은 상인들간 저리대금의 임차관계를 찬성하였는데 가난한 백성들에게 빌려주고 그 이윤을 취하는 것은 빈부간에 서로 돕는 것으로 있고 없는 것을 서로 유통하고, 완급조절을 통해 서로 구제하는 방법은 필요하다고 하였다.[702] 진량도 사원에 기부하여 사원으로 하여금 사채를 놓고 이익을 얻도록 하였다.

이상에서 보면, 그는 중농억상과 평균주의(平均主義)의 경세사상에 반대하고 사유재산 보호를 주장하며 재부를 추구하는 경제사상을 제창하였다. 이것은 전통 소농경제사회의 농민의식과 전통관념을 초월하여 현대적 경제의식을 많이 내포하고 있었다.

또한 그는 고리대는 반대하였으나 저리대는 찬성하는 빈민구제의 의식을 가지고 있었다. 이는 물질에 대한 인간의 욕망을 긍정하는 동시에 부귀자들의 절욕을 주장하고, 재물의 사회재분배를 주장한 것이다.[703] 여기서 진량의 실사실공이 경세사상의 근저를 이루는 사회경제에 대한 경세사상을 엿볼

702 『陳亮集』 卷25「普明寺長成穀記」pp.279-280.

703 漆侠, 『宋代經濟史』, 第32章, pp.1173~1174.

수 있으며 정치·군사·사회·경제에 걸친 남송정국의 폐단에 대한 지적과 함께 중흥과 강토회복 등을 적극 주장하는 개혁경세사상을 개진하였다.

(3) 주전론(主戰論)에 의한 군사개혁론

금이 북송을 멸망시키고 중원의 주인이 된 후 사회의 혼란과 전쟁은 끊이지 않았고, 강남으로 천도한 남송은 지속적으로 세공(歲貢)을 바치는 등 국가의 위기가 계속되었다. 그러나 남송은 금에 대해 주전론보다 주화론을 채택하는 등 정치사회의 모순이 계속되고 있었다. 이러한 정치상황은 학술사상의 전개와 발전에도 영향을 미쳐 이학(理學)과 반이학(反理學)의 논쟁을 낳게 되었다. 이러한 학문의 선봉에는 진량, 진부량, 섭적, 여조겸 등을 중심으로 한 영가학파가 있었다. 그 중 진량은 송대 이학가의 명심견성(明心見性)의 공허한 학문태도를 비판하고 실사실공의 학을 크게 제창하였다.[704] 진량의 기본 사상은 당시 진회(秦檜)를 중심으로 북방민족과 화의를 주장하는 주화파(主和派)를 극력 비판하고 부국강병을 주장하며 금의 침략에 항전(主戰)할 것을 주장하였다.[705]

그는 「작고론」에서 남송의 정치경제와 군사 등 여러 가지 문제에 대한 폐단을 정확하게 인식하고 분석하였다. 그는 금과 전쟁에서 실패한 것은 군사상의 문제점에 있다고 보고, 역사적 발생사건과 인물에 대해 분석과 평론을 통해 성공과 실패를 고증하고, 금후 실제 실행과 행동의 교훈으로

---

704 이 점이 바로 주희와 진량의 '왕패의리론쟁'의 중요한 계기된 것으로 그의 작고론에서 밝히고 있다.
손영식, 「주희와 진량의 王霸義理논쟁」, 『哲學研究 17卷』, 1989, p.59.

705 『陳亮集』 卷1 「上孝宗皇帝第三書」에서 국가 變通의 방법으로 세 가지를 들고 있는데, 첫째는 '二聖(휘종과 흠종)이 북쪽(금) 에 잡혀가 있는 고통으로 국가의 큰 수치요 천하의 公憤이다. 그런데 그 분함을 회복하고 두임금을 구제할 줄 모를까 염려된다는 것이고, 둘째는 국가의 법도를 바로 세우는 것이고, 셋째는 유교를 진흥시켜 나라의 법도를 바로 잡고, 인재들의 재주에 따라 각각의 임무에 등용하자는 것이다. pp.1-9.

삼자고 주장하는 일종의 경험론의 기초위에서 객관적 상황을 파악하여 정국을 구제하는데 이용할 것을 주장하는 실사실공 사상을 잘 나타냈다.[706]

그의 「작고론」은 모두 네 편으로 되어 있다. 그 핵심내용은 전략전술의 결합원칙, 지피지기의 원칙, 과학적 예측원칙과 현실을 결합하여 실행하자고 하였다. 이런 주장은 당시 무주군수 주규(周葵)에게 받아들여져 "후일에 나라의 큰 선비가 될 것이다"라는 칭찬을 받고 서로 어려움을 논하는 그의 상객이 되었다. 그 후 주규가 병부시랑이 되자 그를 따라 임안에 도착하여 많은 사람들과 친분관계를 가질 수 있었다.[707] 그 중 하무공(何茂恭)같은 사람은 '성현의 학에 뜻이 있는 것은 세속의 학문을 하는 것은 아니다'라 하여 진량의 학문을 높이 칭찬 하였다.[708]

그러나 주규는 주화파로 진량의 고금에 능통한 학문을 높이 평가하고 있었지 금에 대한 저항 정신을 높이 평가한 것은 아니었다. 남송 효종 융흥(隆興) 원년 6월 주규가 참지정사가 되어 진량과 국정을 논의하고 『대학』과 『중용』을 교수하기도 하였다.[709]

진량의 기본사상과 방향은「작고론서」(「酌古論序」)에 잘 나타나있다. 문무(文武)의 도는 하나인데 후세에 나누어져 둘로 되었다. 문사는 서적의 장구주석에 전념하고, 무부(武夫)는 칼과 방패 등 무기를 다루는데 전념하여 피차간에 서로 비웃으며 서로 우세하다고 주장하였다. 천하가 평화로우면 문사가 능히 담담하며, 천하에 전쟁이 일어나면 무사가 담당하는 각각 장점을 가지고 있으며, 시기에 따라 사용도가 있는데 어찌 이 양자가 끝내 합쳐지

---

706 『陳亮集』 卷5, 「酌古論序」; 『使得失較然, 可以觀, 可以法, 可以戒, 大則興王, 小則臨敵, 皆可以酌乎此也, 命之曰酌古論.」, p.50.

707 『宋史』 卷436, 列傳195, 儒林6 『相與論難, 奇之曰: 「他日國士也!」 請為上客』 또한 『同書』 「同條」에 「朝士白事, 參政必指令揖同甫, 因得交一時豪傑, 盡其論議.」 p.12929.

708 『陳亮集』 卷30, 「祭妻叔文」; 「昔公有意聖賢之學, 而不為世俗之文.」 p.411.

709 『陳亮集』 卷30, 「祭周參政文」, 『前輩典型, 中庸大學, 朝暮以聽, 隨事以誨, 雖愚必靈, 行或不力, 敢忘其誠.」 p.407.

지 않으리요? 나는 생각건대, 문사는 오로지 글 짓는 것뿐만 아니라 반드시 일을 처리하는 재주가 있어야 하고, 무사는 무기를 다루는 것뿐만 아니라 반드시 적을 헤아릴 줄 아는 지략을 가져야 한다. 일을 처리하는 재주와 적을 헤아리는 지략은 한가지일 뿐이다. 그런데 후세에서 말하는 문무라는 것은 다만 이름뿐이다. 나는 어리석은 사람이라 무기를 다루는 일은 익히지도 않았고, 글 짓는 일 또한 잘하지 못한다. 그런데 백왕(伯王)학문의 원대한 지략을 좋아하고, 병기의 역사에서 영웅이 간혹 미치지 못한 것과 이미 미친 것을 가만히 살펴보고, 앞 시대 사람이 별도로 말하지 않은 것은 곧 따라서 논하여 그 득실을 비교하여 분명히 볼 수 있고, 어떤 것은 가히 법으로 삼을 수 있고, 어떤 것은 경계로 심을 수 있다. 크게는 왕을 흥하게 하고 작게는 적을 대적 했을 때 모두 이것을 참조할 수 있다. 그러므로 작고론이라 이름하였다.[710]

이상에서 진량은 역사적인 인물과 사건을 분석하고 평가하여 당시 현실정치에서 사용할 수 있는 교훈을 받아들여 실제에 사용하고자 하였다. 그는 문은 처세의 재주의 표준이며, 무는 적을 간파하는 지(智)의 표준이 된다고 하고, 재(才)와 지가 실제에 운용되어 검증되어야 진정한 재와 지라 할 수 있다. 이른바 현실에서 실제 사공과 결합하고자 하는 생각은 이학과 다른 관점을 갖고 있었다.

그는 「작고론」에서 역사인물로써 한무제 · 유비 · 조조 · 손권 · 부견(符堅) · 한신 · 설공(薛公) · 정우(鄭禹) · 마원(馬援) · 제갈량 · 여몽(呂蒙) · 등

710 『陳亮集』, 卷5, 「酌古論序」; 『文武之道一也, 後世始岐而為二, 文士專鉛槧, 武夫事劍楯, 彼此相笑, 求以相勝, 天下無事則文士勝, 有事則武夫勝, 各有所長時有所用, 豈二者卒不可何耶? 吾以為文非鉛槧也, 必有處事之才, 武非劍楯也, 必有料敵之智, 才智所在一焉而已, 凡後世所謂文武者特其名也, 吾鄙人也, 劍楯之事, 非其所習劍楯之業, 又非所長, 獨好伯王大略, 兵機利害, 頗若有自得於心者, 故能於前史間竊窺英雄之所未及, 與夫既已及之, 而前人未能別白者, 乃從而論著之, 使得失較然, 可以觀, 可以法, 可以戒, 大則興王, 小則臨敵, 皆可以酌乎此也, 命之日酌古論. p.50.

예(鄧艾)・양고(羊祜)・최호(崔浩)・이정(李靖)・봉상청(封常淸)・마술(馬燧)・이상(李愬)・사유한(桑維翰) 등 19인의 역사인물들의 군사정치활동을 평가 분석하고 자신의 의견과 관점을 주장하였다.[711]

그 결과 진량은 전술과 책략을 동시에 운용할 수 있는 사람은 술(術)에 대해서 진실로 통하고 있다. 한고조, 항우, 조조 등 세 사람은 각기 '술'을 이해하고 운용한 점이 달라서 서로 다른 결과를 가져 왔다. 이 역사인물들의 군사 활동에는 한 가지 전략 전술이 상호 합치되는 원칙이 있다. 즉 신기한 계략을 운용하여 기병(奇兵)을 출병시키고, 두 진영 사이에서 기회를 결정하는 것인데 이것이 세상에서 말하는 소위 기술이다. 이러한 기술은 오히려 궁핍한 점이 있기는 하지만 적의 정세와 세력을 정확하게 파악하여 천하의 이해관계를 살필 수 있다[712]라 하여 전쟁에서 전략과 전술의 상호 결합이 중요하다고 하였다.

이 중 기모(奇謀)를 운용하는 것은 전쟁의 전체 전술계획과 전략에서 이탈될 수 없는 것이다. 동시에 전략계획의 결정은 장수들의 주관적인 생각에서 나오는 것이 아니고 전쟁환경에 대한 객관적인 형세 판단아래 적과 아군의 역량대비, 완・급의 대처방향등 정확한 판단으로 형성되어야 한다고 주장하였다.[713] 이처럼 진량은 역사상 전쟁 중에서 실패와 성공의 경험을 분석하고 연구하고 당시 남송정국에 대한 전면적인 고찰을 통해 '천명'에 의지하지 않고, 사람들의 계획에 의한 중흥과 복수계획을 주장한 일종의 경험론적인

---

711 『陳亮集』 卷5, 6, 7, 8,「酌古論一, 二, 三, 四」pp.50-94.

712 陳亮集』 卷5, 曹公條,「運奇謀, 出奇兵, 決機於兩陣之間, 世之所謂術也, 此其為術, 猶有所窮, 而審敵情, 料敵勢, 觀天下之利害.」p.53.
『中國歷代思想家』, 台北商務印書館, pp.44~45. 참조.

713 『陳亮集』 卷5, 曹公條,「觀天下之利害, 識進取之緩急, 彼可以先, 此可以後, 次第收之, 而無一不酬其意, 而後可與言衛矣, 故得其術, 則雖事變日異, 沛然應之, 而天下可指揮而定, 漢高帝是也, 失其術, 則雖紛紛戰爭, 進退無據, 卒不免於敗亡之禍者, 項籍是也, 至於得術之一二, 而遺其三思, 則得此失彼, 雖能雄強於一時, 卒不能混天下於一統, 此曹公所為, 而有志之士所深惜也.」라 하여 소위, 得其術을 완전히 해야 천하통일을 이를 수있다고 주장하였다. p.53.

것이다.

한편, 진량은 역사인물들의 군사 활동 중에서 하나의 과학적 예측성을 발견하였다. 「작고론」 최호조에 의하면 전략전술의 원칙을 규정할 때는 작전하는 장수의 과학적인 예측성에 의하여 작전과 전략을 설정하여 행동해야 한다는 점을 강조하였다. 즉 그는 어찌 천명이라 말하리요, 사람이 도모하는 것이라는 명제에 의거하여 전쟁에서 황당한 미신을 믿는 것을 반대하고 주어진 현실 상황에 대해 냉철한 분석과 정확한 판단에 의해 객관적으로 심모원려(深謀遠慮) 하는 장수들의 결정에 의해야 한다고 하였다.[714]

또한 그는 군사전술을 결정하는 장수는 아군의 형세가 아무리 유리해도 결코 적을 경시하지 않아야하고, 빈틈없는 계책으로 공격하여 완전한 승리를 이루도록 해야한다. 적군의 형세판단을 정확히 하지 않고 공격하여 패배했다면 적이 패배시킨 것이 아니라 스스로 패한 것이라고 하였다.[715] 용병술이 뛰어난 장수는 적군과 아군의 전황을 정확히 파악한 후에 공격방법과 지점을 선택하는 이른바 진지전(陣地戰)과 전술운용전(戰術運用戰)의 결합을 제창한 것이다. 전쟁과정에 발생하는 문제점과 상황은 시대에 따라서 각기 다르므로 해결 방법도 각기 달라야 한다고 하였다.[716]

한편, 그는 역사인물들에 대한 전쟁 수행과정에서 정책결정과 성패의 원칙을 분석하였다. 작고론에서 그 실례를 들고 있는 그들은 전통적 관념으로는 비록 완전히 적합하지는 않지만 정의전(正義戰)을 견지하였다고 주장하였다.[717] 진량의 군사이론은 전인들의 병법지식의 인용한 것이고, 어떤 것은 그 자신의 독특한 견해로 모두 정당한 요인을 가지고 있다. 그는 역사상

714 『陳亮集』 卷8 「酌古論」, 崔浩條: 古之所謂英雄之士者, 必有過人之智……夫崔浩之佐魏, 料敵制勝, 變化無窮, 此其知不可敵, 雖子房無以遠過也……故夫浩之所料, 雖日奇中要之, 皆出於人情……此夫英豪之權術, 前人秘之, 而吾獨論之者, 吾恐後世之所浩為神也.」 pp.82-83.

715 『陳亮集』 卷8, 「酌古論」, 封常清條, pp.85-86.

716 『陳亮集』 卷8, 「酌古論」, 李靖條, p.84.

717 『陳亮集』 卷6 ,「酌古論」, 『諸葛孔明上條, p.61.

영웅들은 처세와 행동에 있어 정도를 준수하여 임무를 처리하였고 정확한 목표와 원칙을 가지고 있었다고 파악하였다.

그는 실제전투에 있어 천하대세에 대한 판단과 함께 적군과 아군의 형세와 전력에 대해 정확한 비교를 통한 전면적인 책략을 건립하자고 하였다. 전면적인 책략을 결정한 후에 국부적인 전술운용과 군사활동의 집행이 필요하다고 하였다. 또한 아군과 적군의 현황과 정세를 분석하고 적을 경시해서는 안 되고 뛰어난 지혜를 가진 지휘관에 의해 공격과 수비가 결정되어야 한다고 지적하였다.

군사활동에서 가장 중요한 것은 전체적인 전황을 분석하고 정확한 판단을 해야 한다는 것으로 절대 추측이나 억측이 포함되어서는 안 된다. 진량은 군사활동 계획을 전쟁의 객관적 실제와 부합시키는 주관적 사상을 가지고 있는 경험론적 입장이다. 이러한 사상을 바탕으로 그는 당시 남송정세에 대하여 분석하고 중원회복을 위한 독창적인 「중흥론」과 주전론적 정치사상을 제시하고 있다.

남송 효종 건도(乾道) 5년(1169)「中興五論」에서 그는 남송정국에 대한 주전론에 입각한 정치사상을 기반으로 개혁과 전쟁책략을 중심으로 상소를 올렸다. 이러한 개혁안이 기반 된 「작고론」과 「중흥오론」의 주된 내용은 관료사대부들이 구습에 젖어 공을 세울 것을 생각하지 않고 자신들의 지위유지에 급급해서 국치를 극복할 마음도 없다고 지적하고, 금에 대해 적극적인 군사활동을 통해 실지를 회복하자고 하였다.

또한 그는 항금보국(抗金復國)에서 중요한 작용을 할 영웅호걸을 특별하게 등용하여 적극적으로 활용하자고 하였다. 진량이 제창한 성인(成人) 즉 영웅은 지인용(智仁勇)을 모두 갖춘 독특한 문화적 내함을 구비하고 있고, 문재(文才)를 구비할 뿐만 아니라 무모(武謀)와 무략(武略)을 구비하고, 재덕이 쌍행(雙行)하며 과감하게 행동하는데는 사회에 대해 책임감과 도덕적 사명감을 가진 사람이다.[718] 그는 영웅은 반드시 문무를 겸비해야 한다고 하였다. 진량이 존경한 성인은 사람다운 행동을 하는 사람으로 정정당당한 기치를 가지고 세상을 추도(推到)할 지용을 구비하고 만고의 심흉을 개척할 수 있는 영웅호걸이라고 하였다.

이들 성인들은 의리를 궁구하고 공리공담하는 것에 만족하지 않고 인의(仁義)와 지용을 구비하고 시대의 변화에 따라 과감하게 행동하며 탐색하는 기개와 용기를 가진 현실의 실용을 중시하는 사공정식의 인격을 갖춘 사람이다.

「中興論」의 말미에서 상소한 이유와 입장을 설명하고 있다. 진량은 소년 시절부터 병서를 탐독하고 전장에 나가 금을 몰아내고 중원을 회복할 생각을 가지고 있었다. 그러나 남송의 현실정치에서 그는 많은 어려움에 처하여 여러 차례 포기하기도 했으나 스스로를 격려하였다. 그 후 진량은 「양구산어록」을 읽고 사람이 해야 할 바를 깨우친 후에야 무언가 할 수 있고, 재주와 지략을 가진 사람도 거처를 얻지 못하면 스스로를 잃게 된다는 말에 영향을 받았다. 그리하여 자신의 상소도 때를 만나지 못해 한 사람의 계획으로 끝나고 말았다고 생각하고, 실학방면 공부에 열중하여 상소(上疏)를 통해 자신의 이상을 실현코자 하였다.[719]

이처럼 진량은 주전적인 생각이 남송 정치국면에 타격을 준다고 인식되어 받아들여지지 않았다고 생각하였다. 그러면서 진정하게 백성을 구제하고 국가의 치욕을 씻는 길은 실지회복을 하는 것이다. 이것은 화의를 통한 미봉책보다는 전쟁을 통해 이루어져야 한다. 이런 생각은 삼척동자도 다 알고 천하가 공감하는 일이라고 주장하였다.[720] 그는 이 일을 달성하기 위해서는 인심을 양성하여 덕의를 행하는 것이 군신의 예를 바르게 하는 것이라 하고, 이것은 백세에 변하지 않는 법이라 하였다.[721] 송 태조를 추숭하면서 건업(建

718 『陳亮集』 卷28, 「又甲辰秋書」 pp.337-342.

719 『陳亮集』 卷2, 「中興論」, p.22.

720 『陳亮集』 卷2, 「中興論」, p.22.

業)으로 수도를 옮기고 무창(武昌)에 행궁을 건설하고 양양(襄陽)을 병사를 훈련시키는 중진(重鎭)으로 삼자고 건의 하였다. 그러나 그의 상소는 효종에 전달되지 않아서 채택되지 않았다.[722]

진량은 당시 남송정국이 처한 상황에 대해 정치군사적 중흥방법과 개혁강령을 중흥론에서 구체적으로 방법을 제시하였다. 그 내용을 살펴보면, 지금 중서성의 직무를 마땅히 청렴하게 하여 큰 계획을 세우고 육경(六卿)의 권한을 강화하여 국가의 기강을 총괄하게 하고, 현명하고 능력 있는 자를 관리에 임명하여 관리의 기강을 잡으면, 노인을 존경하고 어린애를 사랑하는 등 풍속이 돈독해진다. 관리임명에 있어서 임자제도를 개혁하여 과거시험을 통해 실제 능력 있는 자를 선발하고, 대간(臺諫)직을 많이 설치하여 나라의 기강을 바로 잡고 감사직의 관리를 신중히 선발하고, 법령(法令)은 간략히 하고, 명령은 엄격히 하면 그 근원은 깨끗하게 된다. 예제(禮制)를 숭상하고 제도를 세워 관습을 가지런히 하고, 강목(綱目)을 세워 그 헛된 낭비를 절약한다. 먼저 힘쓸 것을 중히 여겨 헛된 지식을 물리치고, 정치의 법도를 엄격히 하여 명분과 실질을 중시한다. 간사한 관리를 처벌하여 상충하고, 총사령에 남은 것을 조절함으로써 군비의 비축을 보좌해야 한다. 수령(守令)을 가려 선발하여 호구를 윤택하게 하면, 호구의 수가 늘어나서 재물이 스스로 언덕을 이룬다.[723]

군사방면에서 장수를 가려 선발하여 정책을 그들이 세우게 하면, 군정이 명확해지고, 군사력이 자연히 강해진다. 변방에 군대를 두고 장수에게 그 권한을 전적으로 위임하면, 변방의 이로움이 절로 흥하게 될 것입니다. 문무

---

721 『陳亮集』 卷2, 「中興論後記」, 「此祖宗養人心, 以行德義, 正君臣之禮, 而為百世不易之家法也.」 p.22.

722 『陳亮集』 卷2, 「中興論」, 「朝廷徙都建業, 築行宮於武昌」 「於農隙時, 講武藝襄陽既為重鎮 ,而均隨信陽, 及先一切用藝祖, 委任邊將之法.」 pp.22-25. 이상소 이후 10년 간격으로 두 차례 상소하였으나 모두 채택되지 않아 실행되지 못했다.

723 『陳亮集』, 卷2, 「中興論, p.22.

관에 따라 변방지역 군대를 나누고 오래 맡겨 두면, 변방군대의 수비가 절로 강하게 될 것이고, 무사(武事)를 가까이 하여 국가의 위세를 떨치게 하고 감언(敢言)이 들어와 천하에 기세를 떨치게 하여 여론으로 천하의 기세를 만든다. 간첩을 정예화하여 적의 정세를 얻고 그 형세에 따라 중원의 인심을 움직여야 한다. 이렇게 되면, 수개월이 채 되지 않아서 기강이 스스로 정해지고, 2년이 채 되지 않아서 내외가 저절로 충실해져서 인심이 저절로 같아지게 된다[724]고 하였다.

그는 중서성의 직무는 국가 대계를 위해 전념할 수 있게 하여 중요한 국가정책을 시행하도록 해야 한다. 또한 육경에게 권한과 책임을 중히 부여하여 정책을 법에 따라 실행하도록 하며, 대간의 권위를 확립해서 감찰기능을 강화하고 관리임용제도를 개선하고, 감사의 자질향상을 통한 실무를 숭상해야 하며, 자원개발을 통해 재력확보에 충실을 기해야 하고 변방의 군사력을 강화하기 위해 변방의 장수에게 전권을 위임해야 한다는 등 정치・경제・재정・군사・법제에 이르는 24개 항목에 대한 개혁방안과 실행방법을 제시하고 있다.

진량은 이와 같은 개혁안이 이루어진다면, 몇 개월 되지 않아서 국가기강이 저절로 안정되고, 이년이 채 되지 않아서 내외가 저절로 견실해져서 인심이 같아지게 되고 중흥의 모든 것이 충족하게 된다고 하였다. 이처럼 당시 남송정국에 대한 자신의 판단과 개혁안을 분명하게 제시하고 있으며 자신감도 가지고 있었다.

또한 그 개혁은 형향(荊襄, 湖北省 漢陽縣) 지방을 중심으로 이루어져야 한다. 형양에 능력있는 관리를 파견하여 군민을 서로 화합하게 하고 큰 신뢰를 주고 작은 이익에 다투지 않고, 본분에 충실하고 형벌을 줄이고 세금을

---

724 『宋史』 卷436, 列傳195, 儒林6, p.12936。
『陳亮集』, 卷2, 「中興論」 p.23.

가볍게 하면 성안의 험한 곳에도 둔전(屯田)을 크게 설치하게 된다. 그렇게 되면, 형양의 기이한 재주를 가진 객들은 옛날의 영웅이라 자칭하고, 병사의 모집에 스스로 모여들어 군적이 충실해지고 백성의 풍속이 표독하고 날쌔서 농한기에 무술을 강론하면 잘 따르게 된다고 하였다.[725]

진량은 남송정국에 대해 실질적인 군사방면의 개혁방안을 통한 중흥론을 제시하고 있다. 개혁의 중심 내용은 강회(江淮)지방을 전략중심지로 삼고, 형양을 경(京)·락(洛)지방의 수복하는 전진 기지로 삼아야 한다는 것이었다. 여진은 남송의 목적이 경·락지역 회복에 있다는 것을 잘 알고 건업(建業, 江蘇省 江寧縣) 으로 수도를 옮기고 무창(武昌, 호북성 악성현) 에 행궁(行宮)을 설치한 후 황제가 그곳에 머물면서 송이 하경(何京, 하남성 개봉현)과 락(하남성 낙양현)을 엿보고 있는 것으로 여겨 경락지방을 중심으로 병사를 중점배치 하도록 유도하였다. 이때 남송은 금군의 전력을 양면으로 분산시킨 후 이 기회에 제(齊, 山東) 과 진(秦, 陝西)을 공격해서 장악하고, 이곳을 수복한 후에는 경락지방은 자연히 취할 수 있다는 것이다. 이리하여 송의 목적인 중흥수복을 이룰 수 있다고 주장하였다.[726]

당시 남북대치 국면에서 쌍방 모두 방어를 강화하고 정예부대를 배치하고 있다. 이때는 유리한 형세를 장악하여 기회를 이용하여 작전에 변화를 주는 만전의 책략을 가지면 반드시 승리할 수 있다고 하였다. 이처럼 그는 실제활동에 이용할 수 있는 정책을 주장하는 공리설이 근간을 이루고 있다.

주희 등 남송 대표적인 이학자들의 군사 경세사상은 송금간의 전쟁대치국면에서 객관적으로 명철보신과 화의를 통한 구차한 안정을 추구하는 사대부

---

725 『陳亮集』 卷2, 「中興論」 『明審者鎮撫荊襄, 揖和軍民, 開布大信, 不爭小利, 謹擇守宰, 省刑簿斂, 進城要險, 大建屯田, 荊楚奇才劍客, 自昔稱雄徐行召募, 以實軍籍, 民俗剽悍, 聽於農隙時講武藝, 襄陽既為重鎮.』, p.24.

726 『陳亮集』 卷2, 「中興論」 『吾意在京洛, 則京洛陳許汝鄭之備, 當日增而東西之勢分矣, 東西之勢, 分則齊秦之間, 可乘矣.』 p.24.
侯外廬, 『中國思想通史』, 第四卷下, p706. 참조.

학풍과 결합하여 남송시기 주화파의 정치군사방면 경세사상의 중요한 이론이 되었다. 주희는 도는 하나의 보편적 존재하는 것이며 고금을 통하여 영원히 존재하는 것이다. 그것은 사람이 능히 예견할 있는 것이 아니며, 사람은 단지 도를 체득하여 깨닫고 도를 따르는 것이 도에 영향을 줄 수 없다고 인식하였다.[727]

주희는 도(道)는 현실을 초월해서 존재하는 것으로 일상생활과는 무관하다고 보았으며, 금에 저항하고 복수하는 일과도 무관하다고 보았다. 또한 이 국면이 향후 어떻게 발전할 건지 현실과 인간과 관계없는 것으로 우리가 힘을 써도 도를 변화시키지 못하고 그 결과도 피하지 못한다고 보았다.

반면에 진량은 주희의 관점에 반대하며 금과의 전쟁에 더욱 능동적인 태도와 사고로 적극 대처하고자 하였다. 그는 도(道)는 우주만물가운데 존재하는 것으로 도는 일용(日用)의 사(事)가 가운데 있다고 인식하였다. 당시 금과 군사적으로 대치하고 있는 상황에서 도의 중요한 표현은 항금에 있으며, 금에 대항하는 군사행동이 도의 실질적이며 구체적인 표현으로 보았다.[728]

도리는 사람과 함께 존재한 것이다. 사람이 없으면 도의 존재도 의미가 없는 일이다. 따라서 사람의 움직임에 때라 도의 내용과 성격도 변화한다. 다시 말하면 금과 싸움의 국면에서 우리가 더 능동적 태도로 보고 더 능동적 방략을 취하면 우리에게 더 좋은 결과가 나타날 수 있을 것이다.[729]이런 인식을 바탕으로 진량은 전쟁을 주장할 뿐만 아니라 전쟁을 잘 준비하기 위해 능력 있는 인재가 제일의 요소라고 제창하였다. 그가 주장한 인재는 "본령

727 『朱文公文集』, 卷36「答陳同輔第六書」"若論道之長存, 却又初非人所能預, 只是此个自是亘古亘今, 常在不灭之物, 虽千五百年被人作坏, 终殄灭他不得耳。汉唐所谓贤君, 何尝有一分气力扶助得他耶?

728 『陳亮集』 卷2, p.24.

729 『陳亮集』 卷28,「又甲辰秋書」, pp.340-341.

(本领) 이 홍대개곽(宏大开廓)", "재덕쌍행(才德雙行), 지용(智勇)과 인의(仁義) 교춣(交出)하고 함께 나타나야 한다."730

그는 이런 인재가 많이 있으면 금나라와 싸움에서 꼭 이길 수 있다고 확실하게 는 말 못하겠지만 적어도 강산의 한 귀퉁이에서 굴욕적인 평화를 유지하면서 아무 노력도 안하는 것보다 더 의미가 있다고 생각하였다.

4) 결론

이상에서 살펴 본 바와 같이 진량은 학문상에 있어서는 독창적인 체험과 독서를 통해 형성하였음을 알 수 있다. 이점이 남송사회의 정치 · 경제 · 사회 · 군사 등 제문제에 새롭게 접근하 중요한 요인으로 작용되었다. 즉 당시 정치사회를 지배하고 있던 이학에 반대하고 실제실공을 중심으로 하는 사공학이 사상의 근저를 이루었다.

본문에서는 그의 학문적 특성과 현실정치에 대한 경세관을 그의『문집』가운데서 중『작고론』,『중흥5론』,『상효종황제서』등을 중심으로 살펴보았다. 그는 송 효종에게 보낸 상서에서 당시 남송정국을 주도하고 있던 주화론보다 주전론을 중심으로 한 적극적인 정책수행을 제창하였다. 작고론에서 이전 시대의 역사인물들이 실행한 군사행동의 경험과 교훈을 분석하여 남송정국에 이용하려 하고 있다. 전통에 입각하여 역사적 사실에 대한 연구와 분석을 통해 현실사회정치와의 결합을 시도하고 과감한 현실정치의 혁식과 타파를 시도하였다. 군사활동의 계획에 대해서도 성공과 실패의 경험을 중시하는 독자적인 자신의 생각을 제시하고 있다.

또한,「중흥오론」에서는 남송정국의 부패와 폐단을 척결하기 위해서는 관리에 대한 기강확립과 책임정치 실현 그리고 민생안정 및 사기회복 등을

---

730 『陳亮集』卷28 《又甲辰秋書》, pp.337-342.

주장하였다. 이러한 그의 생각은 당시 공리공담적이고 실제생활과 거리감이 있는 학문보다 실질적인 실천을 논하고 사공을 중시하며 현실생활에서 공리적인 의의와 작용을 강조하였다. 이것은 당시 남송사상계에 큰 충격이었으며, 많은 반향을 일으켰다.

진량은 도덕과 성명론(性命論)에 의거한 사공배척에 반대하며 고금의 서적을 망라하여 자료를 수집하여 사공의 도리를 연구하여 도학가들이 중시하였던 사공의 실 예와 학리(學理)를 찾았다. 여기서 그의 유명한 왕패지학(王覇之學)이 형성되었다. 당시 학문 풍조를 비판하여 국가가 위기에 처해있고 국민이 피폐하게 된 것은 남송의 집정자들에게 책임이 있다고 비난을 가하며, 개혁과 실천을 통한 국가의 중흥을 주장하였다. 이학(理學)은 성명을 크게 강조하지만 국가 치욕에 대해서는 그렇지 않다. 그리하여 재신들은 단지 국가의 부강에 대해서만 관심을 갖고 있으며, 국가체제의 본말에 대해서는 알지 못한다고 「상효종황제서」에서 지적하고 있다.

이상하게 본 바와 같이 진량은 제 방면의 개혁을 역사와 현실에 대한 충분한 인식을 통해 현실생활에서 실사구시를 제창하여 남송정부의 중흥과 설욕을 주장하였으며, 금에 대해 역사적 경험과 교훈을 분석 총결하여 객관적 상황에 반영하는 경험론적인 군사활동론을 주장하였다. 또한 왕패병용(王覇并用)과 의리쌍행(義利雙行)을 주장하여 경제적인 이(利)의 추구도 간과해서는 안 된다고 주장하였다. 그의 경세사상은 당시 송학의 전개과정에서 획기적이고 독특한 사상을 가진 사람으로 또 다른 의미를 부여 할 수 있다고 여겨진다.

진량의 학위성인(學爲成人) 사상은 그의 정치에 대한 경세관에서 잘 표현되었다. 진량이 살았던 시대인 남송 초기는 이정자(二程子)와 주희(朱熹)학을 위주로 한 이학(理學)이 정치사회와 학문의 핵심이었다. 이학도 교육과 인재의 양성을 창도한 학문이라는 점에서는 진량의 주장은 이학과 큰 차이가 없었다. 그러나 구체적으로 보면 진량의 사상은 이학보다 더 현실적이며 실용적이었다. 그리하여 현실생활의 개혁을 위해서는 실용적인 교육과 인재의 필요성을 강조하며, 교육도 도리와 실용의 통합을 강조하였다.

그러므로 그는 교육에 대해서 경전을 외워야 할 뿐만 아니라 그 뜻을 이해해야 한다. 그의 뜻을 이해해야 할 뿐만 아니라 운용할 방법도 알아야 한다. 그리고 경서를 뿐만 아니라 사학, 지리학, 산학, 천문학, 의학, 군사학 등 다양한 종류의 학문을 다 접촉해야 한다. 이런 교육을 실행하면 일반인들 가운데서 요 임금, 순 임금처럼 뛰어난 사람이 나타날 수 있다고 하였다.

사회경제에 대한 관점도 다른 사람들과 조금 달랐다. 북송의 망국과 남송 초기의 경제사회는 송 건국 이래 계속 누적되어 온 재정 상황과 관계가 있는 것이다. 특히 신종 이후 더욱 심해지고 있던 3용문제는 국가재정의 부담을 가중시켰다. 남송에 이르러 나라의 규모가 북송과 비하지 못하였는데 재정의 부담이 오히려 더 증가되었다.

진량은 사회경제에 대한 분석과 인식을 바탕으로 한 경세관을 가지고 재정에 대해 많은 주장을 하였다. 그는 송조의 재정 체제 및 중앙과 지방 그리고 민간과 정부 사이의 재정관계에 대해 과도하게 집중되어 있고 복잡한 재정체제와 관리체계에 대해서 재조정의 필요성을 제창하고, 민간과 정부의 분배관계를 개혁을 주장하였다. 또한 사회경제의 회복과 발전을 위해 농업과 상업의 관계를 하나로 보고 합리적인 상업의 발전을 장려하여 시장과 상품경제의 효능을 충분히 발휘하도록 하여 농업의 발전도 촉진하자고 하였다.

한편, 주전파인 진량은 복송 국토에 대한 생각을 끝까지도 포기한 적이 없었다. 그는 단순한 문인이 아니고 군사적 수양과 능력을 갖춘 사람이었다. 특히, 그는 병법에 대한 연구 수준은 당시 대부분 동료들보다 높은 수준에 있었다. 금과의 대치국면에서 진량은 남송의 군사적 현실을 바탕으로 적을 이기기 위해 군사개혁 방법을 제시하였다.

진량이 다른 사람들보다 더 전면적이고 적극적인 군사활동을 주장하였다.

특히 송 초기 이래 대북방 유목민족과 관계에서 계속해서 제기되었던 문제인 군비, 군수품의 공급 등 문제들이다. 그는 송대 실시하고 있던 모병제가 현실 상황에서 더 이상 실용적이지 못하므로 병농일체(兵農一體) 제도로 개혁하여 군사적인 면뿐만 아니라 사회경제의 발전도 함께 이루자고 주장하였다.

이상과 같이 진량의 독특한 학문과 사상을 바탕으로 한 경세관은 주희를 중심으로 한 전통적인 이학에 대한 도전이며 새로운 사회질서와 기준으로 실사실공의 사공학을 제기하였다. 그의 경세사상은 실용적이며 창조적인 정신으로 설명할 수 있다. 그러나 당시 현실에서는 주희를 중심으로 한 이학사상에 대한 도전 내지는 반대로 인식하고, 진량사상을 단순히 유가사상의 일종으로 간주하여 예속시키고 독특한 의미를 부여하지 않았다. 그리하여 진량이 가진 독특한 학문과 사상을 기반으로 한 현실인식과 경세관에 대한 의미를 충분히 인식하지 못하고 학문적 의상과 의미가 크게 평가가 절하되었다고 보여진다. 오늘날 현실적인 시각에서 진량사상에 대한 정확한 의미와 특징 그리고 평가가 이루어졌으면 한다.

5) 참고문헌

專籍

陳亮『陳亮集(增訂本)』, 鄧廣銘 點校, 中華書局, 北京, 1987.08.

李燾『續資治通鑒長編』, 中華書局 北京, 2004.09.

脫脫『宋史』, 中華書局, 北京, 1985.06.

徐松『宋會要輯稿』臺北, 世界書局, 1977.05.

馬端臨『文獻通考』(武英殿本), 臺北, 新興書局印行, 1965.10.

陸遊『避暑漫鈔』, 中華書局, 北京, 叢書集成初編, 1985.

陸遊『老學庵筆記』, 中華書局, 1979.11.

黃宗羲, 全祖望『宋元學案』, 臺灣商務印書館,1988.

朱熹『宋名臣言行錄』, (臺北, 臺灣商務印書館, 1986年).

(淸)于成龍 等 修撰『江西通志』.

(明)趙廷瑞 馬理 呂柟 等 修撰『陝西通志』.

論著

李弘祺(姜吉仲譯),『宋代官學教育과 科擧』, 경상대학교 출판부, 2010.

侯紹文『唐宋科擧制度史』, (北京, 人民, 1957).

盛郎西『中國書院制度』, (臺北, 華世, 1977).

楊林「呂祖謙的經世思想」, 浙江大學 2007.

宋石「宋代歷史的發展和研究形勢」,『洛陽大學學報』, 1994, 9 第9卷第3期

石群「陳亮事功倫理思想探析」,『浙江學刊』2006 06, pp.189-193.

雷信來「陳亮功利主義思想的歷史影響」,『大理學院學報』, 2011 10(1) pp.30-35.

何祐森「兩宋學術之地理分布」,『新亞學報』第1卷, 1955.

제5장

총론

중국 역대 왕조의 통치자들은 올바른 이치(吏治)운용을 위국위민의 경세사상의 기본으로 여기고 중시하였다. 이것은 중국 고대정치의 특징 중 하나로 봉건 전제왕조가 추진하였던 중앙집권의 관료제도를 추진하기 위한 방법으로 중국 고대 역사의 큰 특징의 하나이다. 한국 속담에 인사(人事)가 만사(萬事)라 하여 인사문제를 공평무사하게 처리하면 모든 일이 잘 될 수 있는 말이다. 중국 속담에도 이치가 백치(百治)라고 하여 우리 속담과 같은 의미가 있다. 오늘날에도 우리는 부실하고 공정하지 못한 인사문제로 인해 많은 정쟁(政爭)과 사회문제를 불러 일으키는 것을 자주 보고 있다. 춘추전국시대한 한비자(韓非子, 전 280-233)는 명주(明主)는 관리를 다스리지 백성을 다스리지 않는다고 하여 이치를 치민(治民)을 중시하는 것이라고 하였다.

중국 고대사회에서 이치의 완비와 엄격한 정형화는 정확한 지도사상의 확립에 나타나 있었다. 즉 관리선발의 기본조건으로 덕(德)과 교육을 중시하였다. 교육은 어려서부터 수학하는 가정교육과 학교교육을 포함하여 중요한 것은 유가경전에 나타난 정치사상과 덕행조수(德行操守)를 교수하도록 하였다. 관리선발도 이 표준에 근거하였으며, 고시도 이것을 기준으로 하였다. 또한 관리는 백성을 교화해야 하는 책임이 있었다. 이것은 중국 고대 이치의 중요한 특징 중 하나이다.

이상과 같이 중국을 포함한 동양사회는 관본위사회라고 할 만큼 역대 왕조와 시대를 막론하고 관리진출에 대한 로망과 기대를 가지고 있었다. 그리하여 관리진출을 위한 기본학문과 조건을 배양하고 수학하기 위해 노력하여 그런 학문이 사회결집요인으로 작용하는 정치학문으로 발전하여 왔다. 이 학술사상과 문화를 이른바 경세학이라 하고 이를 근간으로 하여 추진하는 정치방향과 방법을 정치경세관 또는 정치경세사상이라 한다. 이처럼 관리에 대한 안정되고 효과적인 이치운용은 봉건왕조사회 유지에 중요한 제도이다.

관(官)에 대한 구체적인 규정과 표준은 선진시기 전적(典籍)인 『左傳』에 순(舜)임금이 제정한 법률의 고요법(皐陶法) 가운데 혼(昏), 묵(墨), 적(賊), 살(殺)을 담당한다고 규정되어 있다. 즉 당관(當官), 탐장(貪贓), 사람을 죽이는 형벌의 남발 등이다. 반대로 청명, 염길(廉洁), 공정한 법집행은 바로 관리에게 요구되는 기본이다. 청관의 표준은 공정염명(公正廉明)으로 이외의 관리의 모든 행동도 마찬가지로 이후 관리가 지켜야 할 규범이 더욱 많아졌다.

출토된 『운몽진간(雲夢秦簡)』에 "爲吏之道"라 하여 관리의 도리에 대한 기록이 있으며, 그 후 황제가 내린 조고성훈(詔誥聖訓), 율법 등에도 적지 않은 기록이 있다. 당송 이래 개인저술이 많아지면서 동한시대 대유학자 마융(馬融)의 「忠經」을 본떠서 주로 관리들에게 관리로서 자격이나 행해야 할 것에 대해 기록하였다. 또한 각양각색의 관리가 경계해야 할 일이 송에서 청에 이르기까지 그 수량이 적지 않았다.

조광윤은 진교의 병란으로 후주정권을 탈취하고 송조를 건국하였다. 그 후 송은 10여 년 간에 걸친 전쟁을 거쳐 중원을 통일하고, 당말오대 번진할거의 폐단을 귀감으로 삼고 지방의 정치, 군사, 재정, 인사권 등을 중앙에 집중시켜 수내허외(守內虛外) 책략을 시행하였다. 이러한 조처는 한편으로 전제주의 중앙집권을 강화하였으며, 또 다른 한편으로는 북송 사회의 빈약을 가속화하였다. 북송은 수도를 내지인 개봉에 정하였는데, 이 지역은 4통8

달의 장소로 병사력을 중시하지 않으면 안전을 보장할 수 없어서 거대한 군비지출이 송조의 첫 번째 재정부담이 되었다.

송조는 이처럼 황권강화를 위한 통치기초를 확대하기 위해 많은 조직체제와 관직을 설치하여 많은 관리를 등용하였고 여러 가지 특권을 주었다. 그 가운데 놀라운 것은 관리의 녹봉이 두 번째 재정부담이 되었다. 수내허외정책 실시로 말미암아 비록 중병(重兵)하였으나 대다수가 수도 일대에 집중되어 요와 서하 등 변경문제를 해결하지 못했다. 그리하여 요와 서하 등과 세폐를 주는 조건으로 맹약을 맺었는데 이것이 세 번째 재정부담이다. 게다가 통치집단의 무리한 사치는 국력을 크게 소모하였으며 날로 빈곤해 가속화하였다. 또한 송조는 전제(田制)를 확립하지 않고 토지겸병을 억제하지 않는 정책을 추진하여 전국인구 1%의 관료대지주(소위 형세호)들이 전국 토지의 70%를 점유하였다. 그리하여 그들이 부담해야 할 부세와 요역을 중소지주 및 가난한 소농민에게 전가하여 고통을 확대하였다. 그리하여 첨예한 계급모순을 발생하여 왕소파(王小波, ?-993)와 이순(李順, ?-995), 송강(宋江, 1073-1124), 종상(鍾相, ?-1135), 양요(楊么, 1108-1135) 등 수차의 농민의 난을 발생하였다.

이상과 같이 송조는 전대에 비해 완비된 관료체제를 형성하고 황권강화를 이룩하였으나 그만큼 다양하고 많은 사회모순과 폐단을 노출하였다. 그리하여 송대를 기점으로 중국봉건사회 후기에 진입하기 시작하여 점차 쇠퇴의 국면으로 나아갔다. 이 시기 사회경제는 여전히 발전하였으나 적빈적약의 곤란함은 시종 사라지지 않았다. 이런 현상에 대해 송 초기 신진관료 정치가이며 사상가들은 내우외란을 제거하기 위한 다양한 개혁정치를 주장하였다.

송대 일련의 사상가들은 전통의 유학과 당시 유행하였던 불교와 도교를 결합하여 더욱 정치(情致)하고 이성적 사변색채가 풍부한 정치철학 즉 이학을 전개하고 발전하였다. 이학의 주요한 범주는 이(理),기(氣),의리(義利), 심(心), 명(命), 정(情),성(性) 음양, 태극 등이다. 이학가들은 이를 인식세계의 최고범주로 삼고 우주만물의 근원으로 여기고 모든 것이 이에 의해서 행(行)한다고 인식하였다. 이의 정치적 함의(含意)는 봉건질서와 윤리(倫理)이다. 이러한 사변철학의 정치는 실제 봉건사회질서와 윤리도덕을 옹호하는 것이었다. 이학가들 가운데서 유물주의자든지 객관적 유심주의파 혹은 주관적 유심주의파이든지 간에 모두 같은 도리에 근거하고 같은 명교(名教)를 받들고 모두 공맹을 근본으로 하고 있다. 공맹학설을 발양하는 것이 그들의 공동된 뜻이며, 삼강오륜은 그들의 공동된 사상의 핵심이다.

그들은 또 하나의 공통된 특징을 가지고 있다. 즉, 공담을 숭상하고 공리(功利)를 경시한다. 송대 사상가들 대부분은 이와 성을 이야기한다. 주희는 객관적 유심주의 이학의 집대성자이다. 일련의 사상가들과 정치가들은 정치를 유지하기 위해서 먼저 흥리제폐(興利除弊)하여 국력을 증강시키면 적빈적약과 재정위기를 해결할 수 있다고 생각하였다.

송대 정치유형의 특징을 「문인들이 나라를 다스린다」는 문신관료사대부사회를 중요한 특징의 하나로 지칭할 수 있다. 송조는 중앙집권화를 통해 황권을 강화하기 위해 중앙과 지방의 관계 그리고 문신과 무장의 관계 등 정치조직과 기구에 대해 분화와 개혁을 실시하여 문신의 사회적 지위가 전대보다 훨씬 제고되었다. 태종시기 부터 점차 강화해진 「중문억무(重文抑武)」 정책의 추진은 문신들이 중앙과 지방 관료체제의 핵심이 되었을 뿐만 아니라 군대에 대해서도 간섭할 수 있는 권한을 가지게 되었다. 그리하여 문신관료들이 황제와 더불어 나라를 관리하는 국면이 형성되었다.

한편, 송대는 경제활동영역이 크게 확대되어 생산성이 제고되어 상품경제가 크게 발전된 시기였다. 이로 인해 시민들의 경제생활의 향상과 사회지위향상이 이루어져서 문학, 예술 등 문화적인 면에서의 발전도 이루어졌다. 그 중에 유학의 부흥과 발전은 문화뿐만 아니라 정치에 대해서도 중대한 영향을 줬다. 송대 유학은 단순한 학술사상적인 면이 아니라 당시 정형화되고 확대되어진 과거고시제도와 관계를 가비면서 발전되어 황권강화와 밀접한 관계를 가진 정치학문의 특징을 가졌다. 이러한 학술문화를 배운 사람들은 과거고시제도라는 선관방법을 통해서 관료에 진출하고 정치 무대에서 배운 지식을 운용하며 나라를 관리하였다.

중앙집권과 중문억무 정책의 실시는 관원수가 부단하게 증가하였고, 군사적 부담의 증가 그리고 재정 지출의 증가 등 당시 사회에 중대한 폐단이 발생하였다. 태조, 태종, 진종 시대를 거치는 80여 년 동안은 큰 문제가 아니었지만 인종시기에 이르러 소위 3용의 폐단은 국가의 기반을 흔드는 악재로 작용하였다. 특히 경력 시기에 송과 서하의 전쟁 때문에 군대의 규모와 증가된 재정적 투입은 원래 내재하고 있던 3용의 문제가 집중적인 폭발을 초래하였으며 정치사회에 전면적인 빈약의 국면을 가져왔다.

이러한 폐단과 위기 앞에서, 국가를 관리하고 있는 문신사대부들은 국가에 대한 충성과 국민에 대한 책임감을 가지고 여러 차례의 개혁을 시도하였다. 그들은 민본사상의 원칙과 사회에 대한 현실적인 인식을 가지며 수십년의 정치 경험과 함께 국가의 미래를 위해 많은 개혁 조치를 제의하였다.

인종시기는 사대부계층이 새로운 정치적 세력으로 등장하여 조정에서 이미 중요한 역할을 담당하는 등 성숙하게 발전되었다. 대간(臺諫)제도는 황제와 신하들이 소통할 수 있는 유력한 방법으로 사대부 관료들의 정치참여에 중요한 근간이 되었다. 인종시기에 국가가 위기에 직면하자 신진관료들은 현실적인 행동을 통해 개혁의 실무를 주도하기 시작하였다. 예를 들어 그들은 이치의 개혁을 주장하고 선관제도의 개혁을 제의하였다. 과거제도의 개편과 학교제도의 성립은 이치 개혁의 중요한 조치였다. 그러나 사대부계층들의 개혁역량의 부족과 당시 현실사회에 대한 인식부족은 지배계층과 갈등을 일으키는 등 위험한 국면을 초래하였다.

신종 시기에 이르러 개혁의 요구가 어느 시대보다도 더욱 요구되었다. 이에 왕안석을 대표로 한 사대부관료들은 국가의 위기를 구제하기 위해 강력한 개혁을 실시하였다. 그러나 당파의 투쟁과 중앙집권 제도의 근본적인 폐단 때문에 개혁의 조치가 빈번하게 바뀠으며 진도가 과감하고 실효성 있게 이루어가지 않았다. 왕안석 본인도 처음에는 황제에게 지지를 받고 자신의 정치적 포부를 실현하였지만 그 후에 여러 차례의 파면과 재임용을 거치면서 마지막에 황제의 신뢰도 잃어 개혁이 중단되었다. 그 결과 철종시기에는 왕안석과 반대편에 서 있었던 사마광 등이 정치무대에 재등장하여 과거의 신법을 모두 폐지하고 자신의 계획대로 개혁을 다른 쪽으로 유도시켰다.

물론 인종시기 범중엄, 신종시기 왕안석 등이 시도한 개혁 중에 일부 조치들은 당시의 현실정치국면에서는 크게 효과는 없었지만 당시 대표하고 있던 문신사대부들이 현실과 정치에 대해 가졌던 인식을 살펴보는 것은 문신사대부사회였던 송대 관료계층들의 경세론을 이해하는데 중요하다고 생각된다.

다음에서 송대 대표적인 인물에 대한 현실인식과 경세론을 살펴보고자 한다.

먼저, 인종시기 저명한 문학가이며 사상가이고 정치가였던 범중엄(范仲淹 989-1052)을 들 수 있다. 그는 여러 지역에서 지방관을 역임하였으며 중앙에서 참지정사 등 중요한 관직을 역임하였다. 그러한 다양한 정치경험을 바탕으로 개국이래 누적된 폐단에 대해 정확히 인식하고 개혁을 제창하며 추진하였다. 범중엄이 추진한 경력신정은 단지 8개월 밖에 실행되지 못하고 실패하였지만 그의 개혁 조치와 정신은 그 후 사대부들의 인식과 행동에 커다란 영향을 미쳤다. 또한 경력신정의 대부분 조치는 이치에 관한 개혁방안이며 이것은 송대 국가위기의 핵심 문제에 직면한 조치였다.

범중엄의 개혁사상과 경제 사상은 모두 그의 상소문에 집중적으로 나타났다. 특히 그는 경력년간 인종에게 제출한 상소문에서 다른 것보다 이치를 우선 개혁하자고 제창한 것은 그의 경세사상의 핵심적인 내용이라고 할 수 있다. 이치개혁은 과거재도와 학교 교육 부터 먼저 수작해야 한다고 주장하였다. 교육이 국가의 제일 요건으로 보고 경력 3년에 십사(十事)를 상주하여 정공거(精貢擧) 등을 주장하였다. 그는 학교설립과 흥학운동을 통해서 다양한 방면의 인재를 양성하였다. 또한 그는 학교 입학에 있어서 학생의 출신에 대한 제한을 취소하자고 하였다. 그리하여 8품 이하의 사람 혹은 능력이 뛰어난 서인도 시험을 통해서 태학에 입학할 수 있도록 하였다. 더불어 그가 호원의 소호교법을 이용하여 태학의 교육을 개혁 시도하였다.

그는 교육 개혁을 주장할 뿐만 아니라 실천에 힘써 지방 교육, 특히 학교의 건설을 중시하였다. 그는 지방관에 취임할 때 마다 현지에 학교를 개설해야 하였다.

범중엄은 백성이 국가의 근본이라는 민본사상을 기본으로 하는 경세사상으로 사농공상의 4민을 관리하였다. 그의 민본사상은 현실정치를 중시하여 당시 정치사회의 누적된 폐단들이 집중적으로 노출되면서 개혁해야 한다는 책임론과 각성론이 대두되었기 때문이었다. 범중엄은 전통적 민본사상에서 진일보 발전하여 군민일체(君民一體)와 손상익하(損上益下)의 사상을 제시하였다. 또한 그는 사(士)도 국가 권력의 일원이며 국가 운영의 중요한 지원세력으로 보았다.

범중엄과 동시대 사람으로 청관으로 알려진 포증(包拯, 999-1062)도 개혁을 주장하였다. 그는 관료 생애 대부분을 판관(判官)으로 활동하였던 사람이며 후대 사람들이 「포청천(包靑天)」이라고 부른다. 특히 그가 개봉(開封) 부윤(府尹)을 역임하면서 청렴과 정직 등 원칙을 지키고 백성의 이익과 법률의 공정집행과 정의를 수행하면서 권귀 또는 토호세력들과 투쟁하는 후대 판관의 성격을 재조명하였을 뿐만 아니라 필요한 관리의 기준상을 그렸다.

그는 풍부한 법률의 실천경험을 통해서 당시 사법제도의 장단점에 대해 심각한 인식을 가지고 상세하고 실용적인 개혁의견을 제창하였다. 그리고 이를 근간으로 선관제도와 재정제도 등 이치와 사회경제 등에 관한 개혁의견을 표명하였다.

포증은 중국 역사상 청렴한 관료의 가장 대표적인 인물이다. 그의 청렴한 모습과 공정한 정신은 백성의 인정을 받았을 뿐만 아니라 역대 군왕들로부터 긍정적인 평가를 받았다. 포증은 오랫동안 감찰(監察) 관료로서 제직하면서 정치사회에 대해 정확한 인식을 가지고 관리의 선발과 관리(管理) 그리고 임용에 대해서 독특한 의견을 제시하였다.

포증은 유가의 영향을 받아 의례와 법률이 결합된 이치사상을 정치실천에서 운용하였다. 청렴은 관료의 기본이고 정의는 관료들이 지켜야 할 정신이었다. 그는 유가의 이치사상을 기본으로 주공(周公)의 경덕보민(敬德保民)의 이치사상과 도가의 무위이치(無爲而治)와 법가의 법치(法治) 사상을 자신의 이치 관념으로 일체화로 하는 독창적인 경세관을 형성하였다.

포증의 경세관에는 이치사상 뿐만 아니라 재정과 사회경제면에도 중요한 원칙과 내용이 있다. 그는 현실정치를 중시하고 국가의 재정은 다만 세금에 의해 얻는 것보다 사회경제의 발전을 통해서 확대시키는 것을 주장하며 공리주의를 실천하자고 하였다. 포증은 송대 상품경제의 발전추세를 중시하고 농업뿐만 아니라 상업경제도 무시하면 안 된다고 주장하였다.

또한 포증은 당시 귀족과 황실에서 보편적으로 존재하고 있는 낭비와 사치의 풍조 때문에 재정 지출의 확대 등 대해서 비판하였다. 이러한 현상들을 고치지 않으면 세금을 아무리 많이 징수해도 효용이 없고 용비(冗費)의 폐단을 고칠 수 없다고 지적하였다.

구양수(歐陽修, 1007-1072)는 범중엄과 포증 등 관료들이 조정에 관료로 재직하고 있을 때 새롭게 관계에 진출한 사람이다. 구양수가 지은 「醉翁亭記」는 당시 문학 작품의 최고 수준으로 대표할 만큼 뛰어난 문학적 재능을 나타내었다. 그의 관료생애 대부분은 지방에서 관직을 담당하였고, 말년에 중앙 관직에 진출하여 단기간 동안에 참지정사를 담당한 적이 있었다. 그는 국가의 발전에 대해서 범중엄이나 왕안석과 비해 전면적인 전략이나 방안을 제출한 적도 없고 실시할 수 있는 기회도 없었던 사람이다. 그렇지만 지방 장관으로 재직할 때 현지의 실정을 반영하는 실용적인 경세론 실천을 추구하였다.

다른 관료들과 비해서 구양수의 관리 진급의 방법이 달랐다. 구양수는 그의 뛰어난 문학 재능에 의해 23, 24세 때 국자감 고시, 국학 해시(解試) 그리고 예부(禮部) 고시에서 연속적으로 1등을 거두었고 비서성(秘書省)교서랑(校書郎)의 임명을 받았다. 28세 때 감찰어사로 임명되었다. 그 후 몇 번 진급과 파면을 당하였지만 37세 때 지간원(知諫院)과 동수기거주(同修起居注)의 임명을 받음으로 평생의 대부분 시간에 간관과 국사편찬의 직무를 수행하고 있는 것이었다. 간관(諫官)으로서 활동하는 경력 또는 『신당서(新唐書)』, 『신오대사(新五代史)』 등을 편찬한 경험으로서 구양수는 역대왕조의 흥망(興亡)과 당시 정치사회의 폐단에 대해서 독특한 견해를 가지고 이치법을 포함한 자신의 현실정치에 대한 경세사상을 형성하였다.

구양수의 정치사상의 핵심과 목표는 언론의 자유를 보장하여 현실정치사회에 대한 폐단과 문제점을 지적할 수 있고 그에 대한 대안을 제시할 수 있는 기회를 보장해 주자는 것이다. 따라서 그는 당시 간의(諫議)제도의 건설과 개혁, 간관(諫官)의 선발과 직능 등에 대해 지속적으로 의견을 개진하였다. 간관은 반드시 정직하고 강직하며 과감하게 일을 추진할 수 있는 사람을 임명해야 한다고 하였다.

당시 송대 간의제도에서 간관은 내정(內廷)에 참여하지 못해 내정에 대한 감독은 소문과 보고에 의지해서 진행할 수밖에 없었다. 이에 대해서 구양수는 2가지 주요 개혁 방안을 제출하였다. 하나는 어사대(御史臺)를 모방하여 내정의 소식을 외부로 전달하기 위해 간관 1명을 내정 안에 파견하자는 것이었다. 다른 하나는 비상 상황 혹은 중대한 결단이 있을 때 간관은 내정에 직접 참여하여 감독권을 주자는 것이었다. 인종(仁宗)은 경력(慶曆) 3년(1043)에 구양수의 의견을 받아서 간관의 내정에 상설을 실시하였다.

구양수는 간관제도뿐만 아니라 관료선발에 대해서도 개혁을 제창하였다. 그는 당시 보편적으로 존재하고 있던 용관(冗官)문제에 대해 이치(吏治)의 2가지 폐단을 제기하였다. 하나는 현명한 사람의 등용 문제이며 다른 하나는 불량한 관료의 해임 문제이다. 이전의 인사제도는 너무 구체적이고 관료 등용할 때 활용성이 부족해서 필요한 인재가 올라가지 못하고 무능한 사람도 탈락시키지 못하였다. 3년 마다 진급할 수 있어서 진급을 기다리는 사람은 실무를 하는 사람보다 훨씬 많아서 나라의 행정 효율이 제고될 수 없었다. 이에 대해 구양수는 3가지 개혁 방안을 제출하였다. 하나는 불량한 관료의 강제 탈락 제도이다.(퇴불초) 즉 관료의 정원을 고정시키고 그 정원 외에는 등용하지 않고 같은 자리에 중복해서 관료를 임명하지 않고 무능, 노약, 질병, 부정행위가 있는 관료를 탈락시키는 것이다. 두 번째 방법은 선발 등용제도의 강화였다. 즉 덕(德), 재(才), 노(勞)의 선발 기준의 강화, 인재 선발의 개방과 등용 및 임명의 수정이다. 다른 하나는 상벌 제도의 개혁이다. 예를 들어서 부당한 상벌의 규정 또는 과도한 상벌에 대한 개혁을 주장하였다.

이구(李覯, 1009-1059)는 범중엄과 밀접한 관계를 가진 사람으로 범중엄의 개혁에서 중요한 역할을 담당하는 사람이다. 구양수와 같이 이구 또한 중앙에서 높은 관료를 담당한 적이 없는 사람이다. 그러나 그는 학술사상과 현실 경세론에 대해 독특적인 견해를 가지고 학술사상과 과거고시가 서로 결합하는 과정에서 중요한 작용을 발휘하였다. 특히 경제사상을 근간으로 하여 농민의 생활향상을 중시하였다. 후에 그는 범중엄의 초청을 받아 학교에서 강의를 하였는데 송대 능력 있는 많은 관원들을 양성하였다.

송 인종시기는 개국 이래 누적된 폐단이 노출되면서 국내외의 정치경제와 군사외교 등 제반상황이 모두 좋지 않았다. 그는 범중엄의 영향을 받아 철저한 개혁을 주장한 사람이다. 그는 이론적 면에서 개혁파에게 충분한 근거를 제공하였을 뿐만 아니라 후대 송학(宋學)의 흥기와 발전에도 큰 영향을 주었다. 그러나 이학(理學)을 중심으로 한 송학은 이구의 사상과 다소간 차이가 있어서 후대 사람들은 이구에 대해 큰 관심을 보이지 않았다. 오늘날에 도 송대 다른 개혁론자들에 그의 학문적 공헌에 대한 인식이 부족한 형편이다.

이구는 학문적 성향에 있어 개인적 특징을 가지고 있는 사람이다. 대부분의 사대부들은 도덕과 교화를 위주로 강조하며 부국강병의 방법을 구체적으로 제시하지 않는다. 그러나 이구는 고유한 학문을 기반으로 공리와 왕패(王霸)에 대한 방법과 실천을 바탕으로 지도자에게 개혁을 설득하는 사람이다. 그리하여 그는 유학경전에서 부국강병의 도리와 방법을 찾아 자신의 주장과 결합하며 독특한 제안을 제시하였다.

이구의 정치사상적 기반은 유물주의(唯物主義)의 가치와 인간 품행의 결합으로 예의의 이론이 핵심 사상이다. 이구는 예(禮)를 이용해 유가의 도덕윤리 체제를 다시 통합하며 사회질서 재건설의 기반으로 삼았다. 또한 그는 유가 사상가들이 소홀히 하였던 공리주의를 이용한 이익을 중시하는 개혁방안을 통해 정치사회의 폐단을 개혁하자고 주장하였다. 이점은 그가 후대 유학사상의 발전에 가장 큰 공헌이다.

이구는 한대 이래 유행했던 훈고(訓詁)학을 포기하고 경전에 대한 전반적인 이해와 해석을 주장하였다. 그는 『맹자(孟子)』를 비판하여 송대 유학가 중에서 경전에 대해 회의론을 나타낸 중요한 대표적인 사례였다. 게다가 그는 불교에 대해서도 동의하지 않는 등 후대 송학의 기본적 국면에 대해서 중대한 영향을 주었다

신종시기에 사마광(司馬光, 1019-1086)은 중앙에서 사관(史官)의 직에 장기간 종사하면서 「자치통감」 등 뛰어난 역사서적을 저술하였다. 또한 그는 정치적 면에도 정확한 현실인식을 바탕으로 영향력을 발휘하여 왕안석 개혁의 장단점과 득실에 대해 상세하게 지적하면서 반대하는 등 끊임없이 충돌하였다. 그가 왕안석의 조치를 반대하는 이유를 살펴보면, 상당부분에 합리적인 내용이 많이 있다.

철종시기 사마광은 재상이 되고 자신의 정치적 포부를 실현할 수 있었다. 특히 사마광은 폭넓은 지지기반의 확보를 통한 황권강화를 추구하기 위해 각 로의 인구수에 따라 진사과 급제수를 나누자는 축로취사라는 관리등용방법을 제창하였다. 이 제도는 오늘날 인재지방할당제라는 명목으로 공무원시

험과 대학입시 등 각종 고시에 이용되고 있다.

사마광의 정치사상과 경세관을 살펴보면 크게 3가지 면으로 볼 수 있다.

첫째, 사마광은 관리에 대한 관리(管理)사상으로 예를 매우 중요한 것으로 생각하고 정치에서 첫 번째 위치에 두었다. 그가 예를 지킨 것은 황권의 위엄에 있어서 가장 중요한 일로 의례제도의 내용과 실천의 일체화를 주장하였다. 게다가 그는 관료들이 자신의 이익을 위해 무분별한 상벌을 내리는 현상에 대해 반대하고 법률체제의 강화를 통해 통제를 강화하자고 하였다.

그러나 사마광은 제도의 건설만 중시하는 것이 아니고 제도의 활용성도 강조하였다. 그리고 인의(仁義)와 상벌의 결합이 훌륭한 정치의 중요한 일면이라고 하였다.

두 번째는 군(君)에 대한 존중과 복종이다. 사마광은 황제에 대해 무한적 충성을 해야 한다고 하였다. 한편, 그는 왕이 현명하지 않으면 신하들의 불충(不忠)도 피할 수 없는 일이므로 신하들은 왕을 현명하게 하고 그것을 보증할 의무가 있다고 하였다.

또한 간관(諫官)은 조정에서 가장 중요한 존재로 왕에게 의견을 직접 말하는 것보다 왕과 신하에 대해 모두 허용할 수 있는 방식을 더욱 찬성하였다. 간관의 최종적 목표는 나라와 백성의 입과 혀가 되는 것이다.

세 번째는 관리 선발에서 재와 덕의 일체화를 주장하였다. 사마광은 인(仁), 명(明), 무(武)를 3덕(德)이라 하고 봉건정치에서 사대부의 3덕 보유와 그 역할은 결정적이라고 말하였다.

신종시기 왕안석(王安石, 1021-1086)은 당시 정치사회의 현실상황을 잘 파악하고 국가와 백성들이 필요한 수요를 정확한 인식의 토대에서 여러 가지 개혁의 조치를 추진하였다. 그러나 왕안석이 현실상황을 이해하고 이에 합당한 개혁조치를 실행하였지만 추진하는 과정에서 발생한 여러 가지 요인으로 인해 개혁은 실패로 돌아갔다.

개혁 실시하기 전에 정밀하게 계획을 세우고 추진할 부서를 나눠서 합리적인 목표를 세우고 계획방안에 대한 책략과 순서를 제정하여 완급을 조절하고 대리(大利)를 위해 성급하게 추진하여 대해(大害)가 없도록 해야 한다.

한편, 인사관리를 중시하여 인재를 적극적으로 배양해야 한다. 용인(用人)이 부당한 것이 왕안석신법이 사람들의 마음을 얻지 못한 중요한 요인이다. 변법파 중에서 왕안석 자신은 더 말할 필요 없으며 여혜경 이하 1천 여 명 모두 개인적인 품성에 많은 문제가 있었다.

안민(安民)의 요체는 오직 이치(吏治)가 핵심이다. 인사는 마땅히 개혁과 발전의 관건이며, 인력자원도 개혁가운데 가장 활발한 자원이다. 그러므로 우리는 사람들의 재주를 다하도록 조건을 창조하여야 하며 재주가 쓰임을 다할 수 있는 용인기구를 만들어 인재를 개발하고 인재를 불러들여야 개혁의 성공을 할 수 있는 조건을 창조할 수 있다.

왕안석변법의 경험과 교훈은 오늘날 개혁을 추진하는 데 중요한 귀감이 되고 있다. 사회는 개혁을 필요하고 국민은 부강을 요구한다. 중국 지난 30여 년간의 개혁개방을 통하여 개혁정책의 복잡성과 종합성이 날로 증강하고 있다. 이것은 정부가 개혁을 진행하고 정책을 추진할 때 고려해야하는 것은 전반적인 것, 모든 것을 고려하여 상세한 것 그리고 사회에서 형성되는 다른 의견을 더 많이 수렴해야 한다.

소식(蘇軾, 1037-1101)은 정치적 성취를 크게 거둔 적은 없었지만 문학적인 면에서 커다란 성과를 거둔 사람이다. 그는 지방관으로 오랫동안 재직하면서 수리개발과 같은 장기적인 계획을 가지고 실행해야 하는 대공사도 과감히 시행하는 등 백성의 경제생활 향상에 적극적인 태도를 취하였다.

소식은 민생을 중시하는 현실적인 경세관을 가지고 있었다. 그는 관직에 진출하자 민생안정과 관련 있는 현실개혁을 추진하였다. 그는 구제(舊制)에 얽매여 있는 정치현실에 비판하고 새로운 제도를 시행하여 폐단을 일소하자고 하였다. 이러한 생각은 그가 과거 시험에서 지은 「進策」 25편 그리고 「御試制科策」에서 집중적으로 반응되었다.

소식의 정치개혁 사상은 주로 3가지 면으로 볼 수 있다. 첫째는 인정(仁政) 및 교화를 크게 중시한 점이다. 소식의 인정과 교화 주장은 그의 정치사상의 핵심으로 대중에 대해 무한한 동정심을 가지고 이를 무시하는 황권에 반대하여 대중의 정당한 권리를 무시하지 말라고 하였다. 소식은 지방관으로 역임하였을 때 자신이 곤란한 상태에 빠지고 있었을 때도 백성의 어려움을 먼저 생각하고 다양한 조처로 백성들을 배려해 주었다.

둘째, 인치(人治)의 주장이다. 그는 법률제도의 체계화와 실행이 점차 강화되는 추세를 보면서 인간이 법률을 좌우하는 주체이므로 인간의 의지가 법률보다 더욱 중요하다고 하였다. 또한 그는 국가와 사회가 안정되고 발전하기 위해서는 지배자들이 먼저 현명해야 하고 관료들도 자신의 직능을 적당하게 잘 수행해야 한다고 하였다.

세째는 언론 자유와 중용(中庸)의 원칙이다. 언론자유가 있어야 사대부 관료들뿐만 아니라 일반 백성들도 정치에 대한 관심과 참여가 활발하게 이루어져 현실정치의 폐단에 대한 실용적인 인식과 개혁 방안이 많이 제출될 수 있다. 그리하여 정부는 다양한 방면으로 의견을 접수하여 국가와 국민의 이익을 위한 정책을 실시하는 것이 소식이 주장한 중용의 원칙이다.

진량(陳亮, 1143-1194) 은 남송 초기 절동학파의 중요한 사람으로서 사상과 문학 쪽에는 거대한 성취를 이룬 사람이다. 그가 장기간 지방에 생활하면서 겪은 풍부한 사회적 경험을 통해 몇 차례 상소를 보내 자신의 시국에 대한 생각과 개혁에 대한 견해를 표명하였다. 그러나 문학자로서 그의 제의에 대해서 조정은 큰 반응이 없었고 진량 본인도 높은 관직을 담당한 적이 없어서 그의 생각이 현실정치에 실행될 기회가 거의 없었다.

남송 사대부들은 국가의 미래에 대한 생각과 책임보다는 개인적 수련과 성명(性命)에 대한 사고를 더욱 중시하며 현실을 중시한 사람이 적었다. 이런 경향 때문에 실무를 잘 처리할 수 있는 인재가 부족하여 국가의 비상상황이 발생하면 실질인재가 크게 부족하였다. 진량은 이러한 현상이 유학을 지나치게 숭상하는 결과라고 생각하였다.

진량은 당시 퇴폐한 사풍을 개혁하기 위해 왕도(王道)와 패도(覇道)를 일체화를 제창하였다. 이것이 그의 경세사상의 핵심이다. 그는 맹자와 순자는 왕도와 패도를 처음으로 이야기한 사람으로 시대에 따라 왕도와 패도의 관계도 변하는 것으로 보았다. 그러나 진량은 왕도와 패도의 혼용과 병용을 주장하며 몇 가지 구체적 의견을 제시하였다.

첫째, 군왕과 인재(人才)와의 관계였다. 왕은 국가를 다스리는데 있어 인재는 필요불가결한 요소이다. 그러므로 인재에 대한 교육과 선발 그리고 등용과 인사고과는 중요한 문제가 된다.

두 번째, 법과 인(人)의 관계다. 진량은 사람을 관리할 때 인은 지도자의 주체이며 법률은 인간을 관리하는 수단이다. 얼마나 세밀하고 공정한 법률이 실시되느냐 하는 것이 관심되는 것으로 사람이 역시 법률보다 더 중요하다고 주장하다.

세 번째, 재정의 확보가 나라의 근본이라는 경제사상이다. 남송은 경제발전과 재정 수입은 높았지만 재정의 지출도 역시 커서 경재상황이 좋지 않았다. 이런 현상에 대해 진량은 국가의 재정은 꼭 필요한 곳에 사용해야 재정의 가치와 효용이 나타날 수 있다고 지적하였다.

네 번째는 전쟁에 대한 심각성을 인식하고 이에 대한 대비를 하자는 전쟁에 대한 적극적인 관념을 가지고 있었다. 남송은 금 등 북방 유목민족과 대치하고 있어서 전쟁은 국가가 직면한 문제 중 하나였다. 진량은 전쟁 준비와 형세에 대한 판단을 철저히 해서 전쟁의 승패와 재정지출 규모에 대해 미리 파악하고 전쟁을 감행해야 하는 지를 결정할 수 있다고 하였다. 전쟁을 통해 더 큰 이익을 거둘 수 있으면 전쟁을 두려워하지 말자 만약 지출이 이익보다 더 크면 전쟁을 피해야 한다고 하였다. 여기서 진량의 주전론(主戰論)적인 입장을 살펴볼 수 있다.

다섯 번째는 존왕양이(尊王攘夷)가 최종적 목표이다. 진량은 금이 중국을 지배하는 것은 역사상 큰 수치로 여기고 실지를 꼭 회복해야 한다고 주장하였다. 그는 남송의 현실적 상황을 고려하여 현재 남송의 힘으로 북방 영토를 회복하는 것은 무리하고 생각하였다. 그러나 그는 황제와 국가 그리고 국민들이 이러한 신념을 가지고 있어야 언젠가는 외적을 꼭 구축할 수 있다고 믿고 있다.

이상에서 살펴본 바와 같이 송대 정치경제 및 군사외교 등 제반문제에 대해서 정치가이며, 문학가이며 사상가였던 이구, 범중엄과 왕안석, 사마광, 부필, 소식 등을 대표로 변법개혁을 주장한 문신관료계층이 출현하였다. 개혁파의 정치주장은 토지겸병과 귀족특권을 억제하고 합리적인 토지분배와 부세와 노역을 부담하도록 하며, 의창(義倉)을 설립하여 빈곤을 구제하고 수리시설을 흥기하여 농민들의 농업생산 발전에 도움을 주는 것이다.

정부는 시장물가를 안정시키고 제어하는 방법을 시행하여 간상(奸商)을 방지하고 고리대금업자들이 시장을 농단하여 폭리를 취하는 것을 방지하여야 한고. 또한 엄격한 이치(吏治)운용과 관리승급제도를 실시하고자 하였으며, 엄격한 군사제도를 실시하여 이하(夷夏)를 분명히 구별하여 이족을 제어하고자 하였다.

개혁파들은 공리와 실질을 추구하고자 주장하고 인의와 심성을 공리공담하는 것을 반대하였다. 이러한 실용적인 주장은 남송시기 진량과 섭적 등 영가학파를 중심으로 제창하며 발전하였다.

이학사상과 정치개혁은 송대 정치사상 방면에 두 가지 독특한 중심 의제(議題)이다. 이학이 비록 정치사상에서 다소간 독창적인 견해가 없었지만 이성적인 사변방식을 통해 봉건질서에 대해 논증과 강고(强固)을 진행하였으며 관방 정치철학으로 6, 7백 년 동안 유지하였다. 그리하여 후기 봉건사회의 정치, 경제, 사상문화 등 방면에 모두 상당히 깊은 영향을 주었다.

정치개혁은 송대 많은 사상가들의 공동된 인식과 주장으로 적빈적약의 송대 사회에 존재하였던 사상가들의 인식에 적지 않게 반영하였다. 장기간 존재하였던 외족침입의 걱정으로 말미암아 항전과 주화사상(主和思想)의 투쟁이 송대에 계속 존재하였다. 화이(夷夏)의 구별과 군주전제의 반대 논의는 후세 사상가들에게 영향을 주었다.

이상에서 서술한 인물들은 송대 사대부들 중에 가장 대표적인 인물들이다. 이들은 국가의 위기에 직면하여 책임감을 가지고 적극적으로 대처하는 경세론을 시행하여 양송은 거의 300여년을 존재하였다. 특히 남송에 이르러 국토의 반 이상이 적국에게 양도하는 형세이었지만 역시 100년을 존재하였으며 왕위 찬찰의 음모가 없었다. 이것은 송대 사대부들의 개인적 소양과 학문 그리고 품행 등과 밀접한 관계가 있다.

본고에서는 송대 대표적인 관료계층이 현실에 대한 정확한 인식을 바탕으로 위민위국의 방법을 근간으로 제시한 정치사회경제 등 전반에 걸쳐 제기한 개혁론이 근간이 된 경세론을 살펴보았다.

제6장

참고문헌

1. 古籍

范仲淹『范文正公集』, 臺北, 臺灣商務印書館, 1955.

馬端臨『文獻通考』(武英殿本)臺北, 新興書局印行, 1965.10.

王安石『王文公集』, 唐武標 校, 上海人民出版社, 1974.07.

徐 松『宋會要輯稿』, 臺北, 世界書局, 1977.05.

洪 邁『容齋隨筆』, 上下 上海古籍出版社, 1978.

陸 遊『老學庵筆記』, 中華書局, 1979.11.

歐陽脩 王闢之『澠水燕談錄』, 木鐸出版社, 1981.

王 楙『燕翼詒謀錄』, 中華書局, 1981

李 覯『李覯集』, 王國軒 校點, 北京, 中華書局, 1981.08.

陸 遊『避暑漫鈔』, 中華書局, 叢書集成初編, 北京, 1985.

胡 瑗『安徽通志·松滋縣學記』, 中國古代教育史資料, 北京, 人民教育出版社, 1985.

脫 脫『宋史』, 北京, 中華書局, 1985.06.

朱 熹『宋名臣言行錄』, 臺北, 臺灣商務印書館, 1986.

陳 亮『陳亮集(增訂本)』, 鄧廣銘 點校, 北京, 中華書局, 1987.08.

黃宗羲 全祖望『宋元學案』, 臺灣商務印書館, 1988.
蘇 軾『蘇式全集』, 孔凡禮 點校, 北京, 中華書局, 1988.03.
鄭 樵『通志』, 中華書局, 1995.
包 拯『包拯集校注』, 楊國宜 校注, 合肥, 黃山書社, 1999.06.
趙 翼『廿二史札記』, 北京, 中華書局, 2001
李 燾『續資治通鑒長編』, 北京, 中華書局, 2004.09.
范仲淹『范文正公集』, 成都, 四川大學出版社, 2007.11.
歐陽修『歐陽修詩文集校箋』, 洪本健 校箋, 上海古籍出版社, 2009.08.
王梓材 馮雲濠撰 張壽鏞校補『宋元學案補遺』, 世界書局, 2009.
司馬光『司馬光集』, 成都, 四川大學出版社, 2010.02.
『全宋文』四川大學古籍硏究所 編, 上海辭書出版社, 2006.9.

2. 著書

侯紹文『唐宋科擧制度史』, 北京, 人民出版社, 1957.

王建秋『宋代太學與太學生』, 臺北, 中華學術著作獎助出版委員會, 1965.

楊樹藩『中國文官制度史』, 臺北, 三民書局, 1965.

鄧嗣禹『中國考試制度史』, 臺北, 學生出版社, 1967.

陳東原『中國教育史』, 臺北, 商務出版社, 1976.

盛郎西『中國書院制度』, 臺北, 華世出版社, 1977.

陳寅恪『陳寅恪先生文集』, 第2卷, 上海古籍出版社, 1980.

陳寅烙『宋史職官志考證序』, 金明館叢稿二編, 上海古籍出版社, 1980.

李弘祺『宋代教育散論』, 臺北, 東升出版社, 1980.3.

余英時『中國知識階層史論』, 臺北, 聯經出版社, 1980.

鄧廣銘, 程應繆,『宋史研究論文集』, 上海古籍出版社, 1982.

姜國柱『李覯思想研究』, 北京, 中國社會科學研究所, 1984.

程應镠『范仲淹新傳』, 上海人民出版社, 1986.

陳榮照『范仲淹研究』, 三聯書店, 1987.

陳植鍔『北宋文化史述論』, 中國社會科學出版社, 1992.

金諍(姜吉仲譯)『中國文化와 科擧制度』, 중문출판사, 1994.

苗書梅『宋代官員選用和管理制度』, 開封, 河南大學出版社, 1996.

北京圖書館 編『北京圖書館年譜叢刊』, 北京圖書館出版社, 1999.

吳洪澤 尹波 編『宋人年譜叢刊』, 四川大學出版社, 2003.

申採湜『宋代政治經濟史研究』, 한국학술정보, 2008.

李弘祺(姜吉仲譯)『宋代官學教育과 科擧』, 경상대학교 출판부, 2010.

3. 論文

盛郎西「宋代之太學教育」,『民鐸雜誌』第7卷(1927) 제2, 3, 4, 5期.

何祐森「兩宋學術之地理分布」,『新亞學報』第1卷, 1955.

劉 眞「宋代的學規和鄕約」,『宋史研究集』第1輯, 1958.

金中樞「北宋科學制度研究」,『新亞學報』, 第6卷 第1期, 第2期, 1964.

林子勛「宋代地方教育的發展」,『華岡學報』第2期, 1965.

蔣復璁「宋代一個國策的檢討」,『宋史新談』(臺北, 正中, 1970)

王曾瑜『宋朝階層結構概述』,『社會科學戰線』1979年第4期.

邱俊鵬「蘇軾的政治思想管見」,『四川大學學報』 1979.04, pp.54-62.

葉國良「宋人擬經改經考」,『文史叢刊』55, 臺灣大學文學院, 1980.6.

劉篤才 楊一凡「論北宋的冗官问题問題」,『學習與思考』, 第5期(1983).

李弘祺「宋代地方教育職事考」,『史學評論』, 第8卷, 1984.

鄧廣銘「談談有關宋史研究的幾個問題」,『社會科學戰線』, 1986, 第2期.

王俊鐘「歐陽修政治改革思想初探」,『探索』, 1987.02, pp.67-70.

付勝國, 羅伽祿,「李覯的人才思想」,『撫州師專學報』, 第3期, 總第26期, 1990.

李曉娟「試論包拯的財政思想」,『東北師大學報』, 1992.06, pp.41-43.

姚兆余「包拯經濟改革思想雛論」,『甘肅社會科學』, 1992.03, pp.75-77.

王 基「論包拯的經濟思想」,『河南財經學院學報』, 1994.02, pp.90-96.

宋 石「宋代歷史的發展和研究形勢」,『洛陽大學學報』, 1994.9, 第9卷第3期.

申採湜「王安石 改革의 性格檢討 : 특히 新法의 保守性에 관하여」,『동양사학연구』51, 1995.

梁種國『宋史特奏名의 成立과 社會的의 意義』,『歷史學報』148輯, 1995.

鄧廣銘「宋代文化的高度發展與宋朝的文化政策」,『鄧廣銘治史叢稿』, 北京大學出版社, 1995.2.

李衛東「歐陽修政治思想新探」,『贛南師範學院學報』, 1996.01, pp.17-20.

葉　坦「宋代社會發展的文化特徵」,『社會學研究』, 1996, 第4期.

劉立夫「論北宋的冗官問題」,『華中理工大學學報』(社會科學版, 1997. 04).

胡昭曦「宋朝社會與中華文明」,『中華文化論壇』, 1998.4.

陳　峰「宋代科舉考試制度」,『歷史教學』, 1998年第1期.

郭學信「宋代社會文化形態簡論」,『歷史教學』(中國古代史研究), 1998, 第8期.

石　靜「略論北宋的科舉改革」,『南通師專學報』, 第14卷第3期, 1998.9.

劉　強 汪漢卿「試論包拯的執法思想」,『安徽農業大學學報』, 1998.15(03), pp.56-59.

李希運「三蘇與北宋進士科舉改革」,『山東大學校(哲社版)』, 第2期, 1999.

史愛君 「略論包拯寬民利國的思想」,『開封教育學院學報』, 1999. 19(04), pp.9-10.

夏　陽 郭世東「試論包拯的吏治思想」,『中外法學』, 1999. 65(5).

鄭炳碩「李覯의 經世論的易解釋」,『東洋哲學硏究』, 第22輯(2000).

姚兆餘「宋代文化的生成背景及其特點」,『甘肅社會科學』(歷史研究), 2001.01.

姚兆餘「簡評宋代文化的歷史地位」,『理論學刊』, 第2期總102期, 2001.3.

曹家齊「宋代文化政策寬明原因新探」,『河北學刊』, 第21卷第25期, 2001.9.

郭爭鳴 郭學信「試論宋代文化的歷史地位」,『聊城師範學院學報』(哲學社會科學) 2001, 第5期.

屈超立 「監察機制與科舉制度的關係論述」,『中央政法官吏幹部學院學報』, 2001, 第2期, 中國人民大學複引復刊資料(法理學 法史學)2001, 第11期.

白文固「北宋文武官員恩蔭制度探究」,『史學月刊』(2002. 3).

楊國宜「略論包拯的民本思想」,『安徽師範大學學報』 2002 30(01) pp.75-82.

楊　昆「宋代文化繁榮探源」,『遼寧大學學報』, 2002, 1(第30卷第1期).

饒國賓 陳大勇 饒國順等「論李覯的治國構想」,『南昌航空工業學院學報(社會科學版)』, 2003年 6月第17卷第2期.

姜國柱「中國宋學的歷史貢獻」,『撫州師專學報』, 第22卷第2期, 2003.6.

戴曉剛「宋代三次興學中的教學改革研究」, 西北師範大學, 2004.

張福慶「論蘇軾政治思想的進步性」, 『外交學院學報』, 2004.06, pp.102-107.

文　娟「范仲淹對教育及學術的貢獻」, 『蘭州學刊』, 2005(4), pp.310-314.

虞雲國「略論宋代文化的時代特點與歷史地位」, 『浙江社會科學』, 2006, 第3期.

李玉霞「科舉制度與唐宋時期的儒學演變」, 南開大學, 2005.

石　群「陳亮事功倫理思想探析」, 『浙江學刊』, 2006.6, pp.189-193.

姚思陟「宋代市民文化本體特徵的分析」, 『求索』, 2006.2.

金　霞「論李覯的經世思想」, 『蘭台世界』, 2007.08, pp.61-63.

夏其干「范仲淹吏治思想初探」, 『韶關學院學報』, 2007.28(2), pp.93-96.

楊　林「呂祖謙的經世思想」, 浙江大學, 2007.

張念一「 宋代科舉制度的特點」, 『蕪湖職業技術學院學報』, 2007, 第9卷, 第2期.

劉　寧「王安石人才教育思想研究」, 東北師範大學, 2007.

諸葛瑞強「包拯司法思想研究」, 湘潭大學, 2007.

劉曉箏「范仲淹的教育思想與教育實踐」, 河南大學, 2007.

朱保書「輝煌的宋代文化」, 『開封大學學報』, 第22卷, 第4期, 2008.12.

張清改「略論宋代文化兩向發展的具體表現及原因」, 『赤峰學院學報』, 2008, 第29卷, 第6期.

李勁松「略論范仲淹在應天府書院實施的教育模式及其歷史作用」, 『江西教育學院學報』, 2008. 29(4), pp.99-103.

陳　元 歐陽勇「歐陽修科舉考選思想及其啟示」, 『井岡山學院學報』, 2008, 29(05), pp.23-25.

倪德茂「歐陽修民本思想研究」, 『長江師範學院學報』, 2008.24(04), pp.35-40.

李旭然「王安石政治思想研究」, 西北大學, 2008.

王　麗「試析影響蘇軾政治主張的原因」, 『樂山師範學院學報』, 2008.02 pp.16-18.

程　成「論范仲淹對北宋儒學復興的貢獻」, 南開大學, 2008.

蒲宏淩「宋代士人心態研究－以三大政治事件為中心」, 西北師範大學, 2008.

熊　偉「唐宋變革體系的演化」,『電子科技大學學報』社會版, 2008, 第10卷第5期.
魏嬌嬌「王安石社會教化思想研究」, 河南大學, 2009.
胡昊宇「論王安石的行政法治思想」, 西南政法大學, 2009.
畢　游「司馬光政治思想考論－以其史論為中心」, 中國社會科學院研究生院碩士, 2009.
吳　黎「宋代三次宰相興學及其現代啟示」, 華中師範大學, 2009.
劉興亮「北宋士風研究」, 西北師範大學, 2009.
諸葛憶兵「論范仲淹與宋仁宗之關係」,『江蘇社會科學』, 5, 2010.
鄭建鐘「北宋仁學思想研究」, 西北大學, 2010.
張雲箏「宋代外交思想研究」, 河南大學, 2010.
李同樂「北宋士大夫的政治理想和實踐－以北宋前中期為中心的研究」, 東北師範大學, 2010.
范國强「范仲淹文化教育改革的基本思想與方略」,『貴州社會科學』, 5, 2010.
賈俊逸「司馬遷司馬光政治思想之異同」, 西北師範大學, 2010.
尹佳濤「歷史與現實之間的政治思考－司馬光政治哲學研究」, 南開大學, 2010.
張春貴「李覯政治思想研究」, 清華大學, 博士, 2011.
羅嬌嬌「宋代士大夫在法律運行中的作用研究」, 鄭州大學, 2011.
雷信來「陳亮功利主義思想的歷史影響」,『大理學院學報』, 2011, 10(1), pp.30-35.
孟昭君「包拯的經濟思想」,『綏化學院學報』, 2012, 32(01), pp.62-64.
楊永亮「范仲淹政治變革思想的演繹歷程研究」,『寶雞文理學院學報』, 2012.06, pp.36-38.
楊永亮「范仲淹政治變革的當代價值」,『吉林師範大學學報』, 2012 06, pp.79-82.
李瑾明「王安石의 집권과 신법의 시행」,『역사문화연구』, 제35집(2012).
李　雪「王安石的政治哲學思想探究」, 延邊大學, 碩士, 2012.
畢明良「王安石的政治哲學探究」, 陝西師範大學, 博士, 2012.

李瑾明「王安石신법의 시행과 당쟁의 발생」,『역사문화연구』, 제46집(2013).
郭東旭 郭瑞童「范仲淹的法律思想與法制變革」『衡水學院學報』, 2013, 15(6), pp.90-93.
楊松琳「范仲淹行政倫理思想初探」, 黑龍江大學, 2013.
盧晓河「從宋夏戰爭看范仲淹的國防意識」,『西夏研究』, 3, 2013.
陸明明「王安石行政倫理思想初探」, 黑龍江大學, 2014.
周家榮「包拯吏治思想研究」, 安徽大學, 2014.
劉 琦「蘇軾的政治思想淺談」,『滄桑』, 2014.2, pp.4-6.
牛思仁「北宋仁宗朝的太學及其學風 文風」,『西北師大學報』, 2015, 52(4), pp.33-41.
胡汪凱「陳亮治理思想初探」, 南京大學, 碩士, 2016.
姜吉仲「陳亮의 經世思想에 대한 일연구」(慶尚史學9輯), 1993.9.
姜吉仲「范仲淹의 吏治法에 대한 改革論」(慶尚史學11輯), 1995.12.
姜吉仲「北宋吏治法改革論議之研究」,『華岡文科學報』(中國文化大學), 第21期, 臺灣, 1997.3.
姜吉仲 「司馬光과 歐陽修의 吏治法改革論爭에 대하여」(慶熙史學22輯), 1998.12.
姜吉仲「司馬光對政治現實的認知和對人才觀之研究」,『宋旭軒教授八十榮壽論文集』, 臺灣, 1999.11.
姜吉仲「司馬光의 現實認識과 經世觀에 대한 연구」, (慶尙史學15・16合輯」, 2000.12.
姜吉仲「歐陽修的現實認識與吏治法改革」,『眞鵬劉共祚教授定年紀念論叢』慶熙史學會, 2003.
姜吉仲「宋代文化形成與人文學的發展」,『歷史文化研究』, 第35輯, 2010.
姜吉仲「蘇軾的吏治法改革論」,『中國歷史學會史學集刊』, 第23期, 2011.
姜吉仲「李覯的現實認識與吏治法改革論」,『東洋史學研究』, 第120輯, 2012.

Abstract

Zhao Kuangyin, the general who neutralized all of the local regimes and states during the late Tang Empire, the founder of a more exhaustive centralized dynasty, the new dominator who ended series of problems from politic, economy, society, and other historical disadvantages, the only supreme lord Zhao Kuangyin, the general who neutralized all of the local regimes and states during the late Tang Empire, the founder of a more exhaustive centralized dynasty, the new dominator who ended series of problems from politic, economy, society, and other historical disadvantages, the only supreme lord who tried to established an impregnable and effective system that no one except the king himself, powering the capability of command and expansion, to reinforce his sovereign Kingdom of Song. After some necessary movements in apart of administration, finance, culture and military office, the authorities which regional states have ever had, permanently been deprived by the Son of Heaven and centralized around himself. among all of these movements, the decentralization and balance could be thought as the core principle of the new bureaucracy.

The tyranny-like king and new national system should be ensured and promoted upon a type of new bureaucracy group, and such a kind of political and historical responsibility required the raise of “scholarly officers”. Researches on the kings, prime minsters, advisors and other main political officers have been continued during last 20 years. However, none special but ambiguous conclusion have ever been made about the “scholarly officers” of Song Dynasty, especially on the moral roles they have ever acted. Most of results were attracted by the political reformations they have tried to save this country.

the relationship between the power of king and his officers of Song Dynasty was very impressed among Chinese history. Kings came to be more sovereign by dividing the departments into different parts, which were managed by the different people who work for him, said by Professor Qian Mu, which representing some traditional voices of Chinese academe.

In another way, like Professor Wang Duan's speaking, a sovereign king coule never move even step without the assist and cooperation supported by the officers he appointed. so that actually, real power had never ran out of the control from serve strongmen during one period of a king, and so did the 300 years history of the Kingdom. Also, the king could never take any action only relying on his own thoughts, restricted by their founders.

One different opinion could be noticed among these studies, which ignored the comparison between king and officers, instead, they focused on the improvement of two powers and declaimed that they were growing at the same time. To be a tyranny was never a dream or calculated by any of kings in this kingdom, the system they were trying to fund, was a free but authoritative domination working with a group of talented and inoffensive “scholarly officers”.

to find out the inner characteristics of “scholarly officers” 8 of them were chosen to be the target of the following study, which were, the very representatives from the hundreds and thousands of persons in this group. What they had done, said and thought will be focused and researched, till conclusion come out, the so-called "ideology of national affairs".

"ideology of national affairs", like other social administration theories, focusing on reality and possibility itself, mastering national affairs more effective and fluently, and attempting to a better future. By the people and for the people, like what ancient Chinese wise men said, your citizens must be treated well, so that you would not be rebelled or betrayed, cause you are not on your own to sever your country, you are supported by the people below you and the officers around you.

Fan Zhongyan, and other 7 "scholarly officers"like Bao Zheng, Ou Yangxiu, Wang Anshi, Si Maguang, Su Shi, Li Gou and Chen Liang, which could be thought as the 8 very representative officers, each of them had their reputations in national politics, economics, military, education and other fields. This book was intended to focus on their thoughts and movement in each field they have ever stepped and tried to find out the core ideology, which command their behaviors, especially during such a time that social problems had never been that massive any more. The ideology, which I would like to call it "ideology of national affairs"

KEY WORDS:
ideology of national affairs, scholarly officers, social problems,

한글 제요

당말의 번진할거와 토지소유관계의 불균등 등 정치사회적 제문제를 극복하고 송을 건국한 조광윤은 지방 호강세력의 세력확장을 억제하고 중앙집권화정책을 통해 황권강화를 이룩하고자 하였다. 송조는 지방의 행정, 재정 및 군사와 문화를 중앙정부로 집중하는 정책을 실시하여 통일된 관리체제를 이루었다. 송대 중앙집권체제는 정치적으로 보면 주로 관료기구의 확대와 조정내부조직의 견제 및 지방에 대한 통제로 볼 수 있다.

송대는 중앙집권화를 통한 황권강화를 추진하는 과정에서 관료조직의 조정과 확대로 신진 사대부계층들이 정치사회 전면에 등장하는 사대부정치사회였다고 할 수 있다. 그 일환으로 최근 송대 황권, 재상, 간관제도 등 주요 정치관료제도 등에 관한 연구도 계속 활발하게 이루어지고 있다.

또한 송대 사대부계층의 성격 또는 정치사회에서 위치와 역할 그리고 학풍 그리고 사대부 관료계층이 주도적으로 진행하였던 몇 차례의 변법개혁에 대해 다양한 연구도 진행되었다.

송조는 중국 고대 정치사에 있어서 황권과 신권의 성장과 상대적인 변화의 과정 속에서 전개된 대단히 중요한 시대라 할 수 있다. 예를 들어 전목(錢穆) 교수는 『中國歷代政治得失』(北京 三聯書店 2001)에서 송대는 황권이 강화해지면서 신권이 약해졌다는 지적을 한 적이 있다. 이 주장은 중국 학계의 전통적인 관점이다.

그러나 이와는 반대로 재상권(臣權)의 강화론을 주장하는 학자도 있다. 예를 들어 왕단(王端)은 『論宋代相權』, 『論宋代皇權』(『歷史研究』 1985.02, 1989.01) 등 문장에서 송대는 신권을 제도적으로 크게 약화시키는 규정이 있었지만 실제로 300년의 정치 운영과정을 검토해보면 사대부 계층을 위주로 신하들이 국가를 좌우할 수 있는 권력을 지녔으며 황제는 대다수 존귀한 존재일 뿐이었다고 지적하였다. 송대 황권이 강화되지 못한 이유를 사대부계층의 등장과 그들의 국가와 사회에 대한 책임감과 각성이 제고되면서 라고 보았다. 또 다른 원인은 송대 황제들이 선조의 가훈과 체제의 속박 때문에 황권의 사용을 자제하였던 원인도 있었다.

송대 황권과 신권은 대립 혹은 대응 관계가 아니라 공동으로 발전하고 변화하는 관점도 있다. 예를 들어 송조는 다른 왕조에 비해 황권과 신권이 모두 강화해지는 추세에 있었고 황권과 신권이 서로 보호하고 의존하는 상태로 진행되었다. 황권의 강화는 확실한 일이었으나 사대부관료의 등장과 국가 제도의 발전에 따라서 관료계층이 황권의 전제권을 견제할 수 있는 힘을 가지게 되었다. 그리하여 황제는 사대부관료들과 함께 관리하고 다스린 것이 송대 정치의 특징이었다.

본고에서는 이 점에 주의하여 양송(兩宋)대 가운데서 대표적인 관료로 생각되는 8명의 인물을 선택해서 그들의 생애와 사상 그리고 국가와 사회에 대한 현실인식과 실현하고자 했던 경세관을 살펴보고자 하였다.

경세(經世)란 국가나 사회를 올바르고 윤택하게 경영하기 위해 제시되는 동양의 전통적 정치사회사상으로 원래 세상을 경륜·경영하는 일정한 기준이나 원칙을 의미한다. 유가에서 경세제민(經世濟民)은 국가와 사회를 바르게 경영하고 백성을 구제하는 정치경제와 사회문화 제 방면에 걸친 구체적인 실천의 궁극적 과제와 원리를 말한다. 경세가 제민(濟民)을 위한 기본적 원리에 적용된다면, 제민은 경세의 구체적 목적에 해당한다고 볼 수 있다. 일반적으로 유가철학의 기본 원리를 수기치인(修己治人)이라 말할 때 유가의 경세사상은 치인(治人)에 해당되어 정치·경제·사회·문화 등 여러 방면에 걸친 구현 방안 내지 세상을 경륜하는 논리적 사유 체계로 풀이되는 것이다.[1]

송대 사대부들의 경세사상 또는 경세관은 당시 송조가 직면하고 있던

1 『한국민족문화대백과사전』, 한국학중앙연구원, 1995. 경세사상 [經世思想].

국내외 정치, 경제, 군사, 사회 등 폐단에 대해 국가와 사회의 안정을 유지하기 위해 제기하고 실천한 방안과 개혁을 말한다. 예를 들어 범중엄이 시도한 이치와 교육을 위주로 추진한 변법, 포증이 주장한 사법과 재정의 개혁, 구양수가 제창한 간관제도의 변동, 소식이 제창한 과거취사의 개혁, 진량이 주장한 군사전략적 개혁 그리고 왕안석과 사마광 두 사람을 위주로 진행하였던 정치사회 전분야에 대한 혁신과 반(反) 혁신 운동이다. 이러한 현실정치에 대한 각성과 책임론을 기반으로 개혁을 추진하였던 관료계층의 경세관은 송대 이후 중국 역사에도 커다란 영향을 주었다.

국가와 백성을 위해 안정된 정치를 실행하는 것을 경세라 한다면 이상에서 언급한 송대 대표적인 개혁관료들의 경세관은 선부민후부국과 선부국후부민, 주화론자와 주전론자, 주객관적 유심주의자와 유물론자, 기본적인 기준과 중시하는 점이 차이가 있으나 모두 현실에 대한 정확한 인식을 바탕으로 위민위국의 방법을 근간으로 정치사회경제 등 전반에 걸쳐 적극적인 개혁론이 근간이 된 경세론을 제창하였다.

이처럼 관료계층의 현실정치에 대한 인식과 정치사회에 대한 생각과 임하는 태도는 오늘날 복잡하고 혼돈된 관료사회에서 크게 주의하여 보고 귀감으로 삼을 만 다고 생각된다.

부록 • 인물 통합연표

본 내용은 아래와 같은 자료들을 참고하였다.

*『北京圖書館年譜叢刊』 北京圖書館 編, 1999, 총 200권(이하 『연보총간』)

*『宋人年譜叢刊』 吳洪澤, 尹波 編, 四川大學出版社, 2003, 총 12권(이하 『송인연보』)

1. 범중엄(范仲淹, 989-1052)(『연보총간』 권 13, pp.1-326.)
2. 포 증(包 拯, 999-1062)(『송인연보』 권 2, pp.709-736.)
3. 구양수(歐陽修, 1007-1072)(『연보총간』 권 13, pp.389-692.)
4. 이 구(李 覯, 1009-1059)(『연보총간』 권 13, pp.719-752.)
5. 사마광(司馬光, 1019-1086)(『연보총간』 권 14, pp.505-746, 권 15, pp.1-736, 권 16, pp.1-222.)
6. 왕안석(王安石, 1021-1086)(『연보총간』 권 16, pp.249-758, 권 17, pp.1-735. 권 18, pp1-222.)
7. 소 식(蘇 軾, 1037-1101)(『연보총간』 권 19, pp.383-752.)
8. 진 량(陳 亮, 1143-1194)(『송인연보』 권 10, pp.6711-6946.)

※본 표에서 사용한 날짜는 모두 음력(陰曆)으로 표기하였다.

인물 통합연표

	범중엄	포증	구양수	이구	사마광	왕안석	소식	진량
태종 단공(端拱) 2년(989)	1세 8월29일 武寧軍(現江蘇省徐州市) 혹은 眞定府,(現 河北省正定縣) 출생.							
순화(淳化) 원년(990)	2세 아버지 범용(范墉, ?-990) 서주에 별세.							
순화 2년 (991)	3세 어머니와 蘇州 天平山으로 이주.							
순화 3년 (992)	4세 어머니 소주 관료 주문한(朱文翰)과 재혼, 범중엄은 주설(朱說)로 개명, 그 후 10여 년 동안 계부와 江蘇 湖南 山東 등 지역에 거주와 공부.							

	범중엄	포증	구양수	이구	사마광	왕안석	소식	진량
진종 함평(咸平) 2년 (999)		1세 廬州(現 安徽 合肥)에 출생.						
함평 4년 (1001)		3세 부인 동(董) 씨 출생.						
경덕(景德) 4년(1007)			1세 6월 21일, 綿州(現 四川綿陽)에 출생.					
대중상부 (大中祥符) 2년(1009)	21세 長白山 醴泉寺에 공부.			1세 建昌軍 南城 現 江西南城縣에 출생.				
대중상부 3년(1010)			4세 아버지 歐陽觀 별세, 숙부 歐陽曄의 집에 거주 「畫荻教子」					

	범중엄	포증	구양수	이구	사마광	왕안석	소식	진량
대중상부 4년(1011)	23세 어머니와 이별, 응천부서원(應天府書院)에 공부.							
대중상부 8년(1015)	27세 과거에 을과(乙科) 제 97등으로 급제, 廣德軍(現 安徽省 廣德縣)에 司理參軍 취임.			7세 『見蘇祠部書』「六七歲時 調聲韻 習字書 勉勉不忘」.				
대중상부 9년(1016)	28세 광덕군에 교사 3명 초청, 교육 발전 촉진							
천희(天禧) 원년 (1017)	29세 文林郎 진급, 集慶軍(現 安徽省 亳州市)에 節度推官 취임 「奏請歸宗復姓表」 상소, 范 씨 회복.							
천희 2년 (1018)	30세 河北에 여행.			10세 『見余監丞書』「十歲知聲律」.				

	범중엄	포증	구양수	이구	사마광	왕안석	소식	진량
천희 3년 (1019)	31세 秘書省 校書郞 진급, 집경군에 취임.				1세 陝州 夏縣 涑水鄕(現 山西 夏縣)에 출생, 아버지 司馬池, 光山令, 어머니 聶 씨, 秘閣校聶震의 딸.			
천희 4년 (1020)				12세 『見余監丞書』「年十二 近文章」.				
천희 5년 (1021)	33세 泰州 西溪鹽倉 취임.					1세 臨川鹽埠嶺(現 江西撫州東鄕縣)에 출생.		
건흥(乾興)원년 (1022)				14세 아버지 별세.				
인종 천성(天聖)원년(1023)	35세 부필(富弼), 등자경(滕子京), 호원(胡瑗), 주맹양(周夢陽)과 만남.		17세 隨州에 解試 응시, 낙방.					

	범중엄	포증	구양수	이구	사마광	왕안석	소식	진량
천성 2년 (1024)	36세 大理寺丞 임명, 응천부(應天府) 李昌言의 딸과 결혼. 득남 범순우(范純佑 1024-1063).				6세 학문 공부 개시.			
천성 3년 (1025)	37세 發運副使 張綸(962-1036)의 추천을 받아 興化縣에 취임.			17세 아버지 정우 마침, 여행을 위해 고향 떠남.	7세 『左氏春秋』 독서 개시.			
천성 4년 (1026)	38세 楚州糧料院 권장, 8월에 어머니 별세, 관직에 떠남.		20세 隨州 解試에 합격.					
천성 5년 (1027)	39세 晏殊의 초청에 받아 應天府書院 권장, 만언서 상소, 孫復과 만나, 학업 지원 6월, 둘째 아들	29세 진사 급제, 大理評事 知建昌縣 임명, 부모를 모시기 위해 임명 거절.	21세 禮部省試 응시, 낙방.					

	범중엄	포증	구양수	이구	사마광	왕안석	소식	진량
	范純仁(1027-1101) 출생.							
천성 6년 (1028)	40세 應天府書院 권장, 晏殊의 추천을 받아 秘閣校裡 취임.		22세 胥偃 문하 가입.					
천성 7년 (1029)	41세 인종에게 상소, 태후의 권력 반환 요청, 불허, 河中府通判 취임.		23세 추천을 받아 국자감 시험 응시, 1 등 합격, 가을, 국학 解試 응시, 1 등 합격.					
천성 8년 (1030)	42세 宮殿中丞 취임.		24세 1월, 省試 응시, 1 등 합격, 3월, 殿試 응시, 甲科 제 14등 급제, 5월, 將仕郎 秘書省校書郎 西京留守推官 임명.	22세 陳 씨와 결혼.				

	범중엄	포증	구양수	이구	사마광	왕안석	소식	진량
천성 9년 (1031)	43세 太常博士 陳州通判 취임. 셋째 아들 范純禮(1031–1106) 출생.		25세 胥偃의 딸과 결혼.	23세 『潛書』 15편 작성.				
명도(明道) 원년 (1032)		34세 모 장 씨 별세.		24세 『禮論』 7편작성, 진씨 아버지 陳仲溫 별세, 「陳仲溫進士墓誌」 작성.				
명도 2년 (1033)	45세 右司諫 同判刑院大理寺 同管勾國子監 睦州守 취임.		27세 3월, 부인 별세, 12월, 承鳳郎 진급.					
경우(景祐) 원년(1034)	46세 龍山書院 건설.		28세 6월, 宣德郎 大理評事 監察御史	26세 「邵氏神祠記」 작성.				

	범중엄	포증	구양수	이구	사마광	왕안석	소식	진량
			鎭南軍節度掌書記 館閣校勘 임명, 諫議大夫 딸 양 씨와 결혼.					
경우 2년 (1035)	47세 蘇州郡學 건설, 胡瑗 초청, 禮部員外郎 天章閣待制 判國子監 吏部員外郎 權知開封府 취임.		29세 9월, 부인 양 씨 별세.					
경우 3년 (1036)	48세 饒州 취임, 饒州郡學 건설.		30세 범중엄을 위한 반박, 峽州夷陵縣令으로 좌천.					
경우 4년 (1037)	49세 부인 별세, 河東路 일대 지역에 지진 발생, 潤州(現江蘇 鎭江) 취임.	39세 天長縣에 전근.	31세 3월, 薛 씨와 결혼, 12월, 光化軍乾德縣令 취임.	29세 鄕擧 낙방, 鄱陽에 범중엄과 만남.			1세 12월 眉州眉山(現四川眉山市) 출생.	

	범중엄	포증	구양수	이구	사마광	왕안석	소식	진량
보원(寶元) 원년(1038)	50세 潤州郡學 건설, 3월, 송과 서하의 전쟁 시작 11월, 越州 취임.			30세 『廣潛書』 15편 작성.	20세 3월, 진사 갑과 급제, 奉禮郎 華洲判官 임명, 禮部尙書 張存의 딸과 결혼.			
보원 2년 (1039)		41세 天長縣 재직, 割牛舌案 재판.	33세 6월, 구직에 복직, 權武成軍節度判官廳公事 임명.		21세 簽書蘇州判官 임명, 어머니 별세.			
강정(康定) 원년(1040)	52세 3월, 陝西經略安撫副使 韓琦(1008-1075)의 추천을 받아 天章閣待制 복직, 永興軍 겸임, 4월, 刑部員外郎 겸 侍御史知雜陝西轉運使 취임, 7월, 龍圖閣直學士 陝西經略安撫副使 同管勾都部署司事	42세 殿中丞 知端州 임명, 「不持一硯」	34세 6월, 館閣校勘 복직. 『崇文總目』 편찬, 아들 歐陽發 출생.	32세 득남. 越州에 여행.	22세 아버지와 항주에 거주, 아버지의 명예로 조정에게 상소, 대 서하 정책 진술.			

	범중엄	포증	구양수	이구	사마광	왕안석	소식	진량
	취임. 8월, 戶部郎中 겸 知延州 취임. 적극적인 방어 전략 주장. 서하군과 전투에 승리.							
경력(慶曆) 원년(1041)	53세 1월, 조정에게 송하전쟁에 대해서 화의(和義)를 제언. 송군은 好水川전투에 대패. 4월, 서하와 사적으로 통신하는 사실 적발. 戶部員外郎으로 좌천. 5월, 慶州 겸 管勾環慶路都部署司事 취임. 8월, 서하 대(對)송 작전 실패. 9월, 戶部郎中 복직.		34세 11월, 太常博士 임명. 12월, 騎都尉 임명. 『崇文總目』 완성, 集賢校理 임명.	33세 동경(東京)에 여행.	23세 12월, 아버지 별세.			
경력 2년 (1042)	54세 3월, 大順城 건축. 송군 定川전투에 패배, 지원군 파견. 樞密直學士 右諫議大夫 취임. 득녀.		35세 4월, 差同知禮院에 복직. 9월, 通判滑州 임명.	34세 制科에 1등 합격. 7월, 制科 응시, 미 급제. 귀향.		22세 과거 급제. 秘書郎 簽書淮南節度判官 임명.	7세 학업 개시.	

	범중엄	포증	구양수	이구	사마광	왕안석	소식	진량
경력 3년 (1043)	55세 8월, 參知政事 취임, 9월, 十事疏 상소.	45세 11월, 監察御史里行 임명, 그 후, 監察御史로 취임, 12월, 「請不修上淸宮」 상소.	36세 3월, 太常丞 知諫院 임명, 9월, 『三朝典故』 편찬, 10월, 기거주 편찬.	35세 『退居遺稿』 12편, 『慶曆民言』 30편, 『周禮致太平論』 30편 작성, 딸 출생.		23세 양주 거주, 「憶昨示諸外弟」 지음.	8세 소학 입학, 道士 張易簡 문하 공부.	
경력 4년 (1044)	56세 2월, 전국에 학교의 건설이 시작, 5월, 전쟁에 대해 和 守 戰 備의 대책 주장, 경력신정 시작.	46세 保州 반란 발생, 「論保州事」 상소, 초안 주장, 「請重斷張可久」 상소, 司勛郎中張可久에 탄핵 요청, 10월, 송과 서하 평화회담 진행, 「論昊賊事宜」 「論楊守素」	37세 3월, 兼判登聞檢院 임명, 8월, 龍圖閣直學士 河北都轉運按察使 임명, 9월, 『三朝典故』 완성.	36세 부필, 범중엄에 상소, 학교 교직 포기, 고향으로 귀환.	26세 簽書武成軍判官事 임명.			

	범중엄	포증	구양수	이구	사마광	왕안석	소식	진량
		상소, 서하와 즉시 평화회담 반대, 서하와 무역 반대, 知陳州 임명, 「請免陳州添折見錢」 상소, 절변 폐지 요청 「乞不用贓吏」 상소, 이치 개혁 주장.						
경력 5년 (1045)	57세 1월, 參知政事 파면, 중앙정부에 떠남, 경력신정 실패.	47세 3월, 「請依舊考試奏陰子弟」 상소, 음보제도 개혁 요청, 여름, 거란 사신과 북행, 8월 3일, 개풍부 거인 시험 감독, 8월 11일, 管契丹正旦使 임명, 거란에 방문.			27세 宣德郎 將作監主簿 權知韋城縣事 임명, 겨울, 동경에 진입.			

	범중엄	포증	구양수	이구	사마광	왕안석	소식	진량
경력 6년 (1046)	58세 1월, 鄧州 취임, 9월 15일, 岳陽樓記지음.	48세 1월 4일, 거란에 도착 후 회의 진행, 1월 5일, 귀국. 7월. 三司戶部判官 京東路轉運使 임명.	39세 호 醉翁 사용.	38세 信州에 여행.	28세 大理評事 國子直講 本寺丞 임명.			
경력 7년 (1047)		49세 4월, 工部員外郎 直集賢院 陝府西路轉運使 임명, 여름, 江西路轉運使 王逵에 탄핵 요청.		39세 부인 진 씨 사망.				
경력 8년 (1048)	60세 1월, 荊南府 전근의 명 받아 2월에 鄧州 복직.	50세 5월 2일, 河北轉運使 임명, 6월 22일, 戶部副使 임명.	41세 1월, 起居舍人 知揚州 임명.	40세 딸 사망, 「哭女」 지음.				

	범중엄	포증	구양수	이구	사마광	왕안석	소식	진량
황우(皇祐)원년 (1049)	61세 1월, 杭州 취임, 3월, 둘째 아들 순인 진사에 급제, 소주에 의장(義莊) 창설, 7월 禮部侍郎 임명.	51세 3월, 거란과 관계 악화, 河北에 전근, 「奉詔河北計置斛斗日上殿」 상소, 하북 지방의 재정 개혁 요청, 10월, 陝西에 전근, 신 염법 실시.	42세 1월, 知潁州 임명, 4월, 禮部郎中 임명, 8월, 龍圖閣直學士 복직.	41세 범중엄의 추천 받음.	31세 貢院屬官 임명, 과거와 제거 심사 담당.			
황우 2년 (1050)	62세 항주에 재난 후속조치를 위해 以工代賑 실시, 11월, 青州 취임.	52세 天章閣待制 知諫院 임명, 봄, 假皇子案 심판, 5월, 三番使臣 파면 요청, 수용, 8월, 「彈郭承祐」 상소, 判亳州 宣徽南院使 建武節度使 郭承祐 탄핵 요청, 불허, 8월,	43세 7월, 知應天府兼南京留守司事 임명.	42세 범중엄과 항주에 만남, 범중엄에게 추천 받음.	32세 同知太常禮院 임명, 아들 司馬康 출생.			

	범중엄	포증	구양수	이구	사마광	왕안석	소식	진량
		「請選內外計臣」 상소, 재정 폐단을 위해 인재선발 요청, 11월, 「彈張饒佐」 상소. 兵部員外郞 임명.						
황우 3년 (1051)				43세 어머니 鄭 씨 별세.		31세 殿中丞 通判舒州 임명.		
황우 4년 (1052)	64세 5월 20일, 徐州에 별세, 吏部尙書과 文正 시호 추봉.	54세 「天章閣對策」 상소, 군사 개혁 요청, 3월, 龍圖閣直學士 河北都轉運使 임명, 현지에 군수품 제조 강화, 7월,		44세 『皇佑續稿』 8 권 편집.	34세 殿中丞 史館檢討 임명, 日曆 편찬, 集賢校書 담임.			

	범중엄	포증	구양수	이구	사마광	왕안석	소식	진량
		高陽關路都部署 安撫使 知瀛洲 임명, 현지에 재정 개혁 실시.						
황우 5년 (1053)		55세 장남 包繶 사망, 知揚州 임명, 그 후 廬州 전근.	46세 『新五代史』 완성.	45세 『常語』上 中 下 권 편집.				
지화(至和)원년 (1054)			47세 7월, 權判流內銓 임명, 9월, 翰林學士 임명, 史館修撰 겸임.	46세 「袁州學記」 지음.	36세 羣牧司判官 임명, 判鄆州事 임명, 龐籍 河東路經略安撫使 知並州事 임명, 구양수 並州通判 임명.	34세 集賢校理 임명.		
지화 2년 (1055)		57세 12월 1일, 추천 부당으로 兵部員外郎 知池州 좌천.					20세 成都 거주.	

	범중엄	포증	구양수	이구	사마광	왕안석	소식	진량
가우(嘉祐) 원년 (1056)		58세 8월, 刑部郎中 복직, 知江寧府 임명, 12월, 右司郎中 權知開封府 임명.	49세 2월, 거란 출사, 귀국, 『北使語錄』 작성, 3월, 判太常寺兼禮儀事 임명, 5월, 知通進銀台司兼門下封駁事 임명.			36세 「上執政書」 작성.	21세 과거 시험 응시,	
가우 2년 (1057)			50세 1월, 權知禮部貢舉 임명, 文儒 어필 받음, 右諫議大夫 임명, 7월, 禮部侍郎兼尚書禮部 임명, 9월, 判秘閣 權知審刑院 임명, 12월, 權判三班院 임명.	49세 태학 교사 임명.			22세 봄, 전시에 병과 급제, 진사급제 은사 받음, 4월, 어머니 별세.	

	범중엄	포증	구양수	이구	사마광	왕안석	소식	진량
가우 3년 (1058)		60세 6월, 右諫議大夫 御史中丞 領理檢使 임명, 아들 包綬 출생.	51세 6월, 龍圖閣學士 權知開封府 임명.	50세 通州海門主簿 太學說書 임명.	40세 開封府推官 임명 五品服 받음, 「朋黨論」 작성.	38세 太常博士 知常州, 「上仁宗皇帝萬言書」 상소.		
가우 4년 (1059)			52세 2월, 給事中 同提擧在京諸司庫務 임명, 御試進士詳定官 담당, 「善經」 어필 받음.	51세 權同管勾太學 임명, 8월, 고향에 별세.	41세 度支員外郎判句院 임명.			
가우 5년 (1060)			53세 7월, 『신당서』 250권 헌상, 禮部侍郎 임명, 9월, 翰林侍讀學士 겸임, 11월, 樞密副使 임명.		42세 判度支句院 임명.	40세 江東提刑 임명. 가우 6년(1061) 41세 三司度支判官 除直集賢院 임명.	25세 河南府福昌簿 임명, 거절.	

	범중엄	포증	구양수	이구	사마광	왕안석	소식	진량
가우 6년 (1061)		63세 4월, 給事中 三司使 樞密副使 임명.	54세 8월, 戶部侍郎 參知政事 임명		43세 起居注修撰, 同判尚書禮部 임명, 7월, 起居舍人 同知諫院 임명, 8월, 「12 등」 관료 계품 개혁 주장.		26세 制科 응시, 구양수에게 추천받음, 大理評事 簽書鳳翔府簽判 임명. 겨울, 鳳翔 취임.	
가우 7년 (1062)		64세 5월 25일, 별세, 孝肅 시호 추봉.	55세 4월, 『嘉佑編敕』 헌상.		44세 7월, 「財利疏」 상소.	42세 同修起居注 임명, 工部郎中 知制誥 임명.		
가우 8년 (1063)							28세 大理寺丞 전임.	
영종 치평(治平) 원년 (1064)			57세 5월, 吏部侍郎 담임.		46세 5월, 외척 분봉 금지 건의, 『歷年圖』 5권 헌상.		29세 殿中丞 전임, 겨울, 수도 복귀.	

	범중엄	포증	구양수	이구	사마광	왕안석	소식	진량
치평 2년 (1065)					47세 7월, 龍圖閣直學士 判流內銓 右諫議大夫 임명.		30세 差判登聞鼓院 임명, 5월, 부인 왕 씨 별세.	
치평 3년 (1066)					48세 『通鑒』 8편 헌상, 영종 『資治通鑒』 명명, 후속 편찬 명령, 2월, 『類篇』 편찬 어명 받음, 4월, 『歷代君臣事跡』 헌상.			
치평 4년 (1067)			60세 3월, 觀文殿學士 刑部尚書 知亳州 임명.		49세 2월, 공거 감독, 3월, 翰林學士 임명, 4월, 御史中丞 임명, 9월, 翰林學士	47세 신종 즉위, 知江寧府 임명.		

	범중엄	포증	구양수	이구	사마광	왕안석	소식	진량
					兼 侍讀學士 임명, 12월, 『類篇』 45권 헌상.			
신종 희령(熙寧)원년 (1068)			61세 8월, 兵部尙書 知青州 京東東路安撫使 임명.		50세 3월, 「資治通鑒序」 하사, 權知審官院 임명.	48세 翰林學士 임명.		
희령 2년 (1069)						49세 右諫議大夫 參知政事 임명, 개혁 개시.	34세 조정 복귀, 差判官誥院 兼 尙書祠部 임명.	
희령 3년 (1070)			63세 4월, 檢校太保 宣徽南院使 判太原府 河東路經略安撫監牧使 兼并代澤潞麟府嵐		52세 2월, 樞密副使 임명, 거절, 2월 20일, 「乞罷條例司常平使疏」 상소, 9월, 「奏彈王安石表」	50세 10월, 同中書門下平章事, 史館大學士 임명.		

	범중엄	포증	구양수	이구	사마광	왕안석	소식	진량
			石路兵馬都總管 임명, 거절, 7월, 知蔡州 임명.		상소, 翰林學士 해직, 端明殿學士 知永興軍 임명.			
희령 4년 (1071)			64세 6월, 觀文殿學士 太子少師 致仕.		53세 1월 1일, 西征 취소 요구, 1월, 知許州 임명, 거절, 4월, 判西京留司御史臺 임명, 낙양에 거주.		36세 太常博士 開封府推官 임명. 지방 취임 요구, 通判杭州 임명.	
희령 5년 (1072)			65세 7월, 潁州에 별세, 8월, 太子太師 추봉.					
희령 6년 (1073)					55세 端明殿學士 翰林侍讀學士 提擧崇福宮 임명		38세 항주 거주, 8월, 「臨江仙」 지음.	

	범중엄	포증	구양수	이구	사마광	왕안석	소식	진량
희령 7년 (1074)			8월, 文忠 시호 추봉.			54세 觀文殿大學士 知江寧府 임명.		
희령 8년 (1075)						55세 平章事 복직, 昭文館大學士 임명.		
희령 9년 (1076)						56세 金陵에 파견.	41세 密州 거주, 祠部員外郞 임명 추석, 명작 「水調歌頭」 창작.	
희령 10년 (1077)						57세 集禧觀使 책봉		
원풍(元豐) 원년 (1078)					61세 10월, 소동파 사건 연좌, 벌금 납부.	57세 尙書左僕射 舒國公 책봉.		
원풍 2년 (1079)							44세 知湖州 임명, 8월, 烏臺詩案 발생, 18일, 투옥,	

	범중엄	포증	구양수	이구	사마광	왕안석	소식	진량
							12월, 檢校尚書水部員外郎 黃州團副練使 임명.	
원풍 3년 (1080)					63세 8월, 『百官公卿年表』 10권, 『宗室世表』 3권 헌상, 『書儀』 편성.	59세 觀文殿大學士 上柱國 荊國公 책봉.		
원풍 4년 (1081)					64세 1월, 부인 장 씨 별세, 가을, 「遺表」 작성.			
원풍 5년 (1082)							47세 7월 12일, 명작 「赤壁賦」 「念奴嬌 赤壁懷古」 지음.	

	범중엄	포증	구양수	이구	사마광	왕안석	소식	진량
원풍 6년 (1083)					66세 「葬論」 작성, 12월, 『資治通鑒』 헌상.			
원풍 7년 (1084)					67세 資政學士 提擧崇福宮 임명, 2월, 신종 위득, 呂公著과 정치 권장, 5월, 왕안석 신법 폐지 제창,		49세 汝州團練副使 임명.	
원풍 8년 (1085)					68세 門下侍郎 임명, 『稽古錄』 20권 헌상, 9월, 西府에 별세.		50세 철종 즉위, 朝奉 郎 복직, 8월, 知登州 임 명, 10월, 禮部 員外郎 임명, 12월, 起居舍人 임명.	

	범중엄	포증	구양수	이구	사마광	왕안석	소식	진량
철종 원우(元祐) 원년 (1086)						64세 司空 임명, 4월, 별세, 太傅 추봉.	51세 1월, 中書舍人 임명, 거절, 10월, 翰林學士 知制誥임명.	
원우 4년 (1089)							54세 3월, 龍圖閣學士 左朝奉郎 知杭州 임명.	
원우 6년 (1091)							56세 8월, 知潁州 임명.	
원우 7년 (1092)							57세 9월, 兵部尚書 兼侍讀 임명.	
휘종 원부(元符) 3년 (1100)							65세 6월, 海南島 향함, 도항.	

	범중엄	포증	구양수	이구	사마광	왕안석	소식	진량
건중정국(建中靖國) 원년(1101)							66세 7월 28일, 별세.	
고종 소흥(紹興) 13년 (1143)								1세 兩浙東路 婺州永康縣(現 浙江金華永康市)에 출생.
소흥 22년 (1152)								10세 태학에 입학.
소흥 28년 (1158)								16세 何子剛 문하에 공부, 소흥 31년(1161) 19세, 「酌古論」 작성.
소흥 32년 (1162)								20세 臨安 입성, 漕臺 응시.
건도(乾道) 2년 (1166)								24세 「英豪錄」 작성, 아버지 범죄, 투옥.

	범중엄	포증	구양수	이구	사마광	왕안석	소식	진량
건도 3년 (1167)								25세 7월, 할머니 별세, 12월, 할아버지 별세
건도 4년 (1168)								26세 4월, 아버지 출소, 9월, 陳亮으로 개명.
건도 5년 (1169)								27세 2월, 禮部 응시, 낙방, 「中興五論」 헌상.
건도 6년 (1170)								28세 태학 재학, 가을, 臨安 진입.
건도 9년 (1173)								31세 12월, 아버지 별세.
순희(淳熙)								33세

	범중엄	포증	구양수	이구	사마광	왕안석	소식	진량
2년 (1175)								『三國紀要』 작성.
순희 4년 (1177)								35세 禮部 지원, 낙방.
순희 5년(1178)								36세 陳同으로 개명, 1월, 「上孝宗皇帝書」 상소, 관직 임명 거절.
순희 9년 (1182)								40세 봄, 朱元晦 방문, 『問答』 작성.
순희 11년 (1184)								42세 「答朱元晦書」 작성, 주자와 변론.
순희 12년 (1185)								43세 주자와 2차 변론.
순희 14년 (1187)								45세 봄, 禮部 응시, 낙방.

	범중엄	포증	구양수	이구	사마광	왕안석	소식	진량
순희 15년 (1188)								46세 4월, 上孝宗皇帝書 상소, 겨울, 주자와 만남.
소희(紹熙) 4년 (1193)								51세 진사 급제.
소희 5년 (1194)								52세 별세

찾아보기

ㄴ

ㅇ

ㅊ

ㅌ

ㅍ

ㅎ